Les organisations internationales de l'Afrique centrale

Recueil de textes

Préface du Professeur Alioune SALL

Collection JAMA

dirigée par Jackson Darius MACKIOZY BANSIMBA

Hérissonne PAYIMA LOMBOBO

Les organisations internationales de l'Afrique centrale

Recueil de textes

Préface du Professeur Alioune SALL

L'Harmattan

Du même auteur :

- « Les sessions restreintes du Parlement », *in Annales de l'Université Marien Ngouabi,* 2020 ;

- *La CICOS et l'intégration des Etats de l'Afrique centrale*, l'Harmattan, Paris, 2021 ;

- « L'occupation continue du territoire palestinien par l'Etat d'Israël », *in Annales de l'Université Marien Ngouabi*, 2022 ;

- « Le principe de la laïcité dans le nouveau constitutionnalisme des Etats africains francophones subsahariens », *in Revue des Réflexions Constitutionnelles*, 2022 ;

L'Harmattan 2023
5-7, rue de l'École polytechnique, 75005 Paris

http://www.librairieharmattan.com

ISBN : 978-2-14-049012-5
EAN : 9782140490125

Dédicace

Pour tous les services rendus, je dédie ce travail à Monsieur le Professeur Alioune SALL et à Madame le Professeur Emmanuel née Delphine Edith ADOUKI.

Sigles

- AEF : Afrique Equatoriale Française ;
- AOF : Afrique Occidentale Française ;
- BDEAC : Banque de Développement des Etats de l'Afrique Centrale ;
- BDEGL : Banque de Développement des Etats des Grands Lacs ;
- BEAC : Banque des Etats de l'Afrique Centrale ;
- C.E. : Communautés Economiques ;
- C.G.G : Commission du Golfe de Guinée ;
- CCBC : Commission des Climats du Bassin du Congo ;
- CEEAC : Communauté Economique des Etats de l'Afrique Centrale ;
- CEFDHAC : Conférence des Ecosystèmes des Forêts Denses et Humides de l'Afrique Centrale ;
- CEMAC : Communauté Economique et Monétaire de l'Afrique Centrale ;
- CEPGL : Communauté Economique des Pays des Grands Lacs ;
- CICOS : Commission Internationale du bassin Congo-Oubangui-Sangha ;
- CIRGL : Conférence Internationale pour la Région des Grands Lacs ;
- COMIFAC : Commission des Forêts de l'Afrique Centrale ;
- COREP : Commission des Pêches de la Région du Golfe de Guinée ;
- F2BC : Fonds Bleu pour le Bassin du Congo ;
- OUA : Organisation de l'Unité Africaine ;
- UA : Union Africaine ;
- UDAE : Union Douanière de l'Afrique Equatoriale ;
- UDEAC : Union Douanière des Etats de l'Afrique Centrale ;
- URAC : Union pour le Regroupement de l'Afrique Centrale ;

PREFACE

L'ouvrage de M. Payima Lombobo Hérissonne nous réconcilie avec un genre que les nouvelles technologies de la communication tendent, à tort, à éclipser : le recueil de textes, tellement utile au juriste. Car pour se nourrir, le droit a besoin d'une matière première. Celle-ci est précisément faite de textes, de jurisprudence, de réflexion doctrinale.

Les textes, dont il est question ici, ne sont pas toujours accessibles, et le premier mérite de l'auteur est précisément d'en faciliter l'accès à travers cette compilation. Il faut être clair là-dessus : trouver tous les documents compilés ne va pas de soi, même à une époque où les ressources de l'accès en ligne sont présumées illimitées.

M. Payima Lombobo ne s'est pas contenté d'une froide restitution des documents officiels. Son travail de compilation s'accompagne d'une présentation systématique des contextes des organisations internationales, supplément toujours utile à quiconque ne suit pas nécessairement l'évolution des organisations d'Afrique centrale. Le contexte ainsi dégagé est censé éclairer le texte ; au-delà du droit positif, le lecteur appréhende l'environnement politique et social qui a prévalu au moment de la rédaction de ces traités.

On se félicitera également du fait que l'auteur ait entendu commettre une présentation aussi actualisée que possible des organisations en question, les plus récentes évolutions de celles-ci ayant été intégrées. On trouvera ainsi des éléments relevant de l'actualité la plus fraîche, ce qui indique que le travail réalisé constitue un document de « première main », un ouvrage fiable sur la base duquel d'autres travaux peuvent être effectués.

Il est réjouissant, encore, que le choix fait par l'auteur épouse la trajectoire desdites organisations. On songe ici à tous les instruments juridiques qui touchent la paix et la sécurité sous-régionales. C'est un fait que l'impératif sécuritaire s'est immédiatement imposé dans l'agenda de ces organisations, le développement économique et social qu'elles poursuivent restant un leurre s'il ne satisfait pas au préalable de la tranquillité et de la sécurité.

Il faut bien comprendre que l'ouvrage qui nous est proposé dépasse au demeurant la dimension utilitaire, qui se réduit à une exploitation ponctuelle et « intéressée ». Il faut oser dire que le livre gagne à simplement être « lu », parce que sa lecture suscite la réflexion, livre des sujets de méditation intellectuelle. Le préfacier prend ici un pari : quand il sera lu, relu, les instruments juridiques « froids » que sont les traités réunis pousseront à réfléchir sur leur contenu, à établir des liens avec des thématiques du droit international, et à ainsi constituer, effectivement, le substrat d'une réflexion doctrinale. De façon immédiate pourrait-on dire, la variété terminologique des « êtres juridiques » qui y sont présentés constitue un premier sujet d'interrogation théorique : les « commissions » par exemple, sont-elles rattachables aux « organisations internationales », existe-t-il des nuances entre ces deux dénominations, à quelles motivations renvoient ces différenciations terminologiques ?

On le voit, le travail réalisé dépasse la simple dimension restitutive, « notariale » du droit positif. Nous sommes en présence d'une véritable œuvre, ne serait-ce que du point de vue de l'effort de « composition » auquel l'auteur s'est astreint. Il faut espérer que ce recueil de textes suscite des vocations, celles de se pencher sur le droit sous-régional et les organisations qui le portent, car à l'instar d'autres parties du continent, l'Afrique centrale a connu, à cet égard, des mutations essentielles, qui n'ont pas toujours provoqué toute l'attention intellectuelle qu'elles méritent.

Grâces soient rendues à M. Payima Lombobo pour nous avoir fourni une nouvelle occasion d'explorer ce terrain.

Alioune SALL
Professeur à l'Université Cheikh Anta Diop (Dakar)
Ancien Juge à la Cour de justice de la CEDEAO
Membre de la Commission du droit international de l'ONU

SOMMAIRE

PREFACE 9

CHAPITRE INTRODUCTIF 13

PREMIERE PARTIE : LES ORGANISATIONS D'INTEGRATION ECONOMIQUE 23

CHAPITRE I : LES COMMUNAUTES ECONOMIQUES NEES AVANT 1990 : LA CEPGL et la CEEAC 25

CHAPITRE II : L'ORGANISATION D'INTEGRATION NEE APRES 1990 : LA CEMAC 135

DEUXIEME PARTIE : LES ORGANISATIONS DE COOPERATION 225

CHAPITRE I : LES ORGANISATIONS DE GESTION DES RESSOURCES NATURELLES 227

CHAPITRE II : LES ORGANISATIONS DE LA REGION DES GRANDS LACS : UNE LUTTE CONTRE L'INSECURITE 319

CONCLUSION GENERALE 465

BIBLIOGRAPHIE 467

CHAPITRE INTRODUCTIF

Le développement des relations internationales en Afrique centrale se caractérise par la multiplication des organisations sous régionales. Lorsque Sylvie BELAOUANE GHERARI et Habib GHERARI publiaient en 1988 *Les organisations régionales africaines,* l'Afrique centrale totalisait trois (3) organisations à savoir l'UDEAC, la CEEAC et la CEPGL, plus trois (3) institutions bancaires qui sont la BEAC, la BDEAC et la BDEGL[1]. Aujourd'hui, la sous-région totalise plus d'une dizaine d'organisations internationales suivantes : la CEGPL, la CEEAC, la CEMAC, la COMIFAC, la CICOS, la CIRGL, la COREP, la CGG, la CCBC, le F2BC, la CEFDHAC. Ces organisations constituent les moyens de lutte contre les problèmes environnementaux, sécuritaires et de sous-développement économique.

Toutefois, il est important de rappeler que c'est d'abord le contact avec les puissances coloniales qui a influencé considérablement les relations internationales africaines. L'ancienne métropole française avait créé et légué en Afrique de l'Ouest puis en Afrique Equatoriale les premières formes de groupement des territoires : l'AOF et l'AEF respectivement.

Ensuite, dès les premières heures des indépendances, les premiers Chefs d'Etat, dans le cadre de l'OUA se fixaient entre autres objectifs le renforcement de l'unité et la solidarité des Etats africains[2]. La Résolution n°4 de la Conférence des Chefs d'Etat réunie à Addis-Abeba du 22 au 25 mai 1963 « *porte exclusivement sur la coopération économique intra-africaine.* »[3] L'UA, quant à elle, entend « *réaliser une plus grande unité et solidarité entre les pays africains et entre les peuples africains* » ainsi que « [*l'accélération*] *de l'intégration politique et socio-économique du continent.* »[4] Toutefois, ni l'OUA hier ni l'UA aujourd'hui n'ont réussi à accélérer le regroupement continental posé comme objectif principal. L'OUA, a posé les bases des groupements sous régionaux en procédant au découpage du continent en cinq (5) sous régions dont l'Afrique du Nord, l'Afrique de l'Ouest, l'Afrique de l'Est, l'Afrique Centrale et l'Afrique

---

[1]BELAOUANE-GHERARI Sylvie et GHERARI Habib, *Les organisations régionales africaines*, La Documentation Française, Paris, 1988, 474 pages, p. 232

[2] Article 2 de la Charte de l'OUA signée à Addis-Abeba le 25 mai 1963

[3] BELAOUANE-GHERARI Sylvie et GHERARI Habib, *op cit*, p. 13

[4] Article 3, al. a et c de l'Acte Constitutif de l'UA signé à Lomé (Togo), le 11 juillet 2000.

australe[5]. Mais, le problème de la compatibilité entre régionalisme et continentalisme a été résolu par la Résolution CM/5/1 adoptée par l'OUA le 10 août 1963.

Pour la sous-région de l'Afrique Centrale, certaines organisations avaient déjà vu le jour dès le début des années 1960. Le 23 juin 1961, une Convention relative aux relations douanières et économiques avait été signée entre le Cameroun et les pays membres de l'Union Douanière Equatoriale (UDE)[6]. Le 8 décembre 1964, l'Union Douanière des Etats de l'Afrique Centrale (UDEAC) est créée sur les cendres de l'UDE et bien d'autres organisations éphémères voient aussi le jour comme l'Union pour le Regroupement de l'Afrique Centrale (URAC)[7] et l'Union des Etats d'Afrique Centrale (UEAC). Cette dernière était née après la dénonciation de la Convention de l'UDEAC par le Tchad et la République Centrafricaine, « *suite à une crise due aux difficultés rencontrées pour assurer une répartition équitable des avantages de l'intégration entre les Etats côtiers et les Etats sans littoral, les premiers refusant d'accorder aux seconds une compensation.*»[8] Entre temps l'OUA, suivant le Plan d'Action de Lagos du 29 avril 1980, encourageait les Etats membres à renforcer les organisations existantes et à en créer d'autres là où elles n'en existaient pas[9]. C'est ainsi que le 18 octobre 1983, la Communauté Economique des Etats de l'Afrique Centrale (CEEAC) voit le jour à Libreville. L'UDEAC est transformée le 16 mars 1994 en Communauté Economique et Monétaire de l'Afrique Centrale (CEMAC) qui comprend deux piliers : l'Union Monétaire et l'Union Economique. Hormis les C.E., aujourd'hui, la montée en flèche des organisations internationales est remarquable dans le Golfe de Guinée et dans la région des Grands Lacs.

La connaissance des organisations internationales de l'Afrique centrale facilite la compréhension quant à leur nature et les problèmes qu'elles posent aujourd'hui. C'est ainsi que cet ouvrage a pour objectif de faire non seulement la vulgarisation des organisations internationales de l'Afrique Centrale existantes à travers leurs textes de base - que l'on désigne, en théorie des sources du droit international - par l'expression « droit primaire », mais aussi de poser les vrais problèmes liés à leur efficacité et

[5] Résolution CM/Res.464 (XXVI) du Conseil des Ministres de l'OUA relative à l'Afrique en cinq (5) régions.

[6] L'UDE a été créée par la Convention du 23 juin 1959 signée entre les pays de l'Afrique Equatoriale Française : le Moyen Congo (la République du Congo), l'Oubangui Chari (l'actuelle RCA)

[7] Article 4 du Traité d'Abuja du 3 juin 1991 instituant la Communauté Economique Africaine (CEA).

[8] BELAOUANE-GHERARI Sylvie et GHERARI Habib, *op cit*, p. 232

[9]

d'offrir des propositions de solutions. Il permet de connaitre les textes et leur contenu afin que les citoyens des Etats de la sous-région prennent conscience de certains avantages et inconvénients que posent les groupements d'Etats. Raison pour laquelle, en vue d'éclairer la lanterne, il va falloir définir le terme d'organisation internationale (**Section I**) avant d'aborder certains aspects de la problématique de la multiplication des organisations internationales en Afrique Centrale (**Section II**).

Section I : Définition de la notion d'organisation internationale

Cette section consiste non seulement à dégager les caractéristiques desdites organisations internationales (**§ I**) mais aussi à procéder à leur classification (**§ II**).

§ I : Les caractéristiques des organisations internationales de l'Afrique centrale

L'opération de définition consiste à dégager les caractéristiques ou les traits distinctifs d'une chose par rapport à une autre. Une organisation est avant tout un groupement de personnes. En Management, une organisation est un *« ensemble de personnes rassemblées afin d'atteindre des objectifs, par une division du travail et des fonctions, grâce à des modalités de coordination définies. »*[10] Sans une structure permanente et un personnel travaillant ensemble dans le but d'atteindre un certain nombre d'objectifs, il n'est pas possible qu'il y ait organisation.

S'agissant des organisations internationales, elles peuvent être intergouvernementales ou non gouvernementales. L'article 2, al. 1 (a) de la Convention de Vienne de 1969 définit la notion d'organisation internationale comme étant « une organisation intergouvernementale. » Cette précision montre que la Convention de Vienne prend en compte uniquement les organisations qui ont été créées par les Etats souverains, à l'exclusion des organisations non gouvernementales (ONG) ou celles qui regroupent les particuliers et créées par eux. Autant dire que notre étude s'intéresse uniquement aux organisations intergouvernementales.

Les organisations internationales de l'Afrique centrale se caractérisent d'abord par la permanence de leurs organes et d'un personnel qui œuvre pour réaliser les objectifs fixés par les Etats à travers le traité fondateur. Elles sont dotées d'organes diplomatiques ou intergouvernementaux, c'est-à-

---

[10]ROBBINS Stephen, DECENZO David, COULTER Mary et RULING Charles-Clemens, *Management. L'essentiel des concepts et pratiques*, 9e éd. Nouveaux Horizons, Paris, 2014, 579 pages, p. 24

dire les organes qui se composent des Chefs d'Etat et de Gouvernement, souvent dénommés Conférence des Chefs d'Etat ou Sommet des Chefs d'Etat, ou ceux que l'on désigne par Conseil des Ministres. La présence des organes intégrés est aussi remarquable comme il est de coutume, c'est-à-dire les organes exécutifs appelés Secrétariat Exécutif ou encore Commission, les Parlements et les Cours de justice… Les Commissions existent aujourd'hui dans les Communautés Economiques (C.E.) à la suite des transformations des Secrétariats Exécutifs en Commissions. C'est le cas de la CEMAC avec l'Additif au Traité de la CEMAC du 25 avril 2007 et de la CEEAC suite à la révision du Traité fondateur le 18 décembre 2019. Les articles 19 à 22 du Traité révisé déterminent la condition juridique de la Commission de la CEEAC. Les Parlements Communautaires sont aussi institués au sein des C.E. en vue de pallier au déficit démocratique qui caractérise les organisations internationales.

Par conséquent, les organisations de l'Afrique Centrale se caractérisent également par la prépondérance des organes diplomatiques au détriment des organes intégrés ainsi que des peuples. Les Conférences des Chefs d'Etats et les Conseils des Ministres sont des organes suprêmes et prennent toutes les décisions importantes, alors que nous sommes au temps de la démocratie. Ce qui signifie que, les changements démocratiques intervenus dans les Etats *« n'ont pas affecté le système politique des relations internationales. […] ce sont toujours les gouvernants – et plus précisément les représentants du pouvoir exécutif – qui décident des engagements de haute politique*[11]*. »* Pour pallier à ce déficit démocratique, les C.E. ont institué des Parlements. Toutefois, ceux-ci ne sont pas encore élus au suffrage universel direct, n'ont pas de réels pouvoirs de décision et sont peu connus des citoyens des Etats membres.

Aussi, contrairement aux Etats, les organisations internationales de l'Afrique centrale sont-elles des sujets dérivés du droit international, dans la mesure où elles sont nées de la volonté des Etats[12] au moyen des traités et exercent des compétences limitées. Elles jouissent cependant d'une personnalité juridique internationale propre[13], qui tire son origine de l'Avis de la CIJ du 11 avril 1949 relatif à la réparation des dommages subis aux services des Nations Unies. La personnalité juridique internationale est prévue dans les Traités fondateurs[14]. Au cours des travaux préparatoires de la

---

[11] GOUNELLE Max, *Le système politique des relations internationales*, Dalloz, Paris, 2006, 136 pages, p. 12

[12] DUPUY Pierre-Marie et KERBRAT Yann, *Droit international public*, 11e éd. Paris, 2012, 929 pages, p. 168

[13]Article 2 § 2 des articles de la Commission du droit international sur la responsabilité des organisations internationales.

[14]

Convention de Vienne de 1969, une définition non retenue avait été proposée et selon laquelle une O.I. est une « *association d'Etats constituée par traité, dotée d'une personnalité juridique internationale distincte de celle des Etats.* »[15] Les organisations internationales se différencient également des forums internationaux car, ceux-ci sont dépourvus d'organes permanents. Ils sont des moments de rencontre au cours desquels les Etats discutent des affaires les concernant, à l'initiative de l'un d'entre eux ou d'une organisation internationale tiers. Au cours des forums, les Etats peuvent envisager de créer, dans les jours à venir, une organisation internationale[16].

Ainsi entendues, les organisations internationales en général, et celles de l'Afrique Centrale en particulier, sont diverses et leur classification n'est pas aisée.

§ II : Diversité et classification des organisations de l'Afrique Centrale

En droit international, la classification des organisations internationales recouvre plusieurs critères : selon leur objet, le nombre d'Etats membres et l'étendue des compétences.

Suivant l'objet, la distinction consiste à séparer les organisations de coopération des organisations d'intégration économique. En nous inspirant du Vocabulaire juridique, une organisation de coopération peut être définie comme étant un groupement intergouvernemental qui a pour mission de coordonner les actions des Etats membres *« en vue de parvenir à des résultats communs dans un ou plusieurs domaines de la vie internationale*[17]. » Tandis qu'une organisation d'intégration est une « *organisation internationale dotée d'un pouvoir de décision non seulement à l'égard des Etats membres, mais directement à l'égard des nationaux de ces Etats.* » C'est la distinction la plus importante car elle a l'avantage d'inclure plusieurs organisations internationales et traduit plus la réalité. Ce critère peut permettre de regrouper les organisations de l'Afrique Centrale en

---

[15]DAILLIER Patrick, FORTEAU Mathias et PELLET Alain, *Droit international public*, 8e éd. L.G.D.J., Paris, 2009, 1709 pages, p. 643

[16] Exemples : le 9 mai 1950, une rencontre se tient en France au cours de laquelle Robert Schuman, ministre français des affaires étrangères tient un discours qui proposent la création d'une organisation d'intégration en matière du charbon et de l'acier. Cette proposition dona naissance à la Communauté Européenne du Charbon et de l'Acier (CECA) le 18 avril 1951 à Paris. Au cours de la Cop 22 tenu à Marrakech du 7 au 18 décembre 2016, le Président de la République du Congo propose la création d'un Fonds Bleu pour le Bassin du Fleuve Congo, qui verra le jour plus tard à Oyo en République du Congo.

[17] CORNU Gérard, *Vocabulaire juridique*, Puf, Paris, 2011, p. 269

deux catégories : la CEEAC et la CEMAC notamment sont des communautés économiques visant l'intégration des Etats membres dans les domaines ayant fait l'objet de transfert de compétences des Etats aux organes supranationaux.

L'objet de l'organisation internationale peut aussi permettre d'opposer les organisations ouvertes aux organisations fermées. Les premières donnent la possibilité à tous les Etats d'y adhérer alors que les secondes se limitent aux Etats remplissant la condition de l'objet du Traité ou de sa zone géographique de compétence. Il en est ainsi d'un Etat qui ne peut pas faire partie de l'Organisation des Pays Producteur de Pétrole (OPPP) en raison du fait qu'il n'est pas producteur de pétrole.

Le critère du nombre d'Etats membres ou critère géographique permet de différencier les organisations universelles ou mondiales des organisations régionales et des organisations sous-régionales. L'ONU est une organisation universelle, l'UA est une organisation régionale ou continentale, alors que toutes les organisations internationales de l'Afrique Centrale sont des organisations sous-régionales.

L'étendue des compétences, quant à elle, permet de faire la différence entre les organisations générales des organisations sectorielles[18] ou techniques. La CEMAC, la CEEAC, la CIRGL et la CEPGL entrent dans le premier lot des organisations ayant un grand nombre de compétences, en raison des compétences élargies qu'elles exercent en vertu des traités. Alors que la COMIFAC, le F2BC, la CEFDHAC, la CICOS, la CCBC, la CGG et la COREP sont des organisations sectorielles, dans la mesure où elles ont pour compétences de gérer un secteur faisant l'objet de leurs traités fondateurs. Mais, ces organisations spécialisées peuvent être aussi qualifiées d'organisations techniques ou d'organisations de coopération puisqu'elles ne visent pas l'intégration des Etats mais plutôt la coordination des politiques des Etats membres sur les secteurs de leurs compétences. Toutefois, certaines d'entre elles constituent des organismes d'appui à la politique d'intégration économique telle que mise en place par les Communautés Economiques Régionales (CER). Elles sont désignées comme des institutions spécialisées de telle ou telle CER : la CICOS est une institution spécialisée de la CEMAC, la COREP l'est pour la CEEAC...

Toutes ces organisations sont créées sur la base des traités signés soit entre les Etats de l'Afrique centrale exclusivement, soit entre ceux-ci et quelques Etats d'autres sous-régions, ce qui peut entrainer une difficulté dans la qualification d'organisations de l'Afrique Centrale. Nous n'avons pas voulu nous étendre à toutes les organisations auxquelles les pays de

---

[18] VIRALLY Michel, « La classification des organisations internationales », 10 pages, (disponible sur https://www.sfdi.org, consulté le 4 mai à 5 h).

l'Afrique Centrale sont membres dans le but de respecter notre champ d'étude.

Au total, nous avons pris en compte onze (11) organisations sous-régionales en Afrique Centrale. Cette diversité d'organisations de la sous-région pose surement des problèmes cruciaux que nous essayons de dégager.

Section II : Problématique des organisations internationales de l'Afrique Centrale

La diversité d'organisations internationales de l'Afrique centrale pose d'une part, le problème de la déperdition d'énergie **(§ I)** et, d'autre part, celui de la concurrence des organisations **(§ II)**.

§ I : La multiplicité des organisations et la déperdition d'énergie

Elle est la conséquence directe de la multitude d'organisations internationales et des appartenances simultanées des Etats. En effet, la création des organisations internationales exige de la part des Etats l'engagement des moyens conséquents, de la phase des études à la mise en fonctionnement de leurs organes et durant la vie de celles-ci. Or, les Etats de la sous-région appartiennent simultanément à plusieurs organisations. Ils sont donc tenus de payer des contributions budgétaires et de fournir les moyens humains sélectionnés parmi leurs propres citoyens. Nous avons déjà abordé cette question dans notre précédent ouvrage intitulé *La CICOS et l'intégration des Etats de l'Afrique Centrale*[19]. La déperdition d'énergie dont il est question se fait sentir sur les plans financier et humain[20].

Sur le plan financier, la déperdition des moyens a été soulignée plus d'une fois par les auteurs qui s'intéressent à l'étude des organisations internationales africaines[21]. A travers les textes fondateurs des organisations de la sous-région chaque Etat membre s'est engagé à payer ses contributions pour alimenter le budget de celles-ci. Or, les Etats de l'Afrique Centrale ne

---

[19] Pour plus de détails sur cette question, voir Hérissonne PAYIMA LOMBOBO, *La CICOS et l'intégration des Etats de l'Afrique Centrale*, éd. L'Harmattan, Paris, 2021, 486 pages, pp. 293-295

[20] DOUMBE-BILLE Stéphane, « La multiplication des organisations régionales en Afrique : concurrence ou diversification », in FAU-NOUGARET Mathieu (dir.), *La concurrence des organisations régionales en Afrique*, L'Harmattan, Paris, 2014, 449 pages, pp. 15-28, p. 23

[21] Les participants au colloque de Bordeaux tenu du 28 au 29 septembre 2009 avaient chacun signalé ce danger. Voir FAU-NOUGARET Mathieu (dir.), *La concurrence des organisations régionales en Afrique*, L'Harmattan, Paris, 2014, 449 pages.

sont pas seulement membres des onze (11) organisations que nous avons pu identifier mais aussi de bien d'autres organisations tant universelles que continentales.

La déperdition d'énergie se fait sentir également sur le plan humain. En effet, comme en matière budgétaire, les fonctionnaires internationaux des différentes organisations créées, comme il est de coutume, sont choisis parmi les citoyens des Etats membres. Cette situation a pour conséquence l'appauvrissement des Etats en ressources humaines de qualité au regard des exigences de choix posées par les textes des organisations internationales qui tiennent compte du niveau d'étude conséquent et d'une longue expérience professionnelle.

Ces problèmes ne sont pas les seuls, il faut également ajouter celui de la concurrence des organisations internationales.

§ II : La concurrence des organisations internationales

La concurrence des organisations internationales africaines est « *l'une des problématiques les plus cruciales du continent africain* »[22] qui a même fait l'objet d'un colloque spécial à Bordeaux, déjà cité. Elle se manifeste sur le plan financier et juridique.

Dans le cadre de la concurrence financière, il faut noter le fait que la multiplication des organisations alimente la rareté des ressources. En effet, le financement de ces organisations dépend des mêmes partenaires que sont les Etats et les institutions financières internationales. Ces partenaires se retrouvent alors avec plusieurs projets et demandes auxquels ils sont appelés à donner leur appui financier.

Aussi, la concurrence juridique est-elle remarquable au regard de la production des normes, des organes et des programmes et des projets similaires. Ces organisations sont toutes créées par des traités internationaux les mettant ainsi aux mêmes pieds d'égalité, sans ignorer le conflit des règles qui peut en résulter. En 1983, les Etats de l'Afrique centrale avaient créé la CEEAC. Mais « sous la pression sans doute de ce facteur linguistique et de la dimension stratégique de la solidarité » certains Etats ont créé la CEMAC[23] et d'autres la CEPGL. La CEMAC constitue un doublon de la CEEAC quand on sait que ses règles, ses organes et ses programmes sont similaires à ceux de la CEEAC. Cette dernière a entre autres pour objectifs l'institution d'une zone de libre-échange, d'une union douanière, de la

---

[22] FAU-NOUGARET Mathieu (dir.), *La concurrence des organisations régionales en Afrique*, L'Harmattan, Paris, 2014, 449 pages, p. 9

[23] DOUMBE-BILLE Stéphane, « La multiplication des organisations régionales en Afrique… », p. 23

liberté de circulation des personnes et l'harmonisation des politiques nationales dans les domaines de l'industrie, des transports et communications, de l'énergie, de l'agriculture, des ressources naturelles, du commerce, de la monnaie et des finances, des ressources humaines, du tourisme, de l'enseignement, de la culture, de la science et de la technique[24]. De même, dans le cadre de la CEMAC, les mêmes actions sont prévues et d'autres ont été déjà réalisées. La CEMAC dispose d'une union douanière depuis la Convention du 8 décembre 1964 qui créa l'UDEAC. La similitude des programmes entre la CEEAC et la CEMAC sont remarquables aussi dans les politiques sectorielles et les politiques communes. Comme le traité de la CEEAC, la Convention régissant l'Union Economique de la CEMAC prévoit à son article 2 (d) d'instituer une coordination des politiques sectorielles nationales et l'adoption des politiques communes dans les domaines de l'agriculture, l'élevage, la pêche, l'industrie, le commerce, le tourisme, les transports, l'aménagement du territoire communautaire et les grands projets d'infrastructures, l'enseignement, les ressources naturelles etc.

La concurrence au niveau des programmes et projets existe également entre les organisations sectorielles. Il en est ainsi de la CICOS, du F2BC et de la COREP. En effet, pour la gestion des eaux et du transport dans le bassin du fleuve Congo, la RDC, le Cameroun, la RCA et la RC avaient créé, sous l'impulsion de la CEMAC, le 06 novembre 1999, la CICOS. L'Accord l'instituant dispose qu'il a pour objet d'instituer un régime fluvial uniforme de navigation sur la base des principes de liberté et d'égalité de traitement, d'aménager et d'exploiter le fleuve et les cours d'eau du Bassin. Le même Accord créant la CICOS attribut à son Secrétaire Général la compétence de promouvoir, favoriser et soutenir la coopération et la coordination des activités et projets d'intérêts communs du développement durable, d'utilisation, de conservation des voies navigables du Bassin du Congo. Parallèlement à ces objectifs, le F2BC a pour objectifs de mobiliser les ressources nécessaires auprès des contributeurs et investisseurs, en vue du financement de la mise en œuvre des programmes et projets concourant au développement durable et à la promotion de l'économie bleue dans son champ d'intervention[25]. A cet effet, le F2BC intervient dans l'amélioration et l'entretien des voies de navigation intérieure, le développement du suivi des systèmes hydrométrique et météorologique etc.[26] Si le F2BC est une banque spécialisée dans le financement des projets de développement liés à l'utilisation des ressources du bassin du Congo, il y a lieu de craindre que sa

[24] Article 4, al. 1 et 2 du Traité instituant la CEEAC du 18 octobre 1983.

[25] Article 3 du Mémorandum d'Entente pour la création du Fonds Bleu pour le Bassin du Congo, signé à Oyo le 9 mars 2017.

[26] Idem, Article 5

mission entre en conflit avec celles la Banque de Développement des Etats de l'Afrique Centrale (BDEAC). La création du F2BC risquerait d'éclipser la CICOS. Espérons toutefois que cette dernière bénéficie de l'appui du F2BC.

Aussi, le chevauchement des compétences et les conflits de normes pourraient naitre entre la CICOS et la Commission régionale des pêches du Golfe de Guinée (COREP)[27]. En effet, la Convention relative au développement des pêches dans le Golfe de Guinée s'applique non seulement à la zone économique exclusive mais aussi aux fleuves, lacs et lagunes des Etats parties[28]. Elle a également pour objectifs notamment « *la préservation et la protection des écosystèmes aquatiques, tant en eaux maritimes qu'en eaux continentales* » ainsi que « *l'évaluation des ressources se trouvant dans les eaux relevant de la souveraineté ou de la juridiction de plusieurs Etats parties.*»[29] Or, la CICOS, au terme de son second mandat, assure la gestion intégrée des ressources en eau (GIRE) qui impose la prise en compte de toute autre utilisation de l'eau et la préservation de ses ressources. Il faudrait dans ces conditions instaurer une forte collaboration entre ces deux Commissions pour plus de complémentarité et la prévention des chevauchements de compétences.

La multiplication des organisations internationales africaines entraine, selon l'expression du Professeur Alioune SALL, la « *splendeur des fins et la maigreur des moyens*[30]. » Cette expression traduit le fait que les organisations internationales africaines ne possèdent pas de moyens suffisants mais elles s'assignent beaucoup d'objectifs internationaux dont la réalisation est incertaine.

Eu égard à la classification précédemment faite, il y a lieu de construire la présente étude sur une démarche binaire dont la première partie porte sur les organisations internationales d'intégration économique (**Première partie**) et la seconde s'intéressera aux organisations internationales de coopération (**Deuxième partie**) qui évoluent dans la sous-région.

---

[27] Cette Commission est créée par la Convention relative au développement des pêches dans le Golfe de Guinée signée le 21 juin 1984 à Libreville. Cette Convention a été révisée en avril 2004 à Libreville.

[28] Article 2 de la Convention révisée relative au développement des pêches dans le Golfe de Guinée.

[29] Idem, article 3

[30] SALL Alioune, *Les mutations de l'intégration des Etats en Afrique de l'Ouest : Une approche institutionnelle*, L'Harmattan, Paris, 2006, 189 pages, pp. 48 et 49

PREMIERE PARTIE :
LES ORGANISATIONS D'INTEGRATION ECONOMIQUE

Comme il est écrit dans notre ouvrage portant sur la CICOS, *« le processus d'intégration commencé en Europe a fini par s'étendre à tous les continents. L'Afrique n'échappe pas à cette réalité.»*[31] Ce propos signifie que les communautés économiques africaines sont un mimétisme de celles de l'Europe créées après la deuxième guerre mondiale[32]. Les prémisses du phénomène d'intégration des Etats en Afrique Centrale remontent depuis l'époque coloniale lorsque la France créa l'Afrique Equatoriale Française et, plus tard le 23 juin 1959, ensemble avec les dirigeants des nouvelles Républiques, l'Union Douanière Equatoriale[33]. Plusieurs échecs ont été aussi enregistrés par les futurs Etats de l'Afrique centrale comme il en était le cas de l'Union des Républiques Centrafricaines. Après les indépendances, l'UDE est remplacée par l'Union Douanière des Etats de l'Afrique Centrale (UDEAC) le 08 décembre 1964 par les anciennes colonies françaises. Entre les anciennes colonies françaises et celles de la Belgique, les voies se séparent quand ces dernières créent en 1976 la Communauté Economique des Pays des Grands Lacs. En 1983 c'est la CEEAC qui voit le jour alors qu'il fallait attendre le 16 mai 1994 pour que la CEMAC soit créée.

A cet égard, et suivant une démarche historique dans cette partie, certaines communautés économiques ou organisations internationales à visée intégrative nées avant 1990 seront étudiées (**Chapitre I**) avant celles qui ont vu le jour pendant les années 1990, comme la CEMAC (**Chapitre II).**

---

[31] PAYIMA LOMBOBO Hérissonne, *La CICOS et l'intégration des Etats de l'Afrique Centrale, op cit,* p. 13

[32] Il s'agit de la Communauté Européenne du Charbon et de l'Acier en 1951, de la Communauté Economique Européenne (CEE) et de la Communauté Européenne de l'Energie Atomique en 1957.

[33]*Op. cit*, p. 17

CHAPITRE I : LES COMMUNAUTES ECONOMIQUES NEES AVANT 1990 : LA CEPGL et la CEEAC

Avant les années 1990, les Etats de l'Afrique Centrale avaient créé deux communautés économiques : la Communauté Economique des Pays des Grands Lacs (CEPGL) le 20 septembre 1976 et la Communauté Economique des Etats de l'Afrique Centrale (CEEAC) le 18 octobre 1983.

Ces deux communautés traduisent une lutte entre leaders de la sous-région et l'influence de l'histoire de la colonisation. Car, la CEPGL est créée sur l'initiative du Président MOBUTU de la République du Zaïre (l'actuelle RDC et ancienne colonie belge) et la CEEAC est née de l'initiative du feu Président OMAR BONGO de la République du Gabon. Toutefois, la CEEAC constitue un dépassement dans la mesure où elle réunit tous les Etats de la sous-région alors que la CEPGEL regroupe seulement trois Etats membres : la RDC, le Burundi et le Rwanda. En vertu de leur date de création, étudions d'abord la CEPGEL (**Section I**) avant de s'intéresser à la CEEAC (**Section II**).

Section I : La Communauté Economique des Pays des Grands-Lacs

La CEPGL constitue un groupement des anciennes colonies belges qui, le 29 août 1969 posent les premiers jalons de leur coopération à Kinshasa, en signant un accord de coopération en matière de sécurité. Ensuite, les trois (3) Etats s'engagent à développer leur coopération lorsqu'ils signent la Déclaration de Goma le 20 mars 1967 ; engagement qui sera confirmé par la Résolution de Gisenyi de 1969 et par la création en 1971 d'un Comité permanent de coopération et une Conférence tripartite siégeant à Kigali. Après avoir posé ces bases et la signature de plusieurs accords de coopération économique, la CEPGL voit le jour le 20 septembre 1976 par une Convention[34] signée à Gisenyi (lieu du siège) au Rwanda, entre le Président MOBUTU de la République du Zaïre, le Président de la République de Burundi Michel MICOMBERO et le Président de la République Rwandaise Juvénal HABYARIMANA. Pendant son existence, la CEPGL est victime de léthargie suite aux guerres civiles du Rwanda en

[34] La Convention de Gisenyi a été amendé à Bujumbura le 9 septembre 177. L'article 1er de l'Amendement dispose que « L'article 20 de la Convention portant création de la Communauté économique des pays des Grands Lacs est amendé comme suit : le secrétaire exécutif est assisté de deux secrétaire exécutif adjoints et d'un personnel administratif et technique. »

1994, de la RDC et des rapports devenus difficiles entre ses Etats membres[35]. La CEPGL a entre autres pour objectifs d'assurer d'abord la sécurité des Etats et de leurs populations ainsi que de concevoir, définir et de favoriser la création et le développement d'activités d'intérêts communs. Pour réaliser les buts fixés, la Communauté est dotée de quatre organes dont une Conférence des Chefs d'Etat, un Conseil des Ministres et de Commissaires, un Secrétariat Exécutif Permanent et une Commission d'arbitrage. La CEPGL jouit d'une personnalité juridique et son budget est alimenté par les contributions des Etats membres. La Convention ici jointe **(§I)** ainsi que les textes additionnels **(§II)** permettent à tout lecteur d'obtenir les dispositions relatives à la CEPGL.

§ I : Convention portant création de la CEPGL

Préambule

Le Président de la République du Burundi, le Président de la République du Rwanda, le Président de la République du Zaïre ;

Conformément à l'esprit des accords signés à Kinshasa le 29 août 1966, de la Déclaration de Goma signée le 20 mars 1967 et de la résolution signée à Bujumbura, le 12 juin 1969 et le 12 juin 1974, ainsi que de la déclaration solennelle signée à Bukavu le 3 mai 1975 ;

Considérant les liens historiques, géographiques et culturels, la similitude des problèmes de développement, la communauté d'intérêts et leurs aspirations communes à la paix, à la sécurité, et au progrès ;

Conformément aux principes inscrits dans la Charte des Nations Unies et fidèles à la Charte de l'Organisation de l'Unité Africaine ;

Décidés à consolider et intensifier la coopération et les échanges commerciaux et à poursuivre en commun leurs efforts de développement économique, culturel et social ;

Guidés par leur commune volonté de renforcer la compréhension entre leurs peuples et la coopération entre leurs Etats en vue de consolider la fraternité et la solidarité intégrée au sein d'une union plus vaste qui transcende les particularités nationales ;

Convaincus que la création des ensembles économiques régionaux est une approche objective et un fondement réaliste de l'Unité Africaine ;

Désireux de favoriser la compréhension et la solidarité mutuelle entre les Etats membres de façon à créer un climat en permanence propice à la

[35] Voir l'arrêt de la CIJ du 3 février 2006

coopération économique et au maintien des relations pacifiques et amicales entre eux ;

Décident de la création de la Communauté Economique des Pays des Grands Lacs (CEPGL) et conviennent de ce qui suit :

Titre I : Des objectifs

Article 1er. Par la présente Convention, les Hautes Parties Contractantes instituent entre elles une Communauté Economique des Pays des Grands Lacs, en abrégé CEPGL, dénommée ci-après la Communauté.

Article 2. La Communauté a pour objectifs :

1. D'assurer d'abord et avant tout la sécurité des Etats et de leurs populations de façon qu'aucun élément ne vienne troubler l'ordre et la tranquillité sur leurs frontières respectives ;
2. De concevoir, de définir et de favoriser la création et le développement d'activités d'intérêts communs ;
3. De promouvoir et d'intensifier les échanges commerciaux et la circulation des personnes et des biens ;
4. De coopérer de façon étroite dans les domaines social, économique, commercial, scientifique, culturel, politique, militaire, financier, technique et touristique plus spécialement en matière judiciaire, douanière, sanitaire, énergétique, de transports et de télécommunications.

Article 3 : Pour atteindre ces objectifs, les Etats Membres s'engagent solennellement à mettre en œuvre des solutions appropriées aux problèmes posés notamment par la création des organismes et services communs et la signature d'ententes, d'accords ou de conventions.

Article 4 : L'Etat Membre qui serait ou deviendrait membre d'autres Organismes de coopération économique devra en informer la Communauté et lui communiquer les dispositions de leurs instruments constitutifs qui peuvent avoir des rapports avec les objectifs de la Communauté.

Titre II : Des Institutions

Article 5 : En vue de réaliser leur but, les Hautes Parties Contractantes ont convenu de créer les institutions suivantes :

- La Conférence des Chefs d'Etat ;
- Le Conseil des Ministres et Commissaire d'Etat ;
- Le Secrétariat Exécutif Permanent ;
- La Commission d'Arbitrage.

Section I : De la Conférence des Chefs d'Etat

Article 6. La Conférence des Chefs d'Etat est l'instance suprême de la Communauté. Elle dispose du pouvoir de décision dans tous les domaines, et notamment :

1°Elle renforce l'unité et la solidarité des Etats ;

2°Elle harmonise et intensifie leur coopération dans les meilleures conditions possibles en vue d'assurer le bonheur et la prospérité de leurs peuples ;

3°Elle oriente la politique générale dans tous les domaines de coopération ;

4°Elle contrôle les travaux du Conseil des Ministres et Commissaire d'Etat ;

5° Elle fixe le siège de la Communauté ;

6°Elle établit son propre règlement intérieur et approuve celui des autres institutions ;

7°Elle décide de la création des organismes spécialisés et services communs ;

8°Elle arrête le budget annuel de la Communauté sur proposition du Conseil des Ministres et Commissaire d'Etat ;

9°Elle nomme le Secrétaire Exécutif et les Secrétaires Exécutifs-Adjoints ;

10°Elle peut, en outre, sur proposition du Conseil procéder à la révision des structures, des fonctions et activités de tous les organes ;

11°Elle peut déléguer au Conseil des Ministres et Commissaire d'Etat son pouvoir de décision dans les matières qu'elle détermine.

Article 7 : La Conférence se réunit en session ordinaire une fois par an et en session extraordinaire chaque fois que de besoin. Elle est convoquée par le Président en exercice de la Communauté qui fixe la date et le lieu des assises.

Article 8 : La présidence de la Conférence est assurée chaque année à tour de rôle par un Chef d'Etat selon l'ordre alphabétique de désignation des Etats.

Article 9 : La Conférence prend ses décisions à l'unanimité de ses membres. Chaque Etat dispose d'une voix délibérative.

Article 10 : Les décisions adoptées par la Conférence s'imposent à tous les Etats Membres qui s'engagent à en assurer l'application.

Section II : Du Conseil des Ministres et Commissaire d'Etat

Article 11. Le Conseil des Ministres et Commissaire d'Etat de la Communauté est composé des membres des Gouvernements et du Conseil Exécutif des Etats Membres ou Plénipotentiaires désignés par les Etats Membres.

Article 12. La Présidence du Conseil est assurée chaque année à tour de rôle par un Ministre ou Commissaire d'Etat. Le Ministre ou Commissaire d'Etat ne peut pas être du même pays qui assure la présidence en exercice de la Conférence des Chefs d'Etats.

Article 13 : Le Conseil se réunit deux fois par an en session ordinaire ; l'une des sessions doit précéder la session ordinaire de la Conférence des Chefs d'Etat. Il est convoqué par le Président en exercice qui fixe la date et le lieu de la session.

Article 14 : A la demande d'un Etat membre, le Conseil se réunit en session extraordinaire sous réserve de l'Accord de tous les membres. Il est convoqué par son Président en exercice. L'ordre du jour d'une session extraordinaire ne comporte en principe que les questions pour lesquelles elle a été convoquée.

Article 15 : Le Conseil est chargé de promouvoir toutes les actions tendant à la réalisation des objectifs définis aux articles 1er et 2 ci-dessus.

Article 16 : Le Conseil est chargé de la préparation de la Conférence des Chefs d'Etat. Il connaît de toute question que lui envoie la Conférence et met en œuvre la politique de coopération définie par la Conférence des Chefs d'Etat.

Article 17 : Les décisions du Conseil prises en vertu de l'article 6, alinéa 11, le seront à l'unanimité et s'imposent à tous les Etats Membres qui s'engagent à en assurer l'application. Chaque Etat Membre a une voix délibérative.

Section III : Du Secrétariat Exécutif Permanent

Article 19 : Le Secrétariat Exécutif Permanent de la Communauté est assuré par le Secrétariat Exécutif.

Le Secrétaire Exécutif a pour missions :

- d'élaborer des projets d'intérêt commun et de les soumettre aux Etats Membres avec des propositions concrètes ayant trait notamment à l'implantation des industries compte tenu des critères communs, d'avantages mutuels et du volume des échanges commerciaux provenant de ces mêmes industries ;
- de préparer les réunions ;

- de suivre la réalisation des projets en cours d'exécution, de formuler des propositions de modifications ou de réajustements éventuels, de signaler les difficultés rencontrées et d'en proposer les solutions ;
- d'émettre des suggestions relatives aux sources de financement ;
- de préparer les documents de travail à l'intention des Autorités responsables des Etats Membres, et les projets d'Accords, d'ententes et de Conventions entre les Etats Membres, notamment les modalités d'application des décisions prises par les Autorités responsables, ainsi que de toute question que lui confient ces Autorités ;
- d'effectuer toutes les études nécessaires à la promotion de la coopération entre les Etats Membres, notamment les modalités d'application des décisions prises par les Autorités responsables, ainsi que de toute question que lui confient ces Autorités ;
- d'établir des rapports annuels à l'intention des Autorités des Etats Membres, ainsi qu'un rapport annuel de ses activités ;
- de tenir à jour les archives relatives à la coopération entre les Etats.

Article 20 : Le Secrétaire Exécutif est assisté de deux Secrétaires Exécutifs-Adjoints et d'un personnel administratif et technique.

Les Secrétaires Exécutifs-Adjoints sont chargés respectivement :

- des affaires politiques, juridiques, sociales, culturelles et scientifiques ;
- des affaires économiques, techniques, financières et administratives.

Article 21 : Le Secrétaire Exécutif et les Secrétaires Exécutifs-Adjoints sont nommés pour une période de quatre ans renouvelable par la Conférence des Chefs d'Etat sur proposition du Conseil.

Article 22 : Le Statut du Secrétaire Exécutif Permanent et de son personnel est fixé par une décision de la Conférence des Chefs d'Etat sur proposition du Conseil.

Article 23 : Dans l'exercice de leurs fonctions, le Secrétaire Exécutif et les Secrétaires Exécutifs-Adjoints et le personnel administratif et technique ne pourront ni solliciter, ni recevoir l'instruction d'aucun Etat, d'aucune entité Nationale ou Internationale. Ils s'abstiennent de toute attitude incompatible avec leur qualité de fonctionnaires internationaux.

Section IV : De la Commission d'Arbitrage

Article 24 : La Commission d'Arbitrage est formée de quatre juges qui sont désignés par les Etats sauf le Juge-Président. Le Juge-Président est nommé par le Président en exercice de la Conférence sur proposition des Juges et parmi ceux-ci.

Le Pays dont le juge est élevé à la Présidence désigne un autre juge qu'il propose à la nomination. Les quatre juges seront choisis parmi des personnes offrant toutes garanties d'indépendance, d'impartialité et réunissant les conditions requises pour l'exercice, dans leurs pays respectifs, des hautes fonctions judiciaires. Ils seront nommés pour une période de quatre ans renouvelable.

La Commission nomme son greffier dont elle fixe le statut.

Article 25. La Commission d'Arbitrage assure le respect du droit dans l'interprétation et l'application de la présente Convention.

Article 26 : La Commission est compétente pour statuer sur tout différend entre les Etats Membres dans le cadre de la présente Convention.

Article 27 : Les décisions de la Commission ont force exécutoire et obligatoire.

Article 28 : La Commission établit son règlement de procédure qui est soumis à l'approbation du Conseil.

Article 29 : Les Etats Membres s'engagent à ne pas soumettre un différend relatif à l'interprétation ou à l'application de la présente Convention à un mode de règlement autre que celui prévu par cette Convention.

Article 30 : Le Statut de la Commission est fixé par un Protocole séparé.

Titre III : Du budget

Article 31 : Le Budget de la Communauté est préparé par le Secrétaire Exécutif, adopté par le Conseil des Ministres et Commissaire d'Etat et rendu exécutoire par la Conférence des Chefs d'Etat.

Article 32 : Le budget est alimenté par les contributions des Etats Membres, suivant les modalités fixées par la Conférence des Chefs d'Etat sur proposition du Conseil.

Les Etats Membres s'engagent à payer régulièrement leurs contributions respectives aux échéances prévues.

Titre IV : De la personnalité Juridique

Article 33 : La Communauté jouit d'une personnalité juridique et possède la capacité pour :

a) contracter ;
b) acquérir et céder les biens meubles et immeubles indispensables pour la réalisation de ses objectifs ;
c) emprunter ;
d) ester en justice ;
e) accepter dons, legs et libéralités.

Le Président en exercice de la Conférence des Chefs d'Etat est le Représentant légal de la Communauté. Seul, ou par délégation, il a la capacité d'accomplir les actes juridiques énumérés ci-dessus.

Article 34 : La Conférence décide des immunités et privilèges à accorder à la Communauté, à ses Représentants et au personnel du Secrétariat Exécutif dans les territoires énumérés ci-dessus.

Titre V : Des dispositions diverses

Article 35 : La présente Convention entrera en vigueur dès sa ratification par les Etats Signataires conformément à leur procédure constitutionnelle.

Les instruments de ratification seront déposés auprès du pays du siège désigné comme Etat dépositaire qui notifiera le dépôt à tous les Etats Signataires ainsi qu'au Secrétariat Exécutif Permanent.

Article 36 : La présente Convention est ouverte à l'adhésion des autres Etats de la Région des Grands Lacs.

Article 37 : La présente Convention sera enregistrée auprès de l'Organisation des Nations Unies et de l'Organisation de l'Unité Africaine.

Article 38 : La présente Convention peut être amendée ou révisée par la Conférence des Chefs d'Etat à la demande écrite d'un Etat Membre.

Article 39 : La présente Convention peut être dénoncée par tout Etat Membre auprès du Président en exercice qui en fera immédiatement notification aux autres Etats Membres.

Elle cessera de s'appliquer à cet Etat dans un délai de trois ans à compter de la date de notification.

Article 40 : La dissolution de la Communauté est de la compétence exclusive de la Conférence des Chefs d'Etat qui fixera les modalités de répartition de l'actif et du passif.

Fait à Gisenyi, le 20 septembre 1976

Le Président de la République du Burundi,
[*Signé*]
Michel MICOMBERO
Lieutenant-Général

Le Président de la République Rwandaise,
[*Signé*]
Juvénal HABYARIMANA
Général-Major

Le Président de la République du Zaïre,
[*Signé*]
MOBUTU SESE SEKO KUKU NGBENDU WA ZA BANGA
Général de Corps d'Armée

§II : Les Protocoles additionnels à la Convention et l'Accord portant création de la BDEGL

A : Les Protocoles additionnels

1 : Premier Protocole additionnel relatif à la création et à l'institutionnalisation des commissions techniques spécialisées de la CEPGL

Le Président de la République du Burundi,

Le Président de la République rwandaise,

Le Président de la République du Zaïre,

Conformément à la Convention portant création de la Communauté économique des pays des Grands Lacs, spécialement à ses articles 3, 6, (7e et 10e) et 38 ;

Déterminés à intensifier et à harmoniser la coopération entre les Etats membres de la Communauté ;

Convaincus de la nécessité de favoriser des rencontres régulières entre services spécialisés des Etats membres ;

Estimant que les accords et conventions signés dans le cadre de la Tripartite couvrent de larges domaines de coopération et que nombre d'entre eux ne sont pas appliqués jusqu'à ce jour ;

Considérant cependant que l'intérêt des Etats membres de la Communauté commande que ces accords et conventions soient le plus tôt possible mis en application après l'accomplissement des procédures de ratification auxquelles ont procédé les Etats membres ;

Persuadés qu'un cadre institutionnel approprié serait de nature à contribuer de manière efficace à la réalisation des objectifs définis par l'article 2 de la Convention de Gisenyi ;

Conviennent de la création et de l'institutionnalisation des Commissions techniques spécialisées de la Communauté économique des pays des Grands Lacs.

Art. premier

En complément aux Institutions prévues à l'article 5 de la Convention portant création de la Communauté économique des pays des Grands Lacs, les hautes parties contractantes conviennent de la création et de l'institutionnalisation des Commissions techniques spécialisées suivantes :

1. la Commission technique spécialisée des affaires politiques et juridiques ;

2. la Commission technique spécialisée du Commerce, des finances, de l'immigration et du Tourisme ;
3. la Commission technique spécialisée de la Planification, de l'Industrie, de l'Agriculture et des ressources naturelles ;
4. la Commission technique spécialisée des travaux publics, des transports, des Communications et de l'énergie ;
5. la Commission technique spécialisée des affaires sociales et culturelles.

La Conférence peut, si elle le juge nécessaire, décider de la création de toutes autres Commissions.

Article 2 : Chaque Commission comprend au moins un ministre ou commissaires d'Etat de chacun des Etats membres. Les ministres et commissaires d'Etat peuvent être assistés par des conseillers.

Article 3 : Chaque Commission a notamment pour mandat :

1. d'évaluer périodiquement l'état de coopération dans le domaine qui la concerne et de présenter à la Conférence, par l'intermédiaire du Conseil des ministres et commissaires d'Etat, des rapports et des recommandations ;
2. de veiller à l'exécution des décisions de la Conférence dans les matières de leurs compétences notamment en assurant la mise en œuvre des accords et conventions existants dans le cadre de la Communauté ;
3. de s'acquitter de toute autre fonction qui peut lui être assignée en application de la Convention portant création de la Communauté des pays des Grands Lacs.

Art. 4 : Les décisions des Commissions prises conformément à l'article 3 (2e et 3e) à l'instar, dorénavant, de celles de la Conférence et du Conseil font l'objet de publication au Journal de la Communauté ainsi que dans les journaux officiels des Etats membres.

Art. 5 : Les Commissions techniques spécialisées se réunissent au niveau ministériel au moins une fois par an et aussi souvent que possible à d'autres niveaux sous la diligence du secrétaire exécutif de la Communauté qui arrête le calendrier des réunions qu'il communique aux Etats membres.

Art. 6 : Sous réserve des dispositions du présent protocole et des directives qui peuvent lui être données par la Conférence, chaque Commission peut arrêter toutes autres modalités pratiques nécessaires pour la bonne exécution des fonctions qui lui sont assignées.

Article 7 : Le présent protocole signé en un exemplaire original en langue française sera déposé au Secrétariat exécutif de la Communauté qui en transmettra des copies conformes aux Etats membres.

Il entre en vigueur le jour de sa signature.

Fait à Bujumbura, le 9 septembre 1977

Le Président de la République de Burundi,
Jean-Baptiste BAGAZA
Colonel

Le Président de la République rwandaise,
Juvénal HABYARIMANA
Général-Major

Le Président de la République du Zaïre,
MOBUTU SESE SEKO KUKU NGBENDU WA ZA BANGA,
Général de Corps d'Armée

2 : Deuxième Protocole additionnel concernant le statut de la Commission d'arbitrage

Le Président de la République du Burundi,

Le Président de la République rwandaise,

Le Président de la République du Zaïre,

Conformément à la Convention du 20 septembre 1976 portant création de la Communauté économique des pays des Grands Lacs, spécialement ses articles 24 à 30 ;

Décident de la mise en place de la Commission d'Arbitrage de la Communauté économique des pays des Grands Lacs, organe judiciaire de la Communauté, et adoptent son statut dont le texte suit :

Chapitre 1 : Organisation et fonctionnement de la Commission

Art. premier

La Commission est un corps de magistrats indépendants choisis parmi les personnes jouissant de la plus haute considération morale et qui réunissent les conditions requises pour l'exercice, dans leurs pays respectifs, des hautes fonctions judiciaires ou qui possèdent une compétence notoire en matière de droit international.

Art. 2 : La Commission se compose au départ de 4 juges et de 3 juges suppléants désignés par les Etats membres et nommés pour une période de 4 ans renouvelable.

La désignation et la nomination des juges et du président de la Commission se font conformément à l'article 24 de la Convention.

Art. 3 : La Commission pourra comprendre plus de quatre juges si d'autres Etats adhèrent à la Communauté conformément à l'article 36 de la Convention.

Article 4 : A l'expiration de leur mandat, les membres de la Commission restent en fonction jusqu'à leur remplacement.

Art. 5 : En cas de décès ou de démission d'un membre de la Commission, le membre suppléant du démissionnaire ou du défunt occupe le siège vacant.

Art. 6 : Le membre de la Commission nommé en remplacement d'un membre dont le mandat n'est pas expiré achève le terme du mandat de son prédécesseur.

Art. 7 : Les membres de la Commission jouissent, dans l'exercice de leurs fonctions, des privilèges et immunités normalement reconnus aux membres des juridictions internationales et des tribunaux arbitraux internationaux.

A ce titre, ils ne peuvent être notamment poursuivis ni recherchés pour les actes accomplis par eux en leur qualité officielle même après la cessation de leurs fonctions.

A l'exception de celles protégeant les actes visés au deuxième paragraphe ci-dessus, les immunités prévues au présent article peuvent être agréées par la Commission.

Art. 8 : Tout membre de la Commission doit, avant d'entrer en fonction, prendre l'engagement solennel d'exercer ses fonctions en pleine impartialité et en toute conscience.

Art. 9 : La Commission nomme son greffier dont elle fixe le statut conformément à l'article 24 de la Convention.

Art. 10 : La Commission siège au lieu du siège de la Communauté.

La Commission peut parfois siéger et exercer ses fonctions ailleurs dans les pays membres de la Communauté lorsqu'elle le juge nécessaire.

Art. 11 : La Commission se réunit selon les besoins de son fonctionnement comme le prévoit l'article 24 de la Convention.

Art. 12 : Les membres de la Commission sont tenus, à moins d'un empêchement pour cause de maladie ou autre motif grave dûment justifié auprès du président, d'être à tout moment à la disposition de la Commission.

Art. 13 : Si pour une raison spéciale, l'un des membres de la Commission estime qu'il ne peut pas participer au jugement d'une affaire il en fait part à la Commission qui invite le suppléant de ce membre à siéger.

Si le président estime qu'un des membres de la Commission ne doit pas, pour une raison spéciale, siéger dans une affaire déterminée, il en avertit la Commission qui invite le suppléant du membre à siéger.

Le juge suppléant appelé à participer au règlement d'une affaire en vertu des articles 5 et 13 du présent protocole, siège dans cette affaire jusqu'à sa solution.

Art. 14 : La Commission détermine sa procédure par un règlement qu'elle soumet à l'approbation du Conseil conformément à l'article 28 de la Convention.

Art. 15 : Les juges de la nationalité de chacune des parties conservent le droit de siéger dans les affaires dont la Commission est saisie même si elles concernent leurs pays.

Art. 16 : Sur proposition du Conseil, la Conférence détermine le mode de rémunération des membres de la Commission et du greffier.

Art. 17 : Les frais de fonctionnement de la Commission sont supportés par la Communauté.

Chapitre 2 : Compétence de la Commission

Art. 18 : La Commission est compétente pour statuer sur tout différend entre les Etats membres de la Communauté qui seuls ont qualité pour se présenter devant elle.

Art. 19 : La Compétence de la Commission s'étend à toutes les affaires que les Etats membres lui soumettront à propos de l'interprétation et de l'application de la Convention et de tous les textes fondamentaux de la Communauté et de ses organismes spécialisés.

Art. 20 : La Commission dont la mission est de régler conformément au droit international les différends qui lui sont soumis, applique :

- les conventions internationales établissant des règles reconnues par les Etats en litige ;
- la coutume internationale comme preuve d'une pratique générale acceptée comme étant le droit ;
- les principes généraux du droit ;
- les décisions judiciaires et la doctrine comme moyen subsidiaire de détermination des règles de droit.

La présente disposition ne porte pas atteinte à la faculté pour la Commission, si les parties sont d'accord, de statuer *ex aequo et bono*.

Chapitre 3 : Procédure

Art. 21 : La langue de travail de la Commission est le français.

Art. 22 : Les différends sont portés devant la Commission par notification adressée à son président qui en donne communication à tous les intéressés et au Secrétariat exécutif permanent de la Communauté.

La notification comprend :

- un exposé de l'objet du différend ;
- des conclusions de la partie requérante ;
- un exposé des moyens évoqués.

Art. 23 : La Commission a le pouvoir de déterminer, si elle le juge nécessaire des mesures conservatoires du droit de chaque partie qui doivent être prises à titre provisoire, en attendant l'arrêt définitif.

Art. 24 : Les parties sont représentées par une ou plusieurs personnes mandatées à cet effet. Les représentants des parties jouissent des privilèges et immunités nécessaires à l'exercice de leurs fonctions.

Art. 25 : La procédure est contradictoire : les modalités sont fixées par la Commission dans son règlement.

Art. 26 : La Commission peut procéder ou faire procéder à des mesures d'instruction. Les témoins régulièrement cités sont tenus de se présenter à l'audience.

La Commission peut dénoncer devant les autorités nationales, le faux témoignage ou la défaillance des témoins.

Art. 27 : La Commission peut demander aux parties de produire tous documents et de fournir toutes informations qu'elle estime nécessaires. Elle peut recueillir tous les renseignements nécessaires à la solution du différend à elle soumis.

Art. 28 : Les délibérations de la Commission sont strictement confidentielles.

Art. 29 : Les délibérations de la Commission sont prises à la majorité absolue.

Art. 30 : Les sentences de la Commission sont motivées et lues en audience publique.

Art. 31 : Les décisions de la Commission sont obligatoires pour les parties au différend qui sont tenues de prendre toutes les mesures nécessaires à leur exécution.

Chapitre 4 : Avis consultatifs

Art. 32 : La Commission, en tant qu'organe chargé d'assurer le respect du droit dans l'interprétation et l'application des textes fondamentaux de la Communauté, peut donner des avis consultatifs sur toute question juridique, à la demande de tout pays membre ou de toute institution ou organisme spécialisé de la Communauté.

Chapitre 5 : Amendements

Art. 33. Les amendements au présent statut peuvent être effectués suivant la même procédure que celle prévue pour les amendements à la Convention portant création de la Communauté économique des pays des Grands Lacs.

Art. 34. La Commission peut proposer les amendements qu'elle jugera nécessaires d'apporter au présent statut, en les communiquant par écrit au secrétaire exécutif de la Communauté, aux fins d'examen conformément aux dispositions de l'article 33 ci-dessus.

Art. 35. Le présent protocole entre en vigueur le jour de sa signature.

Fait à Bujumbura, le 9 septembre 1977

Le Président de la République de Burundi,

Jean-Baptiste BAGAZA

Colonel

Le Président de la République rwandaise,

Juvénal HABYARIMANA

Général-Major

Le Président de la République du Zaïre,

MOBUTU SESE SEKO KUKU NGBENDU WA ZA BANGA,

Général de Corps d'Armée

B : L'Accord portant création de la Banque de développement des Etats des Grands Lacs (BDEGL)

Le Président de la République du Burundi,

Le Président de la République rwandaise,

Le Président de la République du Zaïre,

Soucieux de la nécessité de renforcer les liens historiques existant entre leurs trois Etats ;

Désireux de consolider le développement économique des pays membres de la Communauté économique des pays des Grands Lacs dans un cadre de solidarité et d'intérêts communs ;

Considérant qu'il est nécessaire d'accélérer la mise en valeur des vastes ressources humaines et naturelles des Etats de la Communauté pour stimuler le développement économique et le progrès social de la région ;

Convaincus qu'il importe de coordonner les plans nationaux de développement économique et social pour favoriser la croissance harmonieuse de l'ensemble des économies des Etats de la Communauté et l'expansion du commerce et des échanges intrarégionaux ;

Décidés de donner à la solidarité régionale des formes pratiques et efficaces ;

Convaincus que la création d'une institution financière au service du développement économique des pays de la Communauté est une étape importante dans le renforcement de la coopération régionale ;

En application de la Convention portant création de la Communauté économique des pays des Grands Lacs, spécialement en ses articles 2 et 3,

SONT CONVENUS de ce qui suit :

Art. premier : Une institution financière commune aux pays membres de la Communauté économique des pays des Grands Lacs est créée sous la dénomination de « Banque de développement des Etats des Grands Lacs » en abrégé **BDEGL.**

La Banque est régie par le présent accord et par ses propres statuts qui en feront partie intégrante.

Art. 2. La Banque a pour objectif essentiel d'œuvrer à la promotion du développement économique et social des pays membres.

Art. 3. Les pays membres de la Communauté économique des pays Grands Lacs s'engagent à prendre toutes les mesures nécessaires pour permettre à la Banque de remplir efficacement sa mission.

Art. 4. La Banque est un organisme spécialisé de la Communauté économique des pays des Grands Lacs et devra travailler en étroite collaboration avec tous les organes de la Communauté.

Art. 5. Le présent Accord signé en un exemplaire original en langue française ainsi que les statuts de la Banque seront déposés au Secrétariat exécutif permanent de la Communauté qui en transmettra des copies conformes aux Etats membres.

Art. 6. Le présent Accord sera ratifié par les Etats signataires conformément à leur procédure constitutionnelle et les instruments de ratification seront déposés le plus tôt possible.

Art. 7. Le présent Accord entrera en vigueur après le dépôt des instruments de ratification au Secrétariat exécutif permanent de la Communauté économique des pays Grands Lacs qui en transmettra des copies conformes aux Etats membres.

Fait à Bujumbura, le 9 septembre 1977

Le Président de la République de Burundi,
Jean-Baptiste BAGAZA
Colonel

Le Président de la République rwandaise,
Juvénal HABYARIMANA
Général-Major

Le Président de la République du Zaïre,
MOBUTU SESE SEKO KUKU NGBENDU WA ZA BANGA,
Général de Corps d'Armée

Section II : La Communauté Economique des Etats de l'Afrique centrale

Au sortir des indépendances, la construction de l'Afrique oppose les progressistes et les modérés quant au choix d'une intégration africaine immédiate et l'intégration progressive en passant par l'intégration sous régionale. Le triomphe des pays modérés se matérialisa lorsque fut adopté le Plan d'Action de Lagos qui vise le développement économique et social de l'Afrique par la création notamment de structures sous régionales pouvant progressivement aboutir à l'établissement d'un marché commun. C'est ainsi que le 18 octobre 1983, les Etats membres de la CEEAC avaient signé le Traité instituant la CEEAC qui entra en vigueur en 1984 avant l'installation du Secrétariat Général en 1985. Mais, entre 1993 et 1997, la CEEAC avait connu un moment d'inactivité du fait des crises internes intervenues dans certains Etats membres[36] et le non-paiement des contributions. C'est en 1998 que la CEEAC avait repris ses activités jusqu'à ce jour.

Le Traité fondateur de la CEEAC a fait l'objet d'une révision le 18 décembre 2019 à Libreville dans le but de s'adapter aux changements qui s'opèrent sur la scène continentale et internationale afin d'en tirer un meilleur profit[37]. D'après le Traité fondateur, « *le but de la Communauté est de promouvoir et de renforcer une coopération harmonieuse et un développement équilibré et auto-entretenu dans tous les domaines de*

[36] Cette période coïncide avec les guerres civiles au Rwanda et le génocide (1993 et 1994), en République du Congo (1997 et 1998) et en RDC pour ne citer que ceux-là.
[37] Préambule du Traité instituant la CEEAC du 18 octobre 1983.

l'activité économique et sociale... »[38] Afin d'atteindre les objectifs fixés, le Traité fondateur avait institué une Conférence des Chefs et de Gouvernements ; le Conseil des Ministres ; la Cour de Justice ; le Secrétariat Général ; la Commission consultative et tout Comité ou organe technique spécialisé créé ou prévu par le Traité[39]. Il faut citer à ce sujet entre autres institutions spécialisées : le Conseil de Paix et de Sécurité en Afrique Centrale (COPAX) ; la Commission régionale des pêches du Golfe de Guinée (COREP) ; la Commission des Forêts de l'Afrique Centrale (COMIFAC) et le Pool énergétique de l'Afrique Centrale (PEAC)[40]. Le Traité révisé en son article 11 apporte de grands changements en instituant, d'une part, les organes suivant une Commission à la place du Secrétariat Général ; les Comités Techniques Spécialisés ; le Comité des représentants permanents ; le Comité inter-Etats des experts et, d'autre part, les institutions de la Communauté qui sont : le Parlement de la Communauté, la Cour de Justice, la Cour des Comptes, les institutions financières et les institutions spécialisées. Le nouveau Traité vise à approfondir l'intégration par la construction d'une union douanière propice au développement économique des Etats et des peuples. Les ressources financières de la CEEAC proviennent, en partie, de la Contribution Communautaire d'Intégration (CCI) qui consiste à prélever 0,4% de la valeur en douane des importations hors Communauté et, en partie, des accords avec les partenaires internationaux. Les mutations de l'intégration des Etats sont vérifiables à travers une lecture attentive du Traité instituant la CEEAC (**§ I**) et celle de sa version révisée du 18 décembre 2019 (**§ II**).

§ I : Traité instituant la CEEAC du 18 octobre 1983

Préambule

Le Président de la République Populaire d'Angola,

Le Président de la République du Burundi,

Le Président de la République-unie du Cameroun,

Le Président de la République Centrafricaine,

Le Président de la République populaire du Congo,

---

[38] Article 4, al. 1er du Traité instituant la CEEAC.

[39] Idem article 7, al. 1er

[40] Le PEAC a été créé à Brazzaville la Résolution N°001/PEAC/03 du 12 avril 2003 portant approbation de l'Accord cadre intergouvernemental relatif au PEAC et la Résolution N°001/PEAC/03 du 12 avril 2003 portant Accord Inter-Sociétés. Il a pour missions de mettre en œuvre la politique énergétique, le suivi des études et la construction des infrastructures communautaires, l'organisation des échanges de l'énergie électrique et des services connexes dans l'espace CEEAC.

Le Président de la République Gabonaise,

Le Président de la République de Guinée-Equatoriale,

Le Président de la République Rwandaise,

Le Président de la République Démocratique de Sao Tomé-et-Principe,

Le Président de la République du Tchad,

Le Président de la République du Zaïre.

Conscients de la nécessité de promouvoir le développement économique et social de leurs Etats dans le but d'améliorer le niveau de vie de leurs peuples,

Rappelant

- les objectifs énoncés par la Charte de l'Organisation de l'Unité Africaine, notamment en son article 2, paragraphe 1, b) et paragraphe 2 ;
- la Déclaration sur la coopération, le développement et l'indépendance économique de l'Afrique adoptée par la dixième Conférence des Chefs d'Etat et de gouvernement de l'Organisation de l'Unité Africaine (mai 1973) ;
- la Déclaration d'engagement de Monrovia (juillet 1979) sur les principes directeurs à respecter et les mesures à prendre pour réaliser l'autosuffisance nationale et collective dans le domaine économique et social en vue de l'instauration d'un nouvel ordre économique international ;
- Le Plan d'action et l'Acte final de Lagos (avril 1980), notamment les mesures visant le développement économique, social et culturel de l'Afrique et définissant, entre autres, celles relatives à la création de structures sous-régionales et au renforcement des structures existantes en vue de l'établissement graduel et progressif d'un marché commun africain, prélude à une communauté économique africaine ;
- Leur engagement solennel contenu dans la Déclaration de Libreville (décembre 1981) de tout mettre en œuvre pour instituer une Communauté Economique des Etats de l'Afrique Centrale ;

AYANT A L'ESPRIT les principes du droit international qui régissent les relations entre les Etats, notamment les principes de souveraineté, d'égalité et d'indépendance de tous les Etats, de non-ingérence dans leurs affaires intérieures et le principe de la prééminence du droit dans leurs rapports mutuels ;

CONVAINCUS qu'une coopération efficace au sein de grands ensembles soutenue par une politique résolue et concertée favorise le développement économique accéléré et harmonieux de leurs Etats ;

CONSCIENTS de ce que le progrès dans la voie de la coopération économique sous-régionale ne peut s'accomplir qu'en tenant compte de la situation et des intérêts de chaque Etat ;

CONSCIENTS de la diversité des niveaux de développement des pays de la sous-région et particulièrement de la situation des pays sans littoral, insulaires, partiellement insulaires, semi-enclavés et/ou appartenant à la catégorie des pays les moins avancés ;

CONVAINCUS que les efforts en vue de la coopération sous-régionale ne doivent ni entraver ni contrarier d'autres efforts du même genre pour promouvoir une plus large coopération en Afrique ;

DETERMINES à établir les fondements d'un espace économique sous-régional plus large ;

PRENANT l'engagement de collaborer sincèrement et activement à la poursuite des buts définis par le présent Traité en s'abstenant notamment de prendre toute mesure susceptible de compromettre la réalisation de ces buts ;

DECIDES à mettre en œuvre toutes mesures et à prendre les dispositions requises pour l'adoption de textes législatifs propres à assurer l'exécution des obligations découlant du présent Traité ou résultant des institutions de la Communauté ;

DECIDENT d'instituer une Communauté Economique des Etats de l'Afrique Centrale, et

CONVIENNENT de ce qui suit :

Chapitre premier : Expressions Employées

Article premier : Expressions employées

Aux fins du présent Traité, on entend par :

a) « Accord de troc », tout accord en vertu duquel des articles sont importés dans un Etat membre, article dont l'importation peut être réglée, en totalité ou en partie, par un échange direct de marchandises ;
b) « Comité », tout comité créé par l'article 26 du présent Traité ou en vertu de celui-ci ;
c) « Commission », la Commission consultative créée par l'article 23 du présent Traité ;
d) « Communauté », la Communauté Economique des Etats de l'Afrique Centrale dont l'article 2 du présent Traité porte création ;

e) « Conférence », la réunion des Chefs d'Etat et de gouvernement de la Communauté instituée en vertu de l'article 8 du présent Traité ;
f) « Conseil », toute réunion des Ministres dont l'article 12 du présent Traité porte création ;
g) « Cour de justice », la Cour de justice de la Communauté dont l'article 16 du présent Traité porte création ;
h) « Droit de douane », le droit protecteur et les taxes d'effet équivalent perçus sur les marchandises du fait de leur importation ;
i) « Droits fiscaux à l'importation », le droit non protecteur et les taxes d'effet équivalent perçus sur les marchandises du fait de leur exportation ;
j) « Droits et taxes à l'exportation », le droit de sortie et les taxes d'effet équivalent perçus sur les marchandises du fait de leur exportation ;
k) « Droits et taxes de douane », l'ensemble des droits et taxes tels que définis ci-dessus ;
l) « Etat membre », tout Etat membre de la Communauté ;
m) « Etat tiers, tout Etat autre qu'un Etat membre ;
n) « Fonds », le Fonds de coopération et de développement créé par l'article 75 du présent Traité ;
o) « Marchandises en transit », les marchandises acheminées entre deux Etats membres ou entre un Etat membre et un pays tiers et traversant un ou plusieurs Etats membres ;
p) « Personne », une personne physique ou morale ;
q) « Régime des échanges intra-communautaires », les avantages accordés aux marchandises mentionnées au paragraphe 1 de l'article 10 du présent Traité ;
r) « Ressortissant de la Communauté », toute personne physique considérée comme citoyen d'un Etat membre conformément aux lois en vigueur dans cet Etat ; les personnes morales constituées conformément à la législation en vigueur dans un Etat membre sont assimilées aux personnes physiques, à condition que leur siège social soit détenu par des citoyens ou des organismes publics de cet Etat membre ; l'objectif étant de parvenir progressivement à au moins 51% ;
s) « Secrétaire général », le Secrétaire général de la Communauté prévu à l'article 19 du présent Traité portant sa création ;
t) « Traité », le Traité instituant la Communauté.

Chapitre II : Création, principes, objectifs, engagement général et modalités

Article 2 : Création de la Communauté

Par le présent Traité, les HAUTES PARTIES CONTRACTANTES, instituent entre elles une Communauté Economique des Etats de l'Afrique Centrale (CEEAC), ci-après dénommée « La Communauté ».

Article 3 : Principes

Par le présent Traité, LES HAUTES PARTIES CONTRACTANTES s'engagent à respecter les principes du droit international qui régissent les relations entre les Etats, notamment les principes de souveraineté, d'égalité et d'indépendance de tous les Etats, de bon voisinage, de non-ingérence dans leurs affaires intérieures, de non recours à la force pour le règlement des différends et le respect de la prééminence du droit dans leurs rapports mutuels.

Article 4 : Objectifs de la Communauté

1. Le but de la Communauté est de promouvoir et de renforcer une coopération harmonieuse et un développement équilibré et auto-entretenu dans tous les domaines de l'activité économique et sociale, en particulier dans les domaines de l'industrie, des transports et communications, de l'énergie, de l'agriculture, des ressources naturelles, du commerce, des douanes, des questions monétaires et financières, des ressources humaines, du tourisme, de l'enseignement, du perfectionnement, de la culture, de la science et de la technologie et du mouvement des personnes, en vue de réaliser l'autonomie collective, d'élever le niveau de vie des populations, d'accroitre et de maintenir la stabilité économique, de renforcer les étroites relations pacifiques entre les Etats membres et de contribuer au progrès et au développement du continent africain.

2. Aux fins énoncées au paragraphe 1 ci-dessus et conformément aux dispositions pertinentes du présent Traité, la Communauté a pour objectifs :

a) l'élimination, entre les Etats membres, des droits de douane et toutes autres taxes d'effet équivalent à l'importation et à l'exportation des marchandises ;
b) l'abolition, entre les Etats membres, des restrictions quantitatives et autres entraves au commerce ;
c) l'établissement et le maintien d'un tarif douanier extérieur commun ;
d) l'établissement d'une politique commerciale à l'égard des Etats tiers ;

e) la suppression progressive, entre les Etats membres, des obstacles à la libre circulation des personnes, des biens, des services, des capitaux et aux droit d'établissement ;
f) l'harmonisation des politiques nationales en vue de la promotion des activités communautaires, notamment dans les domaines de l'industrie, des transports et communications, de l'énergie, de l'agriculture, des ressources naturelles, du commerce, de la monnaie et des finances, des ressources humaines, du tourisme, de l'enseignement, de la culture, de la science et de la technique ;
g) la création d'un fonds de coopération et de développement ;
h) le développement rapide des Etats membres sans littoral, insulaires, partiellement insulaires, semi-enclavés, et/ou appartenant à la catégorie des pays les moins avancés ;
i) toutes autres activités visant à atteindre les objectifs communautaires que les Etats membres pourront entreprendre en commun.

Article 5 : Engagement général

1. Les Etats membres s'engagent à orienter leurs efforts pour réunir les conditions favorables au développement de la Communauté et à la réalisation de ses objectifs ainsi qu'à l'harmonisation de leurs politiques pour la concrétisation desdits objectifs à travers les institutions de la Communauté. Ils s'abstiennent de prendre toutes les mesures susceptibles d'en compromettre la réalisation.

2. Chaque Etat membre s'engage à prendre toutes les dispositions conformément à ses procédures constitutionnelles pour assurer l'adoption et la diffusion des textes législatifs nécessaires à l'exécution des dispositions du présent Traité.

Article 6 : Modalités de mise en place de la Communauté

1. La Communauté Economique des Etats de l'Afrique Centrale est progressivement mise en place au cours d'une période de douze années subdivisée en trois étapes de quatre années chacune.

2. A chaque étape est assigné un ensemble d'actions qui doivent être engagées et poursuivies concurremment de la manière suivante :

a) Première étape : stabilité du régime fiscal et douanier en vigueur à la date de l'entrée en application du Traité et élaboration des études afin de fixer le calendrier pour l'élimination progressive des obstacles tarifaires et non tarifaires au commerce intra-communautaire ; fixation d'un calendrier des hausses ou des baisses des tarifs douaniers des Etats membres vers un tarif extérieur commun ;

b) Deuxième étape : création d'une zone de libre échange (application du calendrier pour l'élimination progressive des obstacles tarifaires et non tarifaires au commerce intra-communautaire) ;
c) Troisième étape : mise en place de l'union douanière (adoption d'un tarif extérieur commun).

3. Le passage d'une étape à l'autre est conditionné par la constatation que l'essentiel des objectifs spécifiques fixés par le présent Traité ou la Conférence a été atteint et que les engagements ont été tenus.

La Conférence, sur proposition du Conseil, constate que les objectifs assignés à une étape ont été atteint et décide du passage à l'étape suivante.

4. La durée totale des étapes ne peut être prolongée ou abrégée qu'en vertu d'une décision adoptée par consensus. Toutefois, les décisions prises ne peuvent avoir pour effet de ramener la période de transition à dix ans ou de la prolonger au-delà de vingt ans à partir de l'entrée en vigueur du présent Traité.

Chapitre III : Institutions de la communauté

Article 7 : Institutions

1. Les institutions de la Communauté sont :

a) La Conférence des Chefs d'Etats et de Gouvernement ;
b) Le Conseil des Ministres ;
c) La Cour de justice ;
d) Le Secrétariat Général ;
e) La Commission consultative ;
f) Tout Comité ou organe technique spécialisé créé ou prévu par le présent Traité.

2. Les institutions de la Communauté exercent leurs fonctions et agissent dans les limites des pouvoirs qui leur sont conférées par le présent Traité.

CONFERENCE DES CHEFS D'ETATS ET DE GOUVERNEMENTS

Article 8 : Création et composition

1. Il est créé une Conférence des Chefs d'Etats et de Gouvernement de la Communauté.

2. La Conférence des Chefs d'Etats et de Gouvernement est l'organe suprême de la Communauté.

3. Elle se compose des Chefs d'Etats et de Gouvernement des Etats membres.

Article 9 : Compétence

1. La Conférence est chargée de la réalisation des objectifs de la Communauté ;

2. A cet effet, elle :

a) Définit la politique générale et les grandes orientations de la Communauté, oriente et harmonise les politiques socio-économiques des Etats membres ;
b) Prend, conformément aux dispositions du présent Traité, toute mesure en vue d'atteindre les objectifs de la Communauté ;
c) assure le contrôle du fonctionnement des institutions de la Communauté ;
d) établit son règlement intérieur et approuve celui du Conseil des Ministres ;
e) approuve l'organigramme du Secrétariat général de la Communauté ;
f) nomme le Secrétaire général, les Secrétaires généraux adjoints, le Contrôleur financier et l'Agent comptable ;
g) fixe le statut du personnel du Secrétariat général ;
h) nomme un collège de commissaires aux comptes sur proposition du Conseil des Ministres ;
i) arrête le budget de la Communauté, fixe la contribution annuelle de chaque Etat membre sur proposition du Conseil des Ministres ;
j) peut déléguer au Conseil des Ministres le pouvoir de prendre des décisions et des directives dans les matières qui relèvent de sa compétence ;
k) saisit la Cour de justice lorsqu'elle constate par un vote acquis à la majorité des deux tiers qu'un Etat membre manque à une ou plusieurs obligations qui lui incombent en vertu du présent Traité, d'une décision ou d'une directive de la Conférence ou d'un règlement du Conseil des Ministres ;
l) peut demander à la Cour de justice un avis consultatif sur toute question juridique ;

3. Elle exerce toutes autres compétences que lui reconnait le présent Traité ;

4. Dans l'exercice de ses fonctions, la Conférence est assistée du Conseil des Ministres.

Article 10 : Organisation

La Conférence se réunit une fois par an en session ordinaire. Elle peut être convoquée en session extraordinaire à l'initiative de son Président ou à la demande d'un Etat membre, sous réserve de l'approbation des deux tiers de ses membres.

La présidence de la Conférence est assurée chaque année par l'un des Chefs d'Etat selon l'ordre alphabétique de désignation des Etats membres indiqués dans le présent Traité.

Dans l'éventualité où de nouveaux Etats adhéreraient à la Communauté, leurs Chefs d'Etat assureraient la présidence de la Conférence à la suite de l'Etat membre signataire du présent Traité placé le dernier dans l'ordre alphabétique.

Article 11 : Décision et directive

La Conférence agit par décision et directive.

Les décisions ont force obligatoire à l'égard des Etats membres, des institutions de la Communauté, à l'exclusion de la Cour de justice.

Elles sont exécutoires de plein droit dans les Etats membres trente (30) jours après la date de leur publication au Journal Officiel de la Communauté.

Les directives ont force obligatoire à l'égard des institutions auxquelles elles s'adressent, à l'exclusion de la Cour de justice.

Elles prennent effet dès leur notification et sont publiées au Journal Officiel de la Communauté.

Sauf dispositions contraires du présent Traité, les décisions et directives de la Conférence sont prises par consensus.

Conseil des ministres

Article 12 : Création et composition

1. Il est créé un Conseil des Ministres de la Communauté.

2. Le Conseil des Ministres se compose des Ministres chargés des questions de développement économique ou de tout autre Ministre désigné à cette fin par chaque Etat membre.

Article 13 : Attributions

1. Le Conseil est chargé d'assurer le fonctionnement et le développement de la Communauté.

2. A cet effet, il :

a) formule des recommandations à l'intention de la Conférence sur toute action tendant à la réalisation des objectifs de la Communauté dans le cadre de la politique générale et des grandes orientations définies et arrêtées par la Conférence ;
b) oriente les activités des autres institutions subordonnées de la Communauté ;

c) soumet à la Conférence le projet de budget de la Communauté et lui propose la contribution annuelle de chaque Etat membre ;
d) propose à la Conférence la nomination du Collège des Commissaires aux comptes ;
e) élabore son règlement intérieur et le soumet à l'approbation de la Conférence ;
f) exerce toutes attributions que lui reconnait le présent Traité et toute compétence que la Conférence pourra lui déléguer ;
g) peut demander à la Cour de justice des avis consultatifs sur toute question juridique.

Article 14 : Organisation

1. Le Conseil se réunit deux fois par an en session ordinaire. L'une des sessions doit précéder la session ordinaire de la Conférence.

Il peut être convoqué en session extraordinaire à l'initiative de son Président ou à la demande d'un Etat membre, sous réserve de l'approbation des deux tiers de ses membres.

2. La présidence du Conseil est assurée par le Ministre de l'Etat membre dont le Chef d'Etat préside la Conférence.

Article 15 : Règlement

1. Le Conseil agit par règlement.

2. Les règlements ont force obligatoire à l'égard des Etats membres et des institutions auxquelles ils s'adressent, à l'exclusion de la Cour de justice.

Ils sont exécutoires de plein droit dans les Etats membres trente (30) jours après la date de leur publication au Journal Officiel de la Communauté.

Ils prennent effet à l'égard des institutions auxquelles ils s'adressent dès leur notification.

3. Sauf dispositions contraires du présent Traité, les règlements du Conseil sont pris par consensus.

COUR DE JUSTICE

Création et compétence

1. Il est créé une Cour de justice de la Communauté.

2. La Cour de justice assure le respect du droit dans l'interprétation et l'application du présent Traité et statue sur les litiges dont elle peut être saisie en vertu des dispositions du présent Traité.

3. A cet effet, elle :

a) contrôle la légalité des décisions, directives et règlement des institutions de la Communauté ;
b) se prononce sur les recours pour incompétence, excès de pouvoir, violation des formes substantielles des dispositions du présent Traité formulés par un Etat membre ou la Conférence ;
c) statue à titre préjudiciel :
- sur l'interprétation du présent Traité ;
- sur la validité des décisions, directives et règlements pris par les institutions de la Communauté ;
d) donne des avis consultatifs sur toute question juridique à la demande de la Conférence ou du Conseil ;

4. Des décisions prises par la Conférence en vertu du présent Traité peuvent attribuer à la Cour compétence pour connaitre d'autres litiges.

Article 17 : Arrêts de la Cour

Les arrêts de la Cour de justice ont force obligatoire à l'égard des Etats membres et des institutions de la Communauté.

Article 18 : Organisation

La composition, la procédure, le statut et les autres questions concernant la Cour sont déterminés par la Conférence.

Secrétariat général

Article 19 : Création et composition

1. Il est créé un Secrétariat général de la Communauté.

2. Le Secrétariat général comprend un Secrétaire général, des Secrétaires généraux adjoints, un contrôleur financier, un agent comptable et du personnel que peut exiger le fonctionnement de la Communauté.

Article 20 : Attributions

1. Le Secrétaire général est le principal administrateur exécutif de la Communauté.

2. A cet effet, il a pour mission :

a) de préparer et d'exécuter les décisions et les directives de la Conférence et les règlements du Conseil ;
b) de promouvoir les programmes de développement et les projets communautaires ;
c) d'élaborer le projet de budget de la Communauté et d'en assurer l'exécution ;
d) d'établir annuellement le programme d'action de la Communauté ;

e) de présenter un rapport sur les activités de la Communauté à toutes les réunions de la Conférence et du Conseil ;
f) de préparer les réunions de la Conférence et du Conseil et d'assurer le secrétariat auprès de ces organes ;
g) d'effectuer des études en vue d'atteindre les objectifs de la Communauté et de faire des propositions susceptibles de contribuer au fonctionnement et au développement harmonieux de la Communauté ; il peut à cet effet demander à un Etat membre de lui fournir tous les renseignements nécessaires ;
h) de recruter le personnel du Secrétariat général et de nommer aux fonctions autres que celles prévues à l'article 9, paragraphe 2 f) du présent Traité.

Article 21 : Nominations

1. Le Secrétaire général et les secrétaires généraux adjoints sont nommés par la Conférence pour un mandat de quatre ans renouvelable une seule fois.

2. Les ressortissants de l'Etat qui abrite le siège de la Communauté ne peuvent être nommés au poste de Secrétaire général.

3. Le contrôleur financier et l'agent comptable sont nommés par la Conférence pour un mandat de trois ans renouvelable.

4. Lors de la nomination du personnel du Secrétariat général, il sera tenu compte, en plus des conditions d'intégrité morale et de compétence, d'une répartition équitable des postes entre les ressortissants de tous les Etats membres.

Article 22 : Rapports entre le personnel du Secrétariat Général et les Etats membres

1. Dans l'accomplissement de leurs fonctions, le Secrétaire général, les Secrétaires généraux adjoint, le contrôleur financier, l'agent comptable et le personnel du Secrétariat général ne sont responsables que devant la Communauté.

A cet effet, ils ne peuvent ni solliciter, ni accepter des instructions d'aucun gouvernement, d'aucune instance nationale ou internationale extérieure à la Communauté.

Ils doivent s'abstenir de toute attitude incompatible avec leur qualité de fonctionnaire internationale.

2. Chaque Etat membre s'engage à ne pas influencer le personnel du Secrétariat général, dans l'accomplissement de ses devoirs et à respecter le caractère international des fonctions de Secrétaire général, de Secrétaire général adjoint, de contrôleur financier, d'agent comptable et de tout autre fonctionnaire du Secrétariat général.

3. Les Etats membres s'engagent à coopérer avec le Secrétariat général et à l'aider dans l'accomplissement de la mission qui lui est confiée en vertu du présent Traité.

Commission consultative

Article 23 : Création et composition

1. Il est créé une Commission consultative de la Communauté.

2. La Commission consultative se compose d'experts désignés par les Etats membres.

Article 24 : Attributions

1. La Commission consultative est chargée d'étudier ou d'instruire, sous la responsabilité du Conseil, les questions et projets que lui soumettent les autres institutions de la Communauté.

2. A cet effet, elle :

a) assiste le Conseil dans l'exercice de ses fonctions ;
b) examine les rapports des comités techniques spécialisés et fait des recommandations au Conseil ;
c) s'acquitte de toutes autres missions qui lui sont confiées en application du présent Traité.

Article 25 : Organisation

1. Sous réserve des règlements du Conseil, la Commission se réunit aussi souvent que nécessaire à la bonne exécution de sa mission.

2. Elle élabore son règlement intérieur et le soumet au Conseil pour approbation.

COMITES TECHNIQUES SPECIALISES

Article 26 :

1. Les comités techniques spécialités sont créés en application des protocoles annexés au présent Traité ou pouvant être créés par la Conférence sur recommandation du Conseil.

2. Ils agissent dans le cadre des missions qui leur sont confiées.

3. Sous réserve des règlements du Conseil, les comités techniques spécialisés se réunissent aussi souvent que nécessaire à la bonne exécution de leurs missions.

4. Ils élaborent leur règlement intérieur et le soumettent au Conseil pour approbation.

Chapitre IV : Libéralisation des échanges

Article 27 : Union douanière

Les Etats membres conviennent d'établir progressivement entre eux, au cours d'une période transitoire telle que prévue à l'article 6 du présent Traité, une Union douanière qui comporte :

a) l'élimination, entre les Etats membres, des droits de douane, des contingentements, restrictions ou prohibitions ainsi que les obstacles d'ordre administratif au commerce ;
b) l'adoption par les Etats membres d'un tarif douanier extérieur commun.

Article 28 : Elimination des droits de douane entre les Etats membres

1. Au cours de la première étape, les Etats membres s'abstiennent de créer entre eux de nouveaux droits de douane et d'augmenter ceux qu'ils appliquent dans leurs relations commerciales mutuelles. Ils feront parvenir régulièrement au Secrétaire général toutes les informations relatives aux droits de douane, pour étude.

2. A la fin de la première étape et au cours de la deuxième étape, les Etats membres réduisent progressivement et éliminent finalement entre eux les droits de douane, selon un programme qui est fixé par la Conférence sur proposition du Conseil.

3. La Conférence peut, à tout moment, sur recommandation du Conseil, décider que tout droit de douane soit réduit plus rapidement ou supprimé plus tôt. Toutefois, le Conseil examine la question au moins douze mois avant la date à laquelle cette réduction ou cette suppression doit s'appliquer à une partie ou à la totalité des marchandises et à certains ou tous les Etats membres ; il présente le résultat de cet examen à la Conférence pour décision.

Article 30 : Régime des échanges intra-communautaires

1. A la fin de la deuxième étape, aucun Etat membre ne prélèvera de droits de douane sur les marchandises originaires d'un Etat membre et transférées à un autre Etat membre. Il en est de même des marchandises en provenance des pays tiers qui se trouvent en libre pratique dans les Etats membres et transférées d'un Etat membre à un autre Etat membre.

2. La définition de la notion de produits originaires des Etats membres et les règles régissant l'application du présent article figurent dans le protocole annexé au présent Traité en tant qu'Annexe I.

3. Sont considérés comme étant en libre pratique dans un Etat membre les produits en provenance des pays tiers pour lesquels les formalités

d'importation ont été accomplies et les droits de douane perçus dans cet Etat membre, et qui n'ont pas bénéficié d'une ristourne partielle ou totale de ces droits.

4. Les Etats membres s'engagent à ne pas adopter des textes législatifs qui impliquent une discrimination directe ou indirecte à l'égard des produits identiques ou similaires d'un autre Etat membre.

Article 31 : Déséquilibre du commerce

1. Conformément aux dispositions du présent article, le commerce est déséquilibré lorsque :

a) les importations d'un produit particulier par un Etat membre en provenance d'un autre Etat membre augmentent d'une manière significative ;
b) cette augmentation des importations cause ou risque de causer un préjudice grave à la fabrication de ce produit par l'Etat membre importateur.

2. Lorsqu'un Etat membre est victime d'un déséquilibre du commerce résultant d'une réduction ou suppression abusive des droits et taxes opérée par un autre Etat membre, par suite du commerce non enregistré ou pour toute autre cause, il adresse un rapport au secrétaire général qui saisit le Conseil.

Le Conseil propose à la Conférence les mesures à prendre.

Article 32 : Imposition intérieure

1. Les Etats membres s'engagent à ne pas appliquer directement ou indirectement aux marchandises originaires des Etats membres et importées dans tout Etat membre une imposition intérieure supérieure à celle qui frappe des produits nationaux similaires et à ne pas percevoir ladite imposition dans le but d'assurer auxdits produits une protection effective.

2. Les Etats membres éliminent progressivement toute imposition intérieure destinée à la protection des produits nationaux similaires dans les mêmes conditions que celles prévues à l'article 28 du présent Traité. Au cas où, en raison des obligations découlant d'un accord conclu par un Etat membre, celui-ci se trouve dans l'impossibilité de se conformer aux dispositions du présent article, ledit Etat membre notifie ce fait au Conseil et s'engage à ne pas proroger ni renouveler cet accord à son expiration, sous réserve des dispositions de l'article 31.

Article 33 : Obstacles non tarifaires au commerce intra-communautaire

1. Sous réserve des dispositions du présent article, chaque Etat membre, dès l'entrée en vigueur du présent Traité, s'engage à assouplir progressivement

et à éliminer finalement au plus tard à la fin de la deuxième étape et conformément au paragraphe 2 du présent article, les contingentements, restrictions ou prohibitions alors en vigueur, qui s'appliquent aux transferts vers ledit Etat membre de marchandises originaires des autres Etats membres et, sous réserve des dispositions ou des autorisations du présent Traité, s'engage à s'abstenir par la suite d'imposer d'autres restrictions ou prohibitions en ce qui concerne lesdites marchandises.

2. Sous réserve des dispositions du présent article, la Commission, après avoir considéré les propositions que le Secrétaire général lui aura transmises, recommande au Conseil pour approbation un programme tendant à l'assouplissement progressif et, en définitive, tous les contingentements, restrictions ou prohibitions qui s'appliquent dans un Etat membre à l'importation de marchandises originaires des autres Etats membres, étant entendu que le Conseil peut décider par la suite que tous les contingentements, restrictions ou prohibitions soient assouplis plus rapidement ou éliminés plus tôt que ne le prévoient les dispositions du présent paragraphe.

3. Les dispositions spéciales en matière de restrictions, prohibitions, contingentement, dumping, subventions et pratiques discriminatoires font l'objet d'un protocole relatif aux obstacles non tarifaires au commerce joint au présent Traité en tant qu'Annexe.

Article 34 : Exceptions

1. Nonobstant les dispositions de l'article 33, tout Etat membre, après avoir notifié son intention aux autres Etats membres, est habilité à imposer ou à continuer d'imposer des restrictions ou des prohibitions qui concernent :

a) l'application des lois et des règlements de sécurité ;
b) la règlementation relative aux armes, aux munitions, aux autres matériels de guerre et équipements militaires ;
c) la protection de la santé ou de la vie des hommes, des animaux et des plantes ou la protection de la moralité publique ;
d) le transfert d'or, d'argent, de platine et des pierres précieuses ;
e) la protection des trésors nationaux ayant une valeur artistique, archéologique ou la protection de la propriété industrielle et commerciale ;
f) la réglementation relative aux matières nucléaires, aux produits radioactifs ou tout autre matériel utilisé dans la mise au point ou l'exploitation de l'énergie nucléaire ;
g) la règlementation des produits stratégiques.

2. Toutefois, ces prohibitions ou restrictions ne doivent constituer en aucun cas ni un moyen de discrimination arbitraire, ni une restriction déguisée dans le commerce entre Etats membres.

3. Lorsqu'un Etat membre se heurte à des difficultés de balance des paiements dans l'application des dispositions du présent chapitre, il est habilité, à condition qu'il ait pris toutes mesures utiles raisonnables pour surmonter ces difficultés, à imposer des restrictions quantitatives originaires des autres Etats membres, mais exclusivement en vue de surmonter lesdites difficultés.

4. En vue de protéger une industrie naissante ou stratégique, un Etat membre peut, sous réserve d'avoir pris toutes les mesures raisonnables conséquentes, imposer, dans le seul but de protéger cette industrie pendant une période donnée qui sera déterminée par le Conseil, des restrictions quantitatives ou équivalentes ou des prohibitions sur des marchandises semblables originaires des autres Etats membres.

5. Un Etat membre, qui impose des restrictions quantitatives ou équivalentes ou des prohibitions aux termes des paragraphes 1, 3 et 4 du présent article, adresse un rapport au Secrétaire général qui saisit le Conseil en vue de déterminer la durée d'application de ces mesures nécessaires à ce sujet.

6. Le Conseil observe en permanence le fonctionnement des restrictions quantitatives ou équivalentes ou des prohibitions imposées en vertu des dispositions des paragraphes 1, 3 et 4 du présent article et prend les mesures nécessaires à ce sujet.

Article 35 : Traitement de la nation la plus favorisée

1. Les Etats membres s'accordent, en ce qui concerne le commerce intra-communautaire, le traitement de la nation la plus favorisée. En aucun cas, les concessions tarifaires consenties à un pays tiers en application d'un accord conclu avec un Etat membre ne peuvent être plus favorables que celles qui sont appliquées en vertu du présent Traité.

2. Le texte des accords visés au paragraphe 1 du présent article est communiqué au Secrétaire général par les Etats qui y sont parties.

3. Aucun accord conclu entre un Etat membre et un pays tiers prévoyant l'octroi de concessions tarifaires ne peut être incompatible avec les obligations assumées en vertu du présent Traité.

4. Aucun Etat membre ne peut conclure avec un pays tiers un accord en vertu duquel celui-ci accorderait à l'Etat membre des concessions tarifaires qui ne seraient pas octroyées aux autres Etats membres.

Article 36 : Réexportation de marchandises et transit intra-communautaire

Conformément aux dispositions du présent article, les Etats membres s'engagent :

a) à faciliter la réexportation des marchandises entre eux, conformément aux dispositions du Protocole sur la réexportation des marchandises joint au présent Traité en tant qu'Annexe III, et ce en attendant l'étape de mise en place de l'union douanière ;
b) à s'accorder mutuellement la liberté de transit à travers leur territoire pour les marchandises acheminées à destination ou en provenance d'un autre Etat membre conformément aux dispositions du Protocole sur le transit intra-communautaire joint au présent Traité en tant qu'Annexe IV.

Article 37 : Administration douanière

Les Etats membres, conformément aux dispositions du Protocole sur la coopération douanière joint au présent Traité en tant qu'Annexe V, prennent toutes mesures utiles pour harmoniser et normaliser leur réglementation et leurs formalités douanières de façon à permettre l'application efficace des dispositions du présent chapitre et à faciliter le mouvement des marchandises et des services à travers leurs frontières.

Article 38 : Détournement de trafic résultant d'accord de troc

1. Si à la suite d'un accord de troc portant sur une catégorie donnée d'articles conclu entre un Etat membre ou une personne physique ou morale relevant dudit Etat et un pays tiers ou une personne physique ou morale relevant dudit pays, il se produit, en ce qui concerne ladite catégorie d'articles, un important détournement de trafic au préjudice d'articles importés d'un autre Etat membre et qui y sont manufacturés en faveur d'articles importés en vertu dudit accord, l'Etat membre qui importe lesdits articles prend des mesures efficaces pour remédier à ce détournement.

2. Afin de déterminer si, aux fins du présent article, un détournement de trafic s'est produit en ce qui concerne une catégorie donnée d'articles, il est tenu compte de toutes les statistiques commerciales pertinentes et autres données concernant la catégorie d'articles disponibles pour la période de six mois précédent une plainte d'un Etat membre concerné de deux périodes comparables de six mois au cours des 24 mois qui ont précédé la première importation de marchandises en vertu de l'accord de troc.

3. Le Secrétaire général saisi de la question le Conseil, qui l'examine et la soumet à la Conférence pour décision.

Article 39 : Création de fonds de compensation pour perte de recettes

1. Il est créé un Fonds de compensation pour perte de recettes.

2. Un Protocole relatif aux ressources et à l'utilisation du Fonds est joint au présent Traité en tant qu'Annexe VI.

CHAPITRE V : Libre circulation, résidence et droit d'établissement

Article 40 :

1. Les citoyens des Etats membres sont considérés comme des ressortissants de la Communauté. En conséquence, les Etats membres conviennent, conformément aux dispositions du Protocole relatif à la libre circulation et au droit d'établissement des personnes joint au présent Traité en tant qu'Annexe VII, de faciliter progressivement les formalités relatives à leur circulation et à leur établissement à l'intérieur de la Communauté.

2. Aux fins de l'application du Protocole VII, les personnes morales constituées conformément à la législation en vigueur dans un Etat membre sont assimilées aux personnes physiques.

Chapitre VI : Coopération dans les domaines monétaires, financier et des paiements

Article 41 : Monnaie, finances et paiements

1. Les Etats membres conviennent d'harmoniser leurs politiques dans les domaines monétaire, financier et de paiement en vue de susciter la confiance dans leurs monnaies respectives, d'assurer le bon fonctionnement de la Communauté, de promouvoir la réalisation de ses objectifs et la coopération monétaire et financière entre eux et les autres pays africains.

2. Aux fins du paragraphe 1 du présent article, le Secrétaire général, en liaison avec les comités sous-régionaux concernés de l'Association des banques centrales africaines :

a) formule à l'intention du Conseil des recommandations sur l'harmonisation des politiques économiques et financières des Etats membres ;
b) accorde une attention constante aux problèmes relatifs à la balance des paiements des Etats membres et entreprend toutes études y relatives ;
c) étudie l'évolution des économies des Etats membres ;
d) émet des recommandations au Conseil concernant la mise en place, à court terme, de systèmes bilatéraux de règlement des paiements entre les Etats membres et, à long terme, d'un système multilatéral de règlement des paiements et d'une union monétaire.
e) Conformément aux dispositions du Protocole relatif à la Chambre de compensation joint au présent Traité en tant qu'Annexe VIII, les Etats membres s'engagent à favoriser le commerce des marchandises et des services au sein de la Communauté par le biais d'une Chambre de compensation.

Article 42 : Circulation des capitaux

Dès l'entrée en vigueur du présent Traité, la Conférence prend, sur proposition du Conseil, après avis conforme de la Commission consultative, des mesures tendant à la coordination progressive des politiques nationales en matière de change en ce qui concerne les mouvements de capitaux entre les Etats membres et les Etats tiers.

Chapitre VII : Coopération en matière d'agriculture et d'alimentation

Article 43

1. Les membres conviennent de coopérer dans les domaines de l'agriculture, de la sylviculture, de l'élevage et de la pêche.

  a) le relèvement du niveau de vie des populations rurales, en particulier par l'augmentation des revenus, grâce à l'accroissement de la production agricole, forestière et de la pêche et la création d'emplois ;
  b) la satisfaction des besoins alimentaires des populations et le renforcement de la sécurité alimentaire, notamment par l'amélioration quantitative et qualitative de la production vivrière et la définition d'une politique d'échanges et de réserves alimentaires ;
  c) l'amélioration des conditions de vie et de travail en milieu rural ;
  d) la valorisation sur place des productions agricoles par leur propre développement, notamment par une plus grande maitrise de leur environnement technique et économique.

2. A cet effet, les Etats membres s'engagent à :

  a) se concerter en vue d'harmoniser leurs politiques agricoles ;
  b) procéder à des échanges réguliers d'informations sur les expériences et les résultats des recherches en cours sur leurs territoires respectifs ainsi que sur les programmes de développement rural ;
  c) élaborer, selon les besoins, des programmes communs de formation et de recyclage des cadres dans les institutions existantes ou à créer ;
  d) prendre toutes dispositions nécessaires pour élaborer progressivement une politique commune, notamment dans les domaines de la recherche et de la formation, de la production, de la transformation et de la commercialisation des produits agricoles, forestiers, de l'élevage et de la pêche.
  e) Aux fins du présent chapitre, les Etats membres conviennent de coopérer conformément au Protocole IX annexé au présent Traité.

Article 44 :

Pour la mise en œuvre des actions de coopération prévues à l'article 43 ci-dessus, et afin d'améliorer l'efficacité des services, le Secrétaire général formule des propositions au Conseil en vue de l'application de cette politique agricole commune.

Chapitre VIII : Coopération en matière d'industrie

Article 45

1. En vue de réaliser l'intégration de leurs économies, les Etats membres conviennent d'harmoniser leurs politiques d'industrialisation dans la sous-région.

2. A cet effet, ils s'engagent à :

a) communiquer leurs plans de développement et les programmes d'exécution de ces plans au Secrétariat général, en vue d'élaboration des programmes-cadres de développement harmonieux de la sous-région ;
b) échanger des informations relatives à tout projet industriel à implanter dans la sous-région ;
c) se communiquer les expériences acquises en matière d'industrie ;
d) échanger des experts et des informations sur la recherche industrielle, commerciale et technologique.

Article 46

1. Afin d'assurer un développement industriel rationnel et harmonieux, les Etats membres conviennent :
a) d'harmoniser les mesures incitatives au développement industriel en établissant graduellement un environnement industriel homogène dans la sous-région, notamment par l'élaboration d'un code commun d'investissement ;
b) de promouvoir la création de grandes unités industrielles à caractère communautaire et d'un Centre de développement industriel ;
c) de faire une répartition des projets communautaires de façon équilibrée et harmonieuse entre tous les Etats membres ;
d) de ne pas autoriser des industries nationales qui seraient concurrentes d'industries communautaires répondant de manière satisfaisante à la demande des Etats membres de la Communauté ;
e) de créer des centres sous-régionaux de formation et de perfectionnement à tous les niveaux de qualification en vue de satisfaire leurs besoins en personnel dans les domaines industriel, commercial et technologique.

2. Aux fins du présent chapitre, les Etats membres conviennent de coopérer conformément au Protocole X annexé au présent Traité.

Chapitre IX : Coopération en matière d'infrastructures et d'équipement, de transports et de communications

Article 47 : Transports et communications

1. En vue d'assurer un développement harmonieux et intégré du réseau sous-régional des transports et des communications et d'élaborer progressivement une politique commune, les Etats membres conviennent :

a) de promouvoir l'intégration des infrastructures dans le domaine des transports et des communications ;
b) d'assurer la coordination entre les différents modes de transports en vue d'accroitre leur efficacité ;
c) d'harmoniser progressivement leurs législations et réglementations en matière de transports et de communications ;
d) d'encourager l'utilisation des ressources matérielles et humaines locales, la normalisation des réseaux et de l'équipement, la recherche et la propagation de techniques de construction d'infrastructures et de matériels adaptés ;
e) d'étendre et de moderniser les infrastructures de transports et de communications en mobilisant les ressources techniques et financières nécessaires ;
f) de promouvoir l'industrie sous-régionale dans le domaine de l'équipement pour les transports et les communications ;
g) d'organiser, de structurer et de promouvoir le secteur sous-régional d'activités de transport de voyageurs et de marchandises.

2. A cet effet, les Etats membres s'engagent à :

a) élaborer des programmes coordonnés pour structurer le secteur des transports routiers ;
b) élaborer des plans visant à améliorer, réorganiser les divers réseaux ferroviaires des Etats membres en vue de leur interconnexion, et à construire de nouvelles voies ferrées ;
c) harmoniser :
- leurs politiques relatives aux transports maritimes et fluviaux internationaux ;
- leurs politiques en matière de transports aériens ;
- leurs actions en matière de formation et de perfectionnement des cadres spécialisés dans les domaines des transports et communications.

d) Moderniser et normaliser leurs équipements afin que tous les Etats membres soient reliés entre eux et avec l'extérieur par des vols réguliers.

Article 48 :

Les Etats membres s'engagent à tout mettre en œuvre en vue de la création de compagnies communautaires de navigation maritime, fluviale et aérienne.

Article 49 : Postes et télécommunications

Les Etats membres s'engagent à :

- réorganiser, moderniser et développer les réseaux de télécommunications en vue de répondre aux exigences du trafic international et de permettre une interconnexion fiable entre les Etats membres ;
- réaliser dans les meilleurs délais un système régional de communication par satellite pour compléter le réseau panafricain de télécommunications situé en Afrique Centrale ;
- assurer au sein de la Communauté des services postaux rapides et fréquents et développer une collaboration étroite entre les administrations postales.

Article 50 :

Aux fins du présent chapitre, les Etats membres conviennent de coopérer conformément au Protocole XI annexé au présent Traité.

Chapitre X : Coopération en matière de science et de technologie

Article 51

1. Les Etats membres conviennent :

a) de développer une base scientifique et technologique adéquate capable d'induire les changements socio-économiques nécessaires à l'amélioration de la qualité de la vie de leurs populations, particulièrement de celles des zones rurales ;
b) d'assurer une application appropriée de la science et de la technologie au développement de l'agriculture, des transports et des communications, de l'industrie, de la santé et de l'hygiène, de l'énergie, de l'éducation et de la main-d'œuvre ainsi que la préservation de l'environnement ;
c) de réduire leur dépendance et de promouvoir leur autonomie individuelle et collective dans le domaine de la technologie, par la recherche d'un équilibre favorable du point de vue socio-économique entre les apports étrangers et ceux de la technologie autochtone.

2. Dans la mise en œuvre de cette coopération, les Etats membres s'engagent à :

a) harmoniser leurs politiques nationales relatives à la recherche scientifique et technique pour une meilleure intégration de ces politiques aux plans nationaux de développement économique et social ;
b) coordonner leurs programmes et recherche appliquée, de recherche-développement et de services scientifiques et techniques ;
c) harmoniser leurs plans nationaux de développement technologique en mettant un accent particulier sur les technologies endogènes ainsi que leurs règlementations en matière de propriété industrielle et de transfert des technologies étrangères ;
d) coordonner leurs positions sur toutes les questions scientifiques et techniques faisant l'objet de négociations internationales ;
e) procéder à un échange permanent d'informations et de documentations et à la création de réseaux et de banques de données communautaires ;
f) développer des programmes communs de formation de cadres scientifiques et techniques, y compris la formation et le perfectionnement de la main-d'œuvre qualifiée ;
g) promouvoir les échanges de chercheurs et de spécialistes entre les Etats membres en vue d'utiliser pleinement les compétences techniques disponibles dans la communauté.

Article 52

1. Les Etats membres s'engagent à prendre toutes dispositions nécessaires en vue d'élaborer et de mettre en œuvre un programme commun de recherche scientifique et de développement technologique.

2. A cet effet, le Secrétariat général entreprend, en liaison avec les organismes nationaux et sous-régionaux compétents, les études techniques nécessaires aux fins de définir les secteurs prioritaires ainsi que les actions d'intérêt commun et soumet ses conclusions au Conseil.

Article 53

Aux fins du présent chapitre, les Etats membres conviennent de coopérer conformément au Protocole XII annexé au présent Traité.

Chapitre XI : Coopération en matière d'énergie et des ressources naturelles

Article 54

1. Les Etats membres conviennent :

a) d'accroitre rapidement les disponibilités en ressources énergétiques de la Communauté ;

b) de mettre en œuvre les mécanismes d'échanges appropriés en vue de garantir leur approvisionnement régulier en hydrocarbures ;
c) de promouvoir les énergies renouvelables dans le cadre de la politique de diversification des sources d'énergie.

2. En vue de réaliser les objectifs visés au paragraphe 1 ci-dessus, les Etats membres s'engagent à :

a) harmoniser leurs plans nationaux de développement énergétique ;
b) mettre en place une politique énergétique commune particulièrement en matière d'exploitation, de production et de distribution ;
c) créer un cadre adéquat de concertation et de coordination permettant de résoudre en commun les problèmes que pose le développement énergétique de la Communauté, notamment ceux relatifs au transport de l'énergie, à l'insuffisance de cadres qualifiés, à la pénurie de moyens financiers pour la réalisation de leurs projets énergétiques ;
d) promouvoir la formation et le perfectionnement des cadres.

Article 55

Les Etats membres conviennent de procéder à l'évaluation et à la mise en valeur de leurs ressources minières et hydrauliques, notamment par :

a) la recherche d'une meilleure connaissance de leurs potentialités en ressources naturelles ;
b) la réduction progressive de leur dépendance vis-à-vis des sociétés transnationales pour la mise en valeur de ces ressources, notamment par la maîtrise des techniques d'exploitation ;
c) l'amélioration des méthodes de fixation des prix et de commercialisation des matières premières.

Article 56

Afin de promouvoir cette coopération, les Etats membres s'engagent à :

a) harmoniser leurs politiques relatives à la prospection, la production et la transformation des ressources minières d'une part, la prospection, l'exploitation et la distribution des ressources d'autre part ;
b) coordonner leurs programmes de développement et d'utilisation des ressources minières et des ressources hydrauliques afin d'exploiter les similitudes et les complémentarités existant au sein de la Communauté et de promouvoir des relations interindustrielles verticales et horizontales qui peuvent être créées entre les Etats membres à la suite de la mise en valeur de ces ressources ;
c) coordonner leurs positions dans toutes les négociations internationales portant sur les matières premières afin de sauvegarder leurs intérêts ;

d) développer un système de transfert de savoir-faire et d'échange de données scientifiques, techniques et économiques entre les Etats membres ;
e) élaborer et mettre en œuvre des programmes communs de formation et de perfectionnement des cadres dans le but de développer les ressources humaines et les capacités technologiques endogènes appropriées nécessaires à l'exploitation et la transformation des ressources minières et hydrauliques.

Article 57 : Pour la mise en œuvre des actions de coopération prévues aux articles 54 à 56 ci-dessus, le Secrétaire général formule des propositions au Conseil tendant à élaborer une politique commune pour la mise en valeur des ressources minières et hydrauliques.

Article 58

Aux fins du présent chapitre, les Etats membres conviennent de coopérer conformément aux protocoles XIII et XIV annexés au présent Traité.

Chapitre XII : Coopération en matière de ressources humaines et des affaires sociales

Article 59 : Ressources humaines

1. Les Etats membres conviennent de coopérer pour développer et utiliser leurs ressources humaines en ce qui concerne notamment la programmation, la planification et l'élaboration des politiques, la formation et l'orientation des carrières, la réalisation des exigences fondamentales du développement économique et social et l'utilisation de leurs ressources humaines en général.

2. A cet effet, ils s'engagent à :

a) adopter et promouvoir une politique commune en matière de programmation, de planification et d'élaboration des politiques ;
b) coordonner leurs politiques et leurs activités dans les domaines de l'éducation, de la formation, de la planification des carrières, de l'orientation et de l'expertise – conseil ;
c) coopérer au développement de leurs ressources humaines afin de satisfaire aux exigences fondamentales de leur développement économique et social ;
d) coopérer en vue de l'utilisation du potentiel de leurs ressources humaines.

Article 60 : Affaires sociales

1. Les Etats membres conviennent d'assurer à l'effort de développement communautaire une pleine participation et l'utilisation rationnelle de leurs ressources humaines.

2. A cet effet, ils s'engagent à :

a) promouvoir les échanges d'expériences et d'informations relatives à l'alphabétisation, à la formation professionnelle et à l'emploi ;
b) développer la recherche collective par des politiques appropriées pour l'amélioration de la situation économique, sociale et culturelle des femmes des zones urbaines et rurales ainsi que leur plus grande intégration aux activités de développement ;
c) harmoniser progressivement leurs législations de travail, leurs régimes de sécurité sociale et leurs systèmes juridiques et administratifs sur l'état des personnes ;
d) instaurer une coopération sous-régionale dans le domaine de la santé publique, des recherches médicales, de la promotion des études de médecine traditionnelle, de la pharmacie et des échanges d'expériences.

3. Aux fins du présent chapitre, les Etats membres conviennent de coopérer conformément au Protocole XV annexé au présent Traité.

Chapitre XIII : Coopération en matière d'éducation, de formation et de culture

Article 61 : Education et formation

1. Les Etats membres conviennent d'élaborer une politique commune de l'éducation incluant des modèles éducatifs qui tiennent davantage compte des réalités économiques et socioculturelles de la sous-région, en vue de former des hommes et des femmes enracinés dans leur milieu et capable de promouvoir les changements nécessaires au progrès social et au développement.

2. Aux fins du paragraphe 1 du présent article, les Etats membres s'engagent à :

a) améliorer l'efficacité des systèmes éducatifs existants par la promotion de la formation des formateurs et par la mise en œuvre de méthodes et d'équipements appropriés ;
b) créer et renforcer les institutions de formation nationales et sous-régionales existantes ;
c) élaborer des programmes communs de formation mieux adaptés aux problèmes de développement pour assurer progressivement une autosuffisance en personnel qualifié ;
d) promouvoir l'échange systématique d'expérience et d'information en matière de politique et de planification de l'éducation.

Article 62 : Culture

1. Les Etats membres conviennent de promouvoir toutes les formes d'expression de leur culture afin de la mieux faire connaitre.

2. Aux fins du paragraphe 1 du présent article, les Etats membres s'engagent à :

a) tout mettre en œuvre pour présenter leur patrimoine culturel ;
b) se communiquer leurs programmes culturels et leurs expériences, notamment dans les domaines de l'art, de la littérature, des spectacles, des sports et des loisirs ;
c) échanger des matériaux et réalisations cinématographiques, des programmes télévisuels et radiophoniques ;
d) rechercher les voies et moyens tendant à développer les infrastructures et équipements d'intérêt commun.

Article 63 : Aux fins du présent chapitre, les Etats membres conviennent de coopérer conformément au Protocole XV annexé au présent Traité.

Chapitre XIV : Coopération en matière de tourisme

Article 64 : Les Etats membres conviennent :

1. de développer et de promouvoir le tourisme sous-régional ;

2. d'élaborer une politique commune en matière de tourisme sous-régional ;

3. de communiquer au Secrétaire général les documents faisant le point de leurs plans et programmes de développement touristique.

Article 65 :

Aux fins de l'application des dispositions de l'article 64, le Secrétaire général entreprend, en liaison avec les organismes nationaux et sous-régionaux compétents, les études techniques nécessaires en vue de définir un plan de développement touristique de la Communauté.

Article 66

Aux fins du présent chapitre, les Etats membres conviennent de coopérer conformément au Protocole XVI annexé au présent Traité.

Chapitre XV : Formalités et documents commerciaux

Article 67 : **Formalités et documents commerciaux**

Les Etats membres conviennent de simplifier et d'harmoniser leurs formalités et documents commerciaux, conformément au Protocole relatif à la simplification et à l'harmonisation des formalités et des documents commerciaux, joint au présent Traité en tant qu'Annexe XVII, de manière à faciliter les échanges de marchandises et services au sein de la Communauté.

Chapitre XVI : Coopération dans les autres domaines

Article 68 : Sous réserve des dispositions du présent Traité, les Etats membres s'engagent à se consulter entre eux, par l'intermédiaire des institutions compétentes de la Communauté, en vue d'harmoniser leurs politiques dans les domaines où cette harmonisation pourrait être considérée comme nécessaire ou souhaitable pour le fonctionnement et le développement efficace et harmonieux de la Communauté et pour l'application des dispositions du présent Traité.

Article 69 : Comptabilité, fiscalité et informatique

1. Les Etats membres conviennent de coopérer en matière de normalisation et d'harmonisation comptables dans le double objectif :

a) d'uniformiser les méthodes d'enregistrement des données comptables, d'évaluation des actifs et des passifs, et de présentation des résultats, afin d'assurer leur comparabilité et de permettre l'agrégation des comptes au niveau tant national que sous-régional ;
b) d'améliorer les méthodes de gestion et de contrôle des performances des entreprises, des unités administratives et des organismes d'Etats.

2. Les Etats membres d'engagent à harmoniser les législations et plans comptables existants ou à créer ainsi qu'à promouvoir toutes actions et tous instruments susceptibles de contribuer à la réalisation des objectifs définis au paragraphe 1 ci-dessus.

3. Les Etats membres s'engagent, dans un délai de quatre ans, à compter de la date d'entrée en vigueur du présent Traité, à harmoniser leurs législations fiscales, notamment au regard des règles d'assiette et des taux applicables aux impôts indirects non perçus par l'administration des douanes, afin de favoriser l'implantation des entreprises dans la Communauté.

4. Les Etats membres s'engagent à tout mettre en œuvre en vue de l'intégration et de l'interconnexion de leurs réseaux de traitements informatiques.

Article 70 : Planification du développement, statistique et démographie

1. En vue de réaliser des objectifs de développement collectif sous-régional, les membres conviennent :

a) d'harmoniser et d'intégrer leurs plans de développement ;
b) de promouvoir et réaliser des projets communautaires ;
c) d'élaborer des programmes sectoriels sous-régionaux dans des domaines d'intérêt commun.

2. A cet effet, les Etats membres s'engagent à :

a) se communiquer mutuellement et fournir au Secrétaire général les informations économiques nationales susceptibles d'engendrer des échanges commerciaux, de susciter des projets communs ou de faciliter dans un Etat membre l'implantation d'unités économiques similaires.
b) Echanger leurs expériences en matière de planification, de statistique et de démographie, de formation et de perfectionnement des cadres dans ces domaines.

3. Le Secrétaire général formule des propositions tendant à :

a) harmoniser et rationnaliser les statistiques courantes ;
b) promouvoir, développer, améliorer l'information économique, démographique, sociale et culturelle, notamment en élaborant des projets statistiques nationaux et sous-régionaux.

4. Le Secrétaire général élabore les statistiques des échanges inter-Etats ; il centralise l'information statistique relative à la Communauté.

Chapitre XVII : Dispositions spéciales en faveur des pays sans littoral, insulaires, partiellement insulaires, semi-enclavés et/ou appartenant à la catégorie des pays les moins avancés

Article 71

1. Les Etats membres, conscients de la situation économique et sociale particulière des pays sans littoral, insulaires, partiellement insulaires et semi-enclavés, conviennent de leur accorder un traitement spécial en ce qui concerne l'application de certaines dispositions du présent Traité et conformément audit Traité.

2. A cet effet, les Etats membres conviennent d'apporter leur concours aux efforts des pays sans littoral, insulaires, partiellement insulaires et semi-enclavés dans leur volonté d'alléger au maximum les handicaps géographiques de manière à améliorer et favoriser la mise en place d'une infrastructure intégrée de transports et de communications, notamment en leur permettant un accès plus facile à la mer.

Article 72 :

1. Les Etats membres, conscients de la situation économique et sociale des pays les moins avancés, conviennent de leur accorder un traitement spécial en ce qui concerne l'application de certaines dispositions du présent Traité et conformément audit Traité.

2. A cet effet, les Etats membres s'engagent à apporter leur appui à toutes les mesures de nature à faciliter la promotion de leur développement économique et social.

Article 73

En vue de faciliter l'application des articles 71 et 72 ci-dessus, le Conseil arrête les mesures appropriées.

Article 74

Aux fins de l'application du présent chapitre, les Etats membres conviennent d'adopter un Protocole relatif à la situation des pays sans littoral, insulaires, partiellement insulaires, semi-enclavés et/ou appartenant à la catégorie des pays les moins avancés joint au présent Traité en tant qu'Annexe XVIII.

Chapitre XVIII : Moyens et instruments de coopération

Article 75 : Création du Fond de coopération et de développement de la Communauté

Il est créé un Fonds de coopération et de développement de la Communauté.

Article 76 : Objectifs du Fonds

Les objectifs du Fonds sont notamment, les suivants :

a) fournir une assistance financière et technique tendant à favoriser le développement économique et social des Etats membres compte tenu des différentes conditions économiques et autres prévalant au sein de la Communauté ;
b) financer des projets dans les Etats membres.

Article 77 : Statut du Fonds

1. Le Statut du Fonds est fixé par la Conférence.

2. Il détermine notamment le capital social et les ressources autorisées pour le Fonds, la fixation des contributions de ses membres, la règlementation régissant le paiement des contributions et les monnaies dans lesquelles elles doivent être versées, le fonctionnement, l'organisation, la gestion du Fonds, de même que toutes questions connexes et accessoires.

Article 78 : Membres du Fonds

Peuvent devenir membres du Fonds les Etats membres de la Communauté et les institutions dont la Conférence autorise l'affiliation.

Chapitre XIX : Dispositions financières

Article 79 : Budget de la Communauté

1. Il est établi un budget annuel de la Communauté.

2. Le Secrétaire général établit pour chaque exercice un projet de budget qu'il soumet à l'examen du Conseil, lequel le présente avec ses recommandations à l'approbation de la Conférence.

3. Toutes les dépenses de la Communauté, à l'exclusion de celles qui concernent le Fonds, sont approuvées pour chaque exercice par la Conférence et imputées au budget.

4. Les ressources alimentant le budget proviennent des contributions annuelles des Etats membres et de toutes les autres sources qui auront été déterminées par la Conférence. Les contributions des Etats membres sont déterminées sur la base du budget approuvé par la Conférence.

Article 80 : Contributions des Etats membres

1. La Conférence détermine le montant des contributions des Etats membres au budget de la Communauté, ainsi que les monnaies dans lesquelles elles sont versées.

2. Si un Etat membre est en retard de plus d'un an pour le paiement de sa contribution pour des raisons autres que des troubles publics ou des catastrophes naturelles ou toute autre circonstance exceptionnelle portant gravement atteinte à son économie, ledit Etat peut, en vertu d'une décision de la Conférence, être privé du droit de prendre part aux activités de la Communauté et cesser de bénéficier des avantages prévus au titre du présent Traité.

Article 81 : Règlement financier

La Conférence, sur proposition du Conseil, approuve le règlement financier régissant l'application des dispositions du présent chapitre, y compris les modalités et conditions d'emploi et les pouvoirs des commissaires aux comptes.

Article 82 : Collège de commissaires aux comptes

Un collège de trois commissaires aux comptes de la Communauté est nommé et relevé de ses fonctions par la Conférence sur recommandation du Conseil.

Chapitre XX : Règlement des litiges

Article 83 : Procédure de règlement des litiges

Tout litige au sujet de l'interprétation et de l'application des dispositions du présent Traité est réglé au préalable à l'amiable par accord direct entre les parties en cause. Si les parties en cause ne parviennent pas à régler ledit litige, l'une des parties peut en saisir la Cour de justice.

Chapitre XXI : Dispositions générales et transitoires

Article 84 : Siège de la Communauté

Le siège de la Communauté est déterminé par la Conférence.

Article 85 : Langues officielles

Les langues officielles de la Communauté sont l'anglais, l'espagnol, le français, et le portugais.

Article 86 : Relations des Etats membres avec d'autres groupements et Etats tiers

1. Les Etats membres peuvent adhérer à d'autres groupements régionaux ou sous-régionaux ou passer des accords particuliers avec d'autres Etats membres ou non membres, à la condition que l'adhésion à ces groupements ou que les accords passés avec les Etats tiers ne soient pas incompatibles avec les dispositions du présent Traité.

2. L'Etat membre qui serait ou deviendrait membre d'autres organismes de coopération économique en informe le Secréta raire général et lui communique les instruments constitutifs desdits organismes. Le Secrétaire général en avise le Conseil.

3. Les droits et obligations résultant des accords conclus avant l'entrée en vigueur définitive du présent Traité ne sont pas affectés par les dispositions du présent Traité.

Toutefois en cas d'incompatibilité de ces accords avec les dispositions du présent Traité, le ou les Etats membres en cause recourent à tous les moyens appropriés pour éliminer les incompatibilités constatées. Au besoin, les Etats membres se prêtent assistance en vue d'arriver à cette fin et adoptent, le cas échéant, une attitude commune.

4. Dans l'application des accords visés au paragraphe 1 ci-dessus, les Etats membres tiennent compte du fait que les avantages consentis dans le présent Traité par chacun des Etats membres font partie intégrante de l'établissement de la Communauté et sont de ce fait inséparablement liés à la création d'institutions communes, à l'attribution des compétences en leur faveur et à l'accord des mêmes avantages par tous les autres Etats membres.

5. La Communauté entretient avec l'Organisation de l'Unité Africaine, la Commission Economique des Nations Unies pour l'Afrique et d'autres organisations intergouvernementales de la sous-région des relations susceptibles de favoriser l'application des dispositions du présent Traité.

Article 87 : Personnalité juridique, privilèges et immunités

1. La Communauté jouit de la personnalité juridique et possède la capacité nécessaire :

a) de contracter ;
b) d'acquérir et céder les biens meubles et immeubles indispensables à la réalisation de ses objectifs ;
c) d'emprunter ;
d) d'ester en justice ;
e) d'accepter les dons et legs et les libéralités de toutes sortes ;

2. A cet effet, la Communauté est représentée par le Secrétaire général.

La capacité de contracter, d'acquérir et d'aliéner les biens meubles et immeubles, d'emprunter est exercée par le Secrétaire général avec l'accord préalable de la Conférence.

3. Les privilèges et immunités accordés aux fonctionnaires de la Communauté sont les mêmes que ceux dont jouissent les diplomates au pays du siège de la Communauté et dans les Etats membres. De même, les privilèges et les immunités accordés au Secrétaire général sont les mêmes que ceux dont jouissent les missions diplomatiques au pays du siège de la Communauté et dans les Etats membres.

Article 88 : Mise en place des institutions

La Conférence, à sa première réunion :

a) nomme le Secrétaire général et les Secrétaires généraux adjoints ;
b) détermine le lieu du siège de la Communauté, et, le cas échéant, prend les dispositions nécessaires à l'installation d'un Secrétariat provisoire ;
c) donne au Conseil et aux autres institutions de la Communauté des directives nécessaires à l'application rapide et efficace du présent Traité.

Article 89 : Coopération entre la Communauté et les Etats tiers

1. Tout Etat africain, désireux de conclure des accords de coopération avec la Communauté, adresse sa demande à la Conférence, laquelle, après avoir pris l'avis du Conseil, se prononce à l'unanimité.

2. Ces accords sont soumis à la ratification des Etats membres conformément à leurs législations nationales respectives.

Article 90 : Révision du Traité

1. Tout Etat membre peut soumettre des propositions tendant à la révision du présent Traité.

2. Les propositions de révision sont présentées au Secrétaire général qui les communique aux Etats membres trente jours au plus tard après leur réception.

3. La Conférence examine ces propositions à sa prochaine réunion.

4. Les amendements sont adoptés par consensus et soumis à la ratification de tous les Etats membres conformément à leurs législations nationales respectives. Ils entrent en vigueur trente jours après le dépôt des instruments de ratification du septième Etat membre.

Article 91 : Retrait et dissolution

1. Tout Etat membre, désireux de se retirer de la Communauté, notifie par écrit son intention au Président en exercice de la Conférence, un an à l'avance. A l'expiration de ce délai, il cesse d'être membre de la Communauté, à moins que, dans l'intervalle, il n'ait renoncé à son retrait.

2. Pendant la période d'un an visée au paragraphe 1 du présent article, tout Etat membre désireux de se retirer de la Communauté se conforme néanmoins aux dispositions du présent Traité et reste tenu de s'acquitter de ses obligations aux termes du présent Traité.

3. Le retrait d'un ou plusieurs Etats membres n'entraine pas la dissolution de la Communauté.

4. Seule la Conférence peut décider de la dissolution et fixer les modalités de répartition de l'actif ou du passif.

Article 92 : Annexes du Traité

Les annexes du présent Traité font partie intégrante du Traité.

Article 93 : Entrée en vigueur, ratification et adhésion

1. Le présent Traité sera ratifié par les hautes Parties contractantes conformément à leurs législations nationales respectives. Les instruments de ratification seront déposés auprès du Gouvernement de la République Gabonaise.

2. Le présent Traité entrera en vigueur trente jours après le dépôt des instruments de ratification du septième Etat signataire.

3. Les modalités de l'adhésion d'un Etat et adaptations du présent Traité que celle-ci entraîne font l'objet d'un accord entre la Communauté et ledit Etat.

4. Pour tout Etat adhérent, le présent Traité entrera en vigueur à la date du dépôt de ses instruments d'adhésion.

Article 94 : Dépositaire

1. Le présent Traité, rédigé en un exemplaire unique en langue anglaise, espagnole, française et portugaise, les quatre textes faisant également foi, sera déposé dans les archives du Gouvernement de l'Etat du siège, qui en communiquera copie certifiée conforme au Gouvernement de chacun des Etats signataires.

2. Le Gouvernement dépositaire notifie aux Etats membres les dates de dépôt des instruments de ratification et d'adhésion et fait enregistrer le présent Traité auprès de l'Organisation des Nations Unies et de l'Organisation de l'Unité Africaine.

En foi de quoi, nous, Chefs d'Etat et de Gouvernement des Etats de l'Afrique Centrale, avons signé le présent Traité.

FAIT à Libreville le dix-huitième jour d'octobre mil neuf cent quatre-vingt-trois, en un seul exemplaire en langues anglaise, espagnole, française et portugaise, les quatre textes faisant également foi.

- Le Président de la République Populaire d'Angola.
- Pour le Président de la République du Burundi,

Le Ministre des Relations Extérieures et de la Coopération

Laurent NZEYIMANA

- Pour le Président de la République Unie du CAMEROUN,
  Le Ministre chargé de missions à la Présidence de la République

  William Aurélien ETEKI MBOUMOUA

- Le Président du Comité Militaire de Redressement National,
  Chef de l'Etat de la République centrafricaine
  Le Général d'Armée André KOLINGA
- Pour le Président de la République populaire du Congo,
  Le Colonel Louis SYLVAIN-GOMA, Membre du Bureau Politique du Comité Central du Parti Congolais du Travail, Premier Ministre, Chef du Gouvernement
- Le Président de la République gabonaise,
  EL HADJ OMAR BONGO
- Le Président de la République de Guinée Equatoriale,
  Chef de l'Etat et du Gouvernement
  OBIANG NGUEMA MBASOGO
- Pour le Président de la République rwandaise,
  Le Ministre de l'Economie et du Commerce
  Mathieu NGIRIRA
- Le Président de la République Démocratique de Sao Tomé Et Principe,

PINTO DA COSTA Manuel

- Le Président de la République du Tchad,
  Président du Conseil des Ministres, Chef de l'Etat
  Hissein HABRE
- Le Président Fondateur du Mouvement Populaire de la Révolution,
  Président de la République du ZAIRE
  MOBUTU SESE SEKO KUKU NGBENDU WA ZA BANGA,
  MARECHAL,
  Paraphé par Maitre KAMANDA WA KAMANDA, Commissaire d'Etat aux Affaires Etrangères et à la Coopération Internationale, Membre du Comité Central.

§ II : Le Traité révisé de la CEEAC du 18 décembre 2019

Préambule

Nous, Chefs d'Etat et de Gouvernement des Etats membres de la Communauté Economique des Etats de l'Afrique Centrale ci-après :

- République d'Angola ;
- République du Burundi ;
- République du Cameroun ;
- République Centrafricaine ;
- République du Congo ;
- République Démocratique de Sao Tomé et Principe ;
- République Démocratique du Congo ;
- République Gabonaise ;
- République de Guinée Equatoriale ;
- République du Rwanda ;
- République du Tchad.

Réaffirmant le Traité Constitutif de la Communauté Economique des Etats de l'Afrique Centrale (CEEAC) signé à Libreville, le 18 octobre 1983 et considérant ses acquis ;

Résolus à franchir une nouvelle étape dans le processus d'intégration africaine engagé par la création des Communautés Economiques Régionales ;

Ayant à l'esprit la Charte des Nations Unies, signée à San Francisco le 26 juin 1945 et ses différents amendements, le Plan d'action et l'Acte final de Lagos, l'Acte Constitutif de l'Union Africaine, le Traité d'Abuja instituant la

Communauté Economique Africaine (CEA) et le Traité instituant la CEEAC ;

Rappelant le drame historique de la division du continent africain et la nécessité d'établir des bases solides pour l'union et la reconstruction de l'Afrique ;

Confirmant notre attachement aux principes de liberté, de démocratie, de respect des droits de l'Homme et des libertés fondamentales et de l'Etat de droit ;

Désireux d'approfondir la solidarité communautaire entre les Etats de la Région dans le respect de leur histoire, de leur culture et de leurs traditions ;

Désireux de renforcer le caractère démocratique et l'efficacité du fonctionnement des institutions communautaires, afin de leur permettre de mieux remplir, dans un cadre institutionnel adapté, les missions qui leur sont confiées ;

Résolus à mettre en œuvre une politique étrangère et de paix et sécurité commune, y compris la définition progressive d'une politique de défense commune, qui pourrait conduire à une défense commune, conformément aux dispositions de l'Acte Constitutif de l'Union Africaine, du Protocole instituant le Conseil de Paix et de Sécurité (CPS) de l'Union Africaine et des autres textes et dispositifs pertinents adoptés au niveau continental africain et Régional d'Afrique Centrale ;

Résolus à faciliter la libre circulation et le droit d'établissement des personnes, tout en assurant la sûreté et la protection de leurs populations, en établissant un espace de liberté, de sécurité respectueuse des droits humains ;

Conscients du fait que le fléau des conflits intra et inter-étatiques constitue un obstacle majeur au développement socio-économique en Afrique Centrale, et de la nécessité de promouvoir la paix, la sécurité et la stabilité, comme condition préalable du développement et de l'intégration ;

Attachés à la vision commune d'une Afrique Centrale unie et forte, fondée sur le strict respect des principes de coexistence pacifique, de non-agression, d'assistance mutuelle et de non-ingérence dans les affaires intérieures des Etats, de respect de la souveraineté, l'indépendance, l'unité et de l'intégrité territoriale de chaque Etat ;

Attachés au principe de non-indifférence entendu comme responsabilité collective des Etats Membres à protéger et à fournir une assistance multiforme à tout Etat Membre qui en exprime le besoin en cas de crise ou de conflit ;

Considérant que la promotion d'une culture démocratique forte par l'organisation d'élections libres, transparentes et régulières, le respect des droits de l'homme et de l'Etat de droit, la lutte contre la corruption et l'impunité, ainsi que l'élaboration des politiques de promotion du développement durable, sont essentiels à la sécurité collective, à la paix et à la stabilité de la Région ;

Convaincus de la nécessité de développer des actions efficaces et de renforcer davantage les efforts dans le domaine humanitaire ;

Conscients du fait que la bonne gestion des affaires publiques, le respect de l'Etat de droit et le développement durable, sont indispensables pour la paix et la prévention des conflits ;

Convaincus que la criminalité transfrontalière, le terrorisme, la transhumance armée, la prolifération des armes légères et de petits calibres, des munitions connexes et toutes formes de trafic illicites contribuent au développement de l'insécurité et de l'instabilité et compromettent le développement social et économique de la Région ;

Désireux de consolider nos acquis dans le domaine du règlement des conflits à travers le Conseil de Paix et de Sécurité l'Afrique centrale (COPAX) ;

Conscients que la défense nationale incombe à chaque Etat, mais qu'elle ne peut être plus efficace que la coordination et à la mise en commun des moyens d'assistance mutuelle des Etats de la Région ;

Désireux de mettre en place une structure opérationnelle pour la mise en œuvre efficace des décisions prises dans les domaines de la paix et de la sécurité ;

Conscients que la révision du Traité répond entre autres objectifs à la nécessité de s'adapter aux changements qui s'opèrent sur la scène continentale et internationale afin d'en tirer un meilleur profit ;

Décidons de réviser le Traité du 18 octobre 1983 portant création de la Communauté Economique des Etats de l'Afrique centrale et CONVENONS en conséquence des dispositions qui suivent.

Titre I : Dispositions générales et institutionnelles

Article 1 : Expressions employées

Aux termes du présent Traité, on entend par :

a) « Accord de troc » : Tout accord en vertu duquel des articles sont importés dans un Etat membre, des articles dont l'importation peut être réglée, en totalité ou en partie, par un échange direct de marchandises ;

b) « CCI » : Contribution Communautaire à l'Intégration ;

c) « CEA » : Communauté Economique Africaine ;

d) « CEEAC » : Communauté Economique des Etats de l'Afrique Centrale ;

e) « Comité inter-Etats des experts » : Comité créé par l'article 25 du présent Traité ;

f) « Commissaire » : Membre de la Commission de la CEEAC responsable d'un des Départements que compte l'Organe ;

g) « Commission » : la Commission de la CEEAC instituée par le présent Traité en remplacement du Secrétariat Général de la Communauté préalablement existant ;

h) « Communauté » : la Communauté Economique des Etats de l'Afrique Centrale mise en place par le présent Traité ;

dd) « Ordres de la Communauté » : Distinctions honorifiques « décoration, insigne, médaille, etc.) susceptibles d'être conférées aux personnalités extérieures ou non de la Communauté ;

ee) « Parlement » : le Parlement de la Communauté ;

ff) « Personne » : une personne physique ou morale ayant la nationalité d'un Etat membre ;

gg) « Politique africaine commune de défense et de sécurité » : la Déclaration solennelle sur une politique africaine commune de défense et de sécurité adoptée par la deuxième session extraordinaire de la Conférence tenue en février 2004 à Syrte ;

hh) « Président de la Commission » : le Président de la Commission de la CEEAC instituée par le Traité révisé en remplacement du Secrétaire Général de la Communauté ;

ii) « Régime des échanges intra-communautaires » : les avantages accordés aux marchandises mentionnées à l'article 41 du présent Traité ;

jj « Région » : zone géographique correspondant à l'Afrique centrale suivant la définition de la Résolution CM/RES.464(XXVI) du Conseil des Ministres de l'OUA ;

kk) « Règlement » : Toute norme, abstraite, générale, directement applicable, émanant de tout organe ou institution de la Communauté qui s'impose à tous les Etats membres ;

ll) « Ressortissant de la Communauté » : toute personne physique ayant la nationalité d'un Etat membre conformément aux lois en vigueur dans cet Etat ; les personnes morales constituées conformément à la législation en vigueur dans un Etat membre sont assimilées aux personnes physiques, à condition que leur siège social soit établi dans ledit Etat membre ;

mm) « Sous-région » : Ensemble d'au moins trois (03) Etats de la Région, telle que définie au paragraphe g) du présent article ;

nn) « Traité » : le Traité instituant la Communauté Economique des Etats de l'Afrique centrale ;

oo) « Zone frontalière » : Zone géographique située de part et d'autre de la frontière entre deux ou plusieurs Etats voisins.

i) « Conférence » : Conférence des Chefs d'Etat et de Gouvernement de la Communauté Economique des Etats de l'Afrique centrale ;

j) « Conseil » : Conseil des Ministres de la Communauté créé par l'article 15 du présent Traité ;

k) « COPAX » : le Conseil de Paix et de Sécurité de l'Afrique Centrale, tel que défini par l'article 32 du présent Traité ;

l) « COREP » : Comité des représentants permanents créé par l'article 22 du présent Traité ;

m) « Cour de Justice » : la Cour de justice de la Communauté ;

n) « Cour des Comptes » : la Cour des Comptes de la Communauté ;

o) « Décision » : acte pris par la Conférence ayant force obligatoire à l'égard des Etats membres, des institutions et organes de la Communauté ;

p) « Directive » : acte pris par tout organe ou institution de la Communauté, qui lie les Etats membres destinataires quant au résultat à atteindre ;

q) « Droit de douane » : le droit protecteur et les taxes d'effet équivalent perçus sur les marchandises importées hors de l'espace communautaire ;

r) « Droits et taxes à l'exportation » : le droit de sortie et les taxes d'effet équivalent perçus sur les marchandises du fait de leur exportation ;

s) « Droits et taxes de douane » : l'ensemble des droits et taxes tels que définis aux points p) et q) ;

t) « Droits fiscaux à l'importation » : le droit non protecteur et les taxes d'effet équivalent perçus sur les marchandises du fait de leur importation hors de l'espace communautaire de l'Afrique Centrale ;

u) « Etat membre » : tout Etat membre de la Communauté ;

v) « Etat tiers » : tout Etat autre qu'un Etat membre ;

w) « Etats parties » : les Etats ayant ratifié le présent Traité ou y ayant adhéré ;

x) « Fonds » : le Fonds de Compensation, de Coopération et de Développement créé par l'article 93 du présent Traité ;

y) « Instances » : chacune des structures prévues à l'article 11 du présent Traité ;

Z) « Institutions spécialisées » : structure en charge de la mise en œuvre des politiques communautaires sectorielles ;

aa) « Marchandises en transit », les marchandises acheminées, à partir d'un Etat membre ou entre deux Etats membres en traversant un ou plusieurs Etats membres vers un Etat tiers ;

bb) « NEPAD » : Nouveau Partenariat pour le Développement de l'Afrique ;

cc) « OAPI » : Organisation Africaine de la Propriété Intellectuelle.

Chapitre I : Création, principes fondamentaux, composition, objectifs

Article 2 : Création

Par le présent Traité, LES HAUTES PARTIES CONTRACTANTES réaffirment la création de la Communauté Economique des Etats de l'Afrique Centrale (CEEAC) pour la réalisation des objectifs de la Communauté.

Article 3 : Principes fondamentaux

Les Hautes parties contractantes, dans la poursuite des objectifs énoncés à l'article 4 du présent Traité, s'engagent à respecter les principes fondamentaux suivants :

a) de souveraineté, d'égalité et d'indépendance de tous les Etats, d'intangibilité des frontières, de bon voisinage, de non-ingérence dans leurs affaires intérieures, de subsidiarité, de géométrie variable, de non-agression, de non recours à la force pour le règlement des différends et le respect de la prééminence du droit dans leurs rapports mutuels ;
b) de non-indifférence, de solidarité et d'assistance mutuelle, de complémentarité, de loyauté envers la Communauté et d'égalité des genres ;
c) des principes démocratiques garantissant l'Etat de droit, les élections libres et transparentes, la responsabilité des gouvernants et des titulaires des charges publiques, le respect des droits de l'Homme et des libertés fondamentales, conformément à la Déclaration Universelle des Droits de l'Homme, à l'Acte Constitutif de l'Union Africaine, à la Charte Africaine des Droits de l'Homme et des Peuples, à la Charte Africaine de la Démocratie, des Elections et de la Gouvernance et aux autres instruments internationaux et africains pertinents ;
d) de bonne gouvernance, notamment la transparence dans la gestion des ressources communautaires, la lutte contre la corruption et les situations de conflit d'intérêt ;

e) de maintien de la paix, de la sécurité et de la stabilité régionale par la promotion et le renforcement des relations de bon voisinage à travers notamment le respect de l'intégrité territoriale et de la souveraineté des Etats et l'interdiction pour tout Etat membre de permettre l'utilisation de son territoire comme base pour l'agression ou la subversion contre un autre Etat membre ;
f) de coexistence pacifique entre les Etats membres de la Communauté et leur droit de vivre dans la paix et la sécurité.

Article 4 : Buts et objectifs de la Communauté

1. La Communauté vise à promouvoir la coopération et le renforcement de l'intégration régionale en Afrique Centrale dans tous les domaines de l'activité politique, sécuritaire, économique, monétaire, financière, sociale, culturelle, scientifique et technique en vue de réaliser l'autonomie collective, d'élever le niveau de vie des populations, d'accroitre et de maintenir la stabilité économique, de renforcer et de préserver les étroites relations pacifiques entre ses Etats membres et contribuer au progrès et au développement du continent africain.

2. Aux fins énoncées au paragraphe 1 ci-dessus, et conformément aux dispositions pertinentes du présent Traité, l'action de la Communauté a pour objectif l'établissement d'une union économique à travers :

a) l'élimination entre les Etats membres des droits de douane et toutes autres taxes d'effet équivalent à l'importation et à l'exportation des marchandises ;
b) l'établissement et le maintien d'un tarif douanier extérieur commun ;
c) l'établissement d'une politique commerciale commune à l'égard des Etats tiers ;
d) la suppression, entre les Etats membres, des obstacles à la libre circulation des biens, des services, des personnes, des capitaux et au droit d'établissement ;
e) l'harmonisation des politiques nationales en vue de la promotion des activités communautaires, notamment dans les domaines de l'industrie, des transports et communications, de l'énergie, de l'agriculture, des ressources naturelles, du commerce, de la monnaie et des finances, des activités bancaires, des ressources humaines, de l'humanitaire, de l'environnement et du climat, du tourisme, de l'enseignement et de la culture, de la science et de la technologie ;
f) la création de fonds destinés à soutenir en tant que de besoin la Communauté ;
g) le déploiement d'actions spécifiques pour le développement des Etats membres sans littoral, insulaires, partiellement insulaires, enclavés, semi-enclavés ;

h) l'harmonisation des codes nationaux des investissements pouvant aboutir, à terme, à l'adoption d'un code communautaire unique des investissements ;
i) l'adoption de mesures visant à renforcer l'intégration du secteur privé, notamment la création d'un environnement propice à promouvoir les petites et moyennes entreprises ;
j) l'harmonisation des politiques de concurrence et de protection des consommateurs ;
k) la mise en place d'un espace de sécurité et de défense commune entre les Etats membres et en tenant compte des autres parties prenantes conformément aux instruments à vocation sécuritaire adoptés à l'échelle communautaire ou inter communautaire aux fins de prévenir, gérer et régler les conflits ;
l) le renforcement de la coopération en matière policière, judiciaire et migratoire en vue de prévenir et réprimer la criminalité transnationale organisée, le terrorisme, la cybercriminalité et les autres formes de menaces ;
m) le renforcement de la coopération en matière humanitaire et l'assistance aux personnes et communautés sinistrées suite à une catastrophe d'origine naturelle ou humaine ;
n) l'institution d'une citoyenneté communautaire ;
o) toutes autres activités que les Etats Membres peuvent décider d'entreprendre conjointement à tout moment en vue d'atteindre les objectifs de la Communauté.

Article 5 : Engagement général

1. Les Etats membres s'engagent à réaliser les objectifs de la Communauté, en particulier à prendre toutes mesures requises pour promouvoir la paix, la coopération et l'intégration régionale en harmonisant leurs politiques et en s'abstenant de recourir à toute mesure unilatérale susceptible de compromettre la réalisation desdits objectifs.

2. Chaque Etat membre s'engage à prendre toutes les dispositions conformément à ses procédures constitutionnelles pour assurer la promulgation et la diffusion des textes législatifs et règlementaires nécessaires à l'application des dispositions du présent Traité.

3. Chaque Etat membre s'engage à honorer ses obligations aux termes du présent Traité et à respecter les décisions, les règlements et les directives de la Communauté.

4. Les Etats membres veillent à une répartition juste et équitable des coûts et des avantages de la coopération et de l'intégration économique conformément aux objectifs généraux déclinés dans le préambule.

Article 6 : Personnalité juridique, privilèges et immunités

1. La Communauté jouit de la personnalité juridique dans l'espace communautaire et vis-à-vis des Etats et des institutions internationales tiers. A cet effet, sous réserve des décisions des instances de la Communauté, elle possède la capacité nécessaire pour :

a) contracter ;
b) conclure des accords, conventions internationales et protocoles internationaux selon les modalités arrêtées par la Conférence ;
c) acquérir et céder les biens meubles et immeubles indispensables à la réalisation de ses objectifs ;
d) emprunter ;
e) ester en justice ;
f) accepter les dons et legs et les libéralités de toute sorte.

2. Les privilèges et immunités accordés aux fonctionnaires de la Communauté sont les mêmes que ceux dont jouissent les diplomates au pays du siège de la Communauté et dans les Etats membres. De même, les privilèges et les immunités accordés à la Commission sont les mêmes que ceux dont jouissent les missions diplomatiques au pays du siège de la Communauté et dans les Etats membres.

3. Le régime des privilèges et immunités est précisé par un instrument juridique spécifique.

4. La Communauté est représentée auprès des Etats membres, des Etats tiers et des Organisations internationales selon les modalités définies par la Conférence.

Article 7 : Les symboles de la Communauté

1. La Communauté adopte un drapeau, un hymne, une devise et une journée de l'intégration régionale.

2. La journée de l'intégration régionale est célébrée le 18 octobre de chaque année dans tous les Etats membres.

Article 8 : Les ordres de la Communauté

1. Il est institué des ordres de la Communauté.

2. La création, l'organisation et le fonctionnement des ordres sont régis par un règlement du Conseil.

Article 9 : Modalités de mise en place de la Communauté

Les modalités de mise en place de la Communauté relèvent de la Conférence des Chefs d'Etat et de Gouvernement.

Article 10 : Loyauté envers la Communauté

1. Dans l'accomplissement de ses missions, l'ensemble du personnel de la Communauté doit entière loyauté à la Communauté et ne rend compte qu'à elle. A cet égard, il ne sollicite ni n'accepte d'instructions d'aucun Gouvernement ni d'aucune autorité nationale ou internationale extérieure à la Communauté. Il s'abstient de toute conduite ou activité incompatible avec son statut de fonctionnaire international.

2. Chaque Etat Membre s'engage à respecter le statut international du personnel de la Communauté et s'engage à ne pas chercher à l'influencer dans l'accomplissement de ses missions.

3. Les Etats membres s'engagent à coopérer avec les organes et les Institutions de la Communauté et à les aider dans l'accomplissement des missions qui leur sont dévolues en vertu du présent Traité et des instruments spécifiques.

Chapitre II : Organes et institutions

Article 11 : Composition

1. Les organes de la Communauté sont :

a) la Conférence des Chefs d'Etat et de Gouvernement ;
b) le Conseil des Ministres ;
c) la Commission ;
d) les Comités Techniques Spécialisés ;
e) le Comité des représentants permanents ;
f) le Comité inter-Etats des experts.

2. Les institutions de la Communauté sont :

a) le Parlement de la Communauté ;
b) la Cour de Justice de la Communauté ;
c) la Cour des Comptes de la Communauté ;
d) les institutions financières ;
e) les institutions spécialisées.

Conférence des Chefs d'Etat et de Gouvernement

Article 12 : Création, composition et fonctions

1. Il est créé une Conférence des Chefs d'Etat et de Gouvernement de la Communauté.

2. La Conférence des Chefs d'Etat et de Gouvernement est l'organe suprême de la Communauté.

3. Elle est chargée d'assurer la direction et le contrôle général de la Communauté et de prendre toutes mesures nécessaires en vue du développement de celle-ci et de la réalisation de ses objectifs.

4. Elle dispose d'un mécanisme de Paix et de Sécurité dénommé COPAX.

5. Conformément aux dispositions du paragraphe 2 du présent article, la Conférence est chargée de :

a) déterminer la politique et les principales orientations de la Communauté, donner des directives, harmoniser et coordonner les politiques sécuritaires, économiques, scientifiques, techniques, culturelles et sociales des Etats membres ;
b) veiller au fonctionnement régulier des institutions de la Communauté, ainsi qu'au suivi de la réalisation des objectifs de celles-ci ;
c) adopter l'organigramme de la Commission et le statut du personnel ;
d) nommer et révoquer le Président et le Vice-Président de la Commission, les Commissaires et les premiers responsables des organes et institutions conformément aux dispositions prévues par leurs textes constitutifs respectifs ;
e) saisir, en cas de besoin, la Cour de Justice et/ou la Cour des Comptes de la Communauté lorsqu'elle constate la défaillance d'un Etat Membre dans le respect de ses obligations, ou qu'une Institution de la Communauté a agi en dehors des limites de sa compétence ou a excédé les pouvoirs qui lui sont conférés par les dispositions du présent Traité ;
f) demander au besoin à la Cour de Justice et/ou à la Cour des Comptes de la Communauté des avis consultatifs sur toute question juridique ;
g) prendre des mesures en matière de prévention, de maintien, de consolidation, de promotion et de rétablissement de la paix et de la sécurité en Afrique centrale ;
h) établir son règlement intérieur et approuver celui des autres organes et des institutions spécialisées ;
i) déléguer en tant que de besoin, au Conseil des Ministres, ses pouvoirs ;
j) exercer tout autre pouvoir que lui confère le présent Traité.

6. Dans l'exercice de ses fonctions, la Conférence est assistée du Conseil des Ministres.

Article 13 : Sessions

1. La Conférence se réunit en session ordinaire deux (2) fois par an. Elle peut être convoquée en session extraordinaire à l'initiative de son Président ou à la demande d'un Etat Membre, sous réserve de l'approbation de cette demande par la majorité simple des Etats Membres.

2. La présidence de la Conférence est assurée chaque année par l'un des Chefs d'Etat ou de Gouvernement selon l'ordre alphabétique français de désignation officielle des Etats membres.

3. En cas d'adhésion de nouveaux Etats à la Communauté, leurs Chefs d'Etat assurent la présidence de la Conférence à la suite de l'Etat membre signataire du présent Traité placé le dernier dans l'ordre alphabétique évoqué ci-dessus.

Article 14 : Décisions

1. Les actes de la Conférence sont dénommés « décisions ».

2. Sauf dispositions contraires du présent Traité ou d'un protocole, les décisions de la Conférence sont prises selon les matières à l'unanimité, par consensus, à la majorité des deux tiers des Etats Membres.

3. Les matières visées au paragraphe ci-dessus sont définies dans le Règlement intérieur de la Conférence. Les décisions de la Conférence sont adoptées par consensus jusqu'à l'entrée en vigueur dudit Règlement intérieur.

4. Les décisions de la Conférence ont force obligatoire à l'égard des Etats Membres, des Organes et Institutions de la Communauté.

5. La publication des décisions se fera conformément aux dispositions prévues par l'article 5 alinéa 2 du présent Traité.

Conseil des Ministres

Article 15 : Constitution

1. Il est créé un Conseil des Ministres de la Communauté.

2. Le Conseil est composé des Ministres en charge de l'Intégration régionale/Affaires Etrangères, de l'économie et des finances de la CEEAC ou de tout autre ministre désigné par chacun des Etats membres.

3. Suivant la nature des questions inscrites à l'ordre du jour du Conseil, les ministres évoqués à l'alinéa précédent, peuvent être accompagnés des ministres sectoriels compétents.

Article 16 : Attributions

1. Le Conseil est chargé de veiller au bon fonctionnement et au développement de la Communauté.

2. A cet effet il :

a) examine sur proposition de la Commission, les questions à soumettre à la Conférence des Chefs d'Etat et de Gouvernement ;

b) formule des recommandations à l'intention de la Conférence sur toute action tendant à la réalisation des objectifs de la Communauté dans le cadre de la politique générale et des grandes orientations définies et arrêtées par la Conférence ;
c) oriente les activités des autres institutions de la Communauté ;
d) nomme l'Agent comptable central, l'Auditeur interne et les Contrôleurs financiers des organes et institutions de la Communauté ;
e) approuve le Projet Annuel de Performance (PAP), le Rapport Annuel de Performance (RAP) et le budget général de la Communauté préparé par la Commission ;
f) soumet à la Conférence les organigrammes des Organes et des Institutions de la Communauté et Statut du personnel pour adoption ;
g) élabore son règlement intérieur et le soumet à l'approbation de la Conférence ;
h) peut demander à la Cour de Justice des avis consultatifs sur toute question juridique ;
i) approuve toute proposition d'emprunt soumise par la Commission ;
j) exerce toutes attributions que lui reconnait le présent Traité ou toute compétence que la Conférence pourra lui déléguer.

Article 17 : Fonctionnement

1. Le Conseil se réunit deux (02) fois par an en session ordinaire en prélude à la Conférence des Chefs d'Etat et de Gouvernement. L'une des sessions est consacrée à l'examen et à l'adoption du budget de la Communauté.

2. Il peut être convoqué en session extraordinaire à l'initiative de son Président ou à la demande d'un Etat membre, sous réserve de l'approbation des deux tiers de ses membres.

3. La présidence du Conseil est assurée par le Ministre en charge de l'Intégration régionale/Affaires Etrangères ou tout autre Ministre désigné par l'Etat membre dont le Chef d'Etat ou de Gouvernement préside la Conférence.

Article 18 : Règlement et Directives

1. Le Conseil agit, sur proposition de la Commission, par règlement et par directive. Tout projet de directive ou de règlement soumis à l'examen du Conseil doit l'être par le canal de la Commission.

2. Les règlements ont force obligatoire à l'égard des Etats membres et des institutions auxquelles ils s'adressent tant pour l'objectif à atteindre que pour les modalités à mettre en œuvre à cette fin. Ils sont exécutoires de plein droit dans les Etats membres trente (30) jours après la date de

leur publication par la Commission au journal officiel de la Communauté.

3. Les directives ont force obligatoire à l'égard des Etats membres en ce qui concerne l'objectif à atteindre mais non en ce qui concerne les modalités pour y parvenir. Chaque directive précise le délai de transposition en droit interne et d'adoption des mesures de mise en œuvre par les Etats.

4. Sauf dispositions contraires du présent Traité, les règlements et les directives du Conseil sont adoptés selon les matières à l'unanimité, par consensus ou à la majorité des deux tiers des Etats Membres présents conformément au Règlement intérieur du Conseil.

5. Les règlements et les directives du Conseil sont adoptés par consensus jusqu'à l'entrée en vigueur du Règlement Intérieur visé au paragraphe 4 du présent article.

COMMISSION

Article 19 : Création et composition

1. Il est créé une Commission de la Communauté.

2. La Commission est composée de sept (07) commissaires dont le (la) Président (e) et le (la) Vice-président (e).

3. La Commission est régie par le principe de collégialité. Les modalités de fonctionnement sont fixées par le Règlement intérieur de la Commission.

Article 20 : Attributions

1. La Commission, organe exécutif de la Communauté, est gardienne de l'esprit communautaire. Elle participe à l'élaboration des décisions, règlements et directives.

2. La Commission est dirigée par son Président qui en est le représentant légal. Le Président est assisté du Vi-président à qui il peut déléguer certaines de ses attributions.

3. La Commission est chargée de :

a) l'exécution des décisions de la Conférence et de l'application des règlements et des directives du Conseil ;
b) la promotion des programmes et projets de développement communautaires ;
c) la convocation, en cas de besoin, de réunions de ministres sectoriels pour examiner les questions sectorielles qui contribuent à la réalisation des objectifs de la Communauté ;

d) l'élaboration des projets de programmes d'activités et du budget de la Communauté et de la supervision de leur exécution après leur approbation par le Conseil ;
e) la présentation d'un rapport sur les activités de la Communauté à toutes les réunions de la Conférence et du Conseil ;
f) la préparation des réunions de la Conférence, du Conseil et la fourniture des services techniques nécessaires ainsi que des réunions des experts et des Commissions techniques ;
g) le recrutement du personnel de la Commission et de la nomination aux postes autres que ceux des fonctionnaires statutaires, conformément au Statut du personnel ;
h) la soumission de propositions et l'élaboration d'études qui peuvent aider au bon fonctionnement et au développement harmonieux et efficace de la Communauté ;
i) l'élaboration de projets de textes à soumettre à la Conférence et au Conseil pour approbation ;
j) la préparation des réunions du Conseil de Paix et de Sécurité de l'Afrique centrale et du secrétariat desdites réunions ;
k) la tutelle technique des institutions spécialisées à l'effet de veiller à la cohérence et à la complémentarité des activités communautaires. A ce titre, elle participe aux réunions des organes d'administration desdites institutions.

4. La Commission soumet au Parlement le projet de budget pour adoption au terme de son examen et approbation par le Conseil des Ministres. Elle présente au Parlement le rapport d'exécution dudit budget.

Article 21 : Nomination

1. Le Président, le Vice-Président et les autres Commissaires sont nommés par la Conférence pour un mandat de cinq (5) ans non renouvelable selon les modalités suivantes :

a) Le Président de la Commission est nommé de manière rotative, selon l'ordre alphabétique français de désignation des Etats membres.
b) Le Vice-Président de la Commission et les autres Commissaires sont nommés après présélection, par le Conseil des Ministres, des candidatures introduites par les Etats membres, chaque Etat membre pouvant postuler à l'ensemble des postes précités.
c) A la deuxième mandature et aux suivantes, les Etats n'ayant pas obtenu de poste de Président ou de Commissaire à la mandature présente sont prioritaires.

2. L'Agent Comptable Central est nommé par le Conseil des Ministres pour un mandat de cinq (5) ans non renouvelable.

3. L'Auditeur interne est nommé par le Conseil des Ministres pour un mandat de cinq (5) ans non renouvelable.

4. Le Contrôleur Financier Central est nommé par le Conseil des Ministres pour un mandat de cinq (5) ans non renouvelable.

5. Les ressortissants de l'Etat qui abrite le siège de la Communauté ou des Institutions spécialisées ou autres organes, ne peuvent être nommés au poste de Président de la Commission ni de premier responsable desdits organes et institutions.

6. Un (e) Commissaire ne peut être relevé (e) de ses fonctions que par la Conférence. Les autres personnels à mandat de la Commission sont révoqués par l'autorité de nomination.

7. Les membres de la Commission doivent être des personnes intègres, de compétence avérée, ayant une vision globale des problèmes politiques et économiques et d'intégration régionale.

8. La nomination du personnel de la Commission tiendra compte, en plus des conditions d'intégrité morale et de compétence exigées, d'une répartition équitable des postes entre les ressortissants de tous les Etats membres ainsi que de l'équilibre entre hommes et femmes. Elle tiendra également compte de la représentation de tous les Etats membres.

La Commission et les structures qui sont rattachées sont soumises, chaque année à un audit de performance, dont les résultats sont transmis au Parlement, au Conseil et à la Conférence.

Comité des représentants permanents

Article 22 : Création et composition

1. Il est créé un Comité des Représentants Permanents.

2. Le Comité des Représentants Permanents se compose des ambassadeurs, représentants permanents ou autres plénipotentiaires des Etats membres auprès de la Communauté.

Article 23 : Attributions

1. Le Comité des Représentants Permanents est chargé d'étudier ou d'instruire, pendant l'intersession, sous la responsabilité du Conseil, les questions et projets que lui soumet le Conseil ou toute autre institution de la Communauté.

2. Il s'acquitte de toutes autres missions qui lui sont confiées en application du présent Traité.

Article 24 : Organisation

1. Sous réserve des règlements et directives du Conseil, le Comité des représentants permanents tient ses réunions aussi souvent que nécessaire à la bonne exécution de sa mission, dont l'une précède la réunion du Conseil des Ministres.

2. Il élabore son règlement intérieur et le soumet au Conseil pour adoption.

Comité inter-Etats des Experts

Article 25 : Création et composition

1. Il est créé un Comité inter-Etats des Experts de la Communauté, composé de trois (03) experts des Ministères représentés au Conseil.

2. En tant que de besoin le Comité inter-Etats est composé d'experts sectoriels pour l'examen des questions spécifiques.

3. L'organisation et le fonctionnement du Comité inter-Etats sont fixés par son règlement intérieur.

Article 26 : Attributions

1. Le Comité inter-Etats des Experts est chargé d'étudier, sous la responsabilité du Conseil, les dossiers qui lui sont soumis.

2. Il présente des rapports et des recommandations au Conseil des Ministres.

3. Il s'acquitte de toutes autres missions qui lui sont confiées en application du présent Traité.

4. L'organisation et le fonctionnement du Comité inter-Etats des Experts sont fixés par son règlement intérieur adopté par le Conseil des Ministres.

Parlement communautaire

Article 27 : Création

1. Il est créé un Parlement de la Communauté dénommé Parlement Communautaire, composé de cinquante-cinq (55) membres à raison de cinq (05) par Etat, élus au suffrage universel indirect par leurs parlements nationaux pour un mandat de cinq (05) ans renouvelable une fois.

2. Le siège du Parlement est déterminé par la Conférence. Le Parlement peut se réunir en dehors de son siège sur invitation d'un Etat membre lequel prend en charge les frais liés à la délocalisation de la session.

3. Le Parlement assure la représentation des peuples au sein de la Communauté et veille à la préservation de leurs intérêts fondamentaux dans les actes, politiques et programmes de la Communauté.

4. Le Parlement se réunit en session ordinaire, pendant une durée maximale de quarante-cinq (45) jours, deux fois par an. Il peut se réunir en session extraordinaire sur un ordre du jour déterminé.

Article 28 : Missions et pouvoirs

1. Le Parlement est l'instance chargée de débattre de toute question d'intérêt communautaire, de sa propre initiative ou à la demande de toute autre institution.

2. Le Parlement communautaire émet des avis consultatifs et contrôle l'action des institutions et des organes de la Communauté.

3. Le projet de budget de la Communauté préparé par la Commission, approuvé par le Conseil, est soumis au Parlement pour adoption.

4. Les membres du Parlement jouissent de privilèges et immunités et bénéficient d'indemnités et avantages de fonction.

5. Un protocole précise les attributions, la composition, l'organisation et le fonctionnement du Parlement de la Communauté, ainsi que les modalités de contrôle de l'action des institutions communautaires.

Cour de justice

Article 29 : Création et missions

1. Il est créé une Cour de Justice de la Communauté dénommée Cour de Justice de la CEEAC.

2. La Cour de Justice est composée de juges désignés par la Conférence, pour une durée de six (6) ans non renouvelable, parmi les ressortissants des Etats membres de la Communauté, offrant des garanties d'indépendance, d'impartialité et d'intégrité et possédant les qualifications requises pour exercer les plus hautes fonctions juridictionnelles.

3. Le statut, la composition, la compétence, la procédure et les autres questions concernant la Cour de Justice sont précisées dans le Protocole y afférent.

4. Les arrêts de la Cour de Justice ont force obligatoire à l'égard des Etats membres, des organes et des institutions de la communauté et des personnes physiques et morales.

Cour des Comptes

Article 30 : Création et missions

1. Il est créé une Cour des comptes de la Communauté dénommée Cour des Comptes de la CEEAC.

2. La Cour des Comptes est composée de juges désignés par la Conférence, pour une durée de six (6) ans non renouvelable, parmi les ressortissants des Etats membres de la Communauté, offrant des garanties d'indépendance, d'impartialité et d'intégrité et possédant les qualifications requises pour exercer les plus hautes fonctions juridictionnelles.

3. Le statut, la composition, la compétence, la procédure et les autres questions concernant la Cour des Comptes sont précisées dans le Protocole y afférent.

4. Les arrêts de la Cour des Comptes ont force obligatoire à l'égard des Etats membres, des organes et des institutions de la Communauté et des personnes physiques et morales.

Institutions financières

Article 31 : Création

1. Les Etats s'engagent à créer :

a) Une banque de développement de la Communauté ;
b) Une banque centrale à l'issue du processus d'une fusion monétaire.

2. Les attributions, l'organisation et le fonctionnement de ces institutions seront fixés par une décision de la Conférence des Chefs d'Etat et de Gouvernement, leurs statuts ou tout autre texte approprié.

3. Conformément aux dispositions du protocole relatif à la Chambre de compensation joint au présent Traité en tant qu'annexe, les Etats membres s'engagent à favoriser le commerce des marchandises et des services au sein de la Communauté par le biais d'une Chambre de compensation.

Conseil de Paix et de Sécurité de l'Afrique Centrale

Article 32 : Création et attributions

1. Il est institué au sein de la CEEAC un Mécanisme de coopération et de décision en matière de défense commune, de promotion, de maintien et de consolidation de la paix, de sécurité et de stabilité de la Communauté dénommé Conseil de Paix et de Sécurité des Etats de l'Afrique Centrale (COPAX).

2. Le COPAX est un mécanisme de prévention, de règlement des conflits et de gestion des crises.

3. Il constitue un système d'alerte de sécurité collective visant à permettre une réaction préventive, rapide et efficace aux situations de crises et conflits en Afrique Centrale.

4. Le COPAX a pour objectif la stabilité politique et sécuritaire dans la Région, à travers la mise en œuvre d'un ensemble de politiques communes.

Article 33 : Composition et fonctionnement

1. Le COPAX est composé de tous les Etats membres ayant des droits égaux. Il dispose de trois instances : la Conférence, le Comité Technique Spécialisé sur la Défense, la Sûreté et la Sécurité et le Comité des Représentants Permanents.

2. Le COPAX dispose d'instruments de mise en œuvre suivants :

a) le Comité des Sages ;
b) la Force Multinationale de l'Afrique Centrale (FOMAC), en attente dans les Etats membres et susceptible d'être mise immédiatement à la disposition de la Communauté ;
c) le Mécanisme d'Alerte Rapide de l'Afrique Centrale (MARAC) ;
d) le Mécanisme régional de coopération policière et judiciaire ;
e) la stratégie régionale de sûreté et sécurité maritimes ;
f) les Organisations de formation ;
g) tout autre instrument créé par la Conférence.

3. Le mécanisme du COPAX fait l'objet d'un Protocole annexé au présent Traité.

Titre II : Politiques communautaires

Chapitre III : Coopération en matière de paix et de sécurité

Article 34 : Engagements des Etats

1. Les Etats membres s'engagent à mettre en œuvre une politique de sécurité collective, basée sur le respect des principes fondamentaux de la Communauté énoncés à l'article 3 du présent Traité, visant la prévention, la gestion et le règlement des crises et conflits à travers la non-agression, l'assistance mutuelle et une sécurité et défense communes dans l'espace communautaire.

2. En matière de non-agression, les Etats membres s'engagent à :

a) ne pas recourir, dans leurs relations réciproques, à la menace ou à l'emploi de la force, ou à l'agression, soit contre l'intégrité territoriale ou l'indépendance des autres Etats membres ;
b) ne pas commettre, encourager ou soutenir des actes d'hostilité, ou d'agression contre l'intégrité territoriale ou l'indépendance des autres Etats membres ;
c) empêcher que les actes visés à l'article précédent soient commis par des étrangers résidents et non-résidents à partir de son territoire contre la souveraineté et l'intégrité territoriale des autres Etats membres ;
d) à recourir aux moyens pacifiques pour régler les différends qui pourraient surgir entre eux, en recourant aux différents mécanismes

de règlement des conflits au niveau de la Communauté Economique des Etats de l'Afrique Centrale, de l'Union Africaine et de l'Organisation des Nations Unies.

3. En matière d'assistance mutuelle, les Etats membres s'engagent à :

a) se prêter mutuellement aide et assistance pour leur défense contre toute menace d'agression ou toute agression armée ;
b) en cas d'intervention armée, mettre à la disposition de la Force multinationale de l'Afrique Centrale (FOMAC), prévue par le protocole relatif au Conseil de Paix et de Sécurité de l'Afrique Centrale (COPAX), des contingents constitués à cet effet issus des forces de défense et de sécurité nationales.

4. En matière de sécurité et de défense communes, les Etats membres s'engagent à :

a) mettre en place une politique et des capacités de défense commune ;
b) mettre en œuvre des stratégies et des plans d'action, de coopération policière et judiciaire, dans les domaines de la lutte contre le crime organisé transnational, le terrorisme et l'extrémisme violent ;
c) harmoniser leurs stratégies nationales ;
d) harmoniser les standards de formation, d'équipement et d'entrainement.

5. A ces fins, les modalités de mise en œuvre sont définies dans le Protocole relatif au COPAX.

Chapitre IV : Coopération transfrontalière

Article 35 : Engagements des Etats

1. La coopération transfrontalière a pour but de définir les éléments communs d'un programme d'action visant la transformation des régions transfrontalières en espaces sécurisés de rapprochement, de solidarité et de partage.

2. Afin de réaliser les buts et objectifs ci-dessus visés, les Etats membres s'engagent à mettre en œuvre les actions ci-après :

a) développement des capacités pour la gouvernance des frontières ;
b) prévention des conflits, sécurisation des espaces frontaliers et transfrontaliers ;
c) gestion de la mobilité, des migrations et de facilitation du commerce ;
d) gestion des ressources et développement intégré des zones transfrontalières.

3. Pour ce faire, les Etats membres s'engagent à faciliter et à promouvoir la coopération transfrontalière entre les collectivités décentralisées.

4. Les modalités de mise en œuvre de la coopération transfrontalière sont définies dans le Protocole annexé au présent Traité.

Chapitre V : Coopération dans le domaine politique

Article 36 : Engagements des Etats

1. Les Etats membres reconnaissent le lien étroit entre la gouvernance politique participative, d'une part, et la stabilité politique, le développement économique et l'amélioration des conditions sociales des populations, d'autre part.

2. A cet effet, ils s'engagent à promouvoir la démocratie et les droits de l'homme, ainsi qu'à œuvrer en vue d'une implication plus significative des populations dans le processus de prise de décisions.

3. Ils encouragent, en outre, les Etats membres qui ne l'ont pas encore fait, à ratifier les instruments internationaux et continentaux pertinents en matière de gouvernance démocratique, plus particulièrement le Pacte international relatif aux droits civils et politiques, le Pacte international relatif aux droits économiques, sociaux et culturels ainsi que la Charte africaine de la démocratie, des élections et de la gouvernance.

4. Les Etats membres s'engagent également à renforcer les échanges d'expériences entre leurs instances nationales compétentes dans le domaine politique.

5. Les instances communautaires accompagnent les Etats membres dans la mise en place et l'opérationnalisation des plateformes et autres mécanismes communautaires de concertation à cet effet.

6. Les Etats membres s'engagent par ailleurs à mettre en place des plateformes régionales spécifiques regroupant leurs organes nationaux en charge notamment des élections, des droits de l'homme, de Médiateur de la République, etc.

7. Les Etats membres s'engagent, enfin, à adopter des positions communes dans les fora internationaux et sur les grandes questions politiques et diplomatiques internationales. Cette quête des positions communes sera facilitée par la délégation ou la représentation du pays assurant la présidence en exercice de la Conférence des Chefs d'Etat et de Gouvernement de la Communauté.

Chapitre VI : Libéralisation des échanges et diverses mesures de sauvegarde

Article 37 : Union douanière

1. Les Etats membres conviennent d'établir progressivement entre eux une Union douanière qui comporte :

a) l'établissement d'une zone de libre-échange entre les Etats membres à travers l'élimination des droits de douane et des autres taxes d'effet équivalent à l'importation, des contingentements, restrictions ou prohibitions, ainsi que les obstacles d'ordre administratif, et commercial, d'une part, et la libéralisation du commerce des services, d'autre part ;
b) l'adoption par les Etats membres d'un tarif douanier extérieur commun.

2. Les objectifs de l'union douanière sont :

a) libéraliser davantage le commerce intra régional de marchandises sur la base d'arrangements commerciaux mutuellement bénéfiques entre les Etats membres ;
b) promouvoir l'efficacité de la production dans la Communauté ;
c) renforcer les investissements nationaux, intracommunautaires et étrangers dans la Communauté ;
d) promouvoir le développement économique et la diversification de l'industrialisation dans la Communauté.

3. La Conférence définit en temps opportun, les modalités relatives à la mise en place de l'Union douanière.

Article 38 : Elimination des droits de douane entre les Etats membres

1. Les Etats membres s'abstiennent de créer entre eux de nouveaux droits de douane et taxes d'effet équivalent, et d'augmenter ceux qu'ils appliquent dans leurs relations commerciales mutuelles. Ils feront parvenir régulièrement à la Commission toutes informations relatives aux droits de douane, pour étude et avis.

2. Les Etats s'engagent à éliminer entre eux tous les droits de douane et taxes d'effet équivalent, dès l'entrée en vigueur du présent Traité.

3. Le présent article ne s'applique pas à l'imposition des redevances pour services rendus. Le taux desdites redevances doit être proportionnel au coût des services rendus.

Article 39 : Libéralisation du commerce des services

1. Les Etats membres reconnaissent l'importance du commerce des services pour le développement des économies des pays de la Communauté.

2. Les Etats membres garantissent la libre circulation des services fournis par les ressortissants des Etats membres et la libre circulation des fournisseurs de services ressortissants des Etats membres dans la Communauté.

3. La libre circulation des services couvre la fourniture de services :

a) du territoire d'un Etat membre vers le territoire d'un autre Etat membre ;
b) sur le territoire d'un Etat membre pour desservir les consommateurs d'un autre Etat membre ;
c) par un fournisseur de services d'un Etat membre, par la présence commerciale du fournisseur de services sur le territoire d'un autre Etat membre ;
d) par la présence d'un fournisseur de services, citoyen d'un Etat membre, sur le territoire d'un autre Etat membre.

4. Les Etats membres adoptent des politiques et mettent en œuvre des mesures conformément à leurs obligations au titre de l'Accord Général sur le Commerce des Services (AGCS) de l'OMC et du Protocole sur le commerce des Services de l'Accord Instituant la Zone de Libre-Echange Continentale Africaine (ZLECAf), en vue de libéraliser leur secteur des services au sein de la Communauté.

Article 40 : Etablissement d'un tarif extérieur commun

1. Les Etats membres conviennent de l'établissement progressif d'un tarif extérieur commun, applicable aux marchandises importées dans les Etats membres en provenance de pays tiers ainsi qu'il ressort des dispositions de l'annexe I du présent Traité.

2. Les Etats membres s'engagent à supprimer, conformément à un programme à proposer par le Conseil, à l'initiative de la Commission, les différences qui existent entre les taux de droits de douane inscrits dans leurs tarifs douaniers respectifs.

3. Après l'entrée en vigueur du présent traité, le Conseil proposera à la Conférence l'adoption d'un tarif extérieur commun et d'une nomenclature des statistiques communes à tous les Etats membres.

4. Le Conseil adopte, sur proposition de la Commission, tous les instruments opérationnels pertinents pour le fonctionnement harmonieux du territoire douanier communautaire.

5. Le Conseil peut réexaminer, sur proposition de la Commission, la structure du tarif extérieur commun et proposer à la Conférence les mesures destinées à remédier à tout effet préjudiciable que l'un des Etats membres pourrait subir du fait de l'application de la présente disposition.

Article 41 : Régime des échanges intra-communautaires

1. Après l'entrée en vigueur du présent Traité, aucun Etat membre ne prélèvera de droits de douane sur les marchandises originaires d'un Etat membre et expédiées dans un autre Etat membre. Il en est de même des marchandises en provenance d'un pays tiers et qui se trouvent mises en libre pratique dans les Etats membres et transférées d'un Etat membre à un autre Etat membre.

2. La définition de cette notion de produits originaires des Etats membres et les règles régissant l'application du présent article figurent dans le protocole annexé au présent Traité.

3. Sont considérés comme étant en libre pratique dans un Etat membre les produits en provenance des pays tiers pour lesquels les formalités d'importation ont été accomplies et les droits de douane perçus dans cet Etat membre.

4. Les Etats membres s'engagent à ne pas adopter des textes législatifs ou règlementaires nationaux qui impliquent une discrimination directe ou indirecte à l'égard des produits identiques ou similaires d'un autre Etat membre.

Article 42 : Déséquilibre du commerce et mesures de sauvegarde

1. Conformément aux dispositions du présent article, le commerce est déséquilibré entre Etats membres lorsque :

a) les importations d'un produit particulier par un Etat membre en provenance d'un autre Etat membre augmentent d'une manière significative ;
b) cette augmentation des importations cause ou risque de causer un préjudice grave à la fabrication de ce produit par l'Etat membre importateur ;
c) les importations d'un produit particulier d'un Etat membre en provenance d'un autre Etat membre augmentent :

i. en raison de la réduction ou de la suppression des droits et taxes sur ce produit ;

ii. parce que les droits et taxes imposés par l'Etat membre exportateur sur les importations des matières premières utilisées pour la fabrication du produit concerné sont plus bas que les droits et taxes correspondants imposés par l'Etat membre importateur.

2. Lorsqu'un Etat membre est victime d'un déséquilibre du commerce, il adresse un rapport au Président de la Commission qui en saisit le Conseil avec ses recommandations. Le Conseil propose à la Conférence les mesures à prendre.

3. Les Etats Parties conviennent d'appliquer des mesures de sauvegarde aux situations dans lesquelles un produit est importé soudainement dans un Etat Partie dans des conditions qui causent ou menacent de causer un dommage grave aux producteurs nationaux de produits similaires ou directement concurrents sur le territoire.

4. Les mesures de sauvegarde ne sont appliquées que dans la mesure nécessaire pour empêcher ou réparer un dommage grave.

5. La mise en œuvre du présent article se fera conformément à l'annexe 1 sur les mesures correctives commerciales.

Article 43 : Mesures antidumping et mesures compensatoires

1. Sous réserve des dispositions du Protocole relatif à la concurrence et à la protection des consommateurs annexé au présent Traité, aucune disposition n'empêchera les Etats parties d'adopter des mesures antidumping et des mesures compensatoires.

2. Les Etats parties coopèrent dans le domaine de la détection et des enquêtes relatives aux pratiques en matière de dumping ou de subventions, qu'elles émanent de la zone de libre-échange de la Communauté ou autrement, afin de remédier aux effets préjudiciables de telles pratiques.

3. Les Etats parties coopéreront en vue de détecter les hausses soudaines des importations, d'enquêtes sur celles-ci et d'imposer les mesures appropriées pour remédier aux préjudices qui en résultent.

4. La mise en œuvre du présent article se fera conformément à l'annexe sur les mesures correctives commerciales.

Article 44 : Imposition intérieure

1. Les Etats membres s'engagent à ne pas appliquer directement ou indirectement aux marchandises originaires des Etats membres et expédiées dans tout autre Etat membre une imposition intérieure supérieure à celle qui frappe les produits nationaux similaires et à ne pas percevoir ladite imposition dans le but d'assurer auxdits produits une protection effective.

2. Les Etats membres éliminent progressivement toute imposition intérieure destinée à la protection des produits nationaux similaires dans les mêmes conditions que celles prévues à l'article 41 du présent Traité. Au cas où, en raison des obligations découlant d'un accord conclu par un Etat membre, celui-ci se trouve dans l'impossibilité de se conformer aux dispositions du présent article, ledit Etat membre notifie ce fait au Conseil et s'engage à ne pas proroger ni renouveler cet accord à son expiration.

Article 45 : Barrière non tarifaire au commerce intra-communautaire

1. Sous réserve des dispositions du présent article, chaque Etat membre dès l'entrée en vigueur du présent Traité, s'engage à assouplir progressivement et à éliminer finalement, les contingentements, restrictions ou prohibitions alors en vigueur, qui s'appliquent aux transferts vers ledit Etat membre de marchandises originaires des autres Etats membres et, sous réserve des dispositions ou des autorisations du présent Traité, s'engage à s'abstenir par la suite d'imposer d'autres restrictions ou prohibitions en ce qui concerne lesdites marchandises.

2. Sous réserve des dispositions du présent article, le Comité chargé des questions commerciales, douanières et d'immigration, sur la base des propositions que le Président de la Commission lui aura transmises, recommande au Conseil pour approbation un programme tendant à l'assouplissement progressif et, en définitive, à l'élimination, cinq (05) ans après l'entrée en vigueur du présent Traité, de tous les contingentements, restrictions ou prohibitions qui s'appliquent dans un Etat membre à l'importation de marchandises originaires des autres Etats membres, étant entendu que le Conseil peut décider par la suite que tous les contingentements, restrictions ou prohibitions soient assouplis plus rapidement ou éliminés plus tôt que ne le prévoient les dispositions du présent paragraphe.

3. Les dispositions spéciales en matière de restrictions, prohibitions, contingentements, et pratiques discriminatoires font l'objet d'un protocole relatif aux obstacles non tarifaires au commerce annexé au présent Traité.

Article 46 : Exceptions

1. Nonobstant les dispositions de l'article 43, tout Etat membre, après avoir notifié son intention aux autres Etats membres, est habilité à imposer ou à continuer d'imposer des restrictions ou des prohibitions qui concernent :

a) l'application des lois et des règlements de sécurité ;
b) la règlementation relative aux armes, aux munitions, aux autres matériels de guerre et équipements militaires ;
c) la protection de la santé ou de la vie des hommes, des animaux et des plantes ou la protection de la moralité publique ;
d) le transfert d'or, d'argent, de platine et de pierres précieuses ;
e) la protection des trésors nationaux ayant une valeur artistique, archéologique ou la protection de la propriété industrielle et commerciale ;
f) la règlementation relative aux matières nucléaires, aux produits radioactifs ou tout autre matériel utilisé dans la mise au point ou l'exploitation de l'énergie nucléaire ;
g) la règlementation des produits stratégiques.

2. Toutefois, ces prohibitions ou restrictions ne doivent constituer en aucun cas ni un moyen de discrimination arbitraire, ni une restriction déguisée dans le commerce entre Etats membres.

3. Lorsqu'un Etat membre se heurte à des difficultés de balance des paiements dues à l'application des dispositions du présent chapitre, il est habilité, à condition qu'il ait pris toutes mesures utiles raisonnables pour surmonter ces difficultés, à imposer des restrictions quantitatives ou équivalentes ou des prohibitions sur les marchandises originaires des autres Etats membres, mais exclusivement en vue de surmonter lesdites difficultés.

4. En vue de protéger une industrie naissante ou stratégique, un Etat membre peut, sous réserve d'avoir pris toutes les mesures raisonnables conséquentes, imposer, dans le seul but de protéger cette industrie pendant une période donnée qui sera déterminée par le Conseil, sur proposition de la Commission, des restrictions quantitatives ou équivalentes ou des prohibitions sur des marchandises semblables originaires des autres Etats membres.

5. Un Etat membre qui impose des restrictions quantitatives ou équivalentes ou des prohibitions aux termes des paragraphes 1, 3 et 4 du présent article, adresse un rapport au Président de la Commission qui saisit le Conseil en vue de déterminer la durée d'application de ces mesures.

6. Le Conseil observe en permanence le fonctionnement des restrictions quantitatives ou équivalentes ou des prohibitions imposées en vertu des dispositions des paragraphes 1, 3 et 4 du présent article et prend les mesures nécessaires à ce sujet.

Article 47 : Traitement de la nation la plus favorisée

1. Les Etats membres s'accordent, en ce qui concerne le commerce intracommunautaire, le traitement de la nation la plus favorisée. En aucun cas, les concessions tarifaires consenties à un pays tiers en application d'un accord conclu avec un Etat membre ne peuvent être plus favorables que celles qui sont appliquées en vertu du présent Traité.

2. Le texte des accords visés au paragraphe 1 du présent article est communiqué au Président de la Commission par les Etats qui y sont parties.

3. Aucun accord conclu entre un Etat membre et un pays tiers prévoyant l'octroi de concessions tarifaires ne peut être incompatible avec les obligations assumées en vertu du présent Traité.

4. Aucun Etat membre ne peut conclure avec un pays tiers un accord en vertu duquel celui-ci accorderait à l'Etat membre des concessions tarifaires qui ne seraient pas octroyées aux autres Etats membres.

Article 48 : Réexportation de marchandises, transit intra-communautaire et facilitation des échanges

1. Conformément aux dispositions du présent article, les Etats membres s'engagent :

a) à faciliter la réexportation des marchandises entre eux, conformément aux dispositions du Protocole relatif aux règles d'origine qui seront échangées entre les Etats de la CEEAC joint au présent Traité en tant qu'annexe et ce, en attendant l'étape de mise en place de l'union douanière ;
b) à s'accorder mutuellement la liberté de transit à travers leur territoire pour les marchandises acheminées en provenance ou à destination d'un autre Etat membre conformément aux dispositions du Protocole sur le transit et les facilités de transit joint au présent Traité en tant qu'annexe.

2. Les Etats parties prendront des mesures appropriées, y compris des dispositions en matière de facilitation des échanges et de transit, telles qu'énoncées dans l'annexe sur le transit et les facilités de transit.

Article 49 : Administration douanière

Les Etats membres, conformément aux dispositions du Protocole relatif à la coopération douanière joint au présent Traité en tant qu'annexe, prennent toutes mesures utiles pour harmoniser et normaliser leur réglementation et leurs formalités douanières de façon à permettre l'application efficace des dispositions du présent chapitre et à faciliter le mouvement des marchandises et des services à travers leurs frontières.

Article 50 : Détournement de trafic résultant d'accord de troc

1. Si, à la suite d'un accord de troc portant sur une catégorie donnée d'articles conclu entre un Etat membre ou une personne physique ou morale relevant dudit Etat et un pays tiers ou une personne physique ou morale relevant dudit pays, il se produit, en ce qui concerne ladite catégorie d'articles, un important détournement de trafic au préjudice d'articles importés d'un autre Etat membre et qui sont manufacturés en faveur d'articles importés en vertu dudit accord, l'Etat membre qui importe lesdits articles prend des mesures efficaces pour remédier à ce détournement.

2. Afin de déterminer si, aux fins du présent article, un détournement de trafic s'est produit en ce qui concerne une catégorie donnée d'articles, il est tenu compte de toutes les statistiques commerciales pertinentes et autres données concernant la catégorie d'articles disponibles pour la période de six mois précédant une plainte d'un Etat membre concerné résultant d'un détournement de trafic, ainsi que de la moyenne de deux périodes

comparables de six mois au cours des 24 mois qui ont précédé la première importation de marchandises en vertu de l'accord de troc.

3. Le Président de la Commission saisit le Conseil de toute mesure corrective. Ce dernier l'examine et le soumet à la Conférence pour décision.

Article 51 : Compensation pour perte de recettes

1. La Communauté, sur rapport du Président de la Commission et sur recommandation du Commissaire en charge du marché commun, décide des compensations à accorder à un Etat membre qui a subi une perte de recettes à l'importation par suite de l'application du présent chapitre.

2. Outre les compensations à verser aux Etats membres qui subissent les pertes de recettes en raison de l'application du présent chapitre, la Communauté recommande des mesures visant à promouvoir les capacités de production et d'exportations de ces pays afin de mieux tirer avantage de la libéralisation des échanges.

3. Les mécanismes de compensation de pertes en recettes sont mis en œuvre par le guichet du fonds de compensation, de coopération et de développement créé à l'article 93 du présent Traité.

Article 52 : Formalités et documents commerciaux

1. Les Etats membres conviennent de simplifier et d'harmoniser leurs formalités et leurs documents commerciaux, de manière à faciliter les échanges de marchandises et services au sein de la Communauté.

2. Aux fins du présent chapitre, les Etats membres conviennent par ailleurs d'œuvrer conformément aux dispositions du Protocole relatif à la facilitation des échanges entre les Etats membres de la CEEAC annexé au présent Traité.

Chapitre VII : Normes et règlements applicables aux produits

Article 53 : Obstacles techniques au commerce

1. Les Etats parties s'engagent à coopérer dans les domaines des normes, règlements techniques, procédures d'évaluation de la conformité, de l'accréditation et de la métrologie afin de faciliter l'élimination des obstacles techniques au commerce non nécessaires et injustifiables.

2. L'application du présent article sera conforme aux dispositions de l'annexe sur les obstacles non tarifaires au commerce, du Protocole sur le commerce des marchandises de l'Accord instituant la Zone de Libre-Echange Continentale Africaine.

Article 54 : Mesures sanitaires et phytosanitaires

1. Les Etats parties s'engagent à coopérer dans le domaine des mesures sanitaires et phytosanitaires injustifiables afin de faciliter le commerce d'animaux et de produits animaux et de végétaux et de produits végétaux, tout en protégeant la santé et la vie des personnes et des animaux et en préservant les végétaux.

2. L'application du présent article sera conforme aux dispositions de l'annexe sur les mesures sanitaires et phytosanitaires, du Protocole sur le commerce des marchandises de l'Accord instituant la Zone de Libre-Echange Continentale Africaine.

Chapitre VIII : Coopération en matière de concurrence, d'investissement et de propriété intellectuelle

Article 55 : Concurrence

1. Les Etats membres s'engagent à élaborer et mettre en œuvre une politique communautaire en matière de concurrence en vue de garantir :

a) une compétition saine et efficace entre les opérateurs économiques au sein de la Communauté ;
b) le bon fonctionnement de leurs marchés respectifs ;
c) la prospérité économique des consommateurs des Etats membres.

2. Aux fins de l'application de l'alinéa 1 du présent article, les Etats membres conviennent d'adopter un Protocole relatif à la concurrence et la protection des consommateurs, joint au présent Traité.

Article 56 : Investissement

1. Les Etats membres s'engagent à coopérer pour mettre en place des règles et politiques visant à promouvoir les investissements communautaires et attirer les investissements provenant hors de la Communauté.

2. En vue de réaliser l'objectif visé par le présent article, les Etats membres conviennent d'élaborer et de mettre en œuvre un Protocole relatif aux investissements, ainsi qu'un code communautaire des investissements.

Article 57 : Propriété intellectuelle

1. Les Etats membres se conforment aux dispositions régissant la propriété intellectuelle édictées ou adoptées notamment dans le cadre de l'OAPI.

2. Chaque Membre accorde aux ressortissants des autres Membres un traitement non moins favorable que celui qu'il accorde à ses propres ressortissants en ce qui concerne la protection de la propriété intellectuelle, sous réserve des exceptions prévues dans, respectivement, la Convention de Paris (1957), la Convention de Berne (1971), la Convention de Rome ou le Traité sur la propriété intellectuelle en matière de circuits intégrés. En ce qui concerne les artistes interprètes ou exécutants, les producteurs de

phonogrammes et les organismes de radiodiffusion, cette obligation ne s'applique pas pour ce qui est des droits visés par le présent accord.

3. Les Membres pourront se prévaloir des exceptions autorisées en vertu du paragraphe 1 du présent article en ce qui concerne les procédures judiciaires et administratives, y compris l'élection de domicile ou la constitution d'un mandataire dans le ressort d'un Membre, uniquement dans les cas où ces exceptions seront nécessaires pour assurer le respect des lois et règlementations qui ne sont pas incompatibles avec les dispositions du présent accord et où de telles pratiques ne seront pas appliquées de façon à constituer une restriction déguisée au commerce.

4. En ce qui concerne la protection de la propriété intellectuelle, tous avantages, faveurs, privilèges ou immunités accordés par un Membre aux ressortissants de tous les autres Membres. Sont exemptés de cette obligation tous les avantages, faveurs, privilèges ou immunités accordés par un membre :

a) qui découlent d'accords internationaux concernant l'entraide judiciaire ou l'exécution des lois en général et ne se limitent pas en particulier à la protection de la propriété intellectuelle ;
b) qui sont accordés conformément aux dispositions de la Convention de Berne (1971) ou de la Convention de Rome qui autorisent que le traitement accordé soit fonction non pas du traitement national mais du traitement accordé dans un autre pays ;
c) qui concernent les droits des artistes interprètes ou exécutants, des producteurs de phonogrammes et des organismes de radiodiffusion qui ne sont pas visés par le présent accord.

Chapitre IX : Libre circulation, résidence et droit d'établissement

Article 58 : Libre circulation des personnes

Les ressortissants des Etats membres sont considérés comme des citoyens de la Communauté. En conséquence, les Etats membres conviennent, conformément aux dispositions du Protocole relatif à la libre circulation et au droit d'établissement des ressortissants des Etats membres de la CEEAC joint au présent Traité en tant qu'annexe, de faciliter les formalités relatives à leur circulation, leur résidence et à leur établissement à l'intérieur de la Communauté.

Article 59 : Droit d'établissement

1. Les Etats membres garantissent la libre circulation des travailleurs, ressortissants des autres Etats membres, sur leur territoire, conformément aux dispositions du Protocole relatif à la libre circulation et au droit d'établissement des ressortissants des Etats membres de la CEEAC joint au présent Traité en tant qu'annexe.

2. Afin de garantir la mobilité de la main d'œuvre, les Etats membres s'engagent à coopérer pour l'harmonisation et la reconnaissance mutuelle des qualifications académiques et professionnelles, ainsi que l'harmonisation des politiques, lois et programmes du travail.

Chapitre X : Coopération dans les domaines économique, monétaire, financier et des paiements

Article 60 : Coopération économique

Les Etats membres définissent progressivement des critères de convergence, efficaces et adaptables, en vue d'une coopération économique harmonieuse et en vue d'éviter des disparités et des déséquilibres néfastes à la concurrence et au commerce intra-communautaire.

Article 61 : Monnaie, finances et paiements

1. Les Etats membres conviennent d'harmoniser leurs politiques dans les domaines monétaire, financier et des paiements en vue de promouvoir la mise en place d'une union monétaire, d'assurer le bon fonctionnement de la Communauté, de promouvoir la réalisation de ses objectifs et la coopération monétaire et financière entre eux et les autres Etats africains.

2. Aux fins du paragraphe 1 du présent article, le Président de la Commission, en liaison avec les Comités sous régionaux concernés de l'Association des banques centrales africaines :

a) formule, à l'intention du Conseil, des recommandations sur l'harmonisation des politiques économiques et financières des Etats membres ;
b) accorde une attention constante aux problèmes relatifs à la balance des paiements des Etats membres et entreprend toutes études y relatives ;
c) étudie l'évolution des économies des Etats membres ;
d) émet des recommandations au Conseil concernant la mise en place, à court terme, de systèmes bilatéraux de règlement des paiements entre les Etats membres et, à long terme, d'un système multilatéral de règlement des paiements et d'une union monétaire.

3. Conformément aux dispositions du Protocole relatif à la Chambre de Compensation et de Paiements, joint au présent Traité en tant qu'annexe, les Etats membres s'engagent à favoriser le commerce des marchandises et des services au sein de la Communauté par le biais d'une Chambre de Compensation et de Paiements.

Article 62 : Circulation des capitaux

Dès l'entrée en vigueur du présent Traité, la Conférence prend, sur proposition de la Commission, après avis du Parlement Communautaire, des mesures tendant à la coordination progressive des politiques nationales en matière de change en ce qui concerne les mouvements de capitaux entre les Etats membres, et les Etats tiers.

Chapitre XI : Coopération en matière d'agriculture, de sécurité alimentaire et nutritionnelle, ressources animales et halieutiques

Article 63 : Engagements

1. Les Etats membres conviennent de coopérer dans les domaines de l'agriculture, de la sécurité alimentaire et nutritionnelle, des ressources animales et halieutiques. Cette coopération a pour objectifs :

a) le relèvement du niveau de vie des populations rurales, en particulier par l'augmentation des revenus, grâce à l'accroissement de la production agricole, de la pêche et à la création d'emplois ;
b) la satisfaction des besoins alimentaires des populations et le renforcement de la sécurité alimentaire, notamment par l'amélioration quantitative et qualitative de la production vivrière et la définition d'une politique d'échanges et de réserves alimentaires ;
c) l'amélioration des conditions de vie et travail en milieu rural ;
d) la valorisation sur place des productions agricoles, par la transformation des produits végétaux et animaux ;
e) le développement de la capacité des populations à assurer leur propre développement, notamment par une plus grande maîtrise de leur environnement technique et économique ;
f) l'assistance des populations sinistrées suite à des catastrophes majeures à travers des outils d'alerte et des stocks alimentaire d'urgence.

2. A cet effet, les Etats membres s'engagent à :

a) se concerter en vue d'harmoniser leurs politiques agricoles ;
b) procéder à des échanges réguliers d'informations sur les expériences et les résultats des recherches en cours sur leurs territoires respectifs ainsi que sur les programmes de développement rural ;
c) élaborer, selon les besoins, des programmes communs de formation et de recyclage des cadres dans les institutions existantes ou à créer ;
d) élaborer une politique commune, notamment dans les domaines de la recherche et de la formation, de la production, de la transformation et de la commercialisation des produits agricoles, forestiers, de l'élevage et de la pêche ;
e) élaborer et faire appliquer dans la Région, des textes réglementaires pour le contrôle zoo-sanitaire et pour la sécurité des denrées d'origine animale au niveau régional ;
f) développer des Plans d'urgence de gestion de l'insécurité alimentaire en cas de crise ;

g) élaborer et faire appliquer dans la Région, des textes réglementaires pour le contrôle des mouvements transfrontaliers du bétail de commerce et de transhumance ;
h) créer dans la Région, un cadre de suivi technique des programmes nationaux pour la caractérisation et la conservation des races animales ;
i) mettre en place une politique régionale et un fonds d'assistance aux personnes victimes des catastrophes climatiques et naturelles (inondations, feux de brousse, épidémies, sècheresse, etc.)

3. Aux fins du présent chapitre, les Etats membres conviennent d'œuvrer conformément aux dispositions annexées au présent Traité.

Article 64 : Mise en œuvre

1. Pour la mise en œuvre des actions de coopération prévues à l'article 63 ci-dessus, et afin d'améliorer l'efficacité des services, la Commission formule des propositions au Conseil.

2. La Commission met en place des modalités de mise en œuvre qui s'appuient sur : (i) un cadre de concertation des parties prenantes, (ii) la planification et l'harmonisation des interventions existantes et prévues, (iii) le suivi et l'évaluation, (iv) la sensibilisation et la communication, et (v) les modalités de financement.

Chapitre XII : Coopération en matière d'industrie

Article 65 : Objectif

En vue de promouvoir le développement économique et l'intégration régionale, les Etats membres conviennent d'harmoniser leurs politiques d'industrialisation dans l'espace communautaire.

Article 66 : Mesures de mise en œuvre

Aux fins du présent chapitre, les Etats membres conviennent d'œuvrer conformément au Protocole en la matière annexé au présent Traité, ainsi qu'aux cadres, politiques et programmes adoptés au niveau continental en application des dispositions du Traité instituant la Communauté Economique Africaine.

Chapitre XIII : Coopération en matière d'infrastructures, d'équipements de transports et de communications

Article 67 : Transports et communications

1. En vue d'assurer un développement harmonieux et intégré du réseau communautaire des transports et communications et d'élaborer une politique commune, les Etats membres conviennent :

a) de promouvoir l'intégration des infrastructures dans le domaine des transports et des communications ;
b) d'assurer la coordination entre les différents modes de transport en vue d'accroître leur efficacité ;
c) d'harmoniser progressivement leurs législations et réglementations en matière de transports et communications ;
d) d'encourager l'utilisation des ressources matérielles et humaines locales, la normalisation des réseaux et de l'équipement, la recherche et la promotion de techniques de construction d'infrastructures et de matériels adaptés ;
e) d'étendre et de moderniser les infrastructures de transport et de communications en mobilisant les ressources techniques et financières nécessaires ;
f) de promouvoir l'industrie communautaire dans le domaine de l'équipement pour les transports et les communications ;
g) d'organiser, de structurer et de promouvoir le secteur communautaire d'activités de transport de voyageurs et de marchandises.

2. A cet effet, les Etats membres s'engagent à :

a) élaborer des programmes coordonnés pour structurer le secteur des transports routiers ;
b) élaborer des plans visant à améliorer, à réorganiser les divers réseaux ferroviaires des états membres en vue de leur interconnexion et à construire de nouvelles voies ferrées ;
c) harmoniser :
   i. leurs politiques relatives aux transports maritimes et fluviaux internationaux ;
   ii. leurs politiques en matière de transports aériens ;
   iii. leurs actions en matière de formation et de perfectionnement des cadres spécialisés dans les domaines des transports et communications ;
d) moderniser et normaliser les dessertes aéroportuaires afin que tous les Etats membres soient reliés entre eux et avec l'extérieur par des vols réguliers ;
e) tout mettre en œuvre en vue de la création de compagnies communautaires de navigation maritime, fluviale et aérienne ;
f) d'améliorer la transparence des règlements de transit et frontaliers, à rationaliser les procédures administratives et à simplifier les contrôles aux frontières et les procédures frontalières, à promouvoir l'aménagement des couloirs de transport inter étatique et l'adoption de règles et de normes internationales.

Article 68 : Postes, télécommunications et les Technologies de l'Information et de la Communication

1. Les Etats membres s'engagent à :

a) réorganiser, moderniser et développer les réseaux de télécommunications en vue de répondre aux exigences du trafic international et de permettre une interconnexion fiable entre les Etats membres et avec les Etats tiers ;
b) réaliser dans les meilleurs délais un système communautaire de communication par satellite en Afrique centrale pour compléter le réseau panafricain ;
c) veiller à la prise en compte de tous les éléments au plan social, économique, juridique et politique, lors de l'élaboration et la définition de la politique communautaire des TIC, de façon à établir une politique appropriée et des objectifs réalistes ;
d) assurer au sein de la Communauté des services postaux rapides et fréquents et développer une collaboration étroite entre les administrations postales.

2. En vue de renforcer l'intégration régionale dans les domaines des postes et télécommunications, les Etats membres s'engagent à harmoniser leurs règlementations tout en éliminant les dispositions contraignantes pour la dimension commerciale de ces secteurs et, à mettre en place, un système communautaire de régulation.

3. Aux fins du présent chapitre, les Etats membres conviennent d'œuvrer conformément à l'annexe en la matière du présent Traité.

Chapitre XIV : Coopération en matière d'aménagement du territoire communautaire

Article 69 :

1. Les Etats membres de la CEEAC conviennent de coopérer dans le domaine de l'aménagement du territoire. Cette coopération a pour objectifs :

a) l'édification d'une Communauté plus forte et solidaire, plus attractive et compétitive, avec un marché régional dans lequel chaque Etat membre optimise, dans la complémentarité, ses avantages comparatifs ;
b) la maîtrise spatiale d'un développement économique, social et culturel soutenu, harmonisé et durable, elle contribue à la réduction de la pauvreté ;
c) la cohérence et l'harmonisation des politiques sectorielles nationales et communautaires.

2. Afin de promouvoir cette coopération, les Etats membres s'engagent à :

a) promouvoir l'aménagement du territoire communautaire dans les politiques publiques des Etats membres de la CEEAC. A cet effet, la Communauté veille à encourager les Etats dans l'élaboration et la mise en œuvre de politiques nationales cohérentes et convergentes d'aménagement du territoire dans une vision communautaire ;
b) accélérer la réalisation concertée de grandes infrastructures et d'équipements d'intérêt communautaire ainsi que la définition d'une armature urbaine régionale ;
c) orienter sur le plan spatial, la mise en valeur des potentialités de la Communauté pour renforcer la complémentarité, la compétitivité et la meilleure insertion des Etats membres de la CEEAC dans l'économie régionale et mondiale ;
d) développer la solidarité communautaire et à renforcer la cohésion sociale pour procurer aux populations les bénéfices attendus de l'intégration.

3. Pour la mise en œuvre des actions de coopération énumérées ci-dessus, la Commission formule des propositions au Conseil tendant à élaborer une politique commune d'aménagement du territoire et toutes mesures nécessaires à sa mise en œuvre. Elle s'attelle, en outre, à mobiliser des fonds pour le financement des projets et programmes d'aménagement du territoire communautaire, dans le cadre d'un dialogue permanent avec les partenaires au développement.

Chapitre XV : Coopération en matière de science et de technologie

Article 70 : Engagements des Etats

1. Les Etats membres conviennent :

a) de développer une base scientifique et technologique adéquate capable d'induire les changements socio-économiques nécessaires à l'amélioration de la qualité de la vie de leurs populations, particulièrement de celles des zones rurales ;
b) d'assurer une application appropriée de la science et de la technologie au développement de l'agriculture, des transports et des communications, de l'industrie, de la santé et de l'hygiène, de l'énergie, de l'éducation et de la main-d'œuvre ainsi que la préservation de l'environnement ;
c) de réduire leur dépendance et de promouvoir leur autonomie individuelle et collective dans le domaine de la technologie, par la recherche d'un équilibre favorable du point de vue socio-économique entre les apports étrangers et ceux de la technologie autochtone.

2. Dans la mise en œuvre de cette coopération, les Etats membres s'engagent à :

a) harmoniser leurs politiques nationales relatives à la recherche scientifique et technique pour une meilleure intégration de ces politiques aux plans nationaux de développement économique et social ;
b) coordonner leurs programmes de recherche appliquée, de recherche au développement et de services scientifiques et techniques ;
c) harmoniser leurs plans nationaux de développement technologique en mettant un accent particulier sur les technologies endogènes ainsi que leurs règlementations en matière de propriété industrielle et de transfert des technologies étrangères ;
d) coordonner leurs positions sur toutes les questions scientifiques et techniques faisant l'objet de négociations internationales ;
e) procéder à un échange permanent d'informations et de documentations et à la création de réseaux et de banques de données communautaires ;
f) développer des programmes communs de formation des cadres scientifiques et techniques, y compris la formation et le perfectionnement de la main-d'œuvre qualifiée ;
g) promouvoir les échanges de chercheurs et de spécialistes entre les Etats membres en vue d'utiliser pleinement les compétences techniques disponibles dans la Communauté.

Article 71 : Mesures de mise en œuvre

Aux fins du présent chapitre, les Etats membres conviennent d'œuvrer conformément au Protocole en la matière annexé au présent Traité.

Chapitre XVI : Coopération en matière d'énergie et d'eau

Article 72 : En matière d'énergie

1. Les Etats membres conviennent de :

a) mettre en valeur les ressources énergétiques de la Communauté ;
b) promouvoir les énergies renouvelables dans le cadre de la politique de diversification des sources d'énergie.

2. En vue de réaliser les objectifs visés au paragraphe 1 du présent article, les Etats membres s'engagent à :

a) harmoniser leurs plans nationaux de développement énergétique ;
b) mettre en place une politique énergétique commune particulièrement en matière d'exploitation, de production et de distribution ;
c) créer un cadre adéquat de concertation et de coordination permettant de résoudre en commun les problèmes que pose le développement énergétique de la Communauté, notamment ceux relatifs au transport de l'énergie, à l'insuffisance de cadres qualifiés, à la pénurie de moyens financiers pour la réalisation de leurs projets énergétiques ;

d) promouvoir la formation et le perfectionnement des cadres ;
e) mettre effectivement en valeur les ressources énergétiques de la Région ;
f) mettre en place des mécanismes de coopération appropriés en vue de garantir leur approvisionnement régulier en hydrocarbures.

Article 73 : En matière d'eau

1. Les Etats membres conviennent de :

a) protéger et mettre en valeur les ressources en eau de la Communauté ;
b) promouvoir la gestion intégrée des ressources en eau dans l'espace communautaire.

2. En vue de réaliser les objectifs visés au paragraphe 1 ci-dessus, les Etats membres s'engagent à :

a) harmoniser leurs plans nationaux de développement des ressources en eau ;
b) mettre en place une politique régionale de l'eau ;
c) promouvoir la gestion des eaux transfrontalières ;
d) développer un cadre adéquat de concertation et de coordination permettant de résoudre en commun les problèmes que pose la mise en œuvre de la Gestion intégrée des Ressources en Eau dans l'espace de la Communauté, notamment ceux relatifs à l'environnement politique, aux rôles des institutions et aux instruments de gestion ;
e) promouvoir la formation et le perfectionnement des cadres ;
f) mettre en place des cadres de concertation entre pays riverains pour la gestion des ressources en eau partagées ou transfrontalières.

3. Aux fins du présent chapitre, les Etats membres conviennent de coopérer conformément au Protocole annexé au présent Traité.

Chapitre XVII : Coopération en matière d'environnement, de ressources naturelles et de biodiversité

Article 74 : Engagements des Etats

1. Les Etats membres s'engagent à :

a) protéger, préserver et améliorer l'environnement naturel de l'espace communautaire et coopérer en cas de désastre naturel ;
b) adopter aux plans national et régional, des politiques, stratégies et programmes appropriés pour faire contribuer, de manière durable, la gestion des ressources de leurs écosystèmes forestiers et de leur biodiversité à la préservation de l'environnement, d'une part, à l'intégration régionale, à leurs développements économiques et à

l'amélioration des conditions de vie de leurs populations, d'autre part.

2. En vue de réaliser les objectifs visés au paragraphe 1 ci-dessus, les Etats membres s'engagent à :

a) harmoniser leurs politiques et stratégies nationales de gestion des ressources forestières et de leurs biodiversités tout en tenant compte concomitamment des besoins et des contextes nationaux respectifs et des engagements pris vis-à-vis des accords régionaux et internationaux, dont l'Agenda 2063 et l'Accord de Paris sur le climat ;
b) développer des plans ou dispositifs de lutte contre l'érosion, la déforestation, la dégradation des paysages forestiers, la désertification, les périls acridiens et les autres fléaux, notamment la sécheresse et la dégradation des sols et des ressources en eau ;
c) créer les cadres adéquats de concertation et de coordination des secteurs ayant des interactions et impacts dans l'exploitation et/ou la lutte contre l'exploitation illicite des ressources des écosystèmes naturels ;
d) promouvoir la formation et le perfectionnement des cadres dans le but de développer les ressources humaines et les capacités technologiques endogènes nécessaires à la mise en valeur structurelle et inclusive des ressources et services environnementaux des écosystèmes forestiers ;
e) développer et à harmoniser des stratégies et des plans de gestion des risques de catastrophes et d'adaptation au changement climatique.

Article 75 : Mise en œuvre

Aux fins du présent chapitre, les Etats membres conviennent d'œuvrer conformément au Protocole en la matière annexé au présent Traité.

Chapitre XVIII : Coopération en matière de ressources humaines, des affaires sociales et de genre

Article 76 : Ressources humaines

1. Les Etats membres s'engagent à coopérer en vue d'assurer la mise en valeur effective de leurs ressources humaines.

2. A cet effet, ils prennent des dispositions en vue :

a) de renforcer leur coopération en matière d'éducation, de formation et d'emploi, d'harmoniser et de coordonner leurs politiques et programmes dans ces domaines ;
b) de renforcer les institutions de formation existantes, de redynamiser l'efficacité de leurs systèmes éducatifs, d'encourager les échanges

scolaires et universitaires, d'établir l'équivalence des diplômes, de formation professionnelle et technique, d'encourager la littérature, de promouvoir l'enseignement et la pratique des langues officielles de la Communauté et de créer des centres d'excellence régionaux pour la formation professionnelle qualifiante ;

c) d'encourager les échanges de main-d'œuvre spécialisée entre les Etats membres.

3. A cet effet, ils s'engagent à :

a) adopter et promouvoir une politique commune en matière de programmation, de planification et d'élaboration des politiques en matière des ressources humaines ;
b) coordonner leurs politiques et leurs activités dans les domaines de l'éducation, de la formation, de la planification des carrières, de l'orientation et de l'expertise-conseil ;
c) œuvrer au développement de leurs ressources humaines afin de satisfaire aux exigences fondamentales de leur développement économique et social ;
d) œuvrer en vue de l'utilisation du potentiel de leurs ressources humaines.

Article 77 : Affaires sociales

1. Les Etats Membres s'engagent à coopérer en vue de la mobilisation des différentes couches de la population, de leur intégration et de leur participation effective dans le cadre du développement social de la Communauté.

2. Aux fins du paragraphe 1 du présent article, les Etats Membres s'engagent à :

a) promouvoir les échanges d'expériences et d'informations relatives à l'alphabétisation, à la formation professionnelle et à l'emploi ;
b) harmoniser progressivement leurs législations du travail, leurs régimes de sécurité sociale et leurs systèmes juridiques et administratifs sur l'état des personnes ;
c) promouvoir les organisations de femmes et de jeunes, ainsi que les associations professionnelles afin d'assurer la participation populaire aux activités de la Communauté ;
d) promouvoir et renforcer leur coopération dans le domaine de la santé.

3. Les Etats membres conviennent d'assurer à l'effort de développement communautaire une pleine participation de toutes les catégories et couches sociales.

4. A cet effet, ils s'engagent à :

a) développer la recherche collective par des politiques appropriées, pour l'amélioration de la situation économique, sociale et culturelle des femmes des zones urbaines et rurales ainsi que leur plus grande intégration aux activités de développement ;
b) harmoniser progressivement leurs législations du travail, leurs régimes de sécurité sociale et leurs systèmes juridiques et administratifs sur l'état des personnes ;
c) instaurer une approche communautaire des questions de santé publique, des recherches médicales, de la promotion des études de médecine traditionnelle, de la pharmacie et des échanges d'expériences.

5. Aux fins du présent chapitre, les Etats membres conviennent d'œuvrer conformément au Protocole en la matière annexé au présent Traité.

Article 78 : Femme et Développement

1. Les Etats Membres s'engagent à élaborer, harmoniser, coordonner et définir des politiques et des mécanismes appropriés pour améliorer les conditions économiques, sociales et culturelles des femmes.

2. A cette fin, les Etats Membres prennent toutes les mesures nécessaires pour :

a) identifier et examiner les contraintes empêchant les femmes d'apporter une contribution plus grande aux efforts de développement de la Communauté ;
b) fournir un cadre dans lequel ces contraintes seront abordées et qui permettrait de prendre en compte les préoccupations et les besoins des femmes.

3. Au niveau Communautaire, les Etats Membres s'engagent à :

a) encourager entre eux le dialogue sur les projets et programmes bénéficiant du soutien de la communauté et visant l'intégration des femmes au processus du développement ;
b) mettre en place un mécanisme de coopération avec les organisations bilatérales, multilatérales et non gouvernementales ;
c) promouvoir et mettre au point un mécanisme visant à encourager entre les Etats Membres un échange d'informations et d'expériences.

4. Aux fins du présent chapitre, les Etats membres conviennent de coopérer conformément au Protocole en la matière annexé au Présent Traité.

Article 79 : Genre

1. Les Etats membres s'engagent à promouvoir l'égalité entre les hommes et femmes dans tous les secteurs publics et privés.

2. A cette fin, la Communauté s'assure de la mise en œuvre de la politique genre de la CEEAC, dans les politiques, stratégies et programmes d'intégration régionale.

3. Aux fins du présent article, les Etats membres conviennent de coopérer conformément au Protocole en la matière annexé au présent Traité.

Chapitre XIX : Coopération en matière d'éducation, de formation, de culture, de santé, de sport et de jeunesse

1. Les Etats membres conviennent d'élaborer une politique commune de l'éducation incluant des modèles éducatifs qui tiennent compte des réalités économiques et socio-culturelles de la Région, en vue de former des hommes et des femmes enracinés dans leur milieu et capables de promouvoir les changements nécessaires au progrès social et au développement.

2. Aux fins du paragraphe 1 du présent article, les Etats membres s'engagent à :

a) promouvoir les échanges d'expériences et d'informations relatives à l'alphabétisation, à la formation professionnelle et à l'emploi ;
b) améliorer l'efficacité des systèmes éducatifs existants par la promotion de la formation des formateurs et par la mise en œuvre de méthodes et d'équipements appropriés ;
c) créer et renforcer les institutions de formation nationales et régionales existantes ;
d) élaborer des programmes communs de formation mieux adaptés aux problèmes de développement pour assurer progressivement une autosuffisance en personnes qualifiés ;
e) promouvoir l'échange systématique d'expériences et d'informations en matière de politique et de planification de l'éducation ;
f) favoriser la prise en compte des technologies de l'information et de la communication dans le système éducatif ;
g) promouvoir la culture entrepreneuriale dans les programmes de formation ;

3. Les Etats membres s'engagent également à harmoniser la règlementation et la régulation du secteur de l'éducation au niveau communautaire.

Article 81 : Culture

1. Les Etats Membres s'engagent à promouvoir les objectifs de la vision culturelle de la Communauté.

2. A cette fin, les Etats Membres s'engagent notamment à :

a) favoriser la promotion, par tous les moyens et sous toutes les formes, des échanges culturels ;

b) promouvoir, développer et au besoin améliorer les structures et mécanismes de production, de diffusion et d'exploitation des industries culturelles.

3. Les Etats membres s'engagent également à harmoniser la règlementation et le dispositif de régulation en matière culturelle au sein de la Communauté.

4. Aux fins du présent chapitre, les Etats membres conviennent de coopérer conformément au Protocole en la matière annexé au présent Traité.

Article 82 : Santé

1. Les Etats membres conviennent de promouvoir et de renforcer leur coopération dans le domaine de la santé.

2. A cette fin, ils s'engagent à coopérer en vue de développer les soins de santé primaire et de promouvoir la recherche médicale et plus particulièrement, dans les domaines de la médecine traditionnelle et de la pharmacopée africaines.

Article 83 : Jeunesse et sport

1. Dans le cadre du développement de la jeunesse ainsi que des activités physiques et sportives, la Communauté s'engage à :

a) élaborer une politique communautaire visant à promouvoir la jeunesse et le sport ;
b) soutenir les efforts des Etats membres engagés dans l'élaboration et la mise en œuvre des politiques nationales en faveur de la jeunesse et du sport ;
c) développer les liens de solidarité, de partenariat et de coopération multilatérale entre les Etats ;
d) contribuer à la création d'un environnement propice à la mobilisation, la formation, l'insertion sociale, économique et professionnelle des jeunes ;
e) contribuer au développement de la pratique du sport sous toutes ses formes.

2. La politique communautaire doit prendre en compte les défis inhérents à la jeunesse et au sport au regard des interrelations qui existent entre ces questions et les autres secteurs de développement.

Chapitre XX : Coopération en matière de tourisme

Article 84 : Engagements des Etats

Les Etats membres conviennent :

a) de développer et promouvoir le tourisme durable dans l'espace communautaire ;

b) d'élaborer une politique commune en matière de tourisme ;
c) d'harmoniser la règlementation et le dispositif de régulation concernant le tourisme dans l'espace communautaire ;
d) de communiquer à la Commission les documents faisant le point de leurs plans et programmes de développement touristique.

Article 85 : Mise en œuvre

Aux fins du présent chapitre, les Etats membres conviennent d'œuvrer conformément au Protocole en la matière annexé au présent Traité.

Chapitre XXI : Coopération dans les autres domaines

Article 86 : Engagement général

Les Etats membres s'engagent à se consulter entre eux, par l'intermédiaire des institutions compétentes de la Communauté, en vue d'harmoniser leurs politiques dans les domaines où cette harmonisation serait nécessaire ou souhaitable pour le fonctionnement et le développement efficace et harmonieux de la Communauté, et pour l'application des dispositions du présent Traité.

Article 87 : Planification du développement, démographie et production des données statistiques

1. En vue de réaliser les objectifs stratégiques de la vision à long terme de la Communauté, les Etats membres conviennent :

a) d'harmoniser et d'intégrer leurs plans de développement économique et social ;
b) de promouvoir et de réaliser des projets communautaires ;
c) d'élaborer des programmes sectoriels communautaires dans des domaines d'intérêt commun.

2. A cet effet, les Etats membres s'engagent à :

a) se communiquer mutuellement et fournir à la Commission les informations économiques nationales susceptibles d'engendrer des échanges commerciaux, de susciter des projets communs ou de faciliter dans un Etat membre l'implantation d'unités économiques similaires ;
b) échanger leurs expériences en matière de planification du développement, de statistique et de démographie, de formation et de perfectionnement des cadres dans ces domaines.

3. A ce titre, la Commission formule des propositions tendant à :

a) développer une planification stratégique à moyen terme déclinant les priorités d'actions à mettre en œuvre pour atteindre les objectifs fixés par la vision à long terme de la Communauté ;
b) développer et renforcer aux niveaux régional et national une politique de développement des statistiques dans la perspective d'améliorer la qualité des données et l'harmonisation de la production des statistiques, y compris la mise en place d'observatoires ;
c) promouvoir, développer, améliorer et normaliser l'information économique, démographique, sociale et culturelle, notamment en élaborant des projets statistiques nationaux et communautaires.

Chapitre XXII : Migrations et assistance humanitaire

Article 88 : Migrations

1. Les Etats membres s'engagent à prendre toutes les mesures appropriées en vue de gérer de manière concertée les flux migratoires vers la Région et à partir de la Région. Ils œuvrent à la définition d'une politique migratoire de la Communauté.

2. La Communauté adopte des politiques et stratégies visant à assurer aux migrants, réfugiés et déplacés des conditions de traitement conforme au Droit International pertinent en la matière.

Article 89 : Mesures d'assistance humanitaire et de réponse aux catastrophes majeures

1. Les Etats parties s'engagent à coopérer en cas de catastrophes majeures qui dépassent les capacités de gestion d'un des Etats membres afin de faciliter l'entrée dans les pays touchés du matériel humanitaire, voire militaire, et des produits destinés aux interventions et au relèvement rapide des personnes et des communautés affectées.

2. L'application du présent article sera conforme aux dispositions en vigueur au niveau régional, continental et international.

3. La Communauté définit une politique d'assistance humanitaire et des réponses aux catastrophes naturelles et d'origine industrielle.

Chapitre XXIII : Politique maritime communautaire

Article 90 : Engagement des Etats

1. Les Etats membres s'engagent à élaborer et mettre en œuvre une politique maritime communautaire articulée autour de trois piliers :

a. l'amélioration de la Gouvernance maritime ;
b. la protection des intérêts vitaux de la Communauté en mer ;

c. la mise en valeur commune et intégrée de la mer par le développement d'une Economie Bleue.

2. Aux fins de l'application de l'alinéa 1 du présent article, les Etats membres conviennent d'adopter un Protocole d'accord sur la stratégie de sécurisation des intérêts vitaux en mer des Etats membres de la CEEAC, articulé autour du COPAX.

Chapitre XXIV : Dispositions spéciales en faveur des Etats sans littoral, insulaires, partiellement insulaires, enclavés, géographiquement désavantagés

Article 91 : Traitement spécial

1. Les Etats membres, conscients de la situation économique et sociale particulière des Etats sans littoral, insulaires, partiellement insulaires, enclavés ou géographiquement désavantagés, conviennent de leur accorder un traitement spécial en ce qui concerne l'application de certaines dispositions du présent Traité.

2. A cet effet, les Etats membres conviennent d'apporter leur concours aux efforts des pays sans littoral, insulaires, partiellement insulaires, enclavés ou semi-enclavés dans leur volonté d'alléger au maximum les handicaps géographiques de manière à améliorer et favoriser la mise en place d'une infrastructure intégrée de transports et de communications, notamment en leur permettant un accès plus facile à la mer.

Article 92 : Cadre juridique

Aux fins de l'application du présent chapitre, les Etats membres conviennent d'adopter un Protocole relatif à la situation des pays sans littoral, insulaires, partiellement insulaires, enclavés ou semi-enclavés et/ou appartenant à la catégorie des pays les moins avancés joint au présent Traité en tant qu'annexe.

Titre III : Dispositions spéciales et finales

Chapitre XXV : Moyens et instruments de coopération

Article 93 : Création et objectifs

1. Il est créé un Fonds de Compensation, de Coopération et de Développement de la Communauté.

2. Les objectifs du Fonds sont notamment, les suivants :

a) compenser les pertes de recettes résultant de la libéralisation des échanges et des mesures de sauvegarde ;
b) fournir une assistance financière et technique tendant à favoriser le développement économique et social des Etats membres compte

tenu des différentes conditions économiques et autres prévalant au sein de la Communauté ;

c) financer des projets de développement dans les Etats membres.

3. Le Fonds est doté de deux guichets :

- un guichet de compensation pour perte de recettes douanières ;
- un guichet de coopération et de développement.

4. L'organisation et le fonctionnement du Fonds font l'objet d'annexe au présent Traité.

Chapitre XXVI : Dispositions financières

Article 94 : Budget de la Communauté

1. Il est établi un budget annuel de la Communauté.

2. La Commission établit pour chaque exercice un projet de budget qu'il soumet à l'examen et à l'adoption du Parlement Communautaire, après approbation du Conseil.

3. Toutes les recettes et les dépenses de la Communauté et de ses institutions sont approuvées pour chaque exercice budgétaire par le Conseil et imputées au budget de la Communauté ou des Institutions concernées.

4. Les ressources alimentant le budget de la Contribution Communautaire d'Intégration, de la coopération multilatérale, des emprunts et de toutes les autres sources qui auront été déterminées par la Conférence.

5. Des budgets spéciaux sont établis, en cas de besoin, pour subvenir aux dépenses extrabudgétaires de la Communauté. Le Conseil, sur recommandation de la Commission détermine les modalités de financement de ces budgets spéciaux de la Communauté.

Article 95 : Contributions des Etats membres

1. Le mode de calcul des contributions des Etats membres et les monnaies de leur paiement sont déterminés par le Conseil.

2. Les Etats membres s'engagent à effectuer le virement de leurs quotes-parts de contributions à la Communauté, suivant les mécanismes prévus.

3. Si un Etat membre est en retard de plus d'un an dans le reversement de sa quote-part budgétaire, pour des raisons autres que des troubles publics ou des catastrophes naturelles ou toute autre circonstance exceptionnelle portant gravement atteinte à son économie, ledit Etat peut, en vertu d'une décision de la Conférence, être privé du droit de prendre part aux activités de la Communauté et cesser de bénéficier des avantages prévus au titre du présent Traité.

4. Les situations exceptionnelles évoquées au paragraphe 3 ci-dessus sont constatées par la Conférence, sur saisine du Président de la Commission.

Article 96 : Contribution Communautaire à l'Intégration

1. Il est institué un prélèvement communautaire destiné à générer des ressources pour financer les activités de la Communauté dénommé Contribution Communautaire à l'Intégration.

2. La contribution communautaire représente un pourcentage de la valeur imposable des marchandises importées dans la Communauté en provenance de pays tiers, ainsi que toutes autres sources de financements.

3. Le niveau du prélèvement communautaire est déterminé par le Conseil.

4. Les conditions d'application de la contribution communautaire, les modalités de transfert des recettes à la Communauté ainsi que l'utilisation des ressources sont définies dans un texte particulier.

5. Les Etats membres s'engagent à assurer loyalement des dispositions du présent article.

Article 97 : Règlement financier

1. La Conférence, sur proposition de la Commission, et après validation par le Conseil des Ministres, adopte le règlement financier de la Communauté.

2. Le Règlement Financier et le Manuel des procédures administratives, financières et comptables fixent les modalités d'application du présent chapitre.

Chapitre XXVII : Règlement des litiges et sanctions

Article 98 : Règlement des litiges

Tout litige portant sur l'interprétation ou l'application du présent Traité est réglé par la Cour de Justice de la Communauté.

Article 99 : Imposition de sanctions

1. Sans préjudice des dispositions du présent Traité et des protocoles y afférents, lorsqu'un Etat membre n'honore pas ses obligations vis-à-vis de la Communauté, la Conférence peut, à l'initiative de la Commission, adopter des sanctions à l'encontre de cet Etat membre.

2. Ces sanctions peuvent comprendre :

a) la suspension de la prise de parole et du droit de vote ;
b) la suspension de la participation aux activités de la Communauté ;
c) le rejet de la présentation de candidature aux postes statutaires ;
d) la suspension de l'octroi de tout nouveau prêt ou de toute nouvelle assistance par la Communauté ;

e) la suspension de décaissement pour tous les prêts, pour tous les projets ou les programmes d'assistance communautaire en cours.

3. Nonobstant les dispositions du paragraphe 1 du présent article, la Conférence peut suspendre l'application desdites dispositions, sur la base d'un rapport motivé et circonstancié soumis par la Commission qui spécifie que le non-respect des obligations est dû à des circonstances indépendantes de la volonté de cet Etat.

4. La Conférence précise en tant que de besoin les modalités d'application des dispositions du présent article.

Chapitre XXVIII : Dispositions spéciales

Article 100 : Siège de la Communauté

1. Le siège de la Communauté est fixé à Libreville en République Gabonaise. Il peut être transféré en tout autre lieu sur décision de la Conférence.

2. Les sièges des organes et autres institutions spécialisées sont déterminés par la Conférence en tenant compte de la répartition équitable entre les différents Etats membres de la Communauté.

Article 101 : Langues officielles

Les langues officielles de la Communauté sont l'anglais, l'espagnol, le français et le portugais.

Article 102 : Relations des Etats membres avec d'autres groupements et Etats tiers

1. Les Etats membres peuvent adhérer à d'autres groupements régionaux ou sous régionaux ou passer des accords particuliers avec d'autres Etats membres ou non membres, à la condition que l'adhésion à ces groupements ou que les accords passés avec les Etats tiers ne soient pas incompatibles avec les dispositions du présent Traité.

2. La Cour de Justice, sur saisine de la Commission, se prononce par avis, sur la compatibilité de l'appartenance d'un Etat membre à une autre organisation avec ses obligations en vertu du présent Traité.

3. Les droits et obligations résultant des accords conclus avant l'entrée en vigueur définitive du présent Traité ne sont pas affectés par les dispositions du présent Traité.

4. Toutefois en cas d'incompatibilité de ces accords avec les dispositions du présent Traité, le ou les Etats membres concernés recourent à tous les moyens appropriés pour éliminer les incompatibilités constatées. Au besoin,

les Etats membres se prêtent assistance en vue d'arriver à cette fin et adoptent, le cas échéant, une attitude commune.

5. Dans l'application des accords visés au paragraphe 1 ci-dessus, les Etats membres tiennent compte du fait que les avantages consentis dans le présent Traité par chacun des Etats membres font partie intégrante de l'établissement de la Communauté et sont de ce fait inséparablement liés à la création d'institutions communes, à l'attribution des compétences en leur faveur et à l'octroi des mêmes avantages par tous les autres Etats membres.

6. Tout Etat africain peut être associé à une ou plusieurs politiques de la Communauté en qualité de membre associé. Les conditions d'une telle association font l'objet d'un accord entre l'Etat demandeur et la Communauté. L'accord est conclu au nom de la Communauté par le Président de la Commission sur recommandation du Conseil des Ministres après avis de la Cour de Justice et du Parlement communautaire.

7. Les Etats tiers, membre d'une ou de plusieurs Communautés Economiques Régionales, peuvent demander l'adhésion à la Communauté en tant qu'Etat Membre ou Etat Observateur Permanent. La Conférence en examine la candidature sur recommandation du Conseil.

Article 103 : Relations entre la Communauté et les autres Communautés Economiques Régionales

1. En vue de la réalisation des objectifs d'intégration régionale, la Communauté peut conclure des accords de coopération avec d'autres communautés régionales.

2. Les accords de coopération ainsi conclus conformément aux dispositions du paragraphe 1 du présent article sont préalablement soumis à l'approbation du Conseil, sur proposition du Président de la Commission.

Article 104 : Relations entre la Communauté et les Organisations non gouvernementales

1. La Communauté détermine les politiques et stratégies globales d'intégration à adopter et définit les objectifs et programmes d'intégration de toutes les institutions spécialisées de la Communauté.

2. La Commission est chargée de l'harmonisation et de la coordination de tous les programmes et activités des Institutions Spécialisées de la Communauté dans le cadre de l'intégration régionale.

Article 105 : Relations entre la Communauté et les Organisations non gouvernementales

1. La Communauté, dans le cadre de la mobilisation des ressources de la Région en vue de l'intégration économique, coopère avec des organisations

non gouvernementales et des organisations de volontaires pour le développement dans le but d'encourager la participation des populations au processus d'intégration économique et de mobiliser leur soutien technique, matériel et financier.

2. A cette fin, la Communauté établit un mécanisme de consultation avec ces organisations et associations socioéconomiques.

Article 106 : Négociations internationales

1. En vue de promouvoir et de sauvegarder les intérêts de la Communauté, les Etats membres s'engagent à formuler et à adopter des positions communes sur les questions relatives aux négociations internationales avec les parties tierces.

2. A cette fin, la Communauté prépare des études et des rapports permettant aux Etats membres de mieux harmoniser leurs positions sur lesdites questions.

Article 107 : Mise en place des Organes, des Institutions et dispositions transitoires

Au terme de l'adoption du Traité par la Conférence des Chefs d'Etat et de Gouvernement, les membres de la Commission sont nommés en remplacement de l'exécutif du Secrétariat général en fin de mandat en attendant la ratification par les Etats membres.

Chapitre XXIX : Dispositions diverses et finales

Article 108 : Organes, Institutions et Mécanismes

La Conférence des Chefs d'Etat et de Gouvernement peut créer, en tant que de besoin, des Organes, des Institutions et des Mécanismes.

Article 109 : Révision du Traité

1. Tout Etat membre peut soumettre des propositions tendant à la révision du présent Traité et de ses annexes.

2. Les propositions de révision sont présentées au Président de la Commission qui les communique aux Etats membres trente (30) jours au plus tard après leur réception.

3. La Conférence examine ces propositions à sa prochaine réunion.

4. Les amendements sont adoptés par consensus et entrent en vigueur après leur ratification par au moins deux tiers des Etats parties ou, le cas échéant, selon les modalités particulières définies par l'amendement adopté.

Article 110 : Retrait et dissolution

1. Tout Etat membre désireux de se retirer de la Communauté notifie par écrit son intention au Président en exercice de la Conférence, un (1) an à l'avance. Dès réception de cette notification, des négociations sont engagées entre l'Etat candidat au retrait et la Communauté à l'effet notamment de discuter de l'impact de ce retrait sur le fonctionnement de la Communauté. A l'expiration du délai de préavis, il cesse d'être membre de la Communauté, à moins que dans l'intervalle il n'ait renoncé à son retrait.

2. Pendant la période d'un (1) an visée au paragraphe 1 du présent article, tout Etat membre désireux de se retirer de la Communauté se conforme néanmoins à ses dispositions et reste tenu de s'acquitter de ses obligations y relatives.

3. Le retrait d'un ou plusieurs Etats membres n'entraine pas la dissolution de la Communauté.

4. Seule la Conférence peut décider de la dissolution de la Communauté et en fixer les modalités de répartition de l'actif et du passif.

Article 111 : Statut des protocoles et annexes

1. Les protocoles et annexes du Traité en font partie intégrante.

2. Tout Etat qui ratifie ou adhère au présent Traité révisé devient automatiquement Partie aux Protocoles et Annexes qui y sont rattachés.

3. Les protocoles qui seront élaborés après l'entrée en vigueur du présent Traité, entrent en vigueur dès leur adoption par la Conférence.

Article 112 : Entrée en vigueur, ratification et adhésion

1. Le présent Traité sera ratifié par les Hautes parties contractantes conformément à leurs règles constitutionnelles nationales respectives. Les instruments de ratification ou d'adhésion seront déposés auprès du dépositaire.

2. Le présent Traité entrera en vigueur trente (30) jours après le dépôt des instruments de ratification du septième (7eme) Etat membre.

3. Pour tout Etat adhérent, le présent Traité entrera en vigueur trente (30) jours après notification par le dépositaire du Traité.

Article 113 : Dépositaire

f) Le présent Traité rédigé en un exemplaire unique, en langues anglaise, espagnole, française et portugaise, les textes établis dans chacune de ces langues faisant également foi, sera déposé auprès du Secrétaire Général de la CEEAC, et après son entrée en vigueur auprès du Président de la Commission de la CEEAC qui remettra une copie certifié conforme à chacun des Gouvernements des Etats signataires.

g) La Commission de la CEEAC notifie aux Etats membres les dates de dépôt des instruments de ratification et d'adhésion et fait enregistrer le présent Traité auprès de l'Organisations des Nations Unies et de l'Union Africaine.

Article 114 : Mesures particulières relatives au personnel

1. Dès l'entrée en vigueur du Traité révisé et au moment de la mise en place de la Commission, le personnel du Secrétariat Général est mis à la disposition de la Communauté pendant une période transitoire déterminée par la Conférence, sans possibilité de reversement automatique à la Communauté.

2. Au cours de la période transitoire, le personnel demeure régi par le statut adopté par décision N°002/CCEG (III) 87 du 28 août 1987. Il est évalué par un cabinet indépendant au regard des nouveaux objectifs assignés à la Communauté.

3. A l'issue de cette évaluation, sans préjudice du programme de départ volontaire qui pourrait être organisé, les fonctionnaires et agents retenus sont admis à postuler à un emploi ou redéployés à la Commission, après un renforcement des capacités ou un recyclage en tant de besoin.

Article 115 : Mesures particulières relatives aux institutions

1. Tous les organes et institutions créés par le présent Traité, seront progressivement mis en place dans un délai n'excédant pas cinq ans.

2. Le Traité de 1983 de la CEEAC cesse de produire ses effets dès l'entrée en vigueur du présent Traité révisé.

3. Nonobstant les dispositions du paragraphe 2 ci-dessus, toutes les Conventions, tous Protocoles, Décisions, Directives et Règlements de la Communauté, adoptés depuis 1983, demeurent valides et applicables en leurs dispositions non contraires au présent Traité révisé.

En foi de quoi,

Nous, Chefs d'Etats et de Gouvernement de la Communauté Economique des Etats de l'Afrique Centrale (CEEAC), avons signé le présent Traité en quatre (4) exemplaires originaux en langues anglaise, espagnole, française et portugaise, les quatre (4) textes faisant également foi.

Fait à Libreville, le 18 décembre 2019

Pour la République d'Angola
S.E. Manuel DOMINGOS Augusto
Ministre des Relations Extérieures

Pour la République de Burundi
S.E. Ezéchiel NIBIGIRA
Ministre des Affaires Etrangères

Pour la République du Cameroun

Pour la République Centrafricaine

S.E. Chief Joseph DION NGUTE
Premier Ministre, Chef du Gouvernement

S.E. Faustin TOUADERA
Président de la République

Pour la République du Congo

S.E. Jean Claude GAKOSSO
Ministre des Affaires Etrangères,
de la Coopération et des Congolais de l'Etranger

Pour la République Démocratique du Congo

S.E. Félix Antoine TSHISEKEDI TSHILOMBO
Président de la République

Pour la République Gabonaise

S.E. Ali BONGO ONDIMBA
Président de la République

Pour la République de Guinée Equatoriale

S.E. Francisco Pascual OBAMA ASUE
Premier Ministre, Chef du Gouvernement

Pour la République du Rwanda

S.E. Vincent BIRUTA
Ministre des Affaires Etrangères et
de la Coopération Internationale

Pour la République Démocratique de Sao Tomé et Principe

S.E. Evaristo do Espirito SANTO CARVALHO
Président de la République

Pour la République du Tchad

S.E. Idriss DEBY ITNO
Président de la République

CHAPITRE II : L'ORGANISATION D'INTEGRATION NEE APRES 1990 : LA CEMAC

Pendant les années 1990, le processus d'intégration des Etats de l'Afrique Centrale avait connu un nouveau revers suite à la création, sur les cendres de l'UDEAC[41], de la Communauté Economique et Monétaire des Etats de l'Afrique Centrale (CEMAC) le 16 mars 1994 à N'djamena au Tchad entre le Cameroun, la République du Congo, le Gabon, la Guinée Equatoriale, la RCA et le Tchad. Ce traité fondateur avait été révisé le 25 juin 2008 afin de donner une nouvelle impulsion et adapter la Communauté aux nouvelles réalités du moment. C'est ainsi que la première section de ce chapitre est consacrée à la création de la CEMAC (**Section I**). La seconde, quant à elle, sera consacrée aux institutions de la CEMAC (**Section II**).

Section I : La création de la CEMAC

Comme il a été déjà signalé précédemment, la CEMAC est née des cendres de l'UDEAC le 16 mars 1994. Le traité fondateur est remarquable par sa petite taille de quelque sept (7) articles au total. Par ce traité, il s'agit pour les Etats de passer d'une situation de coopération vers une situation d'intégration. Autrement dit, les Etats entendent approfondir l'intégration de leur politique commune afin de promouvoir un développement harmonieux dans le cadre d'une Union économique et d'une Union monétaire. La Communauté est dotée de quatre institutions à savoir les deux Unions, un Parlement et une Cour de Justice communautaire[42]. Ses organes sont : la Conférence des Chefs d'Etat, le Conseil des Ministres, le Comité ministériel, le Secrétariat Exécutif, le Comité Inter-Etats, la Banque des Etats de l'Afrique Centrale, la Commission Bancaire de l'Afrique Centrale et l'Institution du Financement du Développement[43]. Le traité instituant la CEMAC a été révisé le 25 juin 2008. Dans sa nouvelle version, des changements importants ont été apportés. A sa mission traditionnelle de promouvoir le développement, a été ajoutée la promotion de la paix. Du point de vue structurel il faut noter : le remplacement de l'Institution de Financement du Développement par la Banque de Développement des Etats de l'Afrique Centrale (BDEAC), la suppression du Comité Inter-Etat, la

---

[41] La Guinée Equatoriale adhère à l'UDEAC le 24 août 1983

[42] Article 2 du Traité instituant la CEMAC

[43] Idem

transformation du Secrétariat Exécutif en Commission de la CEMAC[44] et la création d'une Cour des Comptes. Dans le domaine normatif, le Traité révisé apporte d'autres innovations lorsqu'il prévoit et définit comme actes juridiques de la Communauté : les actes additionnels, les règlements, les règlements cadres, les directives, les décisions, les recommandations et les avis. Au regard de ces évolutions, l'exposé du Traité instituant la CEMAC (§ I) doit précéder celui du Traité révisé (**§ II**).

§ I : Le Traité instituant la CEMAC du 16 mars 1994 et l'Additif du 25 avril 2007

A : Le Traité instituant la CEMAC du 16 mars 1994

Préambule

Le Gouvernement de la République du Cameroun ;

Le Gouvernement de la République Centrafricaine ;

Le Gouvernement de la République du Congo ;

La Gouvernement de la République Gabonaise ;

Le Gouvernement de la République de Guinée Equatoriale ;

Le Gouvernement de la République du Tchad ;

Conscients de la nécessité de développer ensemble toutes les ressources humaines et naturelles de leurs Etats et de mettre celles-ci au service du bien-être général de leurs peuples dans tous les domaines ;

Résolus à donner une impulsion nouvelle et décisive au processus d'intégration en Afrique centrale par une harmonisation accrue des politiques et des législations de leurs Etats ;

Prenant acte de l'approche d'intégration proposée en UDEAC telle qu'inspirée par les Chefs d'Etat de l'OUA lors de la Conférence d'Abuja en juillet 1991 ;

Considérant la nouvelle dynamique en cours dans la Zone Franc, au demeurant nécessaire au regard des mutations et du recentrage des stratégies de coopération et de développement observés en Afrique et sur d'autres continents dont l'Europe ;

Désireux de renforcer la solidarité entre leurs peuples dans le respect de leurs identités nationales respectives ;

---

[44] La transformation du Secrétariat Exécutif en Commission de la CEMAC avait faite précédemment par l'Additif au Traité de la CEMAC signé le 25 avril 2007.

Réaffirmant leur attachement aux principes de liberté, de démocratie et de respect des droits fondamentaux des personnes et de l'Etat de droit ;

Décident de créer une « Communauté Economique et Monétaire de l'Afrique centrale », CEMAC en abréviation.

Article 1- La mission essentielle de la Communauté est de promouvoir un développement harmonieux des Etats membres dans le cadre de l'institution de deux Unions : une Union Economique et une Union Monétaire. Dans chacun de ces deux domaines, les Etats membres entendent passer d'une situation de coopération, qui existe déjà entre eux, à une situation d'union, susceptible de parachever le processus d'intégration économique et monétaire.

Article 2- Les Parties signataires décident du principe de création de quatre institutions rattachées à la Communauté et constituant celle-ci : l'Union Economique de l'Afrique Centrale, l'Union Monétaire de l'Afrique Centrale, le Parlement Communautaire, la Cour de Justice Communautaire.

La Cour de justice Communautaire, comprenant une Chambre Judiciaire et une Chambre de Comptes.

Les principaux organes de la Communauté sont :

- la Conférence des Chefs d'Etat ;
- le Conseil des Ministres ;
- le Comité Ministériel ;
- le Secrétaire Exécutif ;
- le Comité Inter-Etats ;
- la Banque des Etats de l'Afrique Centrale ;
- l'Institution de Financement du développement.

Article 3- Les quatre Institutions citées à l'article 2 ci-dessus feront l'objet de Conventions séparées, à annexer respectivement au présent Traité et dont elles feront intégralement partie.

Le statut des organes cités ci-dessus et existant déjà feront l'objet, si nécessaire, de modifications par conventions séparées en vue de leur harmonisation avec les dispositions des actes régissant la Communauté.

Article 4- Le Parlement communautaire, qui sera créé ultérieurement par une Convention séparée aura pour rôle essentiel de légiférer par voie de directives.

Article 5- La Cour de Justice communautaire comporte deux chambres : une Chambre judiciaire et une Chambre des Comptes.

La Chambre Judiciaire assure le respect du droit dans l'interprétation et dans l'application du présent Traité et des Conventions subséquentes.

La Chambre des Comptes assure le contrôle des comptes de l'Union.

La composition, le fonctionnement et le champ de compétence de chacune des deux Chambres sont contenus dans la Convention instituant l'Union Economique de l'Afrique Centrale.

Article 6 : Tout autre Etat africain, partageant les mêmes idéaux que ceux auxquels les Etats fondateurs se déclarent solennellement attachés, pourra solliciter son adhésion à la Communauté Economique et Monétaire de l'Afrique Centrale.

Cette adhésion ne pourra intervenir qu'après accord unanime des membres fondateurs. Toute adhésion ultérieure d'un nouvel Etat sera subordonnée à l'accord unanime des membres de la Communauté.

Article 7 : Le présent Traité rédigé en un exemplaire unique en langues française, espagnole et anglaise, le texte français faisant foi en cas de divergence d'interprétation entrera en vigueur dès sa ratification par tous les Etats signataires auprès de la République du Tchad, désigné comme Etat dépositaire de tous les Actes afférents à la Communauté Economique et Monétaire de l'Afrique Centrale.

Fait à N'djamena, le 16 mars 1994.

B : L'Additif au Traité de la CEMAC relatif à la transformation du Secrétariat Exécutif en Commission de la CEMAC

Préambule

Le Gouvernement de la République du Cameroun ;

Le Gouvernement de la République Centrafricaine ;

Le Gouvernement de la République du Congo ;

Le Gouvernement de la République Gabonaise ;

Le Gouvernement de la République de Guinée Equatoriale ;

Le Gouvernement de la République du Tchad ;

Convaincus de la nécessité d'unir leurs efforts pour assurer un développement harmonieux des ressources humaines et naturelles de leurs Etats et de mettre celles-ci au service du bien-être général de leurs peuples dans tous les domaines ;

Réitérant leur volonté de donner une impulsion nouvelle et décisive au processus d'intégration en cours dans les diverses Organisations sous régionales et régionales et le reste du monde ;

Désireux de mettre en application leurs mesures préconisées par rapport d'étape du Comité de Pilotage de Réformes Institutionnelles de la CEMAC présenté à la Conférence des Chefs d'Etats de la Communauté au cours de sa 8e session ordinaire tenue le 25 avril 2007 à N'Djamena ;

DECIDENT :

Article 1

Il est créé, en remplacement du Secrétariat Général institué par le Traité du 16 mars 1994 et des textes subséquents, une Commission de la Communauté Economique et Monétaire de l'Afrique Centrale dite « Commission de la CEMAC ».

Article 2

La Commission de la CEMAC est composée des Commissaires désignés à raison d'un commissaire par Etat membre.

Article 3

La Commission de la CEMAC est dirigée par un Président, assisté d'un Vice-président désignés par la Conférence des Chefs d'Etat.

Article 4

Le présent Additif au Traité entre en vigueur provisoirement dès sa signature par les Etats membres et définitivement après sa ratification.

Article 5

Le présent Additif sera ratifié à l'initiative des Hautes Parties Contractantes, en conformité avec leurs règles constitutionnelles respectives. Les instruments de ratification seront déposés auprès du Gouvernement de la République du Tchad, désigné comme Etat dépositaire de tous les actes afférents à la Communauté Economique et Monétaire de l'Afrique Centrale et qui en informera les autres Etats et leur en délivrera copie certifiée conforme.

Fait à N'djamena, le 25 avril 2007

Pour la République du Cameroun
Paul BIYA
Président de la République

Pour la République Centrafricaine
François BOZIZE
Président de la République

Pour la République du Congo
Denis SASSOU NGUESSO
Président de la République

Pour la République Gabonaise
EL Hadj OMAR BONGO ONDIMBA
Président de la République

Pour la République de Guinée Equatoriale
Obiang NGUEMA MBASOGO
Président de la République

Pour la République du Tchad
Idriss DEBY ITNO
Président de la République

§ II : Le Traité révisée de la CEMAC

PREAMBULE

Le Gouvernement de la République du Cameroun ;

Le Gouvernement de la République Centrafricaine ;

Le Gouvernement de la République du Congo ;

Le Gouvernement de la République de Guinée Equatoriale ;

Le Gouvernement de la République du Tchad.

Conscients de la nécessité de développer toutes les ressources humaines et naturelles de leurs Etats membres et de mettre celles-ci au service du bien-être général de leurs peuples dans tous les domaines ;

Résolus à donner une impulsion nouvelle et décisive au processus d'intégration en Afrique centrale par une harmonisation accrue des politiques et des législations de leurs Etats ;

Prenant acte de l'approche d'intégration proposée en UDEAC telle qu'inspirée par les Chefs d'Etat de l'OUA lors de la Conférence d'Abuja en juillet 1991 ;

Considérant la nouvelle dynamique en cours dans la Zone Franc, au demeurant nécessaire au regard des mutations et du recentrage des stratégies de coopération et de développement observés en Afrique et sur d'autres continents dont l'Europe ;

Réaffirmant leur attachement au respect des principes de démocratie, des droits de l'Homme, de l'Etat de droit, de la bonne gouvernance, du dialogue social et des questions du genre ;

Soucieux d'assurer le bon fonctionnement des Institutions et Organes prévus dans le présent Traité ;

Désireux d'établir à cet effet une organisation commune dotée de compétences et d'organes propres agissant dans la limite des pouvoirs qui leur sont conférés par le présent Traité ;

Résolus à poursuivre l'œuvre accomplie dans le cadre du Traité du 16 mars 1994 instituant la CEMAC, en assurant la continuité de l'acquis communautaire ;

Sont convenus des dispositions ci-après :

Titre I : Dispositions generales

Article 1 : Aux fins du présent Traité, les termes suivants sont définis comme suit :

BDEAC : Banque de développement des Etats de l'Afrique Centrale ;

BEAC : Banque des Etats de l'Afrique Centrale ;

CEMAC : Communauté Economique et Monétaire de l'Afrique Centrale ;

COBAC : Commission Bancaire de l'Afrique Centrale ;

Commission : Commission de la CEMAC ;

Commission Interparlementaire : Commission Interparlementaire de la CEMAC ;

Comité ministériel : Comité ministériel de l'Union Monétaire de l'Afrique Centrale ;

Conférence : Conférence des Chefs d'Etats de la CEMAC ;

Conseil des Ministres : Conseil des Ministres de l'Union Economique de l'Afrique Centrale ;

Cour de Justice : Cour de Justice de la CEMAC ;

Cour des Comptes : Cour des Comptes de la CEMAC ;

Parlement communautaire : Parlement de la CEMAC ;

Président de la Commission : Président de la Commission de la CEMAC ;

UDEAC : Union Douanière et Economique de l'Afrique Centrale ;

UEAC : Union Economique de l'Afrique Centrale ;

UMAC : Union Monétaire de l'Afrique Centrale.

Article 2 : La mission essentielle de la Communauté est de promouvoir la paix et le développement harmonieux des Etats membres, dans le cadre de l'institution de deux Unions : une Union Economique et une Union Monétaire. Dans chacun de ces deux domaines, les Etats membres entendent passer d'une situation de coopération, qui existe déjà entre eux, à une situation d'Union susceptible de parachever le processus d'intégration économique et monétaire.

Article 3 : La Communauté a la personnalité juridique. Elle possède dans chaque Etat membre la capacité juridique la plus large reconnue aux personnes morales par la législation nationale. Elle est représentée, à l'égard des tiers et en justice par le Président de la Commission, sans préjudice des dispositions des Conventions et Statuts particuliers. Sa responsabilité contractuelle est régie par la loi applicable au contrat en cause et mise en œuvre devant les juridictions nationales compétentes.

Article 4 : Les Etats membres apportent leur concours à la réalisation des objectifs de la Communauté en adoptant toutes mesures générales ou particulières propres à assurer l'exécution des obligations découlant du présent Traité. A cet effet, ils s'abstiennent de prendre toute mesure susceptible de faire obstacle à l'application du présent Traité et des actes pris pour son application.

En cas de manquement par un Etat aux obligations qui lui incombent en vertu du droit communautaire, la Cour de Justice peut être saisie en vue de prononcer les sanctions dont le régime sera défini par des textes spécifiques.

Article 5 : Les Etats membres se consultent en vue de prendre en commun les dispositions nécessaires afin d'éviter que le fonctionnement de la Communauté ne soit affecté par les mesures que l'un d'eux pourrait être amené à prendre en cas de troubles à l'ordre public, de guerre ou de tension internationale constituant une menace de guerre.

Article 6 : La Conférence des Chefs d'Etat arrête, par voie d'acte additionnel, le régime des droits, immunités et privilèges accordés à la Communauté, aux membres de ses institutions et à son personnel.

Article 7 : Le statut du personnel de la Communauté est adopté par le Conseil des Ministres, statuant à la majorité de ses membres, sur proposition du Président de la Commission.

Les fonctionnaires de la Communauté sont recrutés parmi les ressortissants des Etats membres sur la base des critères de compétence et d'intégrité morale et en tenant compte d'une répartition juste et équitable.

Le personnel au service de la Communauté est tenu au secret professionnel même après la cessation de ses fonctions sous peine de sanctions prévues dans le statut du personnel ou de poursuites judiciaires.

Article 8 : La Communauté établit toutes coopérations utiles avec les organisations régionales ou sous-régionales existantes.

Elle peut faire appel à l'aide technique ou financière de tout Etat qui l'accepte ou des organisations internationales dans la mesure où cette aide est compatible avec les objectifs définis par le présent Traité et les textes subséquents.

Des accords de coopération et d'assistance peuvent être signés avec les Etats tiers ou les organisations internationales.

Les accords ci-dessus mentionnés sont conclus, selon les modalités prévues par la Conférence des Chefs d'Etat.

Article 9 : La Communauté participe aux efforts d'intégration dans le cadre de l'Union Africaine et, en particulier, à ceux relatifs à la création d'organisations communes dotées de compétences propres en vue d'actions coordonnées dans des domaines spécifiques.

Elle établit des consultations périodiques, notamment avec les institutions régionales africaines.

Titre II : Du système institutionnel et juridique de la Communauté

Chapitre I : Du système institutionnel

Article 10 : La Communauté est constituée de cinq (5) Institutions :

- l'Union Economique de l'Afrique Centrale ;
- l'Union Monétaire de l'Afrique Centrale ;
- le Parlement communautaire ;
- la Cour de Justice ;
- la Cour des comptes.

Les organes de la Communauté sont :

- la Conférence des Chefs d'Etat ;
- le Conseil des Ministres ;
- le Comité ministériel ;
- la Commission de la CEMAC ;
- la Banque des Etats de l'Afrique Centrale (BEAC) ;
- la Banque de Développement des Etats de l'Afrique Centrale (BDEAC) ;
- la Commission Bancaire de l'Afrique Centrale (COBAC).

Chacune des deux Unions dispose d'Institutions Spécialisées concourant à la réalisation des objectifs de la Communauté.

Article 11 : Les Institutions, Organes et les Institutions Spécialisées de la Communauté agissent dans la limite des attributions et selon les modalités prévues par le présent Traité, les Conventions de l'UEAC et de l'UMAC et par les statuts et autres textes respectifs de ceux-ci.

Les statuts des Institutions, Organes et Institutions Spécialisées qui existent déjà feront l'objet, si nécessaire de modification par conventions séparées en vue de leur harmonisation avec les dispositions des textes communautaires.

Chapitre II : Des organes de décision

Section 1 : De la Conférence des Chefs d'Etat

Article 12 : La Conférence des Chefs d'Etat détermine la politique de la Communauté et oriente l'action du Conseil des ministres de l'UEAC et du Comité ministériel de l'UMAC.

Elle fixe le siège des Institutions, des Organes et des Institutions Spécialisées de la Communauté. Elle nomme et révoque leurs dirigeants conformément aux dispositions prévues par leurs textes constitutifs respectifs.

Article 13 : La Conférence des Chefs d'Etat se réunit en session ordinaire au moins une fois par an sur convocation de son Président. Toutefois, elle peut se réunir en session extraordinaire à l'initiative de son Président ou à la demande d'au moins deux de ses membres.

Article 14 : La présidence de la Conférence est assurée par chaque Etat membre, successivement et selon l'ordre alphabétique des Etats, pour une année civile.

Article 15 : Le Président de la Commission rapporte les affaires inscrites à l'ordre du jour des réunions de la Conférence des Chefs d'Etat dont il assure le secrétariat.

Les premiers responsables des Institutions, Organes et Institutions spécialisées de la Communauté assistent à ses réunions.

Article 16 : La Conférence des Chefs d'Etat adopte ses décisions par consensus.

Section 2 : Du Conseil des ministres de l'UEAC

Article 17 : Le Conseil des ministres assure la direction de l'Union Economique par l'exercice des pouvoirs que la Convention de l'UEAC lui accorde.

Article 18 : Le Conseil est composé des représentants des Etats membres, comprenant les ministres en charge des finances, de l'intégration et des affaires économiques.

Chaque délégation nationale ne peut comporter plus de trois ministres et ne dispose que d'une voix.

Les membres du Comité inter-Etats assistent aux travaux du Conseil.

Article 19 : Pour les questions ne portant pas principalement sur la politique économique et financière, et par dérogation à l'article 18 du présent Traité, le Conseil peut réunir en formation ad hoc les ministres compétents.

Dans ce cas, les délibérations adoptées deviennent définitives après que le Conseil en a constaté la compatibilité avec la politique économique et financière de l'Union Economique.

Article 20 : Le Conseil se réunit au moins deux fois par an et aussi souvent que les circonstances l'exigent.

La présidence du Conseil est assurée, pour une année civile, par l'Etat membre exerçant la présidence de la Conférence des Chefs d'Etat.

Le Conseil est convoqué par son Président, soit à son initiative, soit à la demande d'au moins deux Etats membres, soit enfin à la demande du Président de la Commission.

Le Président de la Commission rapporte les affaires inscrites à l'ordre du jour. Le Gouverneur de la BEAC ainsi que les premiers responsables des Institutions, des autres Organes et des Institutions Spécialisés de la Communauté assistent aux réunions du Conseil.

Section 3 : Du Comité ministériel de l'UMAC

Article 21 : Le Comité ministériel examine les grandes orientations des politiques économiques respectives des Etats membres de la Communauté et en assure la cohérence avec la politique monétaire commune. Les attributions du Comité ministériel sont précisées dans la Convention régissant l'UMAC.

Article 22 : Chaque Etat membre est représenté au Comité ministériel par deux ministres, dont le ministre chargé des Finances et ne dispose que d'une voix exprimée par ce dernier.

La présidence du Comité ministériel est tournante. Elle est assurée, pour une année civile et par ordre alphabétique des Etats membres par le ministre des Finances.

Le Comité ministériel se réunit sur convocation de son Président au moins deux fois par an dont une pour la ratification des comptes de la BEAC. Il se réunit également à la demande de la moitié de ses membres ou encore à la demande d'un Organe ou d'une Institution Spécialisée de l'UMAC.

Article 23 : Le Gouverneur de la BEAC et les premiers responsables des Institutions Spécialisées de l'UMAC rapportent, chacun en ce qui le concerne, les affaires inscrites à l'ordre du jour des réunions du Comité ministériel. Le Président de la Commission assiste à ces réunions.

Article 24 : Les dispositions relatives à l'organisation, au fonctionnement et aux modalités de prise de décisions sont prévues dans la Convention régissant l'UMAC.

Section 4 : De la Commission

Article 25 : La Communauté, afin de réaliser ses objectifs, dispose d'une Commission.

Article 26 : La Commission est composée de Commissaires désignés à raison d'un Commissaire par Etat membre dont un Président et un Vice-Président.

Article 27 : Le Président, le Vice-Président de la Commission et les Commissaires sont nommés par la Conférence des Chefs d'Etat pour un mandat de quatre ans renouvelable une fois. Ils sont choisis sur la base des critères de compétence, d'objectivité et d'indépendance.

Article 28 : La Commission est régie par le principe de la collégialité. Les modalités d'application de la collégialité sont fixées par le Règlement Intérieur de la Commission.

Ses décisions sont prises à la majorité de ses membres. En cas d'égalité, la voix du Présent est prépondérante.

Article 29 : Durant leur mandat, les membres de la Commission sont irrévocables sauf en cas de faute lourde ou d'incapacité constatée par la Cour de Justice sur saisine du Conseil des ministres.

Article 30 : Le mandat des membres de la Commission peut être interrompu par décès, démission ou révocation.

La révocation est prononcée par la Conférence des Chefs d'Etat pour sanctionner les manquements aux devoirs liés à l'exercice des fonctions de membre de la Commission, après avis de la Cour de justice.

En cas d'interruption du mandat d'un membre de la Commission, l'intéressé est remplacé pour la durée du mandat restant à courir.

Sauf décès, révocation ou démission, les membres de la Commission demeurent en fonction jusqu'à leur remplacement.

Article 31 : Les membres de la Commission exercent leurs fonctions en toute indépendance, dans l'intérêt général de la Communauté. Ils ne sollicitent ni n'acceptent d'instruction d'aucun gouvernement ni d'aucune autre personne physique ou morale.

Les Etats membres sont tenus de respecter leur indépendance.

Pendant la durée de leur mandat, ils n'exercent aucune autre activité professionnelle rémunérée ou non. Toutefois, ils peuvent mener des activités littéraires, artistiques et scientifiques.

Article 32 : Lors de leur entrée en fonction, les membres de la Commission s'engagent, devant la Cour de Justice communautaire, à observer les devoirs d'indépendance, d'impartialité, de réserve, d'honnêteté et de délicatesse nécessaires à l'accomplissement de leur mission, par le serment qui suit : ***« Je jure de remplir fidèlement et loyalement les charges de ma fonction. Je m'engage, dans l'intérêt supérieur de la Communauté, à observer les***

devoirs d'indépendance, d'impartialité, de réserve et d'honnêteté nécessaires à l'accomplissement de ma mission ».

Article 33 : Les droits et avantages des membres de la Commission sont fixés par la Conférence des Chefs d'Etat sur proposition du Conseil des ministres.

Article 34 : La Commission dispose du droit d'initiative en matière normative, ainsi que des pouvoirs d'exécution et de mise en œuvre des politiques et programmes communautaires relevant de l'UEAC. A cet effet, et sauf dispositions contraires, le Conseil ne peut amender les propositions de la Commission qu'à l'unanimité de ses membres.

La Commission assure la mission de gardienne des Traités de la CEMAC. Elle représente la Communauté dans les négociations internationales dans les domaines relevant des objectifs poursuivis par celle-ci.

Article 35 : La Commission sous l'autorité de son Président, exerce en vue du bon fonctionnement et de l'intérêt général de la Communauté les pouvoirs propres que lui confère le présent Traité. A cet effet, elle :

- recueille toutes les informations utiles à l'exécution de sa mission ;
- établit un rapport général annuel sur le fonctionnement et l'évolution de la Communauté qui est communiqué par son Président au Parlement communautaire et aux parlements nationaux ;
- fait à la Conférence des Chefs d'Etat et au Conseil des ministres des propositions qui leur permettent de se prononcer sur les grandes orientations des politiques économiques des Etats membres de la Communauté ;
- œuvre à la promotion de l'intégration et du développement socio-économique des Etats membres ;
- renforce la coopération entre les Etats membres et la coordination de leurs activités dans les domaines d'intérêt commun. Elle est le moteur de la politique communautaire ;
- veille au respect et à l'application, par les Etats membres ou leurs ressortissants, des dispositions du présent Traité et des Actes pris par les Institutions, Organes et Institutions Spécialisées de la Communauté ;
- attire l'attention des Etats membres, des Institutions, Organes et Institutions Spécialisées de la Communauté sur les conséquences du non-respect des politiques communautaires. Elle établit dans ce sens un rapport au Conseil des ministres. En cas de silence du Conseil, le Président de la Commission saisit la Cour de justice aux fins de faire constater le manquement et de prononcer les sanctions ;
- exécute le budget de la Communauté et mobilise les ressources ;
- élabore des stratégies d'autofinancement ;

- recrute et nomme aux différents emplois relevant de sa compétence, dans la limite des postes budgétaires ouverts, sur la base des critères de compétence et d'intégrité morale et en tenant compte du principe de la répartition équilibrée des postes entre les Etats membres ;
- veille à la mise en œuvre du présent Traité, des conventions et des décisions de la Communauté. Elle veille également à la réalisation des objectifs en matière d'intégration. Elle conclut, au nom de la Communauté, les accords de coopération avec d'autres organisations ou Etats ;
- adopte son Règlement intérieur, après avis conforme du Conseil des ministres.

Article 36 : Le Président et les autres Membres de la Commission peuvent être auditionnés par le Parlement communautaire à la demande de celui-ci.

Article 37 : Le Président exerce ses fonctions dans l'intérêt général de la Communauté. A cet effet, sans préjudice des statuts particuliers :

il est le représentant légal de la Commission ;

il est le Chef de l'Exécutif ;

il organise les services de la Commission ;

il est l'Ordonnateur du budget de la Communauté ;

il transmet à la Conférence des Chefs d'Etat les recommandations et les avis nécessaires ou utiles à l'application du présent Traité et au fonctionnement de la Communauté ;

il assiste aux réunions du Comité ministériel de l'UMAC.

Article 38 : Le Vice-président seconde le Président de la Commission. Il le supplée en cas d'absence ou d'empêchement.

Article 39 : L'organisation, le fonctionnement et les attributions de la Commission ainsi que le statut et les attributions du Président et des autres membres de la Commission sont précisés par le Règlement intérieur de la Commission et par les autres textes communautaires spécifiques.

Chapitre III : Des actes juridiques et du contrôle des activités de la Communauté

Section 1 : Des actes juridiques de la Communauté

Article 40 : Pour l'application du présent Traité et sauf dérogations prévues par celui-ci ou par des dispositions particulières contenues dans les Conventions de l'UEAC et de l'UMAC :

La Conférence des Chefs d'Etat adopte des actes additionnels au Traité et prend des décisions ;

Le Conseil des ministres et le Comité ministériel adoptent des règlements, règlements-cadres, des directives, prennent des décisions et formulent des recommandations ou des avis ;

Les premiers responsables des Institutions, Organes et Institutions Spécialisées de la Communauté arrêtent des règlements d'application, prennent des décisions et formulent des recommandations ou des avis.

Article 41 : Les Actes additionnels sont annexés au Traité de la CEMAC et complètent celui-ci sans le modifier. Leur respect s'impose aux Institutions, aux Organes et aux Institutions Spécialisées de la Communauté ainsi qu'aux autorités des Etats membres.

Les règlements et les règlements-cadres ont une portée générale. Les règlements sont obligatoires dans tous leurs éléments et directement applicables dans tout Etat membre. Les règlements-cadres ne sont directement applicables que pour certains de leurs éléments.

Les directives lient tout Etat membre destinataire quant au résultat à atteindre tout en laissant aux instances nationales leur compétence en ce qui concerne la forme et les moyens.

Les décisions sont obligatoires dans tous leurs éléments pour les destinataires qu'elles désignent.

Les recommandations et les avis ne lient pas.

Article 42 : Les règlements, les règlements-cadres, les directives et les décisions du Conseil des ministres, du Comité ministériel, de la Commission et des autres Institutions, Organes et Institutions Spécialisées de la Communauté sont motivés.

Article 43 : Les actes additionnels, les règlements et les règlements-cadres sont publiés au Bulletin Officiel de la Communauté. Ils entrent en vigueur à la date qu'ils fixent ou, à défaut, le vingtième jour suivant leur publication. Ils sont également publiés aux journaux officiels des Etats membres.

Les directives et les décisions sont notifiées à leurs destinataires et prennent effet le lendemain de cette notification.

Article 44 : Sous réserve des dispositions de l'article 43 du présent Traité, les actes adoptés par les Institutions, Organes et Institutions Spécialisées de la Communauté pour la réalisation des objectifs du présent Traité sont appliqués dans chaque Etat membre nonobstant toute législation nationale contraire, antérieure ou postérieure.

Article 45 : Les décisions qui comportent, à la charge des personnes autres que les Etats, une obligation pécuniaire, forment titre exécutoire.

L'exécution forcée est régie par les règles de la procédure civile en vigueur dans l'Etat sur le territoire duquel elle a lieu. La formule exécutoire est apposée, sans autre contrôle que celui de la vérification de l'authenticité du titre, par l'autorité nationale que le gouvernement de chacun des Etats membres désigne à cet effet et dont il donne connaissance à la Commission et à la Cour de Justice communautaire.

Après l'accomplissement de ces formalités, le Président de la Commission peut poursuivre l'exécution forcée en saisissant directement l'organe compétent, suivant la législation nationale.

L'exécution forcée ne peut être suspendue qu'en vertu d'une décision de la Cour de Justice communautaire. Toutefois, le contrôle de la régularité des mesures d'exécution relève de la compétence des juridictions nationales.

Section 2 : Du contrôle des activités de la Communauté

Article 46 : Le contrôle des activités de la Communauté est assuré respectivement par le Parlement communautaire, la Cour de Justice et la Cour des comptes.

Article 47 : Le Parlement communautaire est institué par une convention séparée. Il légifère par voie de directives.

Il est chargé du contrôle démocratique des Institutions, Organes et Institutions Spécialisées participant au processus décisionnel de la Communauté. Ses prérogatives et son fonctionnement sont définis par la convention qui la régit et par son Règlement intérieur.

Article 48 : La Cour de Justice assure le respect du droit dans l'interprétation et dans l'application du présent Traité et des conventions subséquentes.

La Cour des comptes est chargée du contrôle des finances publiques de la Communauté, notamment du contrôle juridictionnel des comptes comptables de celle-ci, à l'exception de ceux dont les conventions spécifiques ou les statuts en disposent autrement.

Elle sanctionne les fautes de gestion commises par les ordonnateurs à l'égard des Institutions, Organes et Institutions Spécialisées de la Communauté.

L'organisation, le fonctionnement et les compétences de la Cour de justice et de la Cour des comptes sont définis par les conventions qui les régissent, par leurs statuts propres et par d'autres textes communautaires spécifiques.

Titre III : Des dispositions financières

Article 49 : Le Conseil des ministres adopte, à la majorité qualifiée, le budget de la Communauté sur proposition du Président de la Commission avant l'ouverture de l'exercice budgétaire.

Le budget de la Communauté comprend, sauf dispositions particulières des Conventions ou statuts spécifiques, toutes les dépenses des Institutions, Organes et Institutions Spécialisées institués par le présent Traité, ainsi que celles afférentes à la mise en œuvre des politiques communes.

Le budget de la Communauté est équilibré en recettes et en dépenses.

Article 50 : Les ressources de la Communauté proviennent essentiellement du produit de la Taxe Communautaire d'Intégration (TCI). Elles sont collectées conformément aux dispositions en vigueur.

Les contributions des Etats membres au budget de fonctionnement de la CEMAC sont calculées sur la base égalitaire. Ces contributions proviennent des produits de la TCI. En cas d'insuffisance du produit de la TCI d'un Etat membre pour couvrir sa contribution au budget de fonctionnement de la Communauté, le Trésor public de cet Etat effectue des paiements directs complémentaires.

Les contributions des Etats membres afférentes à la mise en œuvre des politiques communes sont constituées des produits de la TCI, déduction faite des sommes affectées au budget de fonctionnement de la Communauté.

Outre la TCI et les éventuelles contributions complémentaires des Trésors nationaux, les ressources budgétaires de la Communauté peuvent également provenir :

- des revenus de certaines prestations des Institutions, Organes et Institutions Spécialisées de la Communauté ;
- du prélèvement sur la part revenant à chaque Etat sur les bénéfices distribués par la BEAC ;
- des concours financiers versés par tout Etat et toute organisation nationale ou internationale, ainsi que les dons et legs.

Article 51 : Les contributions financières des Etats membres font l'objet, en dernier recours, d'un prélèvement automatique sur le compte ordinaire ouvert par chaque trésor national auprès de la BEAC. Notification en est faite au ministre des finances de l'Etat concerné.

Le prélèvement est effectué de plein droit par la BEAC à l'initiative du Président de la Commission dès lors qu'un Etat membre n'a pas effectué, dans le délai mentionné par les règlements financiers prévus à l'article 52 ci-après, les versements auxquels il est astreint.

Article 52 : Si un Etat ne s'est pas acquitté de ses contributions un an après l'expiration du délai fixé par les règlements financiers, sauf cas de force majeure dûment constaté par le Conseil des ministres, le Gouvernement de cet Etat est privé du droit de prendre part aux votes lors des assises des Institutions, Organes et Institutions Spécialisées de la Communauté.

Six (6) mois après la suspension du droit de vote, ledit gouvernement est privé de prendre part aux activités de la Communauté et cesse de bénéficier des avantages prévus au titre du présent Traité et des Conventions de l'UEAC et de l'UMAC.

Ces diverses sanctions prennent fin de plein droit dès la régularisation totale de la situation de cet Etat.

Article 53 : Le Conseil des ministres adopte, à l'unanimité et sur proposition du Président de la Commission, après consultation de la Cour des comptes, les règlements financiers spécifiant notamment les modalités d'élaboration et d'exécution du budget ainsi que les conditions de reddition et de vérification des comptes.

Les règlements financiers respectent le principe de séparation des ordonnateurs et des comptables et instituent un contrôle financier interne.

Article 54 : L'exercice budgétaire de la Communauté débute le 1er janvier et s'achève le 31 décembre de chaque année. Si le budget n'a pas été adopté au début d'un exercice budgétaire, les dépenses peuvent être effectuées mensuellement dans la limite du douzième des crédits ouverts au budget de l'exercice précédent.

TITRE IV : Dispositions diverses, transitoires et finales

Section 1 : Dispositions diverses

Article 55 : Tout autre Etat africain, partageant les mêmes idéaux que ceux auxquels les Etats fondateurs se déclarent solennellement attachés, pourra solliciter son adhésion à la Communauté Economique et Monétaire de l'Afrique Centrale.

Cette adhésion ne pourra intervenir qu'après accord unanime des membres fondateurs.

Toute adhésion ultérieure d'un nouvel Etat sera subordonnée à l'accord unanime des Etats membres de la Communauté.

Cette adhésion implique l'usage de la langue officielle du nouvel Etat membre au cours des travaux de la Communauté, si cette langue ne figure pas parmi celles citées à l'article 59 du présent Traité.

Article 56 : Tout Etat africain peut être associé à une ou plusieurs politiques de la Communauté.

Les conditions d'une telle association font l'objet d'un accord entre l'Etat demandeur et la Communauté.

L'accord est conclu au nom de la Communauté par le Président de la Commission, sur recommandation du Conseil des Ministres après avis de la Cour de Justice communautaire.

Article 57 : Tout Etat membre peut soumettre à la Conférence des Chefs d'Etat des projets tendant à la révision du présent Traité ou des Conventions de l'UEAC et de l'UMAC. Les modifications sont adoptées à l'unanimité des Etats membres.

Sur proposition du Président de la Commission, des premiers responsables des Institutions et Organes de la Communauté ou du premier responsable de toute Institution Spécialisée de la Communauté, le Conseil des Ministres ou le Comité ministériel peuvent également soumettre des projets de révision du présent Traité à la Conférence des Chefs d'Etat.

Les modifications entrent en vigueur après avoir été ratifiées par tous les Etats membres en conformité avec leurs règles constitutionnelles respectives.

Article 58 : Le Traité de la CEMAC peut être dénoncé par tout Etat membre. Il cesse d'avoir effet à l'égard de celui-ci le dernier jour du sixième mois suivant la date de notification à la Conférence des Chefs d'Etat. Ce délai peut cependant être abrégé d'un commun accord entre les Etats signataires.

Section 2 : Dispositions transitoires

Article 59 : Les langues de travail de la Communauté sont : le français, l'anglais, l'espagnol et l'arabe.

Article 60 : En attendant la création du Parlement Communautaire, il est institué une Commission Interparlementaire. Celle-ci est composée de cinq (5) membres par Etat désignés par l'organe législatif de chaque Etat membre.

La Commission Interparlementaire contribue, par le dialogue et le débat aux efforts d'intégration de la Communauté dans les domaines couverts par le présent Traité et les textes subséquents. Elle examine en particulier le rapport annuel que le Président de la Commission lui soumet.

La Commission Interparlementaire peut solliciter l'audition des Présidents du Conseil des Ministres, du Comité ministériel, de la Commission de la CEMAC ou des premiers responsables des Institutions, des autres Organes et des Institutions Spécialisées de la Communauté.

Article 61 : La Présidence de la Commission Interparlementaire est exercée par l'Etat membre qui assure la présidence de la Conférence des Chefs d'Etat.

La Commission Interparlementaire se réunit au moins une fois par an sur convocation de son Président.

La Commission Interparlementaire adopte son Règlement intérieur.

Article 62 : Après adoption du présent Traité, il est procédé à la nomination des membres de la Commission. Ceux-ci prêtent serment devant la Cour de Justice communautaire.

Section 3 : Dispositions finales

Article 63 : Les dispositions du présent Traité abrogent et remplacent celles du Traité du 16 mars 1994 instituant la CEMAC et celles de l'Additif au Traité relatif au système institutionnel et juridique de la Communauté du 5 juillet 1996 ainsi que de tout autre texte contraire.

Article 64 : Le présent Traité est rédigé en exemplaire unique en langue française, espagnole, arabe et anglaise ; le texte en français faisant foi en cas de divergence d'interprétation.

Article 66 : Le présent Traité sera ratifié à l'initiative des Hautes Parties Contractantes, en conformité avec leurs règles constitutionnelles respectives. Les instruments de ratification seront déposés auprès du gouvernement de la République du Tchad, qui en informera les autres Etats membres et leur en délivrera copies certifiées conformes.

Article 67 : Le présent Traité sera enregistré, après ratification, auprès de l'Organisation des Nations Unies et de l'Union Africaine.

En foi de quoi ont apposé leurs signatures au bas du présent Traité :

Fait à Libreville, le 30 avril 2009

Pour la République du Cameroun
S.E. Paul BIYA
Président de la République

Pour la République Centrafricaine
S.E. François BOZIZE
Président de la République

Pour la République du Congo
S.E. Denis SASSOU NGUESSO
Président de la République

Pour la République Gabonaise
S.E. OMAR BONGO ONDIMBA
Président de la République

Pour la République de Guinée Equatoriale
S.E. OBIANG NGUEMA MBASOGO
Président de la République

Pour la République du Tchad
S.E. Youssouf Saleh ABBAS
Premier Ministre

Section II : Les institutions de la CEMAC

Comme il a été déjà signalé dans l'introduction de ce chapitre, les institutions de la CEMAC ont été établies par l'article 2 du Traité fondateur de la CEMAC, au nombre desquelles il y avait : l'Union Economique de la CEMAC, l'Union Monétaire de la CEMAC, le Parlement Communautaire et la Cour de Justice. L'article 10 du Traité révisé ajoute à cette liste une Cour des Comptes, ce qui porte le nombre des institutions à cinq (5) désormais. Raison pour laquelle il est question d'exposer d'abord les conventions sur l'Union Economique et l'Union Monétaire (§ I) avant de passer à celles qui intéressent le Parlement, la Cour de Justice et la Cour des Comptes (§ II).

§ I : L'UMAC et l'UEAC

L'UMAC et l'UEAC constituent deux piliers sur lesquels repose la CEMAC. Ces deux institutions tirent leurs origines depuis l'époque coloniale. L'UMAC est créée en vue de consolider les acquis de la coopération financière entre les Etats membres et la France. L'UEAC est créée en vue de poursuivre les acquis de l'UDEAC qui vit le jour le 08 décembre 1964 à Brazzaville. Après l'exposé de l'UMAC (**A**), il sera ensuite question de passer à celui de l'UEAC (**B**).

A : L'Union monétaire de l'Afrique Centrale (UMAC)

L'historique de l'UMAC est lié à celui de l'émission de la monnaie dans l'espace CEMAC. Il remonte en 1920 avec l'extension du privilège d'émission de la Banque de l'Afrique Occidentale, par l'administration coloniale à l'Afrique Equatoriale Française[45]. Durant la seconde guerre mondiale, l'émission des billets en Afrique Centrale est assurée par l'Afrique Française Libre (AFL), puis par la Caisse Centrale de la France Libre (CCFL) qui, après la guerre, sera supplantée par la Caisse Centrale de la France d'Outre-Mer (CCFOM). Le 25 décembre 1945, le franc CFA (Colonies Françaises d'Afrique) vit le jour et le 20 janvier 1955 fut créé l'Institut d'Emission de l'Afrique Equatoriale Française et du Cameroun (I.E.A.E.F.C) à la place de la Caisse Centrale de la France d'Outre-Mer (CCFOM).

A la veille des indépendances en 1959, l'I.E.A.E.F.C fut remplacé par la Banque Centrale des Etats de l'Afrique Equatoriale et du Cameroun (B.C.E.A.E.C.), pour émettre la monnaie dans les cinq (5) Etats issus de l'ex AEF et au Cameroun, conformément à l'Ordonnance du 04 avril 1959. Plus

[45] L'Afrique Equatoriale Française était constituée du Congo, de l'Oubangui-Chari, du Gabon et du Tchad, puis du Cameroun.

tard, les 22 et 23 novembre 1972, sont signées à Brazzaville, les conventions de coopération financière entre les Etats de la sous-région d'une part, et entre ceux-ci et la France, d'autre part. Le franc CFA, qui devient alors franc de la Coopération Financière en Afrique vit le jour, et la Banque des Etats de l'Afrique Centrale (B.E.A.C) fut créée sur les cendres de la B.C.E.A.E.C[46].

Aujourd'hui, ces acquis historiques ont été repris par la Convention sur l'Union Monétaire de l'Afrique Centrale. Son article 6 stipule que « *L'unité monétaire légale des Etats membres de l'Union est le Franc de la Coopération Financière en Afrique Centrale (F. CFA).* » Le cadre institutionnel de l'UMAC comprend la Conférence des Chefs d'Etat ; le Comité Ministériel ; l'Institut d'Emission dénommé « Banque des Etats de l'Afrique Centrale » (BEAC) ; la Commission Bancaire de l'Afrique Centrale (COBAC), ainsi que les institutions spécialisées dont le Groupe d'Action contre le Blanchiment d'Argent en Afrique Centrale (GABAC)[47]. La centralisation de l'émission est de garantir la stabilité de la monnaie qui constitue le nerf du développement des activités économiques. Afin de bien appréhender l'UMAC, il est important de revoir la Convention de coopération monétaire entre les Etats membres de la BEAC et la France (1) avant de passer à celle portant sur l'UMAC (2).

1 : Convention de coopération monétaire entre les Etats membres de la Banque des Etats de l'Afrique Centrale et la République Française.

Préambule

Le Gouvernement de la République Unie du Cameroun,

Le Gouvernement de la République Centrafricaine,

Le Gouvernement de la République Populaire du Congo,

Le Gouvernement de la République Gabonaise,

Le Gouvernement de la République du Tchad,

Agissant en vertu de la Convention de coopération monétaire passée entre eux et le Gouvernement de la République Française,

Conviennent, dans le respect de leur souveraineté nationale et de leurs intérêts légitimes, de poursuivre leur coopération monétaire dans le cadre de la zone franc et décident de conclure la présente Convention.

Ils ont désigné à cette fin leurs plénipotentiaires :

Le Gouvernement de la République du Cameroun :

---

[46] Source beac.int, Historique du Franc CFA

[47] Article 10 de la Convention de l'UMAC

Monsieur Charles ONANA AWANA.

Le Gouvernement de la République Centrafricaine :

Monsieur Alphonse KOYAMBA.

Le Gouvernement de la République Populaire du Congo :

Monsieur Ange-Edouard POUNGUI.

Le Gouvernement de la République Gabonaise :

Monsieur Paul MOUKAMBI.

Le Gouvernement de la République du Tchad :

Monsieur Elie ROMBA.

Le Gouvernement de la République Française :

Monsieur Valery GISCARD d'ESTAING.

Lesquels, après avoir échangé leurs pleins pouvoirs, sont convenus des dispositions ci-après :

Article 1er. Les Etats membres de la Banque des Etats de l'Afrique Centrale (B.E.A.C), ci-après dénommés Etats membres d'une part, et la République Française (ci-après désignée la France) d'autre part, décident de poursuivre leur coopération monétaire, dans le cadre organique défini ci-après.

Article 2. Cette coopération est fondée sur la garantie illimitée donnée par la France à la monnaie émise par la Banque et sur le dépôt auprès du Trésor français de tout ou partie des réserves de change des Etats membres qui prendront les mesures nécessaires à cet effet, compte tenu des dispositions de l'article 11, paragraphe 3 des statuts de la Banque.

TITRE PREMIER : DISPOSITIONS ORGANIQUES

Article 3. Les organes chargés de la mise en œuvre de la coopération monétaire sont :

- un Comité Monétaire Mixte,
- la Banque des Etats de l'Afrique Centrale.

A) Du Comité Monétaire Mixte

Article 4. Le Comité Monétaire Mixte est composé des Ministres des Finances des Etats signataires de la présente Convention.

Article 5. Le Comité Monétaire Mixte veille à l'application des dispositions de la présente Convention. Il fait toute recommandation utile tendant à l'adapter à l'évolution économique des Etats signataires.

Article 6. Le Comité Monétaire Mixte se réunit une fois l'an sous la présidence du Ministre des Finances du pays hôte. Il peut se réunir en séance extraordinaire à l'initiative de l'une ou l'autre partie contractante.

B) De la Banque des Etats de l'Afrique Centrale

Article 7. La Banque des Etats de l'Afrique Centrale prévue à l'article 3 est un établissement multinational africain, à la gestion et au contrôle duquel participe la France en contrepartie de la garantie qu'elle apporte à sa monnaie.

La Banque assumera à l'égard des tiers les droits et obligations de l'ancienne Banque Centrale de l'Afrique Equatoriale et du Cameroun.

Les dispositions organiques de la Banque sont annexées à la présente Convention.

Article 8. La République Française cède à titre gratuit à la Banque des Etats de l'Afrique Centrale la dotation de 250 millions de francs C.F.A. alloués à l'établissement actuel.

Cette dotation et les réserves de l'actuel établissement appartiennent en indivision aux Etats membres.

TITRE II. DISPOSITIONS RELATIVES A LA MONNAIE

A) Définition, parité et transferts

Article 9. La monnaie émise par la Banque est le franc de la Coopération Financière en Afrique Centrale (franc C.F.A.) dont la convertibilité avec le franc français est illimitée.

A cet effet, une Convention relative à un compte d'opérations ouvert au Trésor français sera signée entre le Président de la Banque et le Ministre de l'Economie et des Finances de la République Française.

« Le solde créditeur de ce compte est garanti par référence à une unité de compte agréée d'accord partie ».

Article 10. Les transferts de fonds entre les Etats membres et la France sont libres.

Article 11. La parité entre le franc de la coopération financière en Afrique Centrale et le franc français est fixe.

Article 12. Cette parité est actuellement de 1 franc C.F.A. pour 0.02 franc français.

Elle est susceptible d'être modifiée après concertation entre les Etats signataires, compte tenu des exigences de la situation économique et financière des Etats membres.

Dans la mesure du possible, toute modification de la parité entre le franc français et les monnaies étrangères fera l'objet, à l'initiative du Gouvernement Français, d'une consultation entre la France et les Etats membres.

Article 13. La Banque de France communiquera trimestriellement à la Banque le montant des achats et des ventes de devises étrangères effectués en France par les intermédiaires agréés pour le compte de chacun des Etats membres.

Article 14. Sous réserve d'aménagements jugés nécessaires en fonction des conditions locales arrêtées par leur Comité monétaire et concertées avec la France, les Etats membres s'engagent à appliquer la réglementation des changes de la zone franc. Les autorités des Etats membres et de la France collaborent à la recherche et à la répression des infractions à la réglementation des changes.

Titre III. Dispositions diverses

Article 15. La France assurera pour le compte des Etats membres la formation du personnel d'encadrement nécessaire à la gestion de la Banque.

Article 16. La présente Convention reste valable pour une période intermédiaire. Elle peut être amendée sur recommandation du Comité Monétaire Mixte suivant les mêmes règles de procédure que celles qui ont présidé à son établissement.

Article 17. Tout Etat signataire peut dénoncer la présente Convention. Cette décision prend effet à compter de la date de sa notification à l'Etat dépositaire. La Négociation des arrangements nécessaires sera entreprise immédiatement entre les Etats signataires à la diligence de l'un quelconque d'entre eux.

L'application de la Convention de Compte d'opérations prévue à l'article 9 ci-dessus est suspendue de plein droit à compter de la date de cette notification, en ce qui concerne cet Etat.

Article 18. L'exclusion d'un Etat membre de la Banque entraîne pour cet Etat la dénonciation automatique de la présente Convention et la suspension immédiate de la Convention de Compte d'opérations.

Article 19. Les dispositions de la présente Convention se substituent de plein droit à celles des Conventions bilatérales ou multilatérales qui leur seraient contraires.

Article 20. La présente Convention entrera en vigueur après notification de sa ratification par tous les Etats signataires à la République Populaire du Congo désignée comme Etat dépositaire.

Fait à Brazzaville, le 23 novembre 1972

En français et en anglais, le texte français faisant foi.

2 : Convention régissant l'Union Monétaire de l'Afrique Centrale

Préambule

Le Gouvernement de la République du Cameroun ;

Le Gouvernement de la République Centrafricaine ;

Le Gouvernement de la République du Congo ;

Le Gouvernement de la République Gabonaise ;

Le Gouvernement de la République de Guinée Equatoriale ;

Le Gouvernement de la République du Tchad.

Vu le Traité de la Communauté Economique et Monétaire de l'Afrique Centrale (CEMAC) ;

Fidèle aux objectifs de l'Union Africaine ;

Conscients des avantages que les Etats membres tirent de leur appartenance à la même Communauté monétaire, et désireux de la renforcer ;

Conscients de la nécessité de consolider les acquis de la coopération monétaire existant entre les Etats membres par l'effet des Conventions des 22 et 23 novembre 1972 entre les Etats membres de la Banque des Etats de l'Afrique Centrale d'une part, et entre ceux-ci et la République française d'autre part, ainsi que du Protocole Additionnel du 24 août 1984 relatif à l'adhésion de la Guinée Equatoriale à la Convention de coopération monétaire ;

Convaincus qu'il est de l'intérêt propre de leurs pays et de leur intérêt commun d'intégrer leur coopération monétaire au sein d'une Union monétaire articulée autour d'un Institut d'Emission commun ;

Estimant que seul le respect des droits et obligations incombant aux participants à une union peut permettre son fonctionnement harmonieux dans l'intérêt commun, comme dans l'intérêt propre de chacun de ses membres ;

Soucieux de la nécessité de consolider la Communauté de monnaie et les interdépendances qu'elle entraine par une mise en cohérence de leurs politiques économiques et un développement harmonisé de leurs économies nationales ;

Sont convenus des dispositions ci-après :

Titre I : Des dispositions communes

Chapitre I : Des principes de la Communauté

Article 1 : Par la présente Convention, les Hautes Parties Contractantes instituent entre elles l'Union Monétaire de l'Afrique Centrale (UMAC), ci-après dénommée l'Union Monétaire, afin de créer en commun les conditions d'un développement économique et social harmonieux, dans le cadre d'un marché ouvert et d'un environnement juridique approprié.

Article 2 : L'Union Monétaire agit dans les limites des objectifs que le Traité de la CEMAC et la présente Convention lui assignent. Elle respecte l'identité nationale de ses Etats membres.

Article 3 : L'Union Monétaire se caractérise par l'adoption d'une même unité monétaire dont l'émission est confiée à un Instituant d'Emission commun, la Banque des Etats de l'Afrique Centrale (ci-après dénommée la Banque ou la BEAC) régi par des statuts propres qui font partie intégrante de la présente Convention.

Article 4 : L'Union Monétaire participe à l'exercice de la surveillance multilatérale dans les conditions prévues par la Convention de l'Union Economique de l'Afrique Centrale (UEAC), par la coordination des politiques économiques et la mise en cohérence des politiques budgétaires nationales avec la politique monétaire commune. Elle s'assure en outre de la stabilité financière dans la Communauté.

Article 5 : Les Etats membres s'engagent à apporter leur concours à l'UMAC afin d'assurer le plein respect des dispositions de la présente Convention et des textes pris pour son application, notamment en ce qui concerne :

a) les règles génératrices de l'émission monétaire ;
b) la mise en commun des réserves de change ;
c) la libre circulation des signes monétaires et la liberté des transferts entre les Etats membres de l'Union Monétaire ;
d) les mesures d'harmonisation des législations monétaires, bancaires et financières et du régime de l'Union Monétaire ;
e) les procédures de mise en cohérence des politiques économiques.

Article 6 : L'unité monétaire légale des Etats membres de l'Union est le Franc de la Coopération Financière en Afrique Centrale (F. CFA).

La définition du Franc de la Coopération Financière en Afrique Centrale est celle en vigueur à la signature de la présente Convention.

La dénomination et la définition de l'Unité monétaire de l'Union pourront être modifiées après concertation entre les Etats membres et la France, qui garantit la convertibilité du Franc CFA, conformément à la Convention de coopération monétaire entre les Etats membres et la France annexée à la présente Convention.

Article 7 : Les actes juridiques pris par les Organes et les Institutions Spécialisées de la l'Union Monétaire, pour la réalisation des objectifs de la présente Convention et conformément aux procédures instituées par elle, sont applicables dans chaque Etat membre.

Article 8 : Les Etats membres apportent leur concours à la réalisation des objectifs de l'Union Monétaire, en adoptant toutes mesures internes propres à assurer l'exécution des obligations découlant de la présente Convention. Ils s'abstiennent de toute mesure susceptible de faire obstacle à l'application de la présente Convention et des actes juridiques adoptés pour sa mise en œuvre.

Article 9 : En vue de faciliter l'exécution des missions qui leur sont confiées, les immunités et privilèges généralement reconnus aux Organisations Internationales sont accordés aux Organes de l'UMAC sur le territoire des Etats membres de l'Union Monétaire dans les conditions précisées par leurs conventions ou textes spécifiques.

Il ne peut être imposé aux Organes et aux Institutions Spécialisées de l'UMAC des obligations ou des contrôles autres que ceux définis par la présente Convention ou par leurs textes spécifiques.

Chapitre II : Des dispositions institutionnelles

Article 10 : Les Organes de l'Union Monétaire sont :

- la Conférence des Chefs d'Etat ;
- le Comité ministériel ;
- l'Institut d'Emission dénommé « Banque des Etats de l'Afrique Centrale » (BEAC) ;
- la Commission Bancaire de l'Afrique Centrale (COBAC) ;
- tout autre organe approprié créé par la Conférence des Chefs d'Etat dans le cadre de l'UMAC.

Les Institutions Spécialisées de l'UMAC sont :

- la Commission de Surveillance du Marché Financier de l'Afrique Centrale (COSUMAF) ;
- le Groupe d'Action contre le Blanchiment d'Argent en Afrique Centrale (GABAC) ;
- toute autre institution spécialisée créée par la Conférence des Chefs d'Etat dans le cadre de l'UMAC.

Section 1 : De la Conférence des Chefs d'Etat

Article 11 : La Conférence des Chefs d'Etat, instituée par le Traité de la Communauté Economique et Monétaire de l'Afrique Centrale (CEMAC), est l'autorité suprême de l'Union Monétaire. A ce titre, elle :

a) décide de l'adhésion de tout nouveau membre ;
b) prend acte du retrait d'un membre de l'Union Monétaire ;
c) fixe le siège des Organes et Institutions Spécialisées de l'Union Monétaire ;
d) nomme et révoque les responsables des Organes et des Institutions Spécialisées de l'UMAC sur proposition du Comité ministériel, dans les conditions prévues par les Conventions, Statuts et textes spécifiques qui les régissent.

Section 2 : Du Comité ministériel

Article 12 : Le Comité ministériel, institué par le Traité de la CEMAC, examine les grandes orientations des politiques économiques respectives des Etats membres de l'Union Monétaire et en assure la cohérence avec le politique monétaire commune, conformément aux dispositions du Titre III de la Convention de l'Union Economique de l'Afrique Centrale (UEAC).

Article 13 : Le Comité ministériel :

a) veille à l'application des dispositions de la présente Convention et fait toute recommandation utile à la Conférence des Chefs d'Etat tendant à l'adapter à l'évolution économique et monétaire de l'Union ;
b) décide, sur proposition du Conseil d'Administration, de toute augmentation ou réduction du Capital de la BEAC ;
c) donne un avis conforme sur les propositions de modification des Statuts de la BEAC soumises par le Conseil d'Administration ;
d) ratifie les comptes annuels de la BEAC, approuvés par le Conseil d'Administration et décide, sur proposition de celui-ci, de l'affectation des résultats ;
e) propose à la Conférence des Chefs d'Etat, dans les conditions prévues par leurs textes spécifiques respectifs, la nomination et la révocation des principaux responsables des organes et des institutions spécialisées de l'UMAC ;
f) nomme et révoque les responsables des autres organes et des institutions spécialisées de l'UMAC dont la compétence lui est reconnue par leurs textes organiques respectifs ;
g) fixe, après avis de leurs instances de décision respectives, la rémunération, les indemnités et les avantages accordés aux principaux responsables des organes et institutions spécialisées de l'UMAC nommés par la Conférence des Chefs d'Etat ;

h) approuve le budget des autres organes et institutions spécialisées de l'UMAC ;
i) examine le rapport annuel de chaque organe et institution spécialisée de l'UMAC avant sa présentation à la Conférence des Chefs d'Etat.

Article 14 : Le Comité ministériel statue, sur proposition du Conseil d'Administration de la BEAC, sur :

a) la création et l'émission des billets de banque et des monnaies métalliques ainsi que leur retrait et leur annulation ;
b) la valeur faciale et la forme des coupures, les signatures dont elles doivent être revêtues ainsi que les modalités de leur identification par Etat ;
c) les caractéristiques des monnaies métalliques ;
d) le délai pendant lequel les billets et monnaies retirés de la circulation doivent impérativement être présentés à la BEAC sous peine de perdre leur pouvoir libératoire ;
e) l'affectation de la contre-valeur du solde des billets et monnaies retirés de la circulation non présentés aux guichets de la BEAC.

Article 15 : Chaque Etat membre est représenté au Comité ministériel par deux (2) ministres, dont le ministre chargé des finances, et n'y dispose que d'une voix exprimée par ce dernier.

La présidence du Comité ministériel est tournante. Elle est assurée, pour une année civile et par ordre alphabétique des Etats membres, par le ministre chargé des finances.

Le Comité ministériel se réunit au moins deux fois par an, dont une fois pour la ratification des comptes de la BEAC.

Les réunions du Comité ministériel ont lieu sur convocation de son Président en exercice, agissant sur sa propre initiative ou à la demande de la moitié de ses membres ou encore, à la demande motivée de l'un des responsables des organes ou institutions spécialisées de l'Union Monétaire.

Article 16 : Les ministres représentant chacun des Etats membres au Comité ministériel de l'Union Monétaire sont membres de droit du Comité Monétaire et Financier national de leur Etat d'origine.

Article 17 : Les responsables des organes et des institutions spécialisées de l'Union Monétaire assistent aux réunions du Comité ministériel avec voix consultative.

Le Président de la Commission de la CEMAC assiste aux réunions avec voix consultative.

Lors des réunions du Comité ministériel, chaque responsable des organes et institutions spécialisées de l'Union monétaire rapporte les affaires inscrites à l'ordre du jour concernant son organe ou son institution.

Les frais de fonctionnement du Comité ministériel de l'UMAC sont à la charge des organes et/ou des institutions spécialisées de l'Union, dans les conditions définies par le Règlement intérieur du Comité ministériel.

Article 18 : Le Comité ministériel délibère valablement lorsque chaque Etat membre est représenté.

Article 19 : Les décisions du Comité ministériel sont prises à l'unanimité ou, à défaut, à la majorité des cinq sixièmes.

En ce qui concerne les décisions prises en application des dispositions des articles 13, 14 et 20 de la présente Convention, l'unanimité est impérative.

Article 20 : Le Comité ministériel peut déléguer une partie de ses pouvoirs à son Président.

Titre II : De la politique monétaire

Article 21 : Le privilège exclusif de l'émission monétaire sur le territoire de chaque Etat membre de l'Union Monétaire est confié à la Banque des Etats de l'Afrique Centrale (BEAC).

Article 22 : L'objectif de la BEAC est de garantir la stabilité de la monnaie. Sans préjudice de cet objectif, la BEAC apporte son soutien aux politiques économiques générales élaborées par les Etats membres de l'Union Monétaire.

Article 23 : Les missions fondamentales relevant de la BEAC consistent à :

- définir et conduire la politique monétaire de l'Union ;
- émettre les billets de banque et les monnaies métalliques qui ont Cours légal et pouvoir libératoire dans l'Union Monétaire ;
- conduire la politique de change de l'Union ;
- détenir et gérer les réserves officielles de change des Etats membres ;
- promouvoir le bon fonctionnement des systèmes de paiement et de règlement.

La BEAC assiste également les Etats membres dans leurs relations avec les institutions financières internationales.

Article 24 : Les signes monétaires mis en circulation par la BEAC dans chaque Etat membre de l'Union Monétaire ont également Cours légal et pouvoir libératoire dans les autres Etats membres.

Article 25 : La BEAC établit pour chaque Etat membre une situation distincte de l'émission monétaire et de ses contreparties.

Article 26 : La BEAC centralise les avoirs extérieurs des Etats membres dans un fonds commun de réserves de change.

Les réserves de change font l'objet d'un dépôt auprès du Trésor Français, dans un compte courant dénommé « Compte d'Opérations », dont les conditions d'approvisionnement et de fonctionnement sont précisées dans une convention spéciale signée entre le Président du Conseil d'Administration de la BEAC et le Représentant de l'Etat français, après avis conforme du Comité ministériel.

Toutefois, dans le cadre de la Convention de Coopération monétaire conclue avec la France et en fonction de l'évolution économique et des Courants commerciaux des Etats membres, une partie de ces réserves peut être détenue hors du compte d'opérations, conformément aux Statuts de la BEAC.

Article 27 : Les Etats membres s'obligent à prendre toutes dispositions nécessaires d'ordre national ou international en vue d'assurer une position créditrice du fonds commun de réserves de change, selon des modalités précisées dans les Statuts de la BEAC.

Article 28 : La BEAC tient informé le Comité ministériel de la situation de chaque Etat membre dans ses écritures et de la position de celui-ci aux fonds communs de réserves de change. Elle assure la centralisation des risques bancaires dans les Etats membres, participe à la confection des balances de paiements et élabore les statistiques monétaires.

A cette fin, la BEAC peut requérir, soit directement, soit par l'intermédiaire des banques, des établissements financiers, des institutions de microfinance, de l'administration des postes et des notaires, toutes informations sur les transactions extérieures des administrations publiques, des personnes physiques ou morales, publiques ou privées ayant leur résidence ou leur siège dans l'Union Monétaire, ainsi que les personnes ayant leur résidence ou leur siège à l'étranger pour leurs transactions relatives à leur séjour ou activité dans l'Union Monétaire.

Titre III : De l'harmonisation et du contrôle des règlementations bancaire, monétaire et financière

Article 29 : L'Union Monétaire a, entre autres, pour objectifs d'adopter une règlementation bancaire et de la microfinance harmonisée, de renforcer la règlementation commune existante en matière bancaire, monétaire et financière et d'en assurer le contrôle. Cette règlementation et ce contrôle concernent notamment :

- les règles d'exercice de la profession bancaire et des activités s'y rattachant ainsi que le contrôle de l'application desdites règles ;
- la répression de la falsification des signes monétaires et l'usage des signes falsifiés ;
- les règles concernant la collecte et l'affectation de l'épargne financière ;
- le régime de change et les systèmes de paiement ;
- les règles relatives aux activités des institutions de microfinance ;
- les règles relatives à la lutte contre le blanchiment des capitaux et le financement du terrorisme ;
- les règles relatives aux mécanismes de garantie des dépôts bancaires.

Le Comité ministériel peut prendre toutes autres dispositions qu'il juge utiles en vue de renforcer la règlementation commune en matière de législation monétaire, bancaire et financière.

Article 30 : Le Comité ministériel adopte, à l'unanimité, les règlements et, à la majorité qualifiée de cinq sixièmes, les directives nécessaires à la mise en œuvre de l'article précédent, après avis conforme du Conseil d'Administration de la BEAC.

Article 31 : L'harmonisation des règlementations et le contrôle de l'activité bancaire et de la microfinance relèvent de la compétence de la Commission Bancaire de l'Afrique Centrale, conformément aux dispositions de la Convention qui la régit.

La régulation et le contrôle des opérations d'appel public à l'épargne relèvent de la compétence de la Commission de Surveillance du Marché Financier de l'Afrique Centrale, conformément aux dispositions des textes qui la régissent.

La coordination des politiques de lutte contre le blanchiment des capitaux et le financement du terrorisme relève du GABAC.

Titre IV : Des dispositions diverses et finales

Article 32 : Les organes et les institutions spécialisées de l'Union Monétaire établissent chacun un rapport annuel d'activité qui est adressé au Comité ministériel, à la Conférence des Chefs d'Etat, au Parlement communautaire et aux autres institutions, organes et institutions spécialisées de la Communauté. Ce rapport est rendu public.

Les responsables des organes et des institutions spécialisées de l'Union Monétaire présentent chacun une communication annuelle à la Conférence des Chefs d'Etat et au Parlement communautaire sur l'activité de l'exercice précédent et les perspectives.

Article 33 : Pour l'application de la présente Convention, le régime des actes juridiques est celui prévu par le Traité de la CEMAC.

Article 34 : Tout Etat membre peut soumettre à la Conférence des Chefs d'Etat des projets tendant à la révision de la présente Convention. Toute modification est adoptée à l'unanimité des Etats membres.

Article 35 : En cas de non-respect des engagements prévus à l'article 5 de la présente Convention par un Etat membre, la Conférence des Chefs d'Etat peut constater, à l'unanimité des autres Chefs d'Etat de l'Union Monétaire, le retrait de celui-ci.

Article 36 : Dès l'entrée en vigueur de la présente Convention, les dispositions de celle-ci se substituent à celles de la Convention régissant l'UMAC signée le 5 juillet 1996.

Les droits et obligations de la Banque des Etats de l'Afrique Centrale et des Institutions Spécialisées existantes ne seront pas, à l'égard des tiers, affectés par cette substitution.

Article 37 : La présente Convention entre en vigueur après sa signature par les Etats membres et sa ratification.

Article 38 : La présente Convention sera ratifiée par les Hautes Parties Contractantes en conformité avec leurs règles constitutionnelles respectives. Les instruments de ratification seront déposés auprès du Gouvernement de la République du Tchad qui en informera les autres Etats membres et leur en délivrera copies certifiées conformes.

Article 39 : La présente Convention sera enregistrée, après ratification, auprès de l'Organisation des Nations Unies et de l'Union Africaine.

En foi de quoi, ont apposé leur signature au bas de la présente Convention,

Fait à Yaoundé, le 25 juin 2008

Pour la République du Cameroun
S.E. Paul BIYA
Président de la République

Pour la République Centrafricaine
S.E. François BOZIZE
Président de la République

Pour la République du Congo
S.E. Denis SASSOU NGUESSO
Président de la République

Pour la République Gabonaise
S.E. El Hadj OMAR BONGO ONDIMBA
Président de la République

Pour la République de Guinée Equatoriale
S.E. Obiang NGUEMA MBASOGO
Président de la République

Pour la République du Tchad
S.E. Youssouf Saleh ABBAS,
Premier Ministre

B : L'Union Economique de l'Afrique Centrale (UEAC)

Convention régissant l'Union Economique de l'Afrique Centrale (UEAC)

PREAMBULE

Le Gouvernement de la République du Cameroun ;

Le Gouvernement de la République Centrafricaine ;

Le Gouvernement de la République du Congo ;

Le Gouvernement de la République Gabonaise ;

Le Gouvernement de la République de Guinée Equatoriale ;

Le Gouvernement de la République du Tchad ;

Vu le Traité de la Communauté Economique et Monétaire de l'Afrique Centrale ;

Conscients des avantages que les Etats membres tirent de leur appartenance à la même Communauté monétaire et de la nécessité de la compléter par une Union Economique ;

Conscients des défis résultant de l'enclavement et de l'insularité de certains Etats membres et de la nécessité d'appuyer, dans un esprit de solidarité, les efforts de ces Etats visant à réduire les entraves au développement harmonieux de la Communauté ;

Convaincus que l'intégration des Etats membres en une Communauté Economique et Monétaire exige la mise en commun partielle et progressive de leur souveraineté nationale au profit de la Communauté, dans le cadre d'une volonté politique collective ;

Affirmant la nécessité de favoriser le développement économique des Etats membres grâce à l'harmonisation de leurs législations, à l'unification de leurs marchés intérieurs et à la mise en œuvre de politiques communes dans les secteurs essentiels de leur économie ;

Affirmant leur volonté de se conformer aux principes d'une économie de marché ouverte, concurrentielle et favorisant l'allocation optimale des ressources ;

Prenant en compte les acquis des organisations régionales africaines auxquelles participent les Etats membres ;

Considérant la nécessité pour l'Union Economique de modifier ses stratégies en vue d'accélérer le processus d'intégration économique en Afrique centrale, en assurant notamment :

- l'amélioration de la cogestion et de la gouvernance des institutions de la CEMAC ;
- le rendement du poids et de la cohérence des institutions communautaires ;
- l'accélération du processus d'intégration avec, sur la base d'une vision partagée, un Programme Economique Régional (PER) structurant, une libre circulation effective et des institutions spécialisées en phase avec la vision et les priorités ;
- la sécurisation du financement de la CEMAC ;
- le Renforcement de l'appropriation du projet d'intégration par les Etats membres.

Sont convenus des dispositions ci-après :

Titre I : Les fondements de l'Union Economique

Chapitre I : Les objectifs

Article 1 : Par la présente Convention, adoptée en application des dispositions du Traité de la CEMAC, les Hautes Parties Contractantes créent entre elles l'Union Economique de l'Afrique Centrale ; ci-après dénommée l'Union Economique, afin d'établir en commun les conditions d'un développement économique et social harmonieux dans le cadre d'un marché ouvert et d'un environnement juridique approprié.

Article 2 : Aux fins énoncées à l'article premier et dans les conditions prévues par la présente Convention, l'Union Economique entend réaliser les objectifs suivants :

a) renforcer la compétitivité des activités économiques et financières en harmonisant les règles qui contribuent à l'amélioration de l'environnement des affaires et qui régissent leur fonctionnement ;
b) assurer la convergence vers des performances soutenables par la coordination des politiques économiques et la mise en cohérence des politiques budgétaires nationales avec la politique monétaire commune ;
c) créer un marché commun fondé sur la libre circulation des biens, des services, des capitaux et des personnes ;
d) instituer une coordination des politiques sectorielles nationales, mettre en œuvre des actions communes et adopter des politiques communes, notamment dans les domaines suivants : l'agriculture, l'élevage, la pêche, l'industrie, le commerce, le tourisme, les transports, l'aménagement du territoire communautaire et les grands projets d'infrastructures, les télécommunications, les technologies de l'information et de la communication, le dialogue social, les

questions de genre, la bonne gouvernance et les droits de l'homme, l'énergie, l'environnement et les ressources naturelles, la recherche, l'enseignement et la formation professionnelle.

Article 3 : La réalisation des objectifs de l'Union Economique prendre en compte les acquis de la Communauté Economique et Monétaire de l'Afrique Centrale (CEMAC) et sera entreprise en deux (2) étapes.

Article 4 : Au cours de la première étape, d'une durée de trois (3) ans à compter de l'entrée en vigueur de la présente Convention et dans les conditions prévues par celui-ci, l'Union Economique :

a) harmonise, dans la mesure nécessaire au fonctionnement du marché commun, les règles qui régissent les activités économiques et financières et élabore à cet effet des règlementations communes ;
b) poursuit le processus de mise en place des instruments de libre circulation des biens, des services, des capitaux et des personnes, notamment par une harmonisation de la fiscalité des activités productives et de la fiscalité de l'épargne ;
c) établit, entre ses Etats membres, la libre circulation des biens, des services, des capitaux et des personnes ;
d) développe la coordination des politiques commerciales et des relations économiques avec les autres régions ;
e) prépare des actions communes dans les domaines de l'enseignement, de la formation professionnelle, de la recherche, du dialogue social, des questions de genre, de la bonne gouvernance et des droits de l'homme.

Article 5 : Avant le début de la seconde étape, la Conférence des Chefs d'Etat constate, au vu du rapport du Président de la Commission, et sur proposition du Conseil des Ministres prévu au Titre IV de la présente Convention, l'état d'avancement du processus d'intégration économique et décide, le cas échéant, des actions à mener en vue de l'achèvement du programme de la première étape. Les mesures correspondantes sont mises en œuvre en tant que de besoin par voie d'actes additionnels.

Article 6 : Au cours de la seconde étape, d'une durée de trois (3) ans à compter de la fin de la première étape et dans les conditions prévues par la présente Convention, l'Union Economique :

a) met en œuvre un processus de coordination des politiques nationales, dans les secteurs suivants : l'agriculture, l'élevage, la pêche, l'industrie, le commerce, le tourisme, les transports, l'aménagement du territoire communautaire et les grands projets d'infrastructures, les télécommunications, les technologies de l'information et de la communication ;

b) engage un processus de coordination des politiques sectorielles nationales en matière d'environnement et d'énergie ;
c) renforce et améliore, en vue de leur interconnexion, les infrastructures de transport et de télécommunications des Etats membres.

Au cours de la seconde étape, la Conférence des Chefs d'Etat décide par ailleurs, au vu du rapport du Président de la Commission, et sur proposition du Conseil des ministres, de l'adoption des politiques communes dans les domaines énumérés à l'article 2d) de la présente Convention. Dans ce cas, la Conférence des Chefs d'Etat fixe, par voie d'actes additionnels à la présente Convention, les objectifs et les lignes directrices de ces politiques ainsi que les pouvoirs d'action conférés au Conseil et à la Commission pour leur mise en œuvre.

Article 7 : La Conférence des Chefs d'Etat établit, à intervalles réguliers et en toute hypothèse au début de chacune des étapes de la construction de l'Union Economique, le programme de travail des institutions, en tenant compte des priorités et des modalités de l'action de l'Union Economique. Au cours de la première étape, elle peut fixer, le cas échéant, au vu d'un rapport d'exécution présenté par le Président de la Commission, la date du passage anticipé à la seconde étape.

Chapitre II : Les principes

Article 8 : L'Union Economique agit dans la limite des objectifs que le Traité de la CEMAC et la présente Convention lui assignent. Elle respecte l'identité nationale de ses Etats membres.

Les organes de l'Union Economique et les institutions spécialisées de celle-ci édictent, dans l'exercice des pouvoirs normatifs que la présente Convention leur attribue, des prescriptions minimales et des règlementations-cadres, qu'il appartient aux Etats membres de compléter en tant que de besoin, conformément à leurs règles constitutionnelles respectives.

Article 9 : Les actes juridiques pris par les organes de l'Union Economique et les institutions spécialisées de celle-ci pour la réalisation des objectifs de la présente Convention, conformément aux règles et procédures instituées par cette même Convention, sont appliqués dans chaque Etat membre.

Article 10 : Les Etats membres apportent leur concours à la réalisation des objectifs de l'Union Economique. Ils s'abstiennent de toute mesure susceptible de faire obstacle à l'application de la présente Convention et des actes juridiques pris pour sa mise en œuvre.

Titre II : Les actions de l'Union Economique

Chapitre I : Les politiques communes

Section 1 : La politique économique générale

Article 11 : Les Etats membres considèrent leurs politiques économiques comme une question d'intérêt commun et veillent à leur coordination au sein du Conseil des ministres en vue de la réalisation des objectifs définis à l'article 2, paragraphe b de la présente Convention.

La coordination des politiques économiques est assurée conformément aux dispositions prévues au Titre III de la présente Convention.

Section 2 : La fiscalité

Article 12 : En vue de la réalisation des objectifs définis à l'article 4) de la présente Convention, l'Union Economique harmonise les législations fiscales qui régissent les activités économiques et financières.

Les règlementations nécessaires à l'élaboration de la législation fiscale commune sont adoptées, sur proposition du Président de la Commission, par le Conseil des Ministres statuant à l'unanimité.

Section 3 : Le marché commun

Article 13 : Le marché commun de l'Union Economique prévu à l'article 2, paragraphe c de la présente Convention comporte, selon le programme mentionné à l'article 7 de ladite Convention, et sous réserve des exceptions énoncées à l'article 16 ci-après :

a) l'élimination des droits de douane intérieurs, des restrictions quantitatives à l'entrée et à la sortie des marchandises, des taxes d'effet équivalent, de toute autre mesure d'effet équivalent susceptible d'affecter les transactions entre les Etats membres ;
b) l'établissement d'une politique commerciale commune envers les Etats tiers ;
c) l'adoption des règles communes de concurrence applicables aux entreprises et aux aides d'Etat ;
d) la mise en œuvre du principe de liberté de circulation des travailleurs, de liberté d'établissement, de liberté de prestations de services, de liberté d'investissement et de mouvements des capitaux ;
e) l'harmonisation et la reconnaissance mutuelle des normes techniques ainsi que des procédures d'homologation et de certification.
f) La réalisation du marché commun sera parachevée au plus tard au terme de la période de trois (3) ans correspondant à la seconde étape de la construction de l'Union Economique.

Article 14 : En vue de la réalisation de l'objectif défini à l'article 13, paragraphe a, et tenant compte des acquis en la matière, les Etats membres s'abstiennent, dès l'entrée en vigueur de la présente convention :

a) d'introduire entre eux tout nouveau droit de douane à l'importation et à l'exportation, toute taxe d'effet équivalent, et d'augmenter ceux qu'ils appliquent dans leurs relations commerciales mutuelles ;
b) d'introduire entre eux de nouvelles restrictions quantitatives à l'exportation ou à l'importation ou mesure d'effet équivalent, et d'augmenter ceux qu'ils appliquent dans leurs relations commerciales mutuelles ;
c) d'introduire entre eux de nouvelles restrictions quantitatives à l'exportation ou à l'importation ou mesure d'effet équivalent, non justifiées par une exception prévue à l'article 16, ainsi que de rendre plus restrictifs les contingentements et normes d'effet équivalent existants ;
d) d'introduire toute disposition en faveur d'une entreprise établie sur leur territoire visant à des dérogations ou des exonérations susceptibles d'affecter la concurrence entre les entreprises de l'Union Economique.

Article 15 : Le Conseil des ministres, statuant à la majorité qualifiée, détermine, au vu du programme mentionné à l'article 7 de la présente Convention et sur proposition du Président de la Commission, les modalités d'élimination des droits de douane et arrête les règlements nécessaires à cet effet.

Le Conseil des ministres tient compte des effets que le démantèlement des protections douanières peut avoir sur l'économie des Etats membres, et prend en tant que de besoin les mesures appropriées.

Article 16 : Sous réserve des mesures de rapprochement des législations mises en œuvre par l'Union Economique, les Etats membres peuvent interdire ou restreindre l'importation, l'exportation, ou le transit des biens, lorsque ces interdictions ou restrictions sont justifiées par des raisons de moralité publique, d'ordre public, de préservation des végétaux, de protection des patrimoines culturel, historique ou archéologique, de protection de la propriété intellectuelle.

Les interdictions ou restrictions appliquées sur le fondement de l'alinéa précédent ne doivent constituer ni un moyen de discrimination arbitraire ni une restriction déguisée au commerce entre les Etats membres.

Article 17 : Au cours de la première étape de la construction de l'Union Economique, le Conseil des ministres, sur proposition du Président de la Commission, statue à la majorité simple sur l'harmonisation et la reconnaissance mutuelle des normes technique et sanitaire ainsi que sur les procédures d'homologation et de certification à l'échelle de l'Union Economique.

Article 18 : En vue de la réalisation des objectifs définis à l'article 13, paragraphe b de la présente Convention, le Conseil des ministres adopte, à la majorité qualifiée, sur proposition du Président de la Commission, les règlements fixant le régime des relations commerciales avec les Etats tiers.

Article 19 : La réalisation des objectifs définis à l'article 13, paragraphe b de la présente Convention tient compte de la nécessité de contribuer au développement harmonieux du commerce régional et mondial, de favoriser le développement des capacités productives à l'intérieur de l'Union Economique, de défendre les productions de l'Union Economique contre les politiques de dumping et/ou de subvention pratiquées dans les pays tiers.

Article 20 : Si des accords avec des pays tiers doivent être conclus dans le cadre de la politique commerciale commune, le Président de la Commission présente des recommandations au Conseil des ministres qui l'autorise, à la majorité qualifiée, à ouvrir les négociations nécessaires.

Le Président de la Commission conduit les négociations en consultation avec un comité désigné par le Conseil des ministres et dans le cadre des directives élaborées par celui-ci.

Les accords mentionnés à l'alinéa premier sont conclus par la Commission, après avis conforme du Conseil des ministres statuant à la majorité qualifiée de ses membres.

Article 21 : Les Etats membres harmonisent leur position sur toutes les questions ayant une incidence sur le fonctionnement du marché commun traitées dans le cadre d'organisations internationales à caractère économique.

Si les questions mentionnées à l'alinéa précédent intéressent le fonctionnement de la politique commerciale commune, les Etats membres rendent conforme leur position avec les orientations définies par le Conseil des ministres à la majorité qualifiée de ses membres, sur proposition du Président de la Commission.

Article 22 : A la demande d'un Etat membre, le Conseil des ministres, statuant à la majorité qualifiée, peut autoriser cet Etat, sur proposition du Président de la Commission, à prendre, pour une durée limitée et par dérogation aux règles générales de l'Union Economique et de la politique commerciale commune, des mesures de protection destinée à faire face à des difficultés graves dans un ou plusieurs secteurs économiques.

En cas de crise économique soudaine affectant notamment la balance des paiements, l'Etat membre peut prendre à titre conservatoire les mesures de sauvegardes indispensables. Les mesures de sauvegarde ainsi adoptées ne doivent provoquer qu'un minimum de perturbation sur le fonctionnement du marché commun. Elles ne peuvent excéder une durée de six mois, éventuellement renouvelables. Elles doivent être entérinées, tant dans la durée que dans leur contenu, par le Conseil des ministres statuant à la majorité qualifiée.

Le Conseil des ministres, statuant dans les mêmes conditions, peut décider que l'Etat concerné doit modifier, suspendre ou supprimer lesdites mesures de sauvegarde et/ou de protection.

Article 23 : En vue de la réalisation des objectifs définis à l'article 13, paragraphe c de la présente Convention, le Conseil des ministres arrête, à la majorité qualifiée de ses membres et sur proposition du Président de la Commission, les règlements relatifs à :

a) l'interdiction des accords, associations et pratiques concertées entre entreprises, ayant pour objet ou pour effet de restreindre ou de refuser le jeu de la concurrence à l'intérieur de l'Union Economique ;
b) l'interdiction de toute pratique d'une ou de plusieurs entreprises constituant un abus de position dominante sur le marché commun ou dans une partie significative de celui-ci ;
c) l'interdiction des aides publiques susceptibles de fausser la concurrence en favorisant certaines entreprises ou certaines productions.

Ces règlements précisent les interdictions et peuvent prévoir des exceptions limitées afin de tenir compte des situations spécifiques.

Article 24 : Les règlements mentionnés à l'article 23 ci-dessus instituent la procédure à suivre par le Président de la Commission et fixent le régime des amendes et astreintes destinées à sanctionner les violations et les interdictions contenues dans le même article.

Article 25 : Le Président de la Commission est chargé de l'application des règles de concurrence définies sur le fondement des articles 23 et 24 de la présente Convention.

Article 26 : Le Conseil des ministres arrête à l'unanimité, sur proposition du Président de la Commission, les règlements relatifs à la mise en œuvre des objectifs définis à l'article 13, paragraphe d de la présente Convention.

Article 27 : Dans l'exercice des pouvoirs définis à l'article 26 ci-dessus, le Conseil des ministres veille au respect des règles suivantes :

a) la libre circulation des travailleurs ou de la main-d'œuvre implique :
- l'harmonisation préalable dans un délai maximum de trois (3) ans :
    - des règles relatives à l'immigration dans chaque Etat membre ;

- des dispositions pertinentes des codes de travail nationaux ;
- des dispositions législatives et règlementaires applicables aux régimes et organismes de protection sociale ;

- l'abolition dans un délai maximum de trois (3) ans, de toute discrimination fondée sur la nationalité, entre les travailleurs des Etats membres, en ce qui concerne la recherche et l'exercice d'un emploi, à l'exception des emplois dans les secteurs publics parapublics et stratégiques ;
- le droit d'entrée, de se déplacer et de séjourner sur le territoire des Etats membres sous réserve des limitations pour des raisons d'ordre public et de santé publique ;
- le droit de s'établir sur le territoire d'un Etat membre, à la condition soit d'y avoir exercé un ou plusieurs emplois pendant une période d'au moins cinq (5) ans, soit de pouvoir justifier de moyens de subsistance dont la nature et la consistance seront déterminées par un règlement du Conseil des ministres ;

b) le droit d'établissement comporte :

- l'accès pour les investisseurs de la sous-région, aux activités non salariées et à leur exercice ainsi que l'acquisition, la constitution et la gestion d'entreprises, dans les conditions définies par la législation du pays d'établissement ;
- l'harmonisation progressive des dispositions nationales règlementant l'accès aux activités non salariées et l'exercice de celles-ci ;
- la liberté de prestations de services :
- est appliquée par priorité aux services qui interviennent de façon directe dans les coûts de production ou dont la libération contribue à faciliter les échanges de marchandises ;
- bénéficie aux personnes physiques et morales visées au paragraphe b ci-dessus.

Article 28 : La liberté de circulation des capitaux est régie par les dispositions de la Convention régissant l'Union Monétaire de l'Afrique Centrale et par les textes subséquents.

Chapitre II : Les politiques sectorielles

Section 1 : L'enseignement, la recherche, la formation professionnelle et la santé publique

Article 29 : Les actions communes à entreprendre en application de l'article 4, paragraphe e de la présente Convention, ont pour but la rationalisation et l'amélioration des performances de l'enseignement scientifique et technique, notamment supérieur, de la recherche, de la formation professionnelle ainsi que de la santé publique. Ces actions peuvent comporter :

- la création et le développement d'institutions communes d'enseignement supérieur, de recherche et de formation professionnelle permettant dans certains domaines le rassemblement des moyens mis en œuvre par les Etats membres ;
- l'ouverture aux mêmes conditions d'accès que les nationaux, des établissements d'enseignement à tous les ressortissants de la CEMAC ;
- la coordination des programmes d'enseignement, de recherche et de formation professionnelle ;
- l'évaluation des résultats de l'enseignement supérieur et de la formation professionnelle dispensés par les Etats membres ;
- la reconnaissance mutuelle des diplômes sanctionnant les formations dispensées dans les Etats membres par les établissements publics et privés reconnus par ces Etats ;
- l'harmonisation des conditions et des formes d'équivalences des diplômes obtenus dans les pays tiers ;
- l'instauration d'un dialogue permanent entre les Etats membres et le secteur privé en vue d'une adéquation formation-emploi au niveau communautaire ;
- la coordination des programmes, la rationalisation et la mise en commun des moyens communautaires pour la protection de la santé publique et l'amélioration du niveau sanitaire des populations.

Article 30 : Le Conseil des ministres, sur proposition du Président de la Commission, arrête à la majorité qualifiée, les règlements, directives et recommandations nécessaires à la mise en œuvre de l'article 29 ci-dessus.

Section 2 : Les transports, l'aménagement du territoire communautaire et les grands projets d'infrastructures, les télécommunications, les technologies de l'information et de la communication et la société de l'information

Article 31 : Dans le cadre du programme de travail mentionné à l'article 7 de la présente Convention, le Conseil des ministres définit les orientations générales et arrête, à la majorité qualifiée et sur proposition du Président de la Commission, des mesures destinées à :

a) améliorer les infrastructures de transport et renforcer leur interconnexion ;
b) promouvoir l'aménagement du territoire et des grandes infrastructures communautaires ;
c) faciliter l'accès des populations des Etats membres aux technologies de l'information et de la communication, en prenant notamment les dispositions relatives :

- à l'harmonisation des plans d'aménagement, avec comme priorité le désenclavement des zones difficilement accessibles et la réalisation de grands pôles de développement économique ;
- au développement et déploiement de réseaux plus étendus de communication sans fil à faible coût ;
- à l'harmonisation des systèmes de communication au niveau national, communautaire et international, et les adapter aux nouvelles technologies.

Article 32 : Les dispositions relatives à la libéralisation des prestations de services dans les domaines des transports, des télécommunications, des technologies de l'information et de la communication, ainsi que de la société de l'information sont prises en conformité avec les principes et les procédures définis aux articles 13 d, 25 et 26 de la présente Convention, et en tenant compte des acquis en la matière.

Section 3 : L'agriculture, l'élevage et la pêche

Article 33 : Dans le cadre du programme de travail mentionné à l'article 7 de la présente Convention, le Conseil des ministres :

a) définir par voie de règlements les systèmes d'information mutuelle auxquelles participent les Etats membres en vue de la coordination de leurs politiques agricoles, pastorales et piscicoles ;
b) définit par voie de recommandation les orientations que les Etats membres sont invités à mettre en œuvre simultanément en vue de l'amélioration de l'efficacité économique et sociale des secteurs de l'agriculture, de l'élevage et de la pêche ;
c) engage, par voie de règlements ou de directives, des actions portant notamment sur l'organisation commune de la recherche.

Article 34 : Le Conseil des ministres arrête, à la majorité simple et sur proposition du Président de la Commission, les règlements et les recommandations mentionnés à l'article 33 ci-dessus. Il délègue à la Commission, dans les mêmes conditions de majorité, tout pouvoir d'exécution nécessaire à la coordination des politiques agricoles, pastorales ou piscicoles des Etats membres.

Article 35 : Dans l'exercice du pouvoir défini à l'article 6, alinéa 2 de la présente Convention, la Conférence des Chefs d'Etat veille, dans le respect des équilibres financiers de la Communauté et de ses Etats membres, à la prise en compte des objectifs suivants :

a) accroitre la productivité de l'agriculture, de l'élevage et de la pêche, en développant le progrès technique, en assurant le développement rationnel de la production et un emploi optimum des facteurs de production, notamment de la main-d'œuvre, en vue de l'amélioration du niveau de vie des populations ;
b) assurer la rentabilité des filières ;
c) stabiliser les marchés ;
d) garantir la sécurité des approvisionnements ;
e) assurer des prix raisonnables dans les livraisons des produits aux consommateurs.

Dans l'élaboration des orientations de la politique agricole, pastorale et piscicole commune, la Conférence des Chefs d'Etat tient compte :

a) de l'importance de ces secteurs dans l'économie des Etats membres ;
b) des disparités structurelles et naturelles entre les diverses régions ;
c) de la nécessité d'opérer graduellement les ajustements opportuns.

Section 4 : L'Energie

Article 36 : Dans le cadre du programme de travail mentionné à l'article 7 de la présente Convention, le Conseil des ministres définit :

a) par voie de règlements les systèmes d'information mutuels auxquels participent les Etats membres en vue de la coordination de leurs politiques énergétiques ;
b) par voie de recommandations les orientations que les Etats membres sont invités à mettre en œuvre simultanément en vue notamment de la sauvegarde et du développement des ressources énergétiques ;
c) par voie de recommandations les politiques de promotion, de développement et de vulgarisation des énergies renouvelables que les Etats membres sont invités à appliquer ;
d) par de recommandations, l'élaboration et la mise en œuvre d'une politique énergétique commune.

Article 37 : Le Conseil des ministres arrête, à la majorité simple et sur proposition du Président de la Commission, les règlements et les recommandations mentionnés à l'article 36 ci-dessus. Il délègue à la Commission, dans les mêmes conditions de majorité, tout pouvoir d'exécution nécessaire à la coordination des politiques énergétiques des Etats membres.

Article 38 : Dans l'exercice du pouvoir définit à l'article 6, alinéa 2 de la présente Convention, la Conférence des Chefs d'Etats veille à la gestion optimale et au développement des ressources énergétiques des Etats membres, ainsi qu'à la sécurité des approvisionnements énergétiques.

Section 5 : La Protection de l'environnement et des ressources naturelles

Article 39 : Dans le cadre du programme de travail mentionné à l'article 7 de la présente Convention, le Conseil des ministres :

a) définit par voie de règlements de systèmes d'information mutuels auxquels participent les Etats membres en vue de la coordination de leurs politiques en matière de protection de l'environnement et des ressources naturelles ;
b) définit par voie de recommandations les orientations que les Etats membres sont invités à mettre en œuvre en vue de la protection, de la restauration et de l'amélioration de la qualité de l'environnement et des ressources naturelles ;
c) engage, par voie de règlements ou de directives, des actions pilotes communes en la matière.

Article 40 : Le Conseil des ministres arrête, à la majorité simple et sur proposition du Président de la Commission, les règlements et les recommandations mentionnés à l'article 39 ci-dessus. Il délègue à la Commission, dans les mêmes conditions de majorité, tout pouvoir d'exécution nécessaire à la coordination des politiques des Etats membres en matière de protection de l'environnement et des ressources naturelles.

Article 41 : Dans l'exercice du pouvoir défini à l'article 6, alinéa 2 de la présente Convention, la Conférence des Chefs d'Etat, dans le respect des missions imparties dans ce domaine aux institutions spécialisées de l'Union Economique, veille à la prise en compte des objectifs suivants :

a) la lutte contre la désertification, la sécheresse et le déboisement ;
b) l'exploitation des sources d'énergie abordables et renouvelables, notamment l'énergie solaire ;
c) l'exploitation rationnelle des forêts tropicales, des ressources en eau, des ressources côtières, marines et halieutiques, de la faune, de la flore et des sols, ainsi que la protection de la biodiversité ;
d) la protection des écosystèmes fragiles, notamment les récifs coralliens ;
e) la mise au point de solutions novatrices pour les problèmes écologiques urbains et ruraux ;
f) la gestion rationnelle des déchets dangereux et l'interdiction de leur importation.

Section 6 : L'industrie

Article 42 : Dans le cadre du programme de travail mentionné à l'article 7 de la présente Convention, le Conseil des ministres définit, à la majorité de ses membres, par voie de règlements et sur proposition du Président de la Commission :

a) les systèmes d'information mutuels auxquels participent les Etats membres en vue de la coordination de leurs politiques industrielles ;
b) les conditions dans lesquelles il pourra être dérogé, dans certains secteurs de l'économie, au droit à la concurrence de l'Union Economique.

Le Conseil des ministres, sur proposition du Président de la Commission, fixe la duré des dispositions dérogatoires prises en application du paragraphe b du présent article. Les Etats membres sont tenus d'informer le Président de la Commission des mesures d'exécution prises sur le plan national, en vue de faciliter l'exercice de sa mission de veiller à l'application de la présente Convention.

Article 43 : Dans l'exercice du pouvoir défini aux articles 6, alinéa 2 et 42 de la présente Convention, la Conférence des Chefs d'Etat et le Conseil des ministres veillent à la compatibilité des objectifs et des méthodes de la politique industrielle commune avec la construction progressive d'un marché ouvert et concurrentiel. En particulier, les objectifs suivants seront pris en compte :

a) le renforcement du partenariat secteur public secteur privé ;
b) le renforcement des infrastructures de soutien à la compétitivité, notamment les organismes de normalisation, de certification de la qualité ;
c) l'accroissement de la valeur ajoutée intérieure et la promotion de l'utilisation et de la valorisation des ressources locales ;
d) la recherche de la spécialisation et de la complémentarité par le renforcement des relations inter et intersectorielles, la réhabilitation, la restructuration de certains secteurs industriels ;
e) le soutien des industries exportatrices et des sous-secteurs prioritaires ou stratégiques ;
f) le développement et l'acquisition des technologies ;
g) l'harmonisation des cadres règlementaires des activités industrielles et minières, notamment l'élaboration d'un code communautaire des investissements.

Section 7 : Le tourisme

Article 44 : Dans le cadre du programme de travail mentionné à l'article 7 de la présente Convention, le Conseil des ministres :

a) définit par voie de règlements les systèmes d'information mutuels auxquels participent les Etats membres en vue de la coordination de leurs politiques touristiques ;
b) définit par voie de recommandations les orientations que les Etats membres sont invités à mettre en œuvre en vue du développement du tourisme ;
c) engage, par voie de règlements ou de directives, des actions communes comportant notamment la promotion de circuits touristiques inter-Etats et l'allégement des contrôles aux frontières.

Article 46 : La Commission, dans le respect des missions imparties dans ce domaine aux organisations régionales spécialisées, veille à la prise en compte des objectifs suivants :

a) la promotion et la protection des valeurs culturelles nationales et du patrimoine artistique des Etats ;
b) la promotion et la protection des valeurs culturelles nationales et du patrimoine artistique des Etats ;
c) la protection de la qualité de l'environnement dans les sites touristiques ;
d) la promotion du tourisme durable ;
e) la protection des populations contre la délinquance internationale.

Section 8 : La bonne gouvernance, les droits de l'homme, le dialogue social et les questions de genre

Article 47 :

Dans le cadre du programme de travail mentionné à l'article 7 de la présente Convention, le Conseil des ministres définit, par voie de règlements, sur proposition du Président de la Commission et à la majorité de ses membres, les actions en vue de :

a) promouvoir la démocratie, la dignité humaine, la justice sociale et le pluralisme, dans le respect de la diversité au sein des sociétés des Etats membres ;
b) promouvoir le respect universel et la protection des droits de l'homme et des libertés fondamentales ;
c) développer et renforcer l'Etat de droit et améliorer l'accès à la justice, tout en garantissant le professionnalisme et l'indépendance des systèmes judiciaires ;
d) promouvoir une gestion transparente des affaires publiques et une administration efficace et responsable dans toutes les institutions nationales et communautaires ;
e) réformer et moderniser les fonctions publiques nationale et communautaire ;

f) assurer une décentralisation politique, administrative et financière ;
g) promouvoir le dialogue social et le dialogue public-privé au sein de la Communauté ;
h) intégrer les questions de genre dans toute politique nationale et communautaire et adopter des mesures positives spécifiques en faveur des femmes.

Article 48 : Le Conseil des ministres arrête, à la majorité simple et sur proposition du Président de la Commission, les règlements et les recommandations mentionnés à l'article précédent. Il délègue à la Commission, dans les mêmes conditions de majorité, tout pouvoir d'exécution nécessaire à la coordination des politiques des Etats membres en matière de bonne gouvernance, de droits de l'homme, de dialogue social et de questions de genre.

Chapitre III : Les règles communes

Article 49 : Dans le cadre du programme de travail mentionné à l'article 7 de la présente Convention, et sans préjudice des attributions de compétence spécifiques prévues dans la présente Convention ou celle instituant l'Union Monétaire de l'Afrique Centrale (UMAC), le Conseil des ministres adopte, à l'unanimité, et sur proposition du Président de la Commission, les règlementations communes mentionnées à l'article 4, paragraphe a de la présente Convention.

Ces règlementations peuvent prendre la forme de règlements, de règlements-cadres ou de directives. Dans ces deux derniers cas, les Etats membres complètent leurs dispositions et prennent les actes d'application nécessaires, conformément à leurs règles constitutionnelles respectives.

Article 50 : En tant que de besoin, le Conseil des Ministres, sur proposition du Président de la Commission, adopte à la majorité qualifiée, par voie de règlements ou de directives, les dispositions d'application nécessaires.

Titre III : Le dispositif de surveillance multilatérale

Article 51 : L'Union Economique assure la convergence des performances et des politiques économiques en vue de la réalisation des objectifs définis à l'article 2, alinéa b de la présente Convention au moyen du dispositif de surveillance multilatérale dont les modalités sont fixées aux articles 57 et 63 ci-dessus.

Les Etats membres s'accordent, au sein du Conseil des ministres, sur les grandes orientations de politiques économiques qu'ils s'engagent à respecter en harmonisant et en coordonnant leurs politiques nationales.

L'exercice de surveillance par le Conseil des ministres consiste à vérifier d'une part, la conformité des politiques économiques à ces grandes orientations et, d'autre part, la cohérence des politiques nationales avec la politique monétaire commune.

Le dispositif de Surveillance multilatérale s'articule autour :

a) d'une Cellule nationale par Etat membre ;
b) d'une Cellule communautaire ;
c) d'un Collège de surveillance ;
d) du Conseil des ministres de l'UEAC.

Article 52 : Le Président de la Commission veille à la mise en œuvre et au respect de la procédure de Surveillance multilatérale mentionnée à l'article 51 de la présente Convention. Il effectue cette tâche en concertation avec le Gouverneur de la BEAC.

La documentation et les analyses destinées à l'exercice de la Surveillance multilatérale par le Conseil des ministres sont préparées par les Cellules nationales et la Cellule communautaire.

Chaque Cellule nationale comprend au minimum un représentant de l'administration en charge de la formulation de la politique macro-économique, un représentant de l'administration chargée de la statistique et un représentant local de la BEAC. Les membres des Cellules nationales sont désignés par les Etats membres et par la BEAC pour ce qui concerne leurs représentants. Leur mandat est de trois ans renouvelable.

Dans le cadre exclusif de leur mandat, ils sont autorisés à communiquer entre eux, avec les membres des autres Cellules nationales et de la Cellule communautaire. Les Etats membres s'engagent à leur assurer la stabilité et l'indépendance nécessaires au bon exercice de leur mission.

La Cellule communautaire est présidée par le Président de la Commission et comprend au minimum un représentant de la BEAC nommé par le Gouverneur et un macro-économiste de la Commission nommé par le Président de la Commission.

Article 53 : Les Cellules nationales sont chargées de rassembler et de mettre en cohérence les données statistiques nationales à partir desquelles s'exerce la surveillance, de les transmettre à la Cellule communautaire dans les formes et les fréquences fixées par le Collège de Surveillance, de vérifier leur couverture et leur pertinence. Elles suivent l'évolution de l'économie et des politiques économiques. Elles informent la Cellule communautaire de toute décision ou évènement relatifs à la politique économique de leur Etat. Elles rédigent des rapports périodiques d'analyses pour leurs autorités et la Cellule communautaire. Elles examinent pour leurs autorités le rapport périodique de la Cellule communautaire.

Le rapport de la Cellule communautaire tient compte des programmes d'ajustement éventuellement en vigueur au niveau de l'Union Economique et des Etats membres. Il est communiqué aux Cellules nationales pour examen en Collège de Surveillance et transmis au Conseil des ministres.

Article 54 : Le Collège de Surveillance se réunit au moins deux fois par an sur convocation du Président de la Commission en vue de préparer les réunions du Conseil des ministres relatives à l'exercice de la Surveillance multilatérale. Le Collège de Surveillance veille au bon fonctionnement de la Cellule communautaire et des Cellules nationales.

Il est composé de deux (2) représentants par Cellule nationale désignés à titre personnel et de deux (2) représentants de la Cellule communautaire, dont un de la BEAC et un autre de la Commission. Il est présidé par le Président de la Commission.

Article 55 : Sur rapport du Président de la Commission, le Conseil des ministres, après un avis du collège de Surveillance, se prononce au moins une fois par an sur les grandes orientations des politiques économiques des Etats membres et de l'Union Economique. A cet effet, il adresse, sur proposition du Président de la Commission, des recommandations aux Etats membres.

Ces recommandations visent en particulier à assurer la compatibilité de ces politiques au niveau de l'Union Economique avec les objectifs de croissance et d'emploi, de stabilité des prix et de viabilité des balances de paiement des Etats membres.

Les gouvernements des Etats membres de la CEMAC informent le Président de la Commission de toute décision nationale susceptible de modifier les données fondamentales de leurs économies ou de celles de l'Union Economique.

Article 56 : Dans le cadre de l'Union Economique, et pour les besoins de la Surveillance multilatérale, les législations budgétaires des Etats membres sont harmonisées au cours de la première étape de la construction de l'Union Economique.

Sont également harmonisées, les compatibilités nationales et les données macroéconomiques nécessaires à l'exercice de la Surveillance multinationale. A cet effet, une priorité particulière est assignée à l'uniformisation du champ statistique du secteur public selon les méthodologies internationalement acceptées dans ce domaine.

Le Conseil des ministres, statuant à la majorité qualifiée et sur proposition du Président de la Commission, adopte les règlements et les directives nécessaires à la mise en œuvre des dispositions des alinéas précédents. Il détermine un calendrier d'application.

Article 57 : Pour assurer la coordination des politiques économiques des Etats membres, la procédure de Surveillance multilatérale s'appuie sur des indicateurs de surveillance et sur un ensemble de variables reprises dans le tableau de bord macroéconomique pour suivre et interpréter les évolutions économiques des Etats membres et de l'Union Economique.

Les Etats membres s'interdisent tout déficit public excessif. Ils s'astreignent dans ce domaine à respecter une discipline budgétaire.

Un déficit budgétaire est qualifié d'excessif notamment lorsqu'il n'est pas compatible avec les objectifs de la politique monétaire, en particulier en ce qui concerne son financement et le taux de couverture extérieure de l'émission monétaire.

Le Conseil des Ministres adopte, sur proposition du Président de la Commission et après consultation du Collège de Surveillance, les critères qui traduisent le caractère excessif du déficit budgétaire. Il peut également adopter d'autres critères de surveillance pour renforcer la discipline budgétaire.

En vue de préciser la discipline communautaire et la convergence des politiques, le Conseil des ministres, sur proposition du Collège de Surveillance, peut assigner à certains indicateurs de surveillance une valeur critique servant à déclencher les procédures spécifiques définies à l'article 60 de la présente Convention.

Le choix des indicateurs de surveillance et celui des variables qui constituent le tableau de bord macroéconomique, sont opérés collégialement par les Cellules nationales et la Cellule communautaire, sous la présidence du Président de la Commission.

Article 58 : Les Etats membres limitent les disparités dans la structure de leurs prélèvements fiscaux.

Le Conseil des ministres, statuant à la majorité simple, sur proposition du Président de la Commission, adopte des recommandations à cet effet.

Les Etats membres veillent à la maitrise de leur dette publique et notifient à la BEAC et à la Commission les informations relatives à leur dette publique. La BEAC apporte son concours aux Etats membres, qui le souhaitent, dans la négociation ou dans la gestion de leur dette.

Les Etats membres procèdent à l'examen de leurs politiques des prix et des revenus en vue de les coordonner, de les harmoniser et d'éviter qu'elles ne nuisent au développement de l'offre et à l'environnement économique. Sur proposition du Président de la Commission, le Conseil des ministres examine notamment dans quelle mesure, à l'intérieur d'un ou plusieurs Etats membres, les actions des groupes économiques, sociaux ou professionnels sont susceptibles de contrarier la réalisation des objectifs de politique économique de l'Union. A cet effet, il adopte, statuant à la majorité simple, et sur proposition du Président de la Commission, des recommandations et émet des avis.

Article 59 : Afin d'accomplir leurs taches, les Cellules nationales sont dotées, sur les ressources budgétaires de l'Union Economique, de moyens de communication leur permettant d'échanger librement, entre elles et avec la cellule communautaire, leurs informations et analyses respectives.

Les données statistiques faisant foi, pour l'exercice de Surveillance multilatérale de l'Union Economique, sont celles retenues par le Collège de Surveillance.

Article 60 : Lorsqu'un Etat membre connaît des difficultés ou une menace en raison d'évènements exceptionnels, le Conseil des ministres, statuant à l'unanimité, sur proposition du Président de la Commission, peut exempter, pour une durée maximum de six (6) mois, cet Etat membre du respect de tout ou partie des prescriptions énoncées dans le cadre de la procédure de Surveillance multilatérale.

Le Conseil des ministres peut adresser à l'Etat membre intéressé des directives portant sur les mesures à mettre en œuvre.

Avant l'issue de la période de six (6) mois mentionnés à l'alinéa premier du présent article, le Président de la Commission fait rapport au Conseil des ministres sur l'évolution de la situation dans l'Etat membre et sur la mise en œuvre des directives qui lui sont adressées.

Au vu de ce rapport, le Conseil des ministres peut décider à l'unanimité, sur proposition du Président de la Commission, de proroger la période d'exemption en fixant une nouvelle échéance.

Article 61 : Lorsqu'un Etat membre mène des politiques économiques qui ne respectent pas les grandes orientations visées à l'article 51 ci-dessus, ou qui se traduisent par un dépassement des valeurs critiques des indications de surveillance normées, ou par un non-respect des engagements pris au titre des programmes d'ajustement, le Conseil des ministres, sur proposition du Président de la Commission, adopte à la majorité qualifiée de ses membres une directive à l'adresse de cet Etat membre.

Si le Conseil des ministres n'a pas été en mesure de réunir les conditions de majorité nécessaires à l'adoption d'une directive, le Président de la Commission rend sa proposition publique.

Article 62 : L'Etat membre destinataire d'une directive du Conseil des ministres élabore, en concertation avec le Président de la Commission et dans un délai de quarante-cinq (45) jours, un programme d'ajustement approprié.

Le Président de la Commission vérifie la conformité de ce programme avec la directive du Conseil des ministres, ainsi qu'avec la politique économique de l'Union Economique et s'assure qu'il tient compte d'autres programmes d'ajustement éventuellement en vigueur.

La mise en œuvre effective d'un programme reconnu conforme ouvre à l'Etat membre concerné le bénéfice de mesures positives. Celles-ci comprennent notamment :

- la publication d'un communiqué du Président de la Commission ;
- le soutien de l'Union Economique dans la mobilisation des ressources additionnelles nécessaires au financement des mesures d'ajustement préconisées.

Pour mener à bien cette dernière tâche, le Président de la Commission met en place un cadre de négociation avec la Communauté financière internationale et utilise l'ensemble des moyens dont il dispose pour appuyer l'Etat membre concerné dans les consultations et négociations qui sont entreprises.

Article 63 : Si un Etat membre n'a pas pu élaborer un programme d'ajustement approprié dans le délai prescrit à l'article 62 ci-dessus, le Président de la Commission n'a pas reconnu la conformité du programme d'ajustement avec la directive du Conseil des ministres et avec la politique économique de l'Union, si enfin le Président de la Commission constate l'inexécution du programme rectificatif, il transmet au Conseil des ministres, dans un délai maximum de trente (30) jours, un rapport assorti éventuellement de propositions de sanctions.

L'examen des propositions de sanctions mentionnées ci-après est inscrit de plein droit à l'ordre du jour d'une session du Conseil des ministres par le Président de la Commission.

Le principe et la nature des sanctions font l'objet de délibérations séparées. Les sanctions sont prises et modifiées à la majorité simple des membres du Conseil des ministres.

Les sanctions qui peuvent être adoptées comprennent notamment :

- la publication par le Conseil des ministres d'un communiqué, éventuellement assorti d'informations sur la situation de l'Etat membre concerné ;
- le retrait annoncé publiquement du soutien dont bénéficient éventuellement l'Etat membre.

Le Conseil des ministres, statuant à la majorité simple sur proposition du Président de la Commission, peut compléter les sanctions positives ou négatives par des dispositions supplémentaires jugées nécessaires au renforcement de l'efficacité du processus de surveillance.

TITRE IV : Cadre institutionnel de l'Union Economique

Chapitre I : Les organes de l'UEAC

Section 1 : La Conférence des Chefs d'Etat

Article 64 : La Conférence des Chefs d'Etat, régie par les articles 12 et suivants du Traité de la CEMAC, adopte les actes dont la présente Convention lui confie la Compétence.

Section 2 : Le Conseil des ministres de l'UEAC

Article 65 : Le Conseil des ministres de l'UEAC, régi par les articles 17 et suivants du Traité de la CEMAC, assure la direction de l'UEAC par l'exercice des pouvoirs que la présente Convention lui confère.

Article 66 : A leur demande, à celle du Président de la Commission ou à l'initiative du Président du Conseil des ministres, les représentants dûment accrédités des organisations internationales et des Etats avec lesquels les Etats membres ont passé des accords de coopération ou des accords intéressant la gestion de leur politique économique et financière, peuvent être entendus par le Conseil lors de l'examen des questions relatives aux missions dévolues à l'Union Economique.

Article 67 : Lors de chaque réunion du Conseil des ministres, son Président s'efforce d'aboutir à un consensus sur les décisions que le Conseil des ministres est appelé à prendre.

Lorsque le Président constate qu'un consensus n'est pas réalisable, il décide de procéder à un vote selon les règles applicables pour le sujet sur lequel porte la délibération. Dans ce cas, chaque Etat membre peut demander que le vote soit reporté à la prochaine réunion du Conseil des ministres. Lors de cette deuxième réunion, le vote ne peut être reporté qu'à la majorité simple des Etats membres.

Article 68 : Lorsque la Convention prévoit que le Conseil des ministres statue à la majorité simple, ses délibérations sont acquises à la majorité des membres qui le composent, dans le respect des dispositions de l'article 67 ci-dessus. Chaque Etat membre dispose d'une voix.

Lorsque la Convention prévoit que le Conseil des ministres statue à la majorité qualifiée, ses délibérations sont acquises à la majorité des cinq sixièmes de ses membres, dans le respect des dispositions de l'article 67 ci-dessus. Chaque Etat membre dispose d'une voix.

Lorsque la Convention prévoit que le Conseil des ministres statue à l'unanimité, les abstentions des membres du Conseil présents ne sont pas prises en compte.

Article 69 : Dans l'intervalle des réunions du Conseil des ministres et en cas d'urgence, une procédure écrite de consultation à domicile peut être mise en œuvre par son Président.

Article 70 : Pour les questions ne portant pas principalement sur la politique économique et financière, et en conformité avec l'article 19 du Traité de la CEMAC, le Conseil des ministres peut réunir en formation ad hoc les ministres compétents.

Article 71 : Le Conseil des ministres peut déléguer une partie de ses pouvoirs à la Commission.

Article 72 : Les délibérations du Conseil des ministres sont préparées par le Comité Inter-Etats.

Le Comité Inter-Etats examine et donne des avis sur les propositions inscrites à l'ordre du jour du Conseil des ministres.

Le Comité Inter-Etats est composé d'un membre titulaire et d'un membre suppléant désignés par chaque Etat membre pour un mandat de trois (3) ans renouvelables.

Les représentants des Institutions, de la Commission, de la Banque des Etats de l'Afrique Centrale et des Institutions Spécialisées peuvent assister aux réunions du Comité avec voix consultative.

Le Comité Inter-Etats peut, en tant que de besoin, faire appel à des experts choisis en raison de leur compétence.

Le Comité Inter-Etats peut, en tant que de besoin, faire appel à des experts choisis en raison de leur compétence.

Le Comité Inter-Etats est présidé par le représentant de l'Etat membre assurant la présidence du Conseil des ministres. Il ne peut délibérer valablement que si quatre Etats membres au moins sont représentés. Le Président de la Commission et les représentants des Institutions Spécialisées ne prennent pas part au vote.

Section 3 : La Commission

Article 73 : La Communauté, afin de réaliser ses objectifs, dispose d'une Commission.

Article 74 : La Commission est composée de Commissaires désignés à raison d'un Commissaire par Etat membre dont un Président et un Vice-Président.

Article 75 : Le Président, le Vice-Président de la Commission et les autres Commissaires sont nommés par la Conférence des Chefs d'Etat pour un mandat de quatre ans renouvelable une fois. Ils sont choisis sur la base des critères de compétence, d'objectivité et d'indépendance.

Article 76 : La Commission est régie par le principe de la collégialité. Les modalités d'application de la collégialité sont fixées par le Règlement intérieur de la Commission.

Ses décisions sont prises à la majorité de ses membres. En cas d'égalité, la voix du Président est prépondérante.

Article 77 : Durant leur mandat, les membres de la Commission sont irrévocables sauf en cas de faute lourde ou d'incapacité constatée par la Cour de Justice sur saisine du Conseil des ministres.

Article 78 : Le mandat des membres de la Commission peut être interrompu par décès, démission ou révocation.

La révocation est prononcée par la Conférence des Chefs d'Etat pour sanctionner la méconnaissance des devoirs liés à l'exercice des fonctions de membre de la Commission, après avis de la Cour de Justice.

En cas d'interruption du mandat d'un membre de la Commission, l'intéressé est remplacé pour la durée de ce mandat restant à Courir.

Sauf décès, révocation ou démission, les membres de la Commission demeurent en fonction jusqu'à leur remplacement.

Article 79 : Les membres de la Commission exercent leurs fonctions en toute indépendance, dans l'intérêt général de la Communauté. Ils ne sollicitent ni n'acceptent d'instructions d'aucun gouvernement ni d'aucune autre personne physique ou morale.

Les Etats membres sont tenus de respecter leur indépendance.

Pendant la durée de leur mandat, ils n'exercent aucune autre activité professionnelle rémunérée ou non. Toutefois, ils peuvent mener des activités littéraires, artistiques et scientifiques.

Article 80 : Lors de leur entrée en fonction, les membres de la Commission s'engagent, devant la Cour de Justice communautaire, à observer les devoirs d'indépendance, d'impartialité, de réserve, d'honnêteté et de délicatesse nécessaires à l'accomplissement de leur mission, par le serment qui suit : « **Je jure de remplir fidèlement et loyalement les charges de ma fonction. Je m'engage, dans l'intérêt supérieur de la Communauté, à observer les devoirs d'indépendance, d'impartialité, de réserve et d'honnêteté nécessaires à l'accomplissement de ma mission** ».

Article 81 : Les droits et avantages des membres de la Commission sont fixés par la Conférence des Chefs d'Etat, sur proposition du Conseil des ministres.

Article 82 : La Commission dispose du droit d'initiative en matière normative ainsi que des pouvoirs d'exécution et de mise en œuvre des politiques et programmes communautaires relevant de l'UEAC. A cet effet et sauf dispositions contraires, le Conseil des ministres ne peut amender les propositions de la Commission qu'à l'unanimité de ses membres.

La Commission assure la mission de gardienne des Traités de la CEMAC. Elle représente la Communauté dans les négociations internationales dans les domaines relevant des objectifs poursuivis par celle-ci.

Article 83 : La Commission, sous l'autorité de son Président, exerce, en vue du bon fonctionnement et de l'intérêt général de la Communauté, les pouvoirs propres que lui confère le Traité de la CEMAC. A cet effet, elle :

- recueille toutes les informations utiles à l'exécution de sa mission ;
- établit un rapport général annuel sur le fonctionnement et l'évolution de la Communauté qui est communiqué par son Président au Parlement communautaire et aux Parlements nationaux ;
- fait à la Conférence des Chefs d'Etat et au Conseil des ministres des propositions qui leur permettent de se prononcer sur les grandes orientations des politiques économiques des Etats membres de la Communauté ;
- œuvre à la promotion de l'intégration et du développement socio-économique des Etats membres ;
- renforce la coopération entre les Etats membres et la coordination de leurs activités dans les domaines d'intérêt commun. Elle est le moteur de la politique communautaire ;
- veille au respect et à l'application, par les Etats membres ou leurs ressortissants, des dispositions de la présente Convention et des Actes pris par les organes de la Communauté ;
- attire l'attention des Etats membres, des Institutions, Organes et Institutions Spécialisées, sur les conséquences du non-respect des politiques communautaires ;
- elle établit dans ce sens un rapport au Conseil des ministres. En cas de silence du Conseil, le Président de la Commission saisit la Cour aux fins de faire constater le manquement et de prononcer les sanctions ;
- exécute le budget de la Communauté et mobilise les ressources ;
- élabore des stratégies d'autofinancement ;
- recrute et nomme aux différents emplois dans la limite des postes budgétaires ouverts, sur la base des critères de compétence et

d'intégrité morale et en tenant compte de l'approche genre dans une répartition juste et équilibrée des postes entre les Etats membres ;

- veille à la mise en œuvre du Traité de la CEMAC, des conventions, et autres textes subséquents de la Communauté. Elle veille également à la réalisation des objectifs en matière d'intégration. Elle conclut, au nom de la Communauté, les accords de coopération avec d'autres organisations ou Etats ;
- adopte son Règlement intérieur, après avis conforme du Conseil des ministres.

Article 84 : Le Président et les autres membres de la Commission peuvent être auditionnés par le Parlement communautaire à la demande de celui-ci.

Article 85 : Le Président exerce ses fonctions dans l'intérêt général de la Communauté. A cet effet, sans préjudice des statuts particuliers :

- il est le représentant de la Communauté ;
- il est le Chef de l'Exécutif ;
- il organise les services de la Commission ;
- il est l'ordonnateur du budget de la Communauté ;
- il transmet à la Conférence des Chefs d'Etat les recommandations et les avis nécessaires ou utiles à l'application du Traité révisé de la CEMAC, de la présente Convention et des décisions de la Communauté, ainsi qu'au fonctionnement de la Communauté ;
- il assiste aux réunions du Comité ministériel de l'UMAC avec voix consultative.

Article 86 : Le Vice-Président seconde le Président de la Commission. Il le supplée en cas d'absence ou d'empêchement.

Article 87 : L'organisation, le fonctionnement et les attributions de la Commission, ainsi que le statut et les attributions du Président et des autres membres de la Commission sont précisés par le Règlement intérieur de la Commission et les autres textes communautaires spécifiques.

Chapitre II : Les institutions spécialisées de l'UEAC

Article 88 : Pour la réalisation des objectifs de l'Union Economique, et plus particulièrement dans le souci d'exécution du programme de travail cité à l'article 7 de la présente Convention, la Conférence des Chefs d'Etat peut créer, sur proposition du Conseil des ministres, des Institutions Spécialisées par voie d'actes additionnels.

La Communauté contribue avec les ressources nécessaires au fonctionnement des institutions spécialisées par l'octroi des ressources leur permettant une autonomie de gestion et une autonomie financière.

Les modalités de fonctionnement des Institutions Spécialisées de l'UEAC sont arrêtées par règlement du Conseil des ministres, sur proposition du Président de la Commission.

Lorsque les missions d'une institution spécialisée de l'UEAC concernent également des attributions propres de l'Union Monétaire, les modalités de fonctionnement de ladite Institution Spécialisée sont arrêtées par le Conseil des ministres de l'UEAC en concertation avec le Comité ministériel de l'UMAC.

Chapitre III : Le Contrôle des activités de l'Union Economique

Article 89 : Le Contrôle du fonctionnement et des activités de l'Union Economique comprend un contrôle parlementaire assuré par le Parlement communautaire, un contrôle juridictionnel assuré par la Cour de Justice de la Communauté et un contrôle budgétaire assuré par la Cour des comptes de la Communauté.

Article 90 : Le Parlement communautaire est chargé du contrôle démocratique des Organes et Institutions Spécialisées de la Communauté.

Une Convention spécifique régit les attributions et le fonctionnement du Parlement communautaire.

Article 91 : Le contrôle juridictionnel et budgétaire des activités relevant de l'Union Economique est assuré respectivement par la Cour de Justice et par la Cour des Comptes communautaires.

Des Conventions spécifiques régissent les attributions et le fonctionnement de la Cour de Justice et de la Cour des comptes de la Communauté.

Article 92 : La Cour des comptes de la Communauté examine les comptes de la Communauté, selon les modalités prévues par son statut.

Article 93 : Afin d'assurer la fiabilité des données budgétaires nécessaires à l'organisation de la surveillance multilatérale des politiques budgétaires, chaque Etat membre prend, au besoin, les dispositions nécessaires pour qu'au plus tard un (1) an après l'entrée en vigueur de la présente Convention, l'ensemble de ses comptes puisse être contrôlé selon des procédures offrant les garanties de transparence et d'indépendance requises. Ces procédures doivent notamment permettre de vérifier la fiabilité des données figurant dans les Lois de finances initiales et rectificatives, ainsi que dans les Lois de règlement.

Les procédures ouvertes à cet effet, au choix de chaque Etat membre, sont les suivantes :

- recourir au contrôle de la Cour des comptes de la Communauté ;

- instituer une Cour des comptes nationale qui pourra, le cas échéant, faire appel à un système d'audit externe. Cette Cour transmettra ses observations à la Cour des comptes de la Communauté.

Les Etats membres tiennent le Conseil des ministres et la Commission informés des dispositions qu'ils ont prises pour se conformer sans délai à cette obligation. La Commission vérifie que les garanties d'efficacité des procédures choisies sont réunies.

Le Conseil des ministres adopte, à la majorité qualifiée, sur proposition du Président de la Commission et après avis de la Cour des comptes, les règlements et directives nécessaires à la mise en œuvre de ces dispositions.

Titre V : Dispositions spéciales et finales

Section 1 : Dispositions spéciales

Article 94 : En vue de promouvoir le développement harmonieux de tous les Etats membres, dans le cadre des acquis de la CEMAC, et pour surmonter les défis de l'intégration économique et sociale régionale que constituent l'enclavement ou l'insularité, les Etats membres s'engagent à mettre en place un Fonds de Développement avec pour objectifs : le financement des projets intégrateurs et la compensation des pertes de recettes.

Les ressources principales du Fonds de Développement sont constituées des produits de la taxe communautaire d'intégration.

L'utilisation et l'affectation des ressources du Fonds de Développement sont déterminées par le Conseil des Ministres, sur proposition du Président de la Commission.

Article 95 : Pour l'application de la présente Convention, le régime des actes juridiques est celui prévu par le Traité de la CEMAC.

Article 96 : Le budget de l'Union Economique est intégré dans le budget de la Communauté ; il est élaboré, adopté et exécuté conformément aux dispositions du Traité de la CEMAC.

Article 97 : Le statut des fonctionnaires de l'Union Economique et le régime applicable à ses autres agents sont adoptés conformément aux dispositions de l'article 7 du Traité de la CEMAC.

Article 98 : Les dispositions de la présente Convention ne font pas obstacle aux mesures qu'un Etat peut être amené à prendre en cas de troubles intérieurs graves affectant l'ordre public, ainsi qu'en cas de guerre ou de tension internationale grave constituant une menace de guerre.

Dans ce cas, les Etats membres se consultent d'urgence en vue de prendre en commun les dispositions nécessaires pour éviter que le fonctionnement de l'Union Economique ne soit affecté par de telles mesures.

Section 2 : Dispositions finales

Article 99 : Les dispositions de la présente Convention abrogent et remplacent celles de la Convention du 16 juillet 1996 régissant l'Union Economique de l'Afrique Centrale ainsi que de tout autre texte contraire.

Article 100 : La présente Convention entre en vigueur après sa signature par les Etats membres et sa ratification.

Article 101 : La présente Convention sera ratifiée à l'initiative des Hautes Parties contractantes, en conformité avec leurs règles constitutionnelles respectives. Les instruments de ratification seront déposés auprès de la République du Tchad qui en informera les autres Etats membres et leur délivrera copies certifiées conformes.

Article 102 : La présente Convention sera enregistrée, après ratification, auprès de l'Organisation des Nations Unies et de l'Union Africaine.

En foi de quoi, ont apposé leur signature au bas de la présente Convention.

Fait à Yaoundé, le 30 janvier 2009

Pour la République du Cameroun
S.E. Paul BIYA
Président de la République

Pour la République Centrafricaine
S.E. François BOZIZE
Président de la République

Pour la République du Congo
S.E. Denis SASSOU NGUESSO
Président de la République

Pour la République Gabonaise
S.E. El Hadj OMAR BONGO ONDIMBA
Président de la République

Pour la République de Guinée Equatoriale
S.E. Obiang NGUEMA MBASOGO
Président de la République

Pour la République du Tchad
S.E. Youssouf Saleh ABBAS,
Premier Ministre

§ II : Des autres institutions de la CEMAC

Hormis l'Union Monétaire et l'Union Economique, l'article 10 du Traité révisé de la CEMAC établit trois (3) autres institutions suivantes : la Cour de Justice de la CEMAC, le Parlement Communautaire et la Cour des Comptes. Rappelons que le Traité instituant la CEMAC du 16 mars 1994 n'a pas prévu une Cour des Comptes, mais, il existait une seule Cour de Justice qui comportait une Chambre des Comptes et une Chambre Judiciaire. C'est donc le Traité révisé du 25 juin 2008 qui a transformé la Chambre des Comptes en une Cour des Comptes à part entière.

Toutefois, il y a lieu de se poser la question de savoir pourquoi ces trois structures bénéficient d'un statut spécial d'institution et font l'objet de conventions séparées. D'ordinaire, ce genre de structures font partie des organes d'une organisation internationale, mais les raisons pour lesquelles les auteurs du Traité de la CEMAC font la différence entre « les principaux Organes » (la Conférence des Chefs d'Etat, le Conseil des Ministres, le Comité Ministériel, le Secrétariat Exécutif, le Comité Inter-Etats, la Banque des Etats de l'Afrique Centrale, la Commission Bancaire, la BDEAC) et les Institutions (notamment la Cour de Justice, la Cour des Comptes et le Parlement), demeurent floues. Le Statut d'institution peut se limiter à l'Union Monétaire et à l'Union Economique. La Cour de Justice, le Parlement et la Cour des Comptes méritent tout simplement la qualification d'organes. Qu'à cela ne tienne, dans le respect du choix des Etats, nous présenterons successivement la Convention relative à la Cour Justice (A) avant de passer à celle de la Cour des Comptes (B) et à celle sur le Parlement (C).

A : La Cour de Justice de la CEMAC

Convention régissant la Cour de Justice de la CEMAC

Préambule

Le Gouvernement de la République du Cameroun ;

Le Gouvernement de la République Centrafricaine ;

Le Gouvernement de la République du Congo ;

La Gouvernement de la République Gabonaise ;

Le Gouvernement de la République de Guinée Equatoriale ;

Le Gouvernement de la République du Tchad ;

Vu le Traité de la Communauté Economique et Monétaire de l'Afrique Centrale (CEMAC) et les textes subséquents ;

Convaincus que la bonne marche de la Communauté exige la mise en place d'une Cour de Justice capable d'assurer le respect du droit communautaire ;

Conscients que seul le respect du droit et des obligations incombant aux Etats membres de la CEMAC peut permettre son fonctionnement dans l'intérêt de celle-ci, comme dans l'intérêt de chacun des Etats membres ;

Conscients qu'il est essentiel que le droit communautaire découlant du Traité et des textes subséquents soit appliqué dans les conditions propres à garantir la mise en place d'une jurisprudence harmonisée ;

Sont convenus des dispositions ci-après :

Titre I : Dispositions générales

Article 1er : La présente Convention, adoptée en application des dispositions du Traité de la CEMAC, détermine le statut, l'organisation, le fonctionnement et les compétences de la Cour de Justice communautaire instituée à l'article 10 dudit Traité.

Aux fins de la présente Convention, il faut entendre par :

Avocat général : l'Avocat Général de la Cour de Justice communautaire ;

Comité ministériel : le Comité ministériel de l'UMAC ;

Commission : la Commission de la CEMAC ;

Communauté ou CEMAC : la Communauté Economique et Monétaire de l'Afrique Centrale ;

Conférence : la Conférence des Chefs d'Etat prévue à l'article 10 du Traité de la CEMAC ;

Conseil des ministres : le Conseil des ministres de l'UEAC ;

Cour de justice ou la Cour : la Cour de justice de la CEMAC ou Cour de Justice communautaire ;

Etat membre : Etat partie au Traité de la CEMAC ;

Greffier : le Greffier de la Cour de justice de la CEMAC ;

Institutions : les différentes institutions de la CEMAC visées à l'article 10 du Traité de la CEMAC ;

Institutions spécialisées : les différentes institutions spécialisées de la CEMAC visées à l'article 10 du Traité de la CEMAC ;

Juge : le juge de la Cour de Justice communautaire ;

Membre de la Cour : Juge ou Avocat Général de la Cour ;

Organes : les différents organes de la CEMAC visés à l'article 10 du Traité de la CEMAC ;

Président : le Président de la Cour de Justice de la CEMAC ;

Référendaire : Personnalité chargée d'assister les membres de la Cour dans l'instruction des dossiers ;

Union Economique ou UEAC : l'Union Economique de l'Afrique Centrale ;

Union Monétaire ou UMAC : l'Union Monétaire de l'Afrique Centrale.

Titre I : Dispositions générales

Article 2: La Cour de Justice veille au respect du droit quant à l'interprétation et à l'application du Traité de la CEMAC et des textes subséquents.

Article 3 : Le siège de la Cour de Justice est fixé à N'djamena au Tchad. La Cour de Justice de la CEMAC peut, toutefois, en cas de nécessité impérieuse, siéger et exercer ses fonctions en tout autre lieu du territoire abritant le siège ou dans celui de tout autre Etat membre de la CEMAC.

Les membres de la Cour sont tenus de résider au siège de la Cour.

Titre II : Du statut des membres de la Cour

Article 4 : La Cour de Justice communautaire est composée de six (06) membres en raison d'un membre par Etat, dont cinq (5) juges et un (01) Avocat Général.

Toutefois, la Conférence des Chefs d'Etat peut, sur proposition du Conseil des ministres et suite au rapport du Président de la Cour, décider de l'augmentation du nombre des membres de la Cour.

Les membres de la Cour sont nommés par la Conférence des Chefs d'Etat pour un mandat de six (06) ans renouvelables une (01) fois.

Ils sont choisis parmi plusieurs candidats présentés par chaque Etat membre, et remplissant les conditions suivantes :

- être de bonne moralité ;
- présenter des garanties d'indépendance et d'intégrité ;
- réunir, en ce qui concerne les magistrats, les conditions requises pour l'exercice dans leurs pays respectifs des plus hautes fonctions judiciaires ou avoir exercé, avec compétence et pendant au moins quinze (15) ans, les fonctions d'avocat, de professeur d'université de droit et d'économie, de notaire ou de conseil juridique.

Article 5 : Les membres de la Cour de Justice de la CEMAC élisent, en leur sein, pour un mandat de trois (3) ans renouvelables une (01) fois, le Président de la Cour et pour une durée d'un (01) an renouvelable une (01) fois, l'Avocat Général.

Les postes de Président et d'Avocat Général sont rotatifs entre les Etats membres.

Article 6 : Un renouvellement de la moitié des membres de la Cour a lieu tous les trois (03) ans.

En vue du premier renouvellement partiel, il est procédé, avant l'entrée en fonction des juges, à un tirage au sort, par le Conseil des ministres, destiné à en désigner trois (03) qui reçoivent un mandat limité de trois (03) ans.

A la fin de ce premier mandat de trois (03) ans, les titulaires peuvent bénéficier d'un nouveau mandat de six (06) ans.

Article 7 : En vue de la nomination des membres de la Cour de justice communautaire, le Président de la Commission invite chaque Etat membre, dans un délai de six (06) mois avant la tenue de la Conférence des Chefs d'Etat, à présenter des candidatures multiples au poste de membre de la Cour dans le strict respect des dispositions de l'article 4 de la présente Convention.

Le Président de la Commission, garant de la légalité communautaire, dresse la liste des candidats présentés par ordre alphabétique et la communique simultanément aux Etats membres de la CEMAC, au moins trente (30) jours avant la session suivante de la Conférence des Chefs d'Etat.

Avant de procéder aux nominations, la Conférence des Chefs d'Etat s'assure de la représentation équitable des deux (02) sexes.

Les membres de la Cour sont nommés par la Conférence des Chefs d'Etat sur la base de la liste visée au deuxième alinéa du présent article.

Article 8 : Avant leur entrée en fonction, les nouveaux membres prêtent serment, individuellement, en audience publique devant la Cour de Justice de la CEMAC, en ces termes : ***« Je jure de bien et fidèlement remplir mes fonctions de membre de la Cour de Justice de la Communauté Economique et Monétaire de l'Afrique Centrale, en toute impartialité, en toute indépendance, et de garder le secret des délibérations ».***

Il en est fait procès-verbal.

Les membres de la Cour nouvellement nommés, le Président et l'Avocat Général de la Cour élus, sont installés en audience solennelle.

Article 9 : Les privilèges et immunités accordés au personnel de la Communauté sont applicables aux membres de la Cour et aux Greffiers.

La Cour, siégeant en séance plénière, peut prononcer la levée de l'immunité.

En cas de la levée de l'immunité, si une action pénale est engagée contre un membre de la Cour, celui-ci n'est justiciable dans chacun des Etats membres que de l'instance compétente pour juger les magistrats appartenant à la plus haute juridiction nationale.

Article 10 : Les membres de la Cour ne peuvent exercer aucune autre fonction politique, administrative ou juridictionnelle.

Article 11 : En dehors des renouvellements réguliers et des décès, les fonctions de membre de la Cour de Justice communautaire prennent fin individuellement par démission.

Le membre de la Cour qui démissionne adresse sa lettre de démission à la Conférence par voie hiérarchique.

La transmission de cette lettre au Président en exercice de la Conférence vaut vacance de siège.

Toutefois, le membre démissionnaire continue à siéger jusqu'à l'entrée en fonction de son successeur, si sa présence ne nuit pas au bon fonctionnement de la Cour.

Article 12 : Un membre de la Cour ne peut être relevé de ses fonctions que par la Conférence après que l'Assemblée Générale de la Cour, sur requête de son Président ou de la moitié des membres de la Cour, ait jugé qu'il ne répond plus aux conditions requises ou ne satisfait plus aux obligations découlant de sa charge. L'intéressé est entendu en ses explications, orales ou écrites.

Il peut être assisté par un conseil.

Les délibérations ont lieu hors la présence du membre mis en cause et du Greffier. Le secrétariat est assuré par un juge désigné par le Président de la Cour.

La décision de relève est notifiée à l'intéressé et cette notification emporte vacance du siège et cessation immédiate des fonctions.

Article 13 : Le membre dont la fonction prend fin avant l'expiration de son mandat est remplacé pour la durée du mandat restant à courir. La désignation du remplaçant est effectuée selon la procédure décrite à l'article 11 ci-dessus.

Titre 2 : De l'organisation de la Cour de Justice communautaire

Article 14 : La Cour dispose d'un greffe dirigé par un Greffier assisté d'un ou de plusieurs Greffiers.

Les greffiers assistent les juges dans leurs fonctions juridictionnelles.

Article 15 : La Cour de Justice nomme un greffier en chef parmi les ressortissants des Etats membres de la CEMAC, pour une période de six (06) ans, renouvelable une (01) fois.

Avant son entrée en fonction, le Greffier en Chef prête serment devant la Cour d'exercer ses fonctions en toute impartialité, en toute conscience et de ne rien divulguer des délibérations.

Il est dressé procès-verbal de la prestation de serment.

Sous l'autorité du Président, le Greffier en chef est chargé de la réception, de la transmission, des significations ainsi que de la conservation des documents.

Il a la responsabilité des archives et prend soin des publications de la Cour. Il assure la garde des Sceaux de la Cour.

Le Greffier en chef assure l'administration de la Cour sous l'autorité du Président.

Article 16 : Les fonctionnaires et autres agents de la Cour sont recrutés conformément aux dispositions du statut du personnel de la Communauté.

Toutefois, pour le bon fonctionnement de la Cour, des fonctionnaires et agents contractuels de la Communauté peuvent être détachés auprès de la Cour et placés sous l'autorité du Président.

Article 17 : Sur proposition de la Cour, des référendaires peuvent y être recrutés par le Président du Conseil des ministres, conformément aux dispositions du statut du personnel de la Communauté, pour assister les membres de la Cour dans l'instruction des dossiers.

Les référendaires prêtent serment devant la Cour d'exercer leurs fonctions en toute impartialité, en toute conscience et de ne rien divulguer du secret des délibérations. Il en est dressé procès-verbal.

Article 18 : La Cour demeure en fonction d'une manière permanente. La durée des vacances judiciaires est fixée par son Président, compte tenu des nécessités de service.

Article 19 : La Cour de Justice de la CEMAC exerce ses fonctions en formation plénière. Elle peut également siéger en formation de trois (03) membres.

Les audiences de la Cour sont publiques.

Article 20 : La Cour de Justice est une institution indépendante des Etats, des institutions, des organes et des institutions spécialisées. Ses décisions sont prises au nom de la Communauté.

Article 21 : Le français est la langue officielle de travail de la Cour de Justice de la CEMAC. Toutefois, il est admis, au sein de la Cour, l'usage de l'anglais, de l'arabe et de l'espagnol.

Titre III : Des compétences de la Cour de Justice communautaire

Article 22 : La Cour de Justice communautaire a une triple fonction : juridictionnelle, consultative et d'administration de l'arbitrage dans les matières relevant du droit communautaire de la CEMAC.

Article 23 : Dans son rôle juridictionnel, la Cour connaît notamment :

- des recours en manquement des Etats membres, des obligations qui incombent en vertu du Traité de la CEMAC et des textes subséquents ;
- des recours en carence des institutions, des organes et institutions spécialisées, des obligations qui leur incombent en vertu des actes de la Communauté ;
- des recours en annulation des règlements, directives et décisions des institutions, organes et institutions spécialisées de la CEMAC ;
- des litiges relatifs à la réparation des dommages causés par les institutions, les organes ou institutions spécialisées de la CEMAC ou par les fonctionnaires ou agents contractuels de celle-ci, dans l'exercice de leurs fonctions, sans préjudice des dispositions prévues dans le traité de la CEMAC ;
- des litiges entre la CEMAC et ses fonctionnaires et/ou agents contractuels ;
- des recours contre les sanctions prononcées par les organismes à fonction juridictionnelle de la Communauté.

Article 24 : La Cour connait, sur recours de tout Etat, de toute institution, organe ou institution spécialisée de la CEMAC ou de toute personne physique ou morale qui justifie d'un intérêt certain et légitime, de tous les cas de violation des dispositions du Traité de la CEMAC et des textes subséquents.

Toute partie peut, à l'occasion d'un litige, soulever l'exception d'illégalité d'un acte juridique d'un Etat membre, d'une institution, d'un organe ou d'une institution spécialisée.

La Cour rend, en premier et dernier ressort, des arrêts sur les cas de violation du Traité de la CEMAC et des textes subséquents dont elle est saisie conformément à ses règles de procédure.

La Cour de Justice, saisie conformément aux alinéas précédents, contrôle la légalité des actes juridiques déférés à sa censure.

Article 25 : Statuant en matière de contrôle de la légalité des actes juridiques de la CEMAC et d'actes s'y rapportant, la Cour prononce la nullité totale ou partielle des actes entachés de vice de forme, d'incompétence, de détournement de pouvoir, de violation du Traité et des textes subséquents de la CEMAC ou des actes pris en application de ceux-ci.

L'Etat membre, l'institution, l'organe ou l'institution spécialisée dont émane l'acte annulé est tenu de prendre des mesures que comporte l'exécution de l'arrêt rendu par la Cour. Celle-ci a la faculté d'indiquer les effets des actes annulés qui doivent être considérés comme définitifs et de prononcer une astreinte.

Article 26 : La Cour statue à titre préjudiciel sur l'interprétation du Traité de la CEMAC et des textes subséquents, sur la légalité et l'interprétation des actes des institutions, organes et institutions spécialisées de la CEMAC, quand une juridiction nationale ou un organisme à fonction juridictionnelle est appelé à en connaître à l'occasion d'un litige.

En outre, chaque fois qu'une juridiction nationale ou un organisme à fonction juridictionnelle saisis des questions de droit ci-dessus doit statuer en dernier ressort, il est tenu de saisir préalablement la Cour de Justice. Cette saisine devient facultative lorsque la juridiction nationale ou l'organisme à fonction juridictionnelle doit statuer à charge d'appel.

Les interprétations données par la Cour en cas de recours préjudiciel s'imposent à toutes les autorités administratives et juridictionnelles dans l'ensemble des Etats membres. L'inobservation de ces interprétations donne lieu à un recours en manquement.

Article 27 : Si, à la requête de la Commission, du premier responsable de toute institution, de tout organe ou institution spécialisée de la CEMAC ou de toute personne physique ou morale, la Cour constate que dans un Etat membre, l'inobservation des règles de procédure du recours préjudiciel donne lieu à des interprétations erronées du Traité de la CEMAC et des Conventions subséquentes, des statuts des institutions, organes ou institutions spécialisées de la Communauté ou d'autres textes pertinents, elle rend un arrêt donnant les interprétations exactes. Ces interprétations s'imposent à toutes les autorités administratives et juridictionnelles de l'Etat concerné.

Article 28 : La Cour connaît des litiges relatifs à la réparation des dommages causés par les institutions, organes ou institutions spécialisées de la CEMAC ou par les fonctionnaires ou agents contractuels de celle-ci dans l'exercice de leurs fonctions, sans préjudice des dispositions prévues dans le Traité de la CEMAC. Elle statue en tenant compte du droit positif communautaire et des principes de droit communs aux Etats membres.

Article 29 : La Cour juge, en premier et dernier ressort, des litiges nés entre la CEMAC, ses institutions, organes ou institutions spécialisées, et leurs fonctionnaires et/ou agents contractuels, à l'exception de ceux régis par les contrats de droit local.

Article 30 : Dans son rôle juridictionnel, la Cour rend des arrêts en premier et dernier ressort.

Ses décisions ont l'autorité de la chose jugée et force exécutoire.

Article 31 : La Cour juge en appel et en dernier ressort des recours formés contre les décisions rendues par les organismes à compétence juridictionnelle.

Article 32 : Les recours formés devant la Cour n'ont pas d'effet suspensif. Toutefois, le Président de la Cour ou le juge qu'il délègue à cet effet peut ordonner le sursis à exécution des actes contestés devant la Cour.

Article 33 : Dans les affaires dont elle est saisie, la Cour peut prescrire des mesures provisoires ou conservatoires nécessaires.

Article 34 : Dans son rôle consultatif et à la demande d'un Etat membre, d'une institution, d'un organe ou d'une institution spécialisée de la CEMAC, la Cour peut émettre des avis sur toute question juridique concernant le Traité de la CEMAC et ses textes subséquents.

Dans ce cas, elle émet des avis sur la conformité aux normes juridiques de la CEMAC, des actes juridiques ou des projets d'actes initiés par un Etat membre, une institution, un organe ou une institution spécialisée dans les matières relevant du Traité.

Tout Etat membre, institution, organe ou institution spécialisée de la CEMAC peut recueillir l'avis de la Cour sur la compatibilité d'un accord international, existant ou en voie de négociation, avec les dispositions du Traité de la CEMAC.

Saisie par la Conférence des Chefs d'Etat, le Conseil des ministres, le Comité ministériel, la Commission ou un Etat membre, la Cour peut émettre un avis sur toute difficulté rencontrée dans l'application ou l'interprétation des actes relevant du droit communautaire.

Article 35 : Dans son rôle d'administration des arbitrages, la Cour connaît, en application de son Règlement d'arbitrage, des différends qui lui sont soumis par les Etats membres, les institutions, organes ou institutions spécialisées, en vertu d'une clause compromissoire ou d'un compromis.

La Cour connaît également de tout litige qui lui est soumis en vertu d'une clause compromissoire ou d'un compromis.

Dans son rôle d'administration des arbitrages, la Cour ne tranche pas elle-même les différends. Elle nomme ou confirme les arbitres, est informée du déroulement de l'instance et examine les projets de sentence conformément à son Règlement d'arbitrage.

Article 36 : La Conférence des Chefs d'Etat adopte par Actes Additionnels les Règlements de procédure et d'Arbitrage élaborés par la Cour.

Article 37 : Les Etats membres, les institutions, les organes et les institutions spécialisées de la CEMAC jouissent des droits et garanties nécessaires à l'exercice indépendant de leurs fonctions, dans les conditions déterminées par le Règlement de procédure.

Article 38 : Les actions contre la Communauté en matière de responsabilité non contractuelle se prescrivent dans cinq (05) ans à compter de la survenance du fait qui y donne lieu. La prescription est interrompue soit par la requête formée devant la Cour, soit par la demande préalable que la victime peut adresser à l'institution, l'organe ou l'institution spécialisée compétents de la CEMAC. Dans ce dernier cas, la requête doit être formée dans un délai de deux (02) mois, sous peine d'irrecevabilité.

Article 39 : Le budget de la Cour de Justice de la CEMAC est incorporé au budget de la Communauté. La Cour jouit d'une autonomie de gestion.

Le Président de la Cour est ordonnateur délégué, avec faculté de subdélégation.

Article 40 : Le régime des droits, immunités et privilèges accordés à la Cour de Justice de la CEMAC et ses membres et personnels est arrêté par Acte additionnel de la Conférence des Chefs d'Etat.

Article 41 : Tout Etat membre ou le Conseil des ministres, sur proposition du Président de la Commission, ou encore de la Cour de Justice, à la majorité simple des membres, peut soumettre à la Conférence des Chefs d'Etat des projets de révision de la présente Convention.

La modification est adoptée à l'unanimité des Etats membres et entre en vigueur après dépôt du dernier instrument de ratification.

Article 42 : La présente Convention entre en vigueur après sa signature par les Etats membres et sa ratification.

Article 43 : La présente Convention sera ratifiée à l'initiative des Hautes Parties Contractantes, en conformité avec leurs règles constitutionnelles respectives.

Les instruments de ratification seront déposés auprès du Gouvernement de la République du Tchad, qui en informera les autres Etats membres et leur délivrera copies certifiées conformes.

Article 44 : La présente Convention sera enregistrée, après ratification, auprès de l'Organisation des Nations Unies et de l'Union Africaine.

Article 45 : La présente Convention sera publiée au Bulletin Officiel de la CEMAC et à la diligence des autorités nationales, au Journal Officiel de chaque Etat membre.

En foi de quoi, ont apposé leur signature au bas de la présente Convention,

Fait à Libreville, le 30 janvier 2009

Pour la République du Cameroun **Pour la République Centrafricaine**

S.E. Paul BIYA
Président de la République

S.E. François BOZIZE
Président de la République

Pour la République du Congo
S.E. Denis SASSOU NGUESSO
Président de la République

Pour la République Gabonaise
S.E. El Hadj OMAR BONGO ONDIMBA
Président de la République

Pour la République de Guinée Equatoriale
S.E. Obiang NGUEMA MBASOGO
Président de la République

Pour la République du Tchad
S.E. Youssouf Saleh ABBAS,
Premier Ministre

B : La Cour des Comptes de la CEMAC

Convention régissant la Cour des Comptes de la CEMAC

Préambule

Le Gouvernement de la République du Cameroun ;

Le Gouvernement de la République Centrafricaine ;

Le Gouvernement de la République du Congo ;

La Gouvernement de la République Gabonaise ;

Le Gouvernement de la République de Guinée Equatoriale ;

Le Gouvernement de la République du Tchad ;

Vu le Traité de la Communauté Economique et Monétaire de l'Afrique Centrale (C.E.M.A.C.) et les textes subséquents ;

Convaincus que la bonne gouvernance de la Communauté exige la mise en place d'une Cour des Comptes Communautaire autonome et indépendante capable de veiller à une gestion financière saine, rigoureuse et efficace des ressources de la Communauté ;

Conscients que seul le respect du droit et des obligations incombant aux Etats membres, peut permettre le bon fonctionnement de la CEMAC au profit de tous et dans l'intérêt particulier de chacun de ses Etats membres ;

Persuadés qu'il est essentiel que le droit communautaire découlant du Traité et des textes subséquents soit appliqué dans les conditions propres à garantir la mise en place des procédures administratives, comptables et financières harmonisées ainsi que l'exécution généralisée des bonnes pratiques au niveau des Institutions, des Organes et Institutions Spécialisées de la CEMAC ;

Sont convenus des dispositions ci-après :

Titre : Dispositions générales

Article 1 : La présente Convention, adoptée en application des dispositions combinées des articles 10 et 48 du Traité instituant la Communauté Economique et Monétaire de l'Afrique Centrale, détermine la composition, l'organisation et le fonctionnement ainsi que les compétences de la Cour des Comptes de la CEMAC.

Article 2 : Aux fins de la présente Convention, il faut entendre par :

- Comité Ministériel : le Comité Ministériel de l'UMAC ;
- Commission : Commission de la CEMAC ;
- Communauté ou CEMAC : la Communauté Economique et Monétaire de l'Afrique Centrale ;
- Conférence : la Conférence des Chefs d'Etat prévue à l'article 10 du Traité de la CEMAC ;
- Conseil des Ministres : le Conseil des Ministres de l'UEAC ;
- Cour des Comptes : la Cour des Comptes de la CEMAC ou la Cour des Comptes Communautaire ;
- Etat membre : Etat partie au Traité de la CEMAC ;
- Greffier : le Greffier de la Cour des Comptes de la CEMAC ;
- Institutions : les différentes Institutions de la CEMAC visées à l'article 10 du Traité de la CEMAC ;
- Institutions Spécialisées : les différentes Institutions Spécialisées de la CEMAC visées à l'article 10 du Traité de la CEMAC ;
- Juge : Juge à la Cour des Comptes Communautaire ;
- Membre de la Cour : Juge, Procureur Général ou Procureur Général Adjoint près la Cour des Comptes ;
- Organes : les différents Organes de la CEMAC visées à l'article 10 du Traité de la CEMAC ;
- Président : le Président de la Cour des Comptes de la CEMAC ;
- Procureur Général : le Procureur Général près la Cour des Comptes ;
- Procureur Général Adjoint : le Procureur Général Adjoint près la Cour des Comptes ;
- Union Economique ou UEAC : l'Union Economique de l'Afrique Centrale.

Article 3 : La Cour des Comptes est chargée du Contrôle juridictionnel des comptes des comptables de la Communauté et s'assure de la bonne gestion des ressources financières des Institutions, Organes et Institutions Spécialisées de la Communauté, à l'exception de ceux dont les Conventions ou statuts en disposent autrement.

La bonne gestion des ressources financières implique l'examen de la régularité des actes de gestion des ordonnateurs, de l'économie des moyens mis en œuvre et de l'évaluation des résultats atteints par rapport aux objectifs fixés dans les programmes d'actions.

Article 4 : Le siège de la Cour des Comptes est fixé par la Conférence des Chefs d'Etat.

La Cour des Comptes peut, toutefois, en cas de nécessité impérieuse, siéger et exercer ses fonctions en tout autre lieu du territoire abritant le siège ou dans celui de tout Etat membre de la CEMAC.

Article 5 : La Cour des Comptes est une juridiction financière indépendante des Etats, des Institutions, des Organes et des Institutions Spécialisées.

Les décisions de la Cour des Comptes sont rendues, au nom de la Communauté en audience publique. Elles ont l'autorité de la chose jugée et force exécutoire.

Les membres de la Cour des Comptes exercent leurs fonctions en toute indépendance, dans l'intérêt général de la Communauté.

Les membres de la Cour des Comptes sont tenus de résider au lieu abritant le siège.

Titre II : Composition de la Cour des Comptes

Article 6 : La Cour des Comptes Communautaire est composée de douze (12) membres, à raison de deux (02) par Etat membre. La moitié des membres doit avoir des compétences avérées en matière d'économie, de finances et d'audit, l'autre moitié étant composée de juristes.

Toutefois la Conférence des Chefs d'Etat peut, sur proposition du Conseil des Ministres, suite au rapport du Président de la Cour des Comptes, décider de modifier le nombre de membres de la Cour.

Sous réserve des dispositions de l'article 10 de la présente Convention, les membres sont nommés par la Conférence des Chefs d'Etat pour un mandat de six (06) ans, renouvelable une fois.

Ils sont choisis parmi plusieurs candidats présentés par chaque Etat membre et remplissant les conditions suivantes :

- être de bonne moralité ;
- présenter des garanties d'indépendance et d'intégrité ;
- appartenir ou avoir appartenu dans leurs pays respectifs aux institutions de contrôle externe ou avoir une compétence en matière juridique, économique ou financière et une expérience professionnelle d'au moins quinze (15) ans dans une de ces matières.

Article 7 : En vue de la nomination des membres de la Cour des Comptes Communautaire, le Président de la Commission invite chaque Etat membre, dans un délai de six (6) mois avant la tenue de la Conférence des Chefs d'Etat, à présenter des candidatures multiples au poste de membre de la Cour, dans le strict respect des dispositions prévues à l'Article 6 ci-dessus.

Le Président de la Commission, garant de la légalité communautaire, dresse la liste des candidats présentés par ordre alphabétique et la communique simultanément aux Etats membres de la CEMAC, au moins trente (30) jours avant la session suivante de la Conférence des Chefs d'Etat.

Avant de procéder aux nominations, la Conférence des Chefs d'Etat s'assure, dans la mesure du possible, de la représentation équitable des deux (02) sexes.

Les membres de la Cour sont nommés par la Conférence des Chefs d'Etat sur la base de la liste visée au deuxième alinéa du présent article.

Article 8 : Avant leur entrée en fonction, les nouveaux membres prêtent serment individuellement en audience publique devant la Cour des Comptes en ces termes :

« Je jure de bien et fidèlement remplir mes fonctions de membre de la Cour des Comptes, dans l'intérêt de la Communauté Economique et Monétaire de l'Afrique Centrale, en toute impartialité, en toute indépendance et de garder le secret des délibérations ».

Il en est dressé procès-verbal.

Article 9 : Les membres de la Cour des Comptes de la CEMAC élisent en leur sein, pour un mandat de trois (03) ans renouvelable une fois, le Président de la Cour, le Procureur Général, les Présidents de chambre et le Procureur Général Adjoint.

Les postes de Président, de Procureur Général, de Présidents de chambre et Procureur Général Adjoint sont rotatifs entre les Etats membres.

Les membres de la Cour nouvellement nommés, le Président et le Procureur Général de la Cour élus sont installés en audience solennelle.

Article 10 : Un renouvellement de la moitié des membres de la Cour a lieu tous les trois (03) ans.

En vue du premier renouvellement partiel, il est procédé avant l'entrée en fonction des juges, à un tirage au sort, par le Conseil des Ministres, destiné à en désigner six (06) qui reçoivent un mandat limité de trois (03) ans.

Article 11 : Le régime des droits, immunités et privilèges prévus à l'article 6 du Traité de la CEMAC est applicable aux membres de la Cour des Comptes et aux greffiers.

La Cour, siégeant en séance plénière, peut prononcer la levée de l'immunité.

En cas de levée de l'immunité, si une action pénale est engagée contre un membre de la Cour ou un greffier, celui-ci n'est justiciable, dans chacun des Etats membres, que devant l'instance compétente en la matière.

Article 12 : Les fonctions de membre de la Cour sont incompatibles avec toutes autres activités de nature à compromettre l'indépendance, l'impartialité et l'obligation de réserve attachées auxdites fonctions, sauf dérogation expresse accordée par le Président de la Cour.

Article 13 : En dehors des cas de renouvellement régulier et de décès, les fonctions de membre de la Cour des Comptes de la CEMAC prennent fin individuellement par démission.

Le membre de la Cour qui démissionne adresse sa lettre de démission à la Conférence par voie hiérarchique.

La transmission de cette lettre au Président en exercice de la Conférence vaut vacance de siège.

Toutefois, le membre démissionnaire continue à siéger jusqu'à l'entrée en fonction de son successeur si sa présence ne nuit pas au bon fonctionnement de la Cour.

Article 14 : Un membre de la Cour ne peut être relevé de ses fonctions que par la Conférence, après que l'Assemblée Générale de la Cour, sur requête de son Président, de la moitié des membres de la Cour ou du Président de la Commission, ait jugé qu'il ne répond plus aux conditions requises ou ne satisfait plus aux obligations découlant de sa charge. L'intéressé est entendu en ses explications, orales ou écrites. Il peut être assisté par un conseil.

Les délibérations ont lieu hors la présence du membre mis en cause et du greffier. Le Secrétariat est assuré par un juge désigné par le Président de la Cour.

La décision de relève est notifiée à l'intéressé et cette notification emporte vacance de siège et cessation immédiate des fonctions.

Article 15 : Le membre dont la fonction prend fin avant l'expiration de son mandat est remplacé pour la durée du mandat restant à courir. La désignation du remplaçant est effectuée selon la procédure décrite à l'article 7 de la présente Convention.

Titre III : Organisation et fonctionnement de la Cour des Comptes

Article 16 : La Cour des Comptes de la CEMAC comprend :

- le Siège ;
- le Parquet général ;
- le Greffe ;
- le Corps des vérificateurs ;
- les Services administratifs.

Article 17 : Le Siège de la Cour comprend le Président de la Cour et les Juges.

Article 18 : Le Parquet général exerce les fonctions du Ministère public par voie de réquisitions, de conclusions ou d'observations orales. Ces fonctions sont assurées par le Procureur Général secondé par le Procureur Général Adjoint.

Article 19 : Le Greffe de la Cour assiste les juges dans leurs fonctions juridictionnelles. Il est dirigé par le Greffier en Chef assisté de greffiers.

Article 20 : Le Corps des vérificateurs assiste les juges dans leur mission de vérification.

Article 21 : Les Services administra tifs comprennent la documentation, les archives, l'administration générale et les finances.

Article 22 : L'Agent Comptable et le Contrôleur Financier sont nommés auprès de la Cour par le Conseil des Ministres.

Article 23 : La Conférence des Chefs d'Etat adopte par Acte Additionnel les règles de procédure élaborées par la Cour des Comptes.

Article 24 : La Cour des Comptes adopte son Règlement intérieur.

Article 25 : Le français est la langue officielle de travail de la Cour des Comptes. Toutefois, il y est admis l'usage de l'anglais, de l'arabe, de l'espagnol et de toute autre langue en application des dispositions de l'article 55, alinéa 4 du Traité de la CEMAC.

Article 26 : Le budget de la Cour des Comptes de la CEMAC est incorporé au budget de la Communauté. La Cour jouit d'une autonomie de gestion.

Article 27 : Le Président de la Cour est ordonnateur du budget de la Cour avec pouvoir de délégation.

Article 28 : Le Contrôle des actes budgétaires et de gestion de l'ordonnateur de la Cour des Comptes et de ses délégués est effectué une fois tous les deux (2) ans par un auditeur externe mandaté par le Conseil des Ministres.

Le rapport de l'auditeur est adressé au Conseil des Ministres et au Parlement pour suite à donner, ainsi qu'à la Commission de la CEMAC pour information.

Article 29 : La Cour des Comptes est organisée en chambres dont les compétences et les règles de fonctionnement sont fixées par ses règles de procédure.

Article 30 : La Cour des Comptes se réunit soit en audience solennelle, soit en formations de jugement, soit en chambres réunies, soit en chambre du conseil, soit en Assemblée générale.

Titre IV : Compétences de la Cour des Comptes

Article 31 : La Cour des Comptes vérifie les comptes de la Communauté selon les modalités fixées par la présente Convention et par ses règles de procédure.

Article 32 : Dans l'exercice de ses attributions juridictionnelles, la Cour des Comptes :

- reçoit le serment des comptables publics ;
- vérifie, sur pièces et au besoin sur place, la légalité et la régularité des recettes et des dépenses ;
- juge les comptes des comptables publics communautaires ;
- sanctionne et apure la gestion de fait ;
- connaît des fautes de gestion commises par les ordonnateurs ;
- prononce les condamnations à l'amende ;
- statue sur les recours contre les arrêts définitifs.

Article 33 : La Cour vérifie la gestion des concours financiers accordés par la Communauté aux Etats, aux Institutions, Organes ou Institutions Spécialisées ou à tout organisme communautaire.

Article 34 : Dans son rôle consultatif, la Cour des Comptes émet des avis, à la demande des Etats membres, des Institutions, des Organes et des Institutions Spécialisées, sur toute question relevant de ses compétences.

Article 35 : La Cour produit chaque année un rapport sur l'exécution du budget de la Communauté.

Article 36 : La Cour produit annuellement un rapport exposant le résultat général des travaux et les observations qu'elle estime devoir formuler en vue de la réforme et de l'amélioration de la gestion des deniers publics communautaires.

Ce rapport accompagné des réponses des concernés est publié au Bulletin Officiel de la Communauté.

Article 37 : Les rapports visés aux articles 35 et 36 ci-dessus sont adressés au Conseil des Ministres, à la Commission et au Parlement.

Article 38 : La Cour peut produire à tout moment des rapports particuliers portant sur la gestion des Institutions, Organes ou Institutions Spécialisées, soit de sa propre initiative, soit à la demande du Conseil des Ministres.

Article 39 : Les Cours des Comptes et les institutions de contrôle nationales peuvent solliciter, en cas de besoin, le concours de la Cour des Comptes Communautaire.

Article 40 : A la demande de la Cour des Comptes, les banques et établissements financiers établis dans l'espace communautaire sont tenus de mettre à sa disposition, toutes informations dont elle a besoin dans l'exercice de ses contrôles.

Article 41 : Le secret professionnel n'est pas opposable aux membres de la Cour des Comptes à l'occasion des contrôles effectués dans l'exercice de leurs fonctions.

Titre V : Dispositions transitoires et finales

Article 42 : Dans tous les textes communautaires et actes en vigueur, l'appellation Chambre des Comptes est désormais remplacée par celle de Cour des Comptes.

Article 43 : Les dossiers de contrôle en instance devant la Chambre des Comptes de la Cour de Justice de la CEMAC sont transmis à la Cour des Comptes.

Article 44 : En attendant l'adoption d'un Acte additionnel pris en application de la Convention régissant la Cour des Comptes de la CEMAC, les Actes additionnels n°005/00/CEMAC-041-CCE-CJ-02 du 14 décembre 2000 portant règles de procédure devant la Chambre des Comptes de la Cour de Justice de la CEMAC et 007/00/CEMAC-041-CCE-CJ-02 du 14 décembre 2000 portant statut de la Chambre des Comptes s'appliquent à la procédure devant la Cour des Comptes de la CEMAC.

Article 45 : Tout Etat membre ou le Conseil des Ministres, sur proposition du Président de la Commission, ou encore la Cour des Comptes à la majorité simple des membres, peut soumettre à la Conférence des Chefs d'Etat des projets de révision de la présente Convention.

Les projets de révision sont adoptés à l'unanimité des Etats membres et entrent en vigueur après dépôt du dernier instrument de ratification.

Article 46 : La présente Convention entre en vigueur après sa signature par les Etats membres et sa ratification.

Article 47 : La présente Convention sera ratifiée à l'initiative des Hautes Parties Contractantes, en conformité avec leurs règles constitutionnelles respectives.

Les instruments de ratification seront déposés auprès du Gouvernement de la République du Tchad, qui en informera les autres Etats membres et leur en délivrera copies certifiées conformes.

Article 48 : La présente Convention sera enregistrée, après ratification, auprès de l'Organisation des Nations Unies et de l'Union Africaine.

Article 49 : La présente Convention sera publiée au Bulletin Officiel de la CEMAC et, à la diligence des Autorités nationales, au Journal Officiel de chaque Etat membre.

En foi de quoi, ont apposé leur signature au bas de la présente Convention.

Fait à Libreville, le 30 janvier 2009

Pour la République du Cameroun
S.E. Paul BIYA
Président de la République

Pour la République Centrafricaine
S.E. François BOZIZE
Président de la République

Pour la République du Congo
S.E. Denis SASSOU NGUESSO
Président de la République

Pour la République Gabonaise
S.E. El Hadj OMAR BONGO ONDIMBA
Président de la République

Pour la République de Guinée Equatoriale
S.E. Obiang NGUEMA MBASOGO
Président de la République

Pour la République du Tchad
S.E. Youssouf Saleh ABBAS,
Premier Ministre

C : Le Parlement communautaire de la CEMAC

Convention régissant le Parlement communautaire de la CEMAC

Préambule

Le Gouvernement de la République du Cameroun ;

Le Gouvernement de la République Centrafricaine ;

Le Gouvernement de la République du Congo ;

La Gouvernement de la République Gabonaise ;

Le Gouvernement de la République de Guinée Equatoriale ;

Le Gouvernement de la République du Tchad ;

Vu le Traité du 16 mars 1994 instituant la Communauté Economique et Monétaire de l'Afrique Centrale ;

Fidèle aux objectifs de la Communauté Economique et Monétaire de l'Afrique Centrale, l'Union Africaine et de la Communauté Economique Africaine ;

Convaincus que le Parlement communautaire, représentant de l'ensemble des populations des Etats membres de la Communauté, constitue un instrument d'intégration, de promotion de la démocratie, de l'Etat de droit, des libertés et des droits fondamentaux ;

Convaincus par conséquent que la mise en place du Parlement communautaire contribuera à renforcer la solidarité entre les peuples des Etats membres de la CEMAC par une plus large participation des populations de la Communauté au dit processus ;

Sont convaincus des dispositions ci-après :

Titre : Dispositions générales

Article 1 : Au sens de la présente Convention, on entend par :

Communauté ou CEMAC : la Communauté Economique et Monétaire de l'Afrique Centrale ;

Conférence ou Conférence des Chefs d'Etat : la Conférence des Chefs d'Etat de la CEMAC ;

Comité ministériel : le Comité ministériel de l'Union Monétaire de l'Afrique Centrale ;

Conseil des ministres : le Conseil des ministres de l'Union Economique de l'Afrique Centrale ;

Commission : Commission de la CEMAC ;

Député : le député du Parlement de la CEMAC ;

Parlement : le Parlement de la CEMAC.

Article 2 : Le Parlement de la CEMAC est l'Assemblée élue conformément aux dispositions de la présente Convention.

Article 3 : Le siège du Parlement est fixé à Malabo, en Guinée Equatoriale. Le Parlement peut toutefois, en cas de nécessité impérieuse, siéger et exercer ses fonctions en tout autre lieu du territoire abritant le siège ou dans celui de tout Etat membre de la CEMAC.

Les langues officielles de travail du Parlement sont celles prévues à l'article 59 du Traité de la CEMAC.

Article 4 : Les membres du Parlement portent le titre de Députés au Parlement de la CEMAC.

Article 5 : Les députés sont élus au suffrage universel direct, pour une durée de cinq (05) ans, selon les procédures électorales qui sont déterminées par Acte Additionnel des Chefs d'Etats, après consultation du Parlement. Cet Acte Additionnel fixe également le nombre des députés par Etat membre, leurs indemnités, le régime d'éligibilité ainsi que celui des incompatibilités.

Tout mandat impératif est nul.

Article 6 : La législature coïncide avec le mandat des Députés. Tout Député au Parlement de la CEMAC demeure en fonction jusqu'à l'ouverture de la première séance plénière de la législature suivante.

Outre le terme normal de la législature, le mandat de Député au Parlement de la CEMAC prend fin en cas de démission, décès ou déchéance.

Il prend également fin en cas de dissolution du Parlement prononcée en application des dispositions de l'article 20 de la Présente Convention.

Article 7 : Le Parlement élit, parmi ses membres, son Président et les autres membres du Bureau pour une durée d'un an.

Le Parlement constitue des commissions permanentes et des commissions ad hoc.

Article 8 : Le Parlement est doté d'un Secrétariat Général, placé sous l'autorité d'un Secrétaire Général nommé par la Conférence des Chefs d'Etat.

Le Secrétaire Général est nommé pour un mandat de quatre (04) ans non renouvelables.

Article 9 : Le Parlement se réunit en deux (02) sessions ordinaires par an sur convocation de son Président.

La première session s'ouvre le premier lundi du mois de février.

La deuxième session, dite budgétaire, s'ouvre le deuxième lundi du mois d'octobre.

Le Parlement peut se réunir en session extraordinaire, sur un ordre du jour précis, sur convocation de son Président, à la demande du Président du Conseil des ministres ou de celui du Comité ministériel, soit à la demande de deux tiers (2/3) des Députés au moins, après information du Président du Conseil des ministres ou du Comité ministériel.

La durée des sessions ordinaires et la durée maximale des sessions extraordinaires sont fixées par Acte Additionnel de la Conférence des Chefs d'Etat.

Les sessions extraordinaires sont closes sitôt l'ordre du jour épuisé.

Article 10 : Les membres du Conseil des ministres, du Comité ministériel et de la Commission peuvent être invités aux séances plénières du Parlement et aux réunions des commissions.

Ils peuvent se faire assister de leurs collaborateurs.

Article 11 : Les députés jouissent de l'immunité parlementaire sur le territoire de chaque Etat membre.

Aucun Député ne peut être recherché, poursuivi, arrêté, détenu ou jugé du fait des opinions ou votes émis par lui dans l'exercice de ses fonctions.

Aucun Député ne peut, pendant la durée de sessions, être poursuivi ou arrêté en matière criminelle ou correctionnelle sans l'autorisation du Parlement, sauf cas de flagrant délit.

Aucun Député ne peut, hors session, être arrêté sans l'autorisation du Bureau du Parlement, sauf cas de flagrant délit ou de condamnation définitive.

En outre, les Députés jouissent des privilèges et immunités accordés à la CEMAC.

Article 12 : L'immunité d'un Député de la CEMAC peut être levée à la demande d'un Etat membre adressé au Président du Parlement.

Le Président se conforme alors à la procédure prévue au Règlement intérieur du Parlement.

Article 13 : La fonction de député est incompatible avec celles de :

- Membre de gouvernement, membre des Cours et tribunaux des Etats membres ;
- Juge et Greffier de la Cour de Justice de la CEMAC ;
- Juge et Greffier de la Cour des Comptes de la CEMAC ;
- Membre d'une institution ou d'un organe de la CEMAC ;
- Fonctionnaire ou agent en activité des institutions ou organes de la CEMAC ou toute autre fonction auprès d'un organisme international ;
- Fonctionnaire ou agent en activité des Etats membres ;
- Députés des Parlements nationaux.

L'accession à l'une des fonctions susvisées entraîne la vacance du poste de député au sens de l'article 6, alinéa 2 de la présente Convention.

Titre II : Des pouvoirs et des compétences du Parlement

Article 14 : Le Parlement est chargé du contrôle démocratique des organes et institutions spécialisées de la CEMAC. Il participe au processus décisionnel de la Communauté dans les conditions fixées par la présente Convention.

Chapitre I : Du contrôle démocratique

Article 15 : A la session ordinaire qui suit sa nomination, le Président de la Commission présente au Parlement, réuni en séance plénière, le programme d'actions de la Commission.

La présentation du programme d'actions est suivie de débats. A l'issue des débats, le Parlement peut émettre des recommandations par voie de résolution.

Article 16 : Chaque année, le président de la Commission soumet au Parlement, pour examen, un rapport général sur le fonctionnement et l'évolution de la Communauté.

Article 17 : Les députés peuvent poser des questions écrites ou orales au Conseil des ministres, au Comité ministériel et à la Commission.

Article 18 : Lorsque le Parlement relève des dysfonctionnements dans l'accomplissement des missions dévolues à la Commission par le Traité de la CEMAC, il peut, de façon graduelle :

- saisir le Conseil des ministres ;
- interpeller la Commission,
- voter une motion de censure contre la Commission ou saisir la Conférence des Chefs d'Etat.

Article 19 : La motion de censure n'est recevable que si elle est déposée par au moins un tiers (1/3) des Députés composant le Parlement.

Le Parlement ne peut délibérer valablement sur une motion de censure que si les deux tiers (2/3) des Députés composant le Parlement sont présents.

La motion de censure est transmise à la Conférence des Chefs d'Etat qui peut inviter la Commission à lui présenter sa démission.

Article 20 : La Conférence des Chefs d'Etat peut, après consultation du Bureau du Parlement et du Conseil des ministres, dissoudre le Parlement.

Un nouveau Parlement est élu dans quatre-vingt-dix (90) jours suivant la dissolution.

Article 21 : Le Parlement est saisi du rapport annuel de la Cour des comptes de la Communauté et des Cours ou Chambres des Comptes des Etats membres sur évaluation des systèmes de contrôle des comptes en vigueur dans la CEMAC.

Le rapport de la Cour des comptes de la CEMAC sur l'exécution du budget de la Communauté est communiqué au Parlement pour information.

Article 22 : Le Parlement peut constituer des commissions temporaires d'enquête, à la demande du quart (1/4) des Députés.

La décision est prise à la majorité absolue des Députés composant le Parlement.

Article 23 : Le Parlement peut, à l'initiative ou à la demande, entendre :

- le Président du Conseil des ministres ou du Comité ministériel ;
- le Président et les membres de la Commission ;
- les responsables des organes et des institutions spécialisées de la CEMAC.

Article 24 : Dans le cadre du contrôle démocratique, le Parlement exprime ses vues sous forme de résolutions ou de rapports.

Chapitre II : De la participation au processus décisionnel

Article 25 : Le Parlement peut être consulté sur les projets d'Actes additionnels, de règlement et de directive.

Cette consultation est obligatoire dans les domaines suivants :

- l'adhésion de nouveaux Etats membres ;
- les accords d'association avec les Etats tiers ;
- le budget de la Communauté ;
- les politiques sectorielles communes ;
- le droit d'établissement et de libre circulation des personnes, des biens et des services ;
- la procédure d'élection des membres du Parlement de la CEMAC ;
- les impôts, taxes et tous prélèvements communautaires.

L'Avis conforme du Parlement est requis pour l'adhésion de nouveaux membres, les accords d'association avec les Etats tiers, le droit d'établissement et la libre circulation des personnes, des biens et des services.

Article 26 : Dans le cadre de la participation au processus décisionnel, le Parlement exprime ses vues sous la forme de recommandations, d'avis simples ou conformes ou de propositions d'amendements.

Article 27 : Le Parlement peut inviter la Commission à développer ou infléchir les politiques existantes ou à initier de nouvelles.

Article 28 : Chaque année, la Commission transmet le projet de budget de la Communauté arrêté par le Conseil des ministres au Parlement, trente (30) jours avant le début de la deuxième session ordinaire visée à l'article 9 de la Présente Convention.

Article 29 : Le Parlement peut proposer des amendements au projet de budget.

Il renvoie alors le projet de budget à la Commission, dans un délai de dix (10) jours à compter de la fin de la deuxième session.

Le projet de budget accompagné des éventuels amendements du Parlement est transmis au Conseil des ministres par la Commission pour adoption.

Lorsque le Conseil des ministres rejette un amendement du Parlement, le Comité Permanent de Concertation est saisi.

Titre III : Du Comité Permanent de Concertation

Article 30 : Il est créé un Comité Permanent de Concertation chargé de faciliter le dialogue entre le Parlement, le Conseil des ministres, le Comité ministériel et la Commission.

La composition, l'organisation et le fonctionnement dudit Comité font l'objet d'un règlement conjoint du Parlement, du Conseil des ministres et du Comité ministériel.

Titre IV : Du Règlement intérieur du Parlement

Article 31 : Le Règlement intérieur du Parlement de la CEMAC contient toutes les dispositions nécessaires en vue d'appliquer et compléter la présente Convention, en tant que de besoin.

Dès la session inaugurale, le Parlement procède à l'adoption de son Règlement intérieur et à la mise en place de ses structures.

Le Règlement intérieur, les résolutions, les recommandations et les avis simples ou conformes du Parlement sont publiés au Bulletin Officiel de la Communauté.

Il en est de même des rapports que le Parlement décide de publier.

Titre V : Des dispositions transitoires, financières et finales

Article 32 : Dans l'attente de l'élection des Députés de la CEMAC au suffrage universel direct et par dérogation aux articles 5 et 13 de la présente Convention :

- les députés au Parlement sont désignés par l'Assemblée nationale de chaque Etat membre ;
- le nombre de Députés est fixé à cinq (05) par Etat membre ;
- la présidence du Parlement est exercée par un Député ressortissant de l'Etat qui assure la présidence de la Conférence des Chefs d'Etat.

Article 33 : Le budget du Parlement est incorporé au budget de la Communauté. Le Parlement jouit d'une autonomie de gestion.

Article 34 : La présente Convention peut être amendée à l'initiative d'un Etat membre qui adresse à cet effet une demande écrite au Président de la Commission. La Conférence peut approuver le projet d'amendement lorsque tous les Etats membres en auront été dûment avisés, et après avis de la Cour de Justice de la CEMAC.

Le Parlement peut également, s'il le juge nécessaire, par l'intermédiaire du Président de la Commission, proposer des amendements à la présente Convention.

L'amendement entre en vigueur pour chaque Etat qui l'aura accepté trente (30) jours après la notification de cette acceptation du Président de la Commission.

Article 35 : La présente Convention sera ratifiée par les Etats membres en conformité avec leurs règles constitutionnelles respectives.

Article 36 : La présente Convention entre vigueur après sa signature par les Etats membres et soixante (60) jours après le dépôt de l'instrument de ratification auprès de la République du Tchad qui en informera les Etats membres signataires et leur en délivrera copies certifiées conformes.

Article 37 : La présente Convention sera enregistrée, après ratification, auprès de l'Organisation des Nations Unies et de l'Union Africaine.

En foi de quoi, ont apposé leur signature au bas de la présente Convention,

Fait à Yaoundé, le 25 juin 2008

Pour la République du Cameroun
S.E. Paul BIYA
Président de la République

Pour la République Centrafricaine
S.E. François BOZIZE
Président de la République

Pour la République du Congo
S.E. Denis SASSOU NGUESSO
Président de la République

Pour la République Gabonaise
S.E. El Hadj OMAR BONGO ONDIMBA
Président de la République

Pour la République de Guinée Equatoriale
S.E. Obiang NGUEMA MBASOGO
Président de la République

Pour la République du Tchad
S.E. Youssouf Saleh ABBAS,
Premier Ministre

DEUXIEME PARTIE : LES ORGANISATIONS DE COOPERATION

Les organisations de coopération dont il est question ici sont : la Commission des Forêts de l'Afrique Centrale (COMIFAC) ; la Conférence sur les Ecosystèmes Denses et Humides de l'Afrique Centrale (CEFDHAC) ; la CICOS ; le Fonds Bleu pour le Bassin du Congo (F2BC) ; la Commission Climat du Bassin du Congo (CCBC) ; la Conférence Internationale sur la Région des Grands Lacs (CIRGL) ; la Commission du Golfe de Guinée (C.G.G.) et la Commission Régionale des Pêches du Golfe de Guinée (COREP).

Les objectifs de ces organisations montrent une Afrique centrale secouée et préoccupée par deux types de sérieux problèmes : les problèmes environnementaux et les problèmes sécuritaires. C'est ainsi que certaines organisations internationales de la sous-région interviennent dans la gestion des ressources naturelles (**Chapitre Ier**), d'autres interviennent plutôt dans des questions relatives à la paix et à la sécurité, comme la Conférence Internationale pour la région des grands Lacs (**Chapitre II**).

CHAPITRE I : LES ORGANISATIONS DE GESTION DES RESSOURCES NATURELLES

Vers la fin des années 90 et surtout à partir du début des années 2000, le Bassin du Congo intéresse davantage la Communauté internationale en général et les Etats de l'Afrique centrale en particulier. La montée en puissance de l'importance accordée à cet espace vient de ce qu'il regorge d'énormes potentialités économiques, sociale et surtout environnementale. La plupart des pays africains étaient réticents à l'égard des préoccupations environnementales. Ces dernières ont été exposées sur le plan mondial lors de la Conférence de Stockholm de 1972 mais, la protection de l'environnement était vue comme un piège, un frein inventé par les européens pour empêcher le développement économique de l'Afrique. Les changements vont intervenir à partir des années 1990, décennie du renforcement des droits et libertés individuels, de l'instauration de la démocratie... Vers la fin de cette période et depuis le début des années 2000, l'adhésion à la protection de l'environnement est devenue plus forte. La multiplication des organisations internationales autour du bassin du Congo **(Section I)** traduit cette volonté africaine. Aussi, parallèlement aux problèmes liés à la gestion durable des ressources du Bassin du Congo, les Etats d'Afrique centrale se préoccupent également de l'utilisation et de la gestion durable des ressources maritimes. C'est ainsi qu'ils ont créé d'autres organismes chargés de la gestion des ressources naturelles dans le Golfe de Guinée **(Section II)**.

Section I : Les organisations du bassin du Congo

Le Bassin du Congo regorge d'énormes potentialités en ressources naturelles. Pour intensifier la protection de celles-ci, bon nombre d'organisations ont vu le jour dans le domaine de la forêt, de l'eau, du climat... Parmi ces organisations il y a lieu de citer : la COMIFAC, la CEFDHAC, le F2BC et la CICOS et la CCBC. A cet égard, d'une part, les Etats ont créé les organisations chargées de la gestion des ressources forestières (**§I**) et d'autre part, celles qui sont chargées de la gestion et du financement des activités liées aux ressources en eau (**§ II**).

§ I : Les organisations de gestion des ressources forestières

Il s'agit ici de la Commission des Forêts d'Afrique Centrale et de la Conférence sur les Ecosystèmes de Forêts Humides d'Afrique Centrale

(CEFDHAC). Ces deux organisations sont nées de la volonté politique des Etats d'Afrique Centrale d'organiser la coopération en matière forestière dans la sous-région[48]. Car, comme l'affirme Madame le Professeur Emmanuel, « *les politiques nationales de gestion des écosystèmes forestiers [présentaient] le principal inconvénient de briser l'unité géographique des massifs forestiers qui relèvent de la juridiction de plusieurs Etats*[49]. » C'est la raison pour laquelle la première Conférence sur les Ecosystèmes Forestiers de Forêts Humides d'Afrique centrale (CEFDHAC) s'était tenue le 30 mai 1996 à Brazzaville, à l'issue de laquelle était adoptée la Déclaration sur la conservation des forêts. C'est sur la base de cet instrument qu'un premier Sommet des Chefs d'Etat[50] était organisé à Yaoundé du 17 au 19 mai 1999, il s'achèva par la signature de la Déclaration de Yaoundé du 17 mai 1999[51]. Cette Déclaration institue la Conférence des ministres en charge des forêts d'Afrique Centrale (COMIFAC) qui avait tenu sa première Conférence à Yaoundé du 4 au 7 mai 2000 avant de voir adoptés ses Statuts le 28 juin 2002.

Mais le 30 septembre 2004, les ministres en charge des forêts d'Afrique centrale décident, à Libreville, de transformer la Conférence des Ministres des Forêts d'Afrique Centrale en une organisation intergouvernementale dotée de la personnalité juridique[52]. C'est ainsi que le deuxième Sommet des Chefs d'Etat sur la conservation et la gestion durable des écosystèmes forestiers d'Afrique centrale, tenu à Brazzaville du 4 au 5 février 2005, s'est terminée par la conclusion du Traité relatif à la conservation et à la gestion durable des écosystèmes forestiers d'Afrique centrale et instituant la Commission des forêts d'Afrique centrale (COMIFAC). La COMIFAC est une organisation chargée de l'orientation, l'harmonisation et du suivi des politiques forestières et environnementales en Afrique centrale[53]. Elle est dirigée par un Sommet des Chefs d'Etat et de Gouvernement[54], un Conseil des Ministres[55] et un Secrétariat Exécutif[56].

---

[48] Emmanuel Delphine Edith, « La Commission des forêts d'Afrique Centrale », in Revue Juridique de l'Environnement, n°2, 2007, pp. 203-213, p. 204

[49] Idem, p. 205

[50] Le Sommet des Chefs d'Etat avaient réuni la République du Cameroun, la République centrafricaine, la République du Congo, la République du Gabon, la République du Tchad ainsi que son Altesse royale le prince Philip, duc d'Edimbourg, président émérite de WWF International.

[51] Cette Déclaration a été entérinée par la Résolution n°54/214 du 1er février 2000 de l'Assemblée Générale des Nations Unies lors de sa 54eme session.

[52] Emmanuel Delphine Edith, « La Commission des forêts d'Afrique Centrale », op cit, p. 208

[53] Article 5, al. 2 du Traité instituant la COMIFAC

[54] Art. 7 et 8 du Traité

[55] Art. 9 à 12 du Traité

Parallèlement, la CEFDHAC, initialement appelée Processus de Brazzaville, avec l'appui de l'Union Internationale pour la Conservation de la Nature (UICN), qui conjugue ses efforts avec la COMIFAC, elle demeure un forum de discussion et de conversation en vue de sensibiliser les acteurs et les encourager à conserver les écosystèmes forestiers de la sous-région et à utiliser de façon durable et équitable les ressources qu'ils recèlent[57]. Pour atteindre ses buts, la CEFDHAC comprend les organes suivants : le Forum sous régional ; le Comité de Pilotage Sous régional ; l'Agence de Facilitation sous régionale et le Forum National. Les missions et les règles de fonctionnement de ces organes sont déterminées par le Règlement Intérieur[58].

Pour les besoins d'informations juridiques, les textes sur la COMIFAC **(A)** et la CEFDHAC **(B)** fournissent la matière.

A : La Commission des Forêts d'Afrique Centrale (COMIFAC)

Traité relatif à la Conservation et à la Gestion durable des Ecosystèmes d'Afrique Centrale et instituant la Commission des Forêts d'Afrique Centrale (COMIFAC).

Préambule

Les Etats parties :

- La République du Burundi,
- La République du Cameroun,
- La République Centrafricaine,
- La République du Congo,
- La République Démocratique du Congo,
- La République Gabonaise,
- La République de Guinée Equatoriale,
- La République du Rwanda,
- La République de Sao Tomé et Principe,
- La République du Tchad.

Vu la Convention de Vienne de 1986 relative aux traités conclus entre les Etats et les organisations internationales ou entre ces dernières elles-mêmes ;

Vu la Déclaration de Rio de Janeiro de Juin 1992 sur tous les types de forêts et l'Agenda 21 en son chapitre II ;

Vu la Convention des Nations Unies sur la diversité biologique ;

---

[56] Art. 13 à 17

[57] Article 3 des Statuts de la CEFDHAC

[58] Article 8 des Statuts de la CEFDHAC

Vu la Convention des Nations Unies sur la lutte contre la Désertification ;

Vu la Convention des Nations Unies sur les Changements climatiques ;

Vu la Déclaration des Chefs d'Etats d'Afrique centrale du 17 mars 1999 sur la conservation et la gestion durable des forêts tropicales, dite « Déclaration de Yaoundé », socle du présent Traité et dans laquelle les Chefs d'Etats proclament :

- leur attachement au principe de conservation de la biodiversité et de la gestion durable des écosystèmes forestiers d'Afrique centrale ;
- le droit de leurs peuples à compter sur les ressources forestières pour soutenir leurs efforts de développement économique et social ;
- leur adhésion déjà ancienne à la nécessité de concilier les impératifs de développement économique et social avec la conservation de la diversité biologique dans le cadre d'une coopération sous-régionale et internationale bien comprise ;
- leur intérêt à la mise en place par la communauté internationale, aujourd'hui très consciente du rôle écologique des forêts, d'un mécanisme international destiné au financement d'un fonds fiduciaire pour soutenir de manière durable les pays de la sous-région dans leurs efforts d'aménagement, de conservation et de recherche sur les écosystèmes forestiers ;
- leur soutien et leur solidarité avec les pays sahéliens de l'Afrique centrale dans leur lutte contre l'avancée du désert ;

Vu la Résolution n°54/214 du 1er février 2000 de l'Assemblée Générale des Nations Unies lors de sa 54e session, prenant acte de cette Déclaration des Chefs d'Etats d'Afrique centrale, dite « Déclaration de Yaoundé » ;

Vu les statuts de la Conférence des Ministres en charge des forêts d'Afrique centrale (COMIFAC) adopté à Yaoundé, le 28 juin 2002 ;

Conscients de la nécessité de poser les bases fiables et durables d'une coopération sous-régionale en matière de conservation et de gestion durable des forêts ;

Conviennent de ce qui suit :

Titre I : Des engagements

Article 1er : Les Etats Parties au présent Traité s'engagent, dans le cadre de la conservation et de la gestion durable des écosystèmes forestiers d'Afrique centrale, à :

- inscrire dans leurs priorités nationales, la conservation et la gestion durable des forêts ainsi que la gestion de l'environnement ;

- adopter des politiques nationales harmonisées en matière de forêts et accélérer la mise en place des instruments d'aménagement, notamment des systèmes de certification reconnus internationalement, agréés par les Etats de l'Afrique centrale et développer les ressources humaines pour leur mise en œuvre ;
- mettre en place des mesures destinées à concilier les actions en faveur de la conservation et de la gestion durable des écosystèmes forestiers avec les politiques de développement dans d'autres secteurs, notamment le reboisement, les transports et l'agriculture ;
- mettre en place, dans chaque Etat, des mécanismes durables de financement du développement du secteur forestier à partir des revenus générés par l'activité forestière et la coopération internationale ;
- inciter leurs Gouvernements à mettre en œuvre les actions prioritaires du Plan de Convergence, à savoir : l'identification des zones prioritaires de conservation, la création de nouvelles aires protégées, l'élaboration et la mise en œuvre des plans de gestion des aires protégées et ; l'appropriation par les Etats des processus engagés dans les programmes pilotes ;
- développer une fiscalité forestière adéquate et des mesures d'accompagnement nécessaires à sa mise en œuvre pour soutenir de manière pérenne les efforts de conservation, d'aménagement durable et de recherche sur les écosystèmes forestiers ;
- accélérer le processus de création des aires protégées transfrontalières entre les pays de l'Afrique centrale et inviter les pays voisins à s'intégrer dans le processus, tout en renforçant la gestion des aires protégées existantes ;
- renforcer les actions visant à accroitre la participation rapide des populations rurales dans la planification et la gestion durable des écosystèmes et réserver des espaces suffisants pour leur développement socio-économique ;
- veiller à une plus grande implication des opérateurs économiques dans le processus de gestion durable et de conservation des écosystèmes forestiers ;
- mettre en place des actions concertées en vue d'éradiquer le braconnage et toute autre exploitation non durable dans la sous-région, en y associant les parties prenantes, notamment les opérateurs économiques et les populations ;
- promouvoir et accélérer le processus d'industrialisation du secteur et développer des mécanismes adéquats de financement du secteur privé national, en vue de maximiser la valeur ajoutée et de créer des emplois nouveaux et valorisants, tout en veillant à l'utilisation durable des ressources en harmonie avec la possibilité forestière ;

- œuvrer pour l'harmonisation standardisée des documents accompagnant la circulation des produits forestiers et fauniques ;
- promouvoir l'organisation des fora nationaux et sous-régionaux d'échanges d'expériences ;
- favoriser la mise en place de réseaux liant les institutions pertinentes de recherche et de développement forestier ;
- renforcer la coordination ainsi que la coopération entre toutes les organisations nationales et internationales impliquées dans les actions et la réflexion sur l'utilisation durable et la conservation des ressources biologiques et des écosystèmes forestiers.

Article 2 : Pour la mise en œuvre des engagements ci-dessus, les Etats s'obligent à :

- financer les actions relatives à la gestion durable des écosystèmes forestiers et de l'environnement ;
- développer le partenariat avec la communauté internationale, dans le but de mobiliser des ressources nécessaires pour le financement des engagements visés à l'article 1 du présent traité ;
- œuvrer ensemble pour obtenir l'éligibilité des programmes et actions initiés par les Etats membres du Traité à divers mécanismes de financement novateurs.

Titre II : Des membres

Article 3 : Sont Parties au Présent Traité, les Etats d'Afrique centrale ci-après :

- La République du Burundi ;
- La République du Cameroun ;
- La République Centrafricaine ;
- La République du Congo ;
- La République Démocratique du Congo ;
- La République Gabonaise ;
- La République de Guinée Equatoriale ;
- La République du Rwanda ;
- La République de Sao Tomé et Principe ;
- La République du Tchad.

Article 4 : Peut également devenir membre du présent Traité, tout autre Etat d'Afrique centrale qui y adhère conformément aux modalités prévues à l'article 25 ci-dessous.

Titre III : De la mise en œuvre

Article 5 : Pour la mise en œuvre du présent Traité, il est créé une organisation sous-régionale dénommée « COMMISSION DES FORETS D'AFRIQUE CENTRALE », en abrégé « COMIFAC ».

La COMIFAC est une organisation chargée de l'orientation, de l'harmonisation et du suivi des politiques forestières et environnementales en Afrique centrale.

- **Chapitre I : Du siège, de la durée et des organes**

Article 6 : Le siège de la COMIFAC est fixé à Yaoundé, République du Cameroun. Toutefois, il peut être transféré dans un autre pays membre sur décision du Sommet des Chefs d'Etat et de Gouvernement.

La durée de la COMIFAC est illimitée.

Les organes de la COMIFAC sont :

- le Sommet des Chefs d'Etat et de Gouvernement ;
- le Conseil des Ministres ;
- le Secrétariat Exécutif.

- **Chapitre II : Du sommet des chefs d'Etat et de Gouvernement**

Article 7 : Le Sommet des Chefs d'Etat et de Gouvernement est composé des Chefs d'Etat et de Gouvernement des Etats Membres de la COMIFAC ou leurs représentants.

Le Sommet arrête les orientations de l'organisation pour la mise en œuvre des engagements tels que définis à l'article 1 du Titre I du présent Traité.

Article 8 : Le Sommet défini à l'article 7 ci-dessus se tient à la demande des Chefs d'Etat et de Gouvernement ou à celle du Conseil des Ministres.

Ses décisions sont prises par consensus. A défaut, elles le sont à la majorité simple des membres.

Les réunions du Sommet des Chefs d'Etat et de Gouvernement se tiennent à huis clos.

- **Chapitre III : Du Conseil des ministres**

Article 9 : Le Conseil des Ministres est composé des Ministres en charge des forêts et/ou de l'Environnement de chaque Etat Membre de la COMIFAC.

Article 10 : Le Conseil des Ministres est l'organe de décision, de coordination et de contrôle de la mise en œuvre des politiques en matière de gestion durable des écosystèmes forestiers d'Afrique centrale.

A ce titre, il est chargé notamment de :

- veiller à l'exécution des orientations prises par le Sommet des Chefs d'Etat et de Gouvernement ;

- nommer et révoquer les membres du Secrétariat Exécutif ;
- orienter et évaluer l'action du Secrétariat Exécutif ;
- examiner et adopter le budget du Secrétariat Exécutif ;
- approuver et faire auditer les comptes ;
- approuver la rémunération des différentes catégories de personnel ;
- exercer conjointement avec le Secrétariat Exécutif, le pouvoir disciplinaire.

Article 11 : Le Conseil des Ministres se tient en session ordinaire tous les deux ans.

Les sessions ordinaires ont lieu dans chaque Etat Membre, de manière rotative et par ordre alphabétique de la langue française.

Chaque session fixe l'ordre du jour du prochain Conseil.

Des sessions extraordinaires peuvent être convoquées par le Président en exercice, à la demande des 2/3 des Etats Membres.

La tenue de tout Conseil des Ministres doit requérir un quorum de 2/3 des Etats Membres. A défaut, une nouvelle session se tient, sans aucune exigence de quorum, à une date ultérieure.

Les décisions du Conseil des Ministres sont prises par consensus. A défaut, elles le sont à la majorité simple des Membres.

Le Conseil des Ministres se tient à huis clos.

Il peut faire appel à toute personne à raison de ses compétences pour apporter un éclairage sur une question précise portée à l'ordre du jour.

Article 12 : Le Président en exercice du Conseil des Ministres est le Ministre en charge des Forêts du pays assurant la Présidence de la COMIFAC. Le mandat du Président est de deux ans.

Le Président en exercice :

- convoque les sessions du Conseil des Ministres ;
- dirige les débats du Conseil ;
- veille à l'exécution des décisions et recommandations du Sommet des Chefs d'Etat et de Gouvernement et de celles du Conseil des Ministres ;
- représente le Conseil des Ministres pendant l'intersession et agit en concertation avec les autres Ministres en charge des Forêts et/ou de l'Environnement ;
- coordonne la préparation des sessions du Conseil des Ministres.

❖ **Chapitre IV : Du secrétariat exécutif**

Article 13 : Le Secrétariat Exécutif est composé d'un Secrétaire Exécutif, d'un Secrétaire Exécutif Adjoint-Coordonnateur Technique et d'un Directeur Administratif et Financier.

Le Secrétaire Exécutif, le Secrétaire Exécutif Adjoint-Coordonnateur Technique et le Directeur Administratif et Financier sont sommés par le Conseil des Ministres, sur proposition du Ministre en charge des Forêts et/ou de l'Environnement du pays dont est issu chaque candidat.

La désignation du Secrétariat Exécutif, d'un Secrétaire Exécutif Adjoint-Coordonnateur Technique et d'un Directeur Administratif et Financier intervient après réception par le Secrétariat Exécutif de trois candidatures envoyés par le Ministre en charge des Forêts et/ou de l'environnement du pays dont est issu chaque candidat.

Le Conseil des Ministres peut décider de la création d'autres postes statutaires, pour renforcer les capacités du Secrétariat Exécutif.

La durée de leur mandat est fixée à 4 ans, renouvelable une seule fois.

Toutefois, en cas de manquement dûment constatés, le Conseil des Ministres peut mettre fin avant terme aux fonctions de l'un ou l'autre membre du Secrétariat Exécutif.

En vue d'assurer à la base le suivi-évaluation de la mise en œuvre du présent Traité, le Secrétariat Exécutif dispose d'un Forum sous-régional et des Fora nationaux qui regroupent, à ces différentes échelles, les ONG, les Administrations, les Partenaires au Développement, les Bailleurs de fonds, le Secteur Privé, la Société Civile et les Parlementaires.

Le règlement intérieur de la COMIFAC précisera l'organisation et le fonctionnement de ces fora.

Afin de renforcer sa capacité de travail, le Secrétariat Exécutif peut faire appel à des consultants et à des partenaires, à travers des protocoles d'entente. La conclusion de ces protocoles d'entente est subordonnée à l'accord préalable du Président du Conseil des Ministres.

Article 14 : Le Secrétariat Exécutif est l'organe d'exécution de la COMIFAC. A ce titre, il a pour missions :

- d'assurer la coordination de la mise en œuvre des activités de la COMIFAC ;
- d'appliquer les décisions du Conseil des Ministres ;

Article 15 : Le Secrétariat Exécutif est chargé de :

- représenter la COMIFAC dans tous les actes de la vie civile ;
- coordonner l'exécution des activités du Secrétariat Exécutif ;
- assurer la promotion de la COMIFAC sur la scène internationale ;

- superviser et coordonner toutes les activités se rapportant à l'organisation des travaux du Conseil des Ministres ;
- participer avec voix consultative aux travaux du Conseil des Ministres. Il en est le rapporteur ;
- préparer l'ordre du jour du Conseil des Ministres, en concertation avec le Président en exercice ;
- élaborer les programmes, les projets de budget et les comptes à soumettre au Conseil des Ministres.

Article 16 : Le Secrétaire Exécutif Adjoint est le coordonnateur technique du Secrétariat Exécutif.

A ce titre, il est notamment chargé de :

- exécuter, superviser et coordonner le travail technique du Secrétariat Exécutif ;
- élaborer les termes de référence pour les études et le recrutement des experts ;
- élaborer le programme de travail annuel (PTA) ;
- élaborer les rapports techniques du Secrétariat Exécutif, en assurer la qualité et la régularité. Il assure l'intérim du Secrétaire Exécutif en cas d'absence.

Article 17 : Le Directeur Administratif et financier assure, sous l'autorité du Secrétaire Exécutif, la gestion des ressources humaines, matérielles et financières de la COMIFAC.

Titre IV : Des relations avec d'autres organisations et des protocoles d'accord

Article 18 : Des conventions de collaboration peuvent être conclues entre la COMIFAC et d'autres organisations Régionales ou sous-régionales dans le cadre de l'accomplissement de ses missions.

Il s'agit notamment de :

- l'Organisation pour la Conservation de la Faune Sauvage en Afrique (OCFA), pour la biodiversité et la lutte anti-braconnage transfrontalière ;
- l'Agence Internationale pour le Développement de l'Information Environnementale (ADIE), pour la gestion de l'information environnementale de la sous-région et sa diffusion auprès de l'ensemble des partenaires ;
- la Conférence sur les Ecosystèmes des Forets Denses et Humides d'Afrique Centrale (CEFDHAC), pour la gestion des processus de concertation au sein du Forum Sous-Régional et des Fora Nationaux et de leurs commissions spécialisées ;

- l'Organisation Africaine du Bois (OAB), en particulier sur les questions d'économie forestière, de certification et de commerce des produits forestiers ;
- le Réseau des Aires Protégées d'Afrique Centrale (RAPAC).

Article 19 : Des protocoles ou Accords peuvent être conclus en vertu du présent Traité avec d'autres organisations internationales.

Les Accords conclus antérieurement au présent Traité par des Etats Parties dans le cadre de la mise en œuvre de la « Déclaration de Yaoundé » du 17 mars 1999 sont réputés valides et considérés comme Accords au sens de l'alinéa premier du présent article.

Titre V: Des ressources et de la gestion financière

❖ Chapitre I : Des ressources

Article 20 : Le financement de la COMIFAC est assuré par une contribution obligatoire des Etats Membres selon un principe égalitaire ou conformément à un mécanisme de financement indexé sur un taux appliqué à la somme des recettes réalisées sur les produits forestiers et fauniques exportés.

Toutefois, la COMIFAC peut rechercher des financements additionnels, notamment auprès des partenaires au développement.

Le montant de la contribution annuelle obligatoire des Etats est fixé par le Conseil des Ministres, sur proposition budgétaire préparée par le Secrétariat Exécutif.

Tout Etat qui ne remplit pas ses obligations financières perd son droit de vote ainsi que tout appui de l'organisation, jusqu'à régularisation.

La COMIFAC est habilitée à recevoir des dons et legs.

La COMIFAC est ouverte à tout autre mode de financement susceptible d'accroitre ses ressources sans porter atteinte à ses objectifs.

Article 21 : Le financement des Sommets des Chefs d'Etat et de Gouvernement et du Conseil des Ministres est assuré conjointement par le pays hôte et la COMIFAC.

Article 22 : Le financement du Secrétariat Exécutif est assuré par la COMIFAC.

❖ Chapitre II : De la gestion financière

Article 23 : Les procédures de gestion financière seront fixées par le règlement intérieur qui sera élaboré par le Secrétariat Exécutif et soumis, pour approbation, au Conseil des Ministres.

Article 24 : Un audit comptable et financier est réalisé chaque année par un cabinet d'expertise comptable agréé et indépendant, choisi par le Conseil des

Ministres sur proposition de son Président, à la suite d'une procédure de sélection.

Titre VI : Des dispositions diverses et finales

Article 25 : Le présent Traité est soumis à la ratification, à l'acceptation ou l'approbation des Etats Parties suivant leurs procédures nationales respectives.

Il est ouvert à l'adhésion d'autres Etats, à partir de la date à laquelle il cesse de l'être à la signature des Etats Parties originaires.

Les instruments de ratification, d'acceptation ou d'adhésion seront déposés auprès du dépositaire.

Article 26 : Le présent Traité entrera en vigueur le trentième jour suivant le dépôt du sixième instrument de ratification, d'adoption ou d'approbation selon le cas ou d'adhésion.

Article 27 : Les langues de travail de la COMIFAC sont le français, l'espagnol et le portugais.

L'original du présent Traité sera déposé auprès du Secrétariat Exécutif qui en est le dépositaire.

Le Secrétariat Exécutif notifiera aux Etats Membres, les dates de dépôt des instruments de ratification, d'acceptation ou d'adhésion et fera enregistrer le présent Traité auprès de l'Union Africaine et auprès de l'Organisation des Nations Unies.

Article 28 : Toute Partie contractante peut proposer des amendements au présent Traité. Les amendements sont adoptés à l'unanimité ou par consensus par le Sommet des Chefs d'Etat et de Gouvernement.

Les propositions d'amendements sont déposées par écrit au Secrétariat Exécutif qui les transmet aux autres parties.

Article 29 : La COMIFAC jouit, sur le territoire de chacun des Etats Membres, de la capacité juridique et des privilèges et immunités qui lui sont nécessaires pour atteindre ses objectifs.

Les représentants des Etats Membres et les fonctionnaires de la COMIFAC jouissent des privilèges et immunités reconnus aux organisations internationales à caractère technique, conformément aux dispositions de la Convention de Vienne sur les relations diplomatiques.

Article 30 : Les membres du Secrétariat Exécutif doivent s'abstenir de toute activité incompatible avec leur statut de fonctionnaires internationaux.

Dans l'exercice de leurs fonctions, ils ne pourront solliciter ou recevoir des instructions d'aucun Gouvernement.

Ils sont soumis à l'obligation de réserve et sont tenus au respect professionnel.

Article 31 : En cas de différend entre Parties contractantes touchant à l'interprétation ou à l'application du présent Traité, les Parties concernées recherchent une solution par voie de négociation.

Si les Parties concernées ne peuvent pas parvenir à un accord par voie de négociation, elles peuvent conjointement faire appel aux bons offices ou à la médiation d'une tierce partie.

Fait à Brazzaville, le 05 février 2005

Ont signé :

Son Excellence Paul BIYA, Président de la République du Cameroun ;

Son Excellence François BOZIZE, Président de la République Centrafricaine ;

Son Excellence Denis SASSOU-NGUESSO, Président de la République du Congo ;

Son Excellence Joseph KABILA, Président de la République Démocratique du Congo ;

Son Excellence El Hadj Omar BONGO ONDIMBA, Président de la République Gabonaise ;

Son Excellence OBIANG NGUEMA MBASOGO, Président de la République de Guinée-Equatoriale ;

Son Excellence Idriss DEBY, Président de la République du Tchad ;

Son Excellence Fradique BANDEIRA MELO DE MENEZES, Président de la République Démocratique de Sao Tomé et Principe ;

Pour Son Excellence José Eduardo DOS SANTOS, Président de la République d'Angola, Monsieur Fernando da Piedade DIAS DOS SANTOS, Premier Ministre ;

Pour Son Excellence Paul KAGAME, Président de la République du Rwanda, Monsieur Bernard MAKUZA, Premier Ministre ;

Pour son Excellence Domitien NDAYIZEYE, Président de la République du Burundi, Monsieur l'Ambassadeur Albert MBONERANE, Ministre de l'Aménagement du Territoire, de l'Environnement et du Tourisme.

B : La Conférence sur les Ecosystèmes de Forêts Denses et Humides d'Afrique Centrale (CEFDHAC)

1 : Les Statuts de la CEFDHAC

Préambule

Les ministres en charge des forêts, les représentants des Parlements, des Organisations Non Gouvernementales, du Secteur privé et des institutions de recherche des pays d'Afrique centrale, réunis en session ordinaire de la sixième Conférence sur les Ecosystèmes de Forêts Denses et Humides d'Afrique centrale (CEFDHAC) ;

- Vu la déclaration des différentes parties prenantes du Secteur des forêts signée à Brazzaville au Congo en date du 30 mai 1996 ;
- Considérant les engagements pris par les Chefs d'Etat d'Afrique centrale lors du Sommet du 17 mars 1999 à Yaoundé au Cameroun sur la conservation et la gestion durable des forêts ;
- Vu le Traité relatif à la Conservation et à la Gestion durable des Ecosystèmes forestiers d'Afrique centrale et instituant la Commission des Forêts d'Afrique centrale (COMIFAC), signé à Brazzaville au Congo le 05 février 2005 ;
- Reconnaissant l'importance du Partenariat pour les Forêts du Bassin du Congo lancé le 4 septembre 2002 à Johannesburg par les Etats Unis et l'Afrique du Sud ;
- Revu les Statuts de la CEFDHAC adoptés à Kinshasa en République Démocratique du Congo le 12 juin 2002 ;
- Attendu que le rôle du Forum des Nations Unies sur les forêts est de mobiliser toutes les parties prenantes pour développer le consensus relatif à la promotion de la gestion durable de tous les types de forêts ;
- Reconnaissant que la conjugaison des efforts de la COMIFAC et de la CEFDHAC tel que prescrit dans les textes organiques de ces deux institutions est de nature à garantir une gestion concertée des écosystèmes forestiers d'Afrique centrale ;
- Conscients de la nécessité d'asseoir les bases d'une coopération solide et durable entre les deux organismes afin de les rendre complémentaires et d'optimiser leurs actions ;
- Considérant l'importance économique, écologique, sociale et culturelle des écosystèmes forestiers d'Afrique centrale, leur étendue et leur grande diversité biologique ;
- Rappelant l'impérieuse nécessité d'harmoniser les politiques sous régionales en matière de gestion de ces écosystèmes et de renforcer la coopération entre les Etats de la sous région ;
- Soulignant la nécessité d'impliquer davantage les communautés et les collectivités locales, les organisations non gouvernementales, le

secteur privé et les catégories sociales spécifiques dans la conservation et la gestion des écosystèmes forestiers ;
- Réaffirmant la nécessité d'assurer le suivi des recommandations issues des différentes sessions de la Conférence ;

Ont convenu de ce qui suit :

Titre I : Dénomination-Nature-Objectifs-Durée

Article 1 :

(1) Il est institué une Conférence sur les Ecosystèmes de Forêts Denses et Humides d'Afrique centrale, dont le sigle est CEFDHAC.

(2) La Conférence sur les Ecosystèmes de Forêts Denses et Humides d'Afrique centrale est un forum constitué en vue de favoriser l'adhésion des parties prenantes au processus de gestion durable et équitable des écosystèmes forestiers d'Afrique centrale.

Ce forum est conçu à la fois comme :

- un espace de dialogue et concertation, à travers l'intégration de tous les groupes d'acteurs intervenant dans la sous-région ;
- un espace d'échanges et de promotion d'expériences novatrices, ouvert à tous les intervenants du secteur forestier ;
- un espace de proposition et d'orientation, dont l'ensemble des idées et réflexions concourt à la prise de décisions, au niveau politique, sur les questions environnementales et forestières de la sous-région.

Article 2 :

(1) La CEFDHAC est une organisation sous régionale regroupant, au titre de chaque Etat membre, des représentants du Gouvernement, du Parlement, de l'Administration Publique, du Secteur Privé, du Secteur Associatif, des Organisations Non Gouvernementales, et de toutes autres parties prenantes dans la gestion des écosystèmes des forêts denses et humides d'Afrique centrale.
(2) A l'exception des institutions étatiques, les autres parties prenantes visées à l'alinéa précédent s'organisent soit en réseaux nationaux, soit en réseaux internationaux, afin de rationaliser leur participation à la Conférence.
(3) Les acteurs d'un même pays se regroupent en un forum national.
(4) Les règles de fonctionnement de la CEFDHAC sont fixées par les présents Statuts et le Règlement Intérieur.

Article 3 : **Des objectifs**

Dans le processus de gestion des forêts en Afrique centrale, la CEFDHAC sensibilise les acteurs et les encourage à conserver les écosystèmes forestiers de la sous région et à utiliser de façon durable et équitable les ressources qu'ils recèlent.

A cet effet, elle est notamment investie des missions ci-après :

- organiser les débats politiques et techniques à travers les fora nationaux et le forum sous régional, sur la base des thèmes spécifiques ;
- canaliser vers la Commission des Forêts d'Afrique Centrale (COMIFAC) et le Partenariat pour les Forêts du Bassin du Congo (PFBC), le produit de ses discussions et analyses, ainsi que les recommandations issues des différentes parties prenantes ;
- contribuer à la mise en œuvre du Plan de Convergence de la COMIFAC, du Plan d'Action Environnemental du Nouveau Partenariat pour le Développement de l'Afrique (NEPAD) en matière de gestion des forêts, de la Déclaration Ministérielle sur les Législations Forestières et la Gouvernance en Afrique et de son Plan d'action, ainsi que du Plan d'Action FLEGT (Forest Law Enforcement, Governance and Trade) de l'Union Européenne ;
- promouvoir la cohérence des politiques en matière de gestion forestière ;
- assurer la dissémination des informations sur l'état de la gestion des ressources forestières d'Afrique Centrale, y compris les initiatives innovantes ;
- organiser des campagnes thématiques.

Article 4 : **Durée**

La CEFDHAC est créée pour une durée illimitée.

Toutefois, sa dissolution peut être prononcée par Forum sous régional réuni en session extraordinaire, dans les conditions prévues à l'article 15 des présents statuts.

TITRE II : DES MEMBRES

Article 5 : (1) Sont membres de la CEFDHAC, les acteurs pertinents des Etats parties au Traité instituant la COFIMAC, qui acceptent les présents statuts et le Règlement Intérieur.

A la date d'adoption des présents statuts, sont parties à ce Traité les Etats ci-après :

- la République du Burundi ;
- la République du Cameroun ;
- la République Centrafricaine ;
- la République du Congo ;
- la République Gabonaise ;

- la République de Guinée Equatoriale ;
- la République du Rwanda ;
- la République de Sao Tomé et Principe ;
- la République du Tchad.

(2) Peuvent également devenir membres de la CEFDHAC, dans les mêmes conditions que ci-dessus, les acteurs pertinents de tout autre Etat ayant adhéré au Traité instituant la COMIFAC.

Article 6 : Catégories de membres

(1) La CEFDHAC comprend des membres fondateurs et des membres ordinaires.

(2) Ont qualité de membres fondateurs, les acteurs et parties prenantes signataires des présents statuts.

Les membres ordinaires regroupent notamment les représentants des différents partenaires ci-après :

- les structures gouvernementales impliquées dans la conservation et la gestion durable des écosystèmes forestiers d'Afrique centrale, y compris les structures administratives chargées de la gestion des finances et des affaires étrangères ;
- des parlementaires des pays membres ;
- le secteur privé spécialisé dans le domaine de l'exploitation des ressources des écosystèmes forestiers d'Afrique centrale ;
- les organisations parapubliques ;
- les agences de coopération internationale ;
- les organisations non gouvernementales nationales (ONG) ou internationales ;
- les organisations sous régionales impliquées dans la gestion des problèmes environnementaux et forestiers ;
- les réseaux d'organisations impliquées dans la gestion des forêts ;
- les institutions de formation et de recherche ;
- les communautés locales ou autochtones.

(3) Les droits et obligations des membres, l'admission de nouveaux membres ; la suspension, la démission, la radiation ou la réintégration des membres ainsi que les voies de recours en cas de contestation de décisions faisant grief, sont déterminés par le Règlement Intérieur.

Article 7 : Participation des membres du Gouvernement

La Présidence de la CEFDHAC est assurée par le Président en exercice du Conseil des Ministres de la Commission des Forêts d'Afrique Centrale. Il est assisté d'un Vice-Président, le Ministre en charge des forêts du pays hôte de la Conférence.

Le Président et le Vice-président participent aux travaux du Forum sous régional.

En cas de nécessité et en fonction des points inscrits à l'ordre du jour, le Président en exercice peut faire participer d'autres membres du Gouvernement.

Titre III : Des organes

Article 8 : Les principaux organes de la CEFDHAC sont :

- le Forum sous régional ;
- le Comité de Pilotage Sous régional ;
- l'Agence de Facilitation sous régionale ;
- le Forum National.

Les missions et les modalités de fonctionnement de ces organes sont déterminées par le Règlement Intérieur.

Titre IV : Dispositions financières

Article 9 : Ressources

Le budget de la CEFDHAC est alimenté par :

- les ressources financières issues du mécanisme de financement autonome de la COMIFAC ;
- les contributions extérieures, constituées notamment :
  - des contributions de fondations et des institutions financières internationales ou nationales ;
  - des contributions des Etats, des partenaires au développement, des organisations internationales, et des organisations non gouvernementales (ONG) ;
  - des fonds fiduciaires et d'autres mécanismes financiers ;
  - des contributions provenant de tout autre donateur intéressé.

Article 10 : **Mobilisation et gestion des fonds**

(1) L'Agence de Facilitation Sous régionale est chargée, entre autres, de la mobilisation des ressources financières nécessaires au fonctionnement de la CEFDHAC.

(2) Des manuels de procédures fixent les règles de gestion financière et de reddition des comptes.

Titre V : De la collaboration avec d'autres initiatives sous régionales

Article 11 :

(1) Conformément à l'article 18 du Traité relatif à la Conservation et à la Gestion durable des Ecosystèmes Forestiers d'Afrique Centrale et pour mieux accomplir leurs missions respectives, la CEFDHAC et la

COMIFAC organisent leur collaboration dans le cadre d'une convention conclue à cet effet.

(2) Des conventions de collaboration peuvent également être conclues entre la CEFDHAC et d'autres organisations sous régionales ou sous régionales opérant dans le secteur des forêts et de l'environnement.

(3) La CEFDHAC peut également conclure des conventions de partenariat à caractère ponctuel ou permanent avec des réseaux spécialisés, opérant dans des domaines d'activités autres que ceux de ses membres.

Article 12 : Les conventions de collaborations ou de partenariat entrent en vigueur après leur validation par le Forum sous régional, sauf disposition contraire de celui-ci.

Titre VI : Dispositions diverses et finales

Article 13 : Règlement intérieur et manuel de procédures

Un règlement Intérieur complète les dispositions des présents statuts. Le Règlement Intérieur et les manuels de procédures prévus à l'article 10 sont approuvés par le Forum sous régional qui se réuni en session ordinaire à la majorité des deux tiers (2/3) des membres présents.

Article 14 : Dissolution

(1) La dissolution de la CEFDAHC ne peut être prononcée qu'au cours d'une session extraordinaire du Forum sous régional regroupant au moins les deux tiers (2/3) des membres réguliers. La décision est prise à la majorité des deux tiers (2/3) des membres présents.

(2) En cas de dissolution, le Forum sous régional désigne, à la majorité simple des votants, un ou plusieurs liquidateurs investis des pouvoirs nécessaires en vue de réaliser l'actif et de régler le passif.

(3) L'actif net est reversé à un organisme ou à une association poursuivant des objectifs similaires à ceux de la CEFDHAC.

Article 15 : L'Agence de Facilitation sous régionale

L'Agence de Facilitation Sous régionale est une organisation internationalement reconnue, disposant d'un personnel qualifié et d'une logistique efficace.

Elle est désignée par le Forum Sous régional parmi les organismes ou institutions répondant aux critères ci-dessus mentionnés.

Ses attributions sont précisées dans le Règlement Intérieur.

Article 16 : Amendement et modification des statuts

Les propositions de modifications à apporter aux présents statuts sont examinées en session ordinaire du Forum sous régional. Elles ne peuvent être adoptées qu'à la majorité des deux tiers (2/3) des membres présents ou représentés.

Article 17 : Langues officielles

Les langues officielles utilisées dans les diverses sessions de la CEFDHAC sont le français, l'anglais, l'espagnol et le portugais.

Article 18 : Dispositions Transitoires

Jusqu'à l'entrée en activité des organes prévus à l'article 8 des présents Statuts, l'Agence de Facilitation en place continue d'assurer le Secrétariat de la CEFDHAC.

Article 19 : Entrée en vigueur

Les présents Statuts abrogent toutes les dispositions antérieures, notamment les Statuts de la CEFDHAC adoptés à Kinshasa le 12 juin 2002. Ils entrent en vigueur après leur adoption par la sixième réunion de la CEFDHAC, et leur signature par les membres fondateurs.

Ainsi adopté à Libreville, le / /2007.

2 : Le Règlement intérieur de la CEFDHAC

Titre I : Dispositions générales

Article 1 : Le présent Règlement intérieur a pour objet de définir les modalités d'organisation et de fonctionnement de la Conférence sur les Ecosystèmes de Forêts Denses et Humides d'Afrique Centrale (CEFDHAC).

Titre II : Les membres

Article 2 : **Adhésion à la CEFDHAC**

Outre les Etats d'Afrique centrale parties au Traité instituant la COMIFAC, l'adhésion à la CEFDHAC est ouverte à tout autre Etat, selon les conditions fixées à l'article 5 des statuts.

Article 3 : **Participation des Membres du Gouvernement**

La Présidence de la CEFDHAC est assurée par le Président en exercice du Conseil des Ministres de la Commission des Forêts d'Afrique Centrale. Il est assisté d'un Vice-Président, le Ministre en charge des Forêts du pays hôte du Forum sous régional.

Le Président et le Vice-président participent de droit aux travaux du Forum sous régional.

En cas de nécessité, le Président en exercice peut inviter d'autres Ministres, en fonction des points inscrits à l'ordre du jour.

Article 4 : Admission de nouveaux membres

La CEFDHAC comprend des membres fondateurs et des membres ordinaires, tel que défini à l'article 6 des statuts.

Les candidats désireux de faire partie de la CEFDHAC avec le statut de membre ordinaire doivent adresser une demande motivée au Bureau du Comité de pilotage régional, par le biais du Président du Forum national de la CEFDHAC.

Les réseaux sous régionaux adressent directement leur demande au Bureau du Comité de Pilotage sous régional.

Le Bureau du Comité de Pilotage sous régional soumet la demande à l'examen de l'ensemble des membres du Comité de pilotage sous régional. Celui-ci en fait rapport au Forum sous régional pour décision finale. Le forum sous régional décide à la majorité simple des membres présents.

Un candidat dont la demande d'adhésion est rejetée ne peut en reformuler une autre avant le délai de six mois à compter de la date du rejet.

Article 5 : Suspension- Démission-Radiation-Réintégration-Saisine du Président en exercice.

5.1. – Suspension

Tout membre de la CEFDHAC peut être suspendu en cas de violation de l'une des obligations prévues à l'article 6.2 du président Règlement Intérieur.

La proposition de suspension est soumise au Forum sous régional par le Président en exercice de la CEFDHAC.

Le Forum sous régional se prononce en session ordinaire, à la majorité des deux tiers des membres présents, et fixe à la même occasion la durée de la suspension.

5.2. – Démission

Tout membre qui le désire peut se retirer de la CFDHAC. Dans ce cas, il doit en aviser par écrit le Bureau du Comité de Pilotage Régional, avec ampliations au Président en exercice de la CEFDHAC et au Président au Forum national. La démission devient effective dès son acceptation par le Forum sous régional, à la majorité simple des participants.

5.3. – Radiation

En cas de violations répétées des obligations prévues à l'article 6.2 du présent Règlement intérieur par un membre, le Président en exercice propose sa radiation au Forum sous régional. Celui-ci constitue immédiatement un comité ad hoc devant lequel le membre concerné présente sa défense.

Sur rapport du Comité ad hoc, le Forum sous régional se prononce à la majorité des deux tiers des membres présents.

5.4. – Réintégration

Tout membre radié peut demander à réintégrer la CEFDHAC après une période de quatre (4) ans à compter de la date de sa radiation.

La demande de réintégration obéit à la même procédure que la demande d'admission.

5.5. – Saisine du Président

Tout membre de la CEFDHAC peut saisir le Président en exercice en cas de violation des obligations collectives ou individuelles par un autre membre.

Le Président est tenu de garder un secret absolu sur l'identité des personnes ayant porté à sa connaissance les informations relatives à la violation des obligations par un membre.

Article 6 : Des droits et obligations des membres

6.1. – Des droits des membres

Les membres de la CEFDHAC ont le droit :

- De participer à l'exécution des activités de la CEFDHAC à tous les niveaux ;
- de recevoir toute documentation sur les activités de la CEFDHAC ;
- d'accéder, à titre gratuit ou onéreux, aux publications et procès-verbaux des réunions de la CEFDHAC ;
- d'être informés du déroulement de tous les processus au sein de la CEFDHAC,
- de présenter à la CEFDHAC des recommandations et des projets de résolutions.

6.2. Obligations des membres.

Les membres de la CEFDHAC ont l'obligation de :

- contribuer à la réalisation des objectifs et des activités de la CEFDHAC ;
- tenir à la disposition de l'Agence de Facilitation Régionale leurs rapports d'activités en conformité avec les prescriptions de la CEDHAC ;
- contribuer à la préparation et au déroulement des réunions de la CEDHAC ;
- contribuer financièrement au fonctionnement de la CEFDHAC.

Titre III : Organisation et Fonctionnement

Article 7 : Principaux organes de la CEFDHAC

Les principaux organes de la CEFDHAC sont, conformément à l'article 8 des Statuts :

- le Forum sous régional ;
- le Comité de pilotage régional ;
- l'Agence de Facilitation régionale ;
- le Forum national.

Article 8 : Du Forum sous régional

8.1. Définition et composition

Le Forum sous régional est l'instance de soutien et de contrôle des activités de la CEFDHAC. Il se réunit tous les deux ans, immédiatement après chaque session ordinaire du Conseil des Ministres de la COMIFAC.

Les rencontres bisannuelles sont des forums écologiques sous-régionaux au sein desquelles les décisions, recommandations ou résolutions sont prises par consensus.

La Présidence du Forum sous régional est assurée par le Président en exercice du Conseil des Ministres de la Commission des Forêts d'Afrique Centrale.

Le Président du Forum sous régional est assisté d'un Vice-président, Ministre en charge des forêts du pays hôte du Forum.

Les partenaires ou bailleurs de fonds contribuant au financement des activités de la CEFDHAC et toute autre personne physique ou morale susceptibles de contribuer aux débats peuvent être invités à titre d'observateurs aux sessions du Forum sous régional.

Le Forum sous régional se réunit en session extraordinaire chaque fois que l'intérêt de la CEFDHAC l'exige.

Les sessions du Forum comprennent les séances plénières et les travaux en commissions.

8.2. Fonctions

Le Forum sous régional a pour fonctions :

- la recherche de l'implication des Etats et de l'adhésion d'autres partenaires potentiels intéressés par les activités de la CEFDHAC ;
- la validation de l'adhésion de nouveaux membres ;
- les décisions relatives à la démission, la suspension, la radiation ou la réintégration des membres réguliers ;

- l'approbation du Plan de Travail Annuel et du budget de la CEFDHAC préparé par l'Agence de Facilitation Régionale et le Comité de Pilotage ;
- la vérification et l'approbation des comptes annuels ;
- la validation des stratégies sous-régionales de gestion des écosystèmes forestiers d'Afrique centrale ;
- l'examen et l'adoption du programme d'activités et du budget du Comité de Pilotage.

Les décisions du Forum sous régional sont prises par consensus. A défaut du consensus, elles se prennent à la majorité des 2/3 des membres présents, sauf disposition contraire prévue dans les statuts et le présent Règlement Intérieur.

Le pays hôte assure la préparation matérielle et la logistique du Forum sous régional.

Les séances plénières du Forum sont présidées par le Président en exercice de la CFDHAC.

8.3. Organisation des réunions

Le Forum sous régional se réunit en session ordinaire tous les deux ans.

Les sessions ordinaires se tiennent de manière rotative dans chaque pays membre, selon l'ordre alphabétique des noms des Etats dans la langue française.

A chacune de ses sessions, le Forum sous régional fixe le lieu et la date de sa prochaine réunion, en concertation avec le Conseil des Ministres de la COMIFAC.

Article 9 :

Les réunions du Forum sous régional sont convoquées par le Président en exercice.

La convocation précise le lieu, la date et le projet d'ordre du jour de la réunion. Les dossiers à examiner doivent être adressés aux Etats membres trente (30) jours au moins avant la date de la réunion, par voie postale et en version électronique si possible.

Article 10 :

Le Forum sous régional de la CEFDHAC peut se réunir en session extraordinaire chaque fois que les circonstances l'exigent.

Les sessions extraordinaires sont convoquées par le Président en exercice, à la demande de 2/3 des Etats membres.

Les dossiers sont adressés aux membres dans le délai de 15 jours au moins avant la date de la réunion, en version électronique.

Article 11 :

Le Forum sous régional de la CEFDHAC peut faire appel à toute personne, en raison de ses compétences, pour apporter un éclairage sur une question précise inscrite à l'ordre du jour.

Le Président du Comité de Pilotage Régional prend également part à ses réunions, avec voix consultative. Il rapporte les points inscrits à l'ordre du jour.

Article 12 :

En cas d'urgence, les Etats membres peuvent être saisis par le Président en exercice et invités à se prononcer par voie de consultation écrite. Les décisions arrêtées selon cette procédure sont entérinées lors de la session suivante de la Conférence.

Article 13 : Du Comité de pilotage régional

13.1. Composition

Le Comité de Pilotage Régional est composé des personnalités suivantes :

- dix représentants des Forums nationaux de la CEFDHAC ;
- les représentants des réseaux de la CEFDHAC ;
- le Secrétaire Exécutif de la COMIFAC ou son représentant ;
- et l'Agence de Facilitation Régionale.

Le mandat du Comité de Pilotage est de deux (2) ans renouvelable une (1) fois.

Autant que possible et pour des raisons de continuité et de suivi, le renouvellement du Comité de Pilotage ne doit pas affecter l'ensemble de ses membres à la même occasion.

Le Président du Comité de Pilotage Régional participe aux assises régionales ou nationales de la COMIFAC, conformément aux clauses de la Convention de collaboration conclue entre la COMIFAC et la CEFDHAC.

13.2. Missions

Le Comité de Pilotage Régional est notamment chargé des missions ci-après :

- assurer le suivi de la mise en œuvre des recommandations du Conseil des Ministres de la COMIFAC, du Plan de convergence, du Plan d'action environnemental du Nouveau Partenariat pour le Développement de l'Afrique (NEPAD) en matière de gestion des forêts, de la Déclaration Ministérielle sur les Législations Forestières et la Gouvernance en Afrique et son Plan d'action, ainsi que du Plan d'action FLEGT de la Commission Européenne, et de celui du Partenariat pour les Forêts du Bassin du Congo (PFBC) ;

- préparer les dossiers techniques et les soumettre aux parties prenantes lors des réunions préparatoires du Forum sous régional ;
- prendre les décisions sur les évènements et les campagnes annuels, sur la base des préoccupations remontant des réseaux et des fora nationaux ;
- participer, par l'intermédiaire de son Président, aux assisses régionales et nationales de la COMIFAC ;
- faire un rapport à la Conférence des Ministres de la COMIFAC ;
- valider les documents de travail ;
- orienter et évaluer l'action de l'Agence de Facilitation régionale, des fora nationaux et des réseaux ;
- examiner et adopter le budget des différents organes de la CEFDHAC, ainsi que les modes d'utilisation des fonds provenant aussi bien du mécanisme autonome que des contributions des partenaires ;
- appuyer la préparation, en rapport avec l'Agence de Facilitation régionale, des documents techniques et financiers à soumettre au Forum sous régional ;

13.3. Organisation des réunions

Le Comité de pilotage régional se réunit une (1) fois par an.

Ses travaux sont sanctionnés par un rapport établi par le Président du Comité et destiné aux Ministres en charge des forêts et/ou de l'environnement des Etats membres.

Article 14 : Des attributions du Bureau du Comité de Pilotage Régional

14.1. Composition

Pour accomplir ses missions, le Comité de Pilotage Régional est dirigé par un bureau composé ainsi qu'il suit :

- un président, qui est le Président du Comité de Pilotage Régional ;
- un vice-président ;
- un secrétaire.

14.2. Désignation des membres du Bureau

Les membres du bureau du Comité de Pilotage Régional sont élus au scrutin de liste par l'ensemble des membres du Comité, à la majorité simple des participants.

14.3. Missions

Le bureau du Comité de Pilotage Régional est investi des missions ci-après :

- assurer le secrétariat du Comité de Pilotage Régional ;
- participer en concertation avec le Secrétariat Exécutif de la COMIFAC, à la préparation des réunions du Forum sous régional ;
- organiser les fora ;
- collecter, analyser et diffuser des informations sur l'état des écosystèmes forestiers dans chaque pays membre ;
- préparer les rapports et les budgets annuels de la CEFDHAC ;
- abriter le Secrétariat du Comité de pilotage régional et la documentation de la CEFDHAC ;
- assurer la représentation de la CEFDHAC dans les fora ;
- assurer la transmission des documents au secrétariat Exécutif de la COMIFAC ;
- travailler en synergie avec l'Agence de Facilitation régionale.

Le Président en exercice de la CEFDHAC peut dans des cas dûment justifiés, prononcer la suspension d'un membre du Comité de Pilotage ou d'un membre du bureau de celui-ci. Il adresse à cet effet une correspondance motivée à l'intéressé, avec ampliation aux autres parties prenantes.

Cette suspension est soumise pour décision au forum sous régional lors de sa plus proche session ordinaire.

Article 15 : De l'Agence de Facilitation Régionale

Sur la base d'un cahier de charges bien défini, l'Agence de Facilitation Régionale dispose notamment des attributions ci-après :

- suivre et assurer le monitoring des résolutions et recommandations du Conseil des Ministres de la COMIFAC relatives à la CEFDHAC, ainsi que celles du Comité de Pilotage Régional ;
- suivre l'exécution des activités développées dans le cadre de la mise en œuvre des objectifs de la CEFDHAC ;
- appuyer le Secrétariat du Comité de Pilotage Régional dans son fonctionnement en général, et plus particulièrement dans l'organisation des événements de la CEFDHAC et l'accomplissement de toutes autres tâches ;
- mobiliser les différents réseaux spécialisés pour la mise en œuvre du programme défini par le Forum sous régional ;
- mobiliser et coordonner les interventions des autres partenaires ;
- négocier et signer les conventions de financement ;

- assurer la gestion des financements en général, et plus particulièrement les mécanismes de financement autonomes et les contributions des partenaires.

La candidature au rôle de Facilitation régionale est ouverte aux institutions ayant la gestion des forêts dans leurs attributions. L'Agence de Facilitation Régionale est désignée par les deux tiers (2/3) des membres du Forum sous régional réunis en session ordinaire.

Article 16 : Du Forum national

Le Forum national est l'organe souverain d'animation, de réflexion et de proposition au niveau de chaque pays.

Il comprend les représentants des gouvernements, des administrations publiques, des P*arlements, du secteur privé, de la société civile, des communautés locales ou autochtones, des organisations intergouvernementales, des agences de coopération bilatérale ou multilatérale, des institutions de formation et de recherche, et de toute autre personne intéressée par la conservation des écosystèmes forestiers.

Le Forum national se réunit en session extraordinaire chaque fois que l'intérêt l'exige, à l'initiative de son Président ou à la requête de 2/3 de ses membres.

Chaque Forum national s'organise librement. Il fait connaitre au Comité de Pilotage Régional et aux autres parties prenantes, ses modalités de fonctionnement.

Article 17 : De l'organisation des rencontres

Le Forum national est dirigé par un Président élu séance tenante parmi les représentants des organisations non gouvernementales.

Le Secrétariat est assuré par le Coordinateur national de la COMIFAC. Celui-ci veille également au suivi de la mise en œuvre du Plan de Convergence par la CEFDHAC.

L'ordre du jour des travaux de chaque Forum est établi sur la base des problématiques sous-régionales et nationales en matière de gestion des forêts.

Article 18 : De la participation d'autres structures

Dans le cadre de l'animation de sa structure, le Forum national de la CEFDHAC développe en permanence des synergies avec les autres structures ou organismes intéressés par la gestion des forêts. Il s'agit notamment des représentations locales d'autres initiatives internationales ou sous-régionales, des agences gouvernementales, parapubliques ou privées, ainsi que les différents réseaux constitués à l'échelon national.

Article 19 : Des liens entre les forums nationaux et le Traité instituant la COMIFAC

Les forums nationaux ont également pour mission d'assurer, au niveau sous-régional et sur le plan national, le suivi et l'évaluation de la mise en œuvre du Traité instituant la COMIFAC.

L'organisation et le fonctionnement des forums nationaux sont régis par des procédures propres à chaque pays.

Titre IV : Dispositions diverses et finales

Article 20 :

Toute difficulté relative à l'interprétation et à l'application du présent Règlement intérieur est soumise à la compétence du Forum sous régional.

Article 21 :

Le présent Règlement intérieur peut être modifié à la majorité simple des membres présents, par le Forum sous régional.

Article 22 :

Le présent Règlement intérieur est approuvé en session ordinaire du Forum sous régional de la CEFDHAC. Il entre en vigueur à la date de son approbation, et abroge toute autre disposition antérieure de même nature.

Fait à............, le.........2007.

§ II: Les organisations de gestion de l'eau et du climat

En matière de gestion de l'eau et du climat, il faut citer, d'une part, la Commission Internationale du Bassin Congo-Oubangui-Sangha (CICOS) (A) et, d'autre part, le Fonds Bleu pour le Bassin du Congo (F2BC) et la Commission Climat du Bassin du Congo (B).

A : La Commission Internationale du bassin Congo-Oubangui-Sangha (CICOS)

Elle a été établie au moyen d'un Accord portant régime uniforme des voies navigables et créant la CICOS signé à Brazzaville le 06 novembre 1999 par la RC, le Cameroun, la RDC et la RCA. Dans cet Accord, la CICOS a pour mandat de veiller au respect de la règlementation sur le transport fluvial et de veiller au respect des dispositions du Code de navigation intérieure CEMAC-RDC ainsi que celles de la Convention d'exploitation du Pool Malebo entre la RDC et la RC. Sa structure comprend un Comité des Ministres, un Comité de Direction et un Secrétariat Général établi à Kinshasa. Le 22 février 2007, l'Additif signé à Kinshasa élargit le mandat de la CICOS à la Gestion Intégrée des Ressources en Eau (GIRE), tout en apportant des innovations au plan structurel[59]. La reprise de l'Accord (1) et l'Additif du 22 février 2007 (2) permettent aux lectures d'obtenir les informations nécessaires.

1 : L'Accord instituant un régime fluvial uniforme et créant la CICOS

Préambule

Les chefs d'Etat et de Gouvernement de la République du Cameroun, de la République centrafricaine, de la République du Congo, de la République démocratique du Congo,

Considérant l'interconnexion naturelle des voies navigables du Bassin Congo- Oubangui-Sangha ;

Convaincus de la nécessité de développer au maximum le potentiel des voies d'eau du Bassin Congo-Oubangui-Sangha ;

Désireux de coopérer à cet effet en vue de l'établissement et de la mise en œuvre d'un régime fluvial uniforme du Bassin Congo-Oubangui-Sangha ;

Conscients des avantages qu'une telle coopération peut apporter, notamment le développement du trafic, la sécurité de la navigation, l'aménagement et l'assouplissement des conditions d'accès aux infrastructures ;

Constatant l'évolution du droit fluvial international dont les principes généraux ont été affirmés dans les instruments juridiques internationaux ci-après :

- Les Actes du Congrès de Vienne ;
- La Convention de Barcelone du 10 mars 1921 ;
- L'Acte de Berlin du 16 février 1885 tel que modifié par la Convention de St Germain en Laye du 10 septembre 1919 ;
- La Convention des Nations Unies du 13 mars 1997 sur le Droit relatif aux utilisations des cours d'eaux internationaux à des fins autres que la navigation ;

Devant la nécessité de substituer aux anciennes règles régissant la navigation, des nouvelles règles plus positives et adaptées ;

---

[59] Pour tous commentaires approfondis sur ces innovations, voir Hérissonne PAYIMA LOMBOBO, La CICOS et l'intégration des Etats de l'Afrique Centrale, éd. L'Harmattan, Paris, 2021, 486 pages, p. 101

Considérant les objectifs de l'OUA visant à intensifier la coopération entre les Etats africains notamment les recommandations du Plan d'action et de l'Acte final de Lagos en vue de la création d'institutions communes et du renforcement de celles déjà existantes ;

Décident d'instituer à cette fin, un régime fluvial uniforme du Bassin Congo-Oubangui-Sangha portant notamment création d'une Commission internationale pour exercer les missions qui lui sont dévolues en vertu du présent Accord.

Chapitre premier: Définitions et Objet

Article premier : Définitions

Dans le cadre du présent ACCORD, on entend par :

"Etat contractant", tout Etat partie au présent Accord ;

"Etat riverain" : Etat dont tout ou partie du territoire est baignée par une voie d'eau du Bassin Congo-Oubangui-Sangha ;

"Autorité compétente" : le ministre de l'Etat du pavillon en charge de la navigation intérieure et les fonctionnaires d'autorité auxquels il a délégué tout ou partie de ses prérogatives,

"Bassin" : l'ensemble des voies d'eau situées sur le territoire des Etats contractants,

"Fleuve" : l'ensemble des cours d'eau ;

Article 2 : Objet

L'accord a pour objet :

a) d'instituer un régime fluvial uniforme de navigation sur la base des principes de liberté et d'égalité de traitement ;

b) d'aménager et d'exploiter le fleuve et les cours d'eau du Bassin dans le respect des principes de liberté de navigation, d'égalité de traitement des usagers, du droit de participation équitable et raisonnable aux avantages tirés de l'utilisation durable des eaux ;

c) d'instituer à cette fin une Commission internationale du Bassin Congo-Oubangui-Sangha.

Chapitre II : Champ d'application

Article 3:

Le présent Accord s'applique aux voies de navigation du Bassin Congo-Oubangui- Sangha situées sur le territoire des Etats contractants.

Toutefois, pendant une période s'achevant à une date qui sera déterminée par la Commission internationale du Bassin Congo-Oubangui-Sangha, les dispositions du présent Accord ne seront applicables qu'aux voies navigables des Etats contractants énumérées à l'annexe.

A l'issue de cette date, le présent Accord s'appliquera à l'ensemble des voies d'eau intérieures déclarées ouvertes à la navigation internationale par la Commission au fur et à mesure des besoins d'intégration.

Chapitre III : Principes fondamentaux

Article 4 : Liberté de navigation

La navigation sur les voies navigables visées à l'article 3 est entièrement libre et ouverte aux bateaux de toutes les nations pour le transport de marchandises et de personnes, directement ou avec transbordement, à condition de se conformer aux dispositions contenues dans le présent Accord, notamment les règlements communs édictés en vue d'assurer la sécurité de la navigation sur le Bassin Congo-Oubangui-Sangha.

Nonobstant les dispositions du paragraphe précédent, les conditions de transport entre deux points situés sur le territoire d'un même Etat contractant par des bâtiments d'un autre Etat contractant sont déterminées par des accords à conclure entre les Etats concernés.

Article 5: Droits de transport

Les bateaux appartenant à la navigation définis à l'article 3 sont autorisés à effectuer des transports de marchandises et de personnes dans l'ensemble du réseau navigable du Bassin.

Sera considéré comme appartenant aux voies navigables définies à l'article 3, tout bateau ayant le droit de battre pavillon d'un des Etats contractants et pouvant justifier ce droit au moyen d'un document délivré par l'autorité compétente de cet Etat.

Ce document n'est délivré par l'autorité compétente de l'Etat concerné que pour un bateau pour lequel existe avec cet Etat un lien réel. Les conditions de ce lien seront déterminées par la Commission.

Les bâtiments des pays tiers ne sont autorisés à effectuer de tels transports que dans les conditions déterminées par la Commission.

Le traitement national, sous tous rapports, sera accordé aux bâtiments appartenant à la navigation sur le Bassin Congo-Oubangui-Sangha et à leurs cargaisons.

Article 6 : Droits et taxes de navigation

La navigation sur les voies du Bassin ne peut, du fait de son exercice, être soumise à restriction, impôt ou taxe fiscale, quelle qu'en soit la dénomination ou l'assiette.

Nonobstant les dispositions du paragraphe 1er ci-dessus, la navigation donne lieu au paiement des frais rémunératoires pour prestations fournies aux usagers, notamment des droits, taxes et redevances destinés à couvrir d'une manière équitable et raisonnable les dépenses de construction, de maintien et d'amélioration de la voie navigable et de ses accès, ainsi que de la construction d'ouvrages faits dans l'intérêt de la navigation.

Les frais relatifs aux travaux de dragage, de balisage, de construction, d'entretien et le fonctionnement des routes, chemin de fer, canaux latéraux et ouvrages de jonction sont assimilés à de telles dépenses.

Les droits, taxes et redevances visés au précédent paragraphe seront fixés et rendus publics de manière à ne pas entraver l'exploitation.

L'affectation des droits, taxes et redevances évoqués ci-dessus est commandée par le principe de spécialité de sorte que leurs produits ne puissent être détournés de leur destination pour alimenter les ressources publiques, en particulier.

Article 7 : Obligation d'entretien et d'amélioration des voies navigables

Les Etats contractants s'engagent à entretenir et améliorer les voies navigables situées dans les limites du Bassin Congo-Oubangui-Sangha suivant les conditions fixées par la Commission internationale.

A cet égard, elle peut notamment se référer aux conventions, accords et protocoles conclus entre deux ou plusieurs Etats contractants pour autant qu'ils sont encore en vigueur et ne sont pas abrogés par le présent Accord.

La Commission internationale définit et fixe les conditions générales d'entretien, d'exploitation et de contrôle des travaux des voies navigables.

Article 8 : Travaux et ouvrages

Les Etats contractants veilleront à ce que la navigation ne soit pas entravée par des ouvrages d'art hydrauliques, des établissements flottants, des bacs, des câbles immergés ou aériens.

Les Etats contractants adresseront à la Commission pour communication aux autres Etats contractants, la description de tous ouvrages et travaux susceptibles d'entraver la navigation qu'ils se proposent d'exécuter ou de faire exécuter sur les voies.

Cette communication s'étendra aux questions qui pourraient se poser à l'occasion de l'exécution desdits travaux et du fonctionnement des ouvrages réalisés dans le respect du présent Accord.

Article 9 : Facilitation

Les Etats s'engagent à éliminer les barrières physiques et non physiques susceptibles d'entraver la fluidité du trafic fluvial.

Chapitre IV : Dispositions particulières au régime des eaux

Article 10 : Régulation du débit des eaux

Les Etats contractants coopèrent, selon que de besoin, pour répondre à la nécessité ou pour exploiter les possibilités de réguler le débit des eaux des voies navigables communes définies à l'article 3.

A moins qu'il n'en soit convenu autrement, les Etats contractants participent sur une base équitable à la construction et à l'entretien ou au financement des ouvrages de régulation qu'ils ont convenu d'entreprendre.

Aux fins du présent article, le terme "régulation" s'entend de l'utilisation d'ouvrages hydrauliques ou de toute autre mesure employée de façon continue pour modifier, faire varier ou contrôler d'une manière ou d'une autre, le débit des eaux des voies navigables définies à l'article 3.

Chapitre V : Dispositions spéciales

Article 11: Cas d'urgence

Tout Etat contractant informe sans retard et par les moyens les plus rapides disponibles, les autres Etats qui risquent d'être touchés ainsi que la Commission et toutes Organisations internationales concernées de toute situation d'urgence survenant sur les voies navigables définies à l'article 3.

Tout Etat contractant sur le territoire duquel survient une situation d'urgence prend immédiatement, en coopération avec la Commission et les Etats qui risquent d'être touchés ainsi que, le cas échéant, les Organisations internationales concernées, toutes les mesures pratiques possibles que dictent les circonstances pour prévenir, atténuer et éliminer les conséquences dommageables de la situation d'urgence.

En cas de nécessité, la Commission élabore, conjointement avec les Etats concernés, des plans d'urgence pour faire face aux situations d'urgence.

Article 12 : Mise en œuvre des mesures

Si la mise en œuvre des mesures projetées est d'une extrême urgence pour la protection de la santé ou de la sécurité publique ou d'autres intérêts vitaux, l'Etat qui projette ces mesures peut procéder immédiatement à leur mise en œuvre. L'Etat concerné communiquera à la Commission, dans les meilleurs délais, les éléments justifiant le caractère d'urgence des mesures prises.

Article 13 : le fleuve et ses dépendances en période de conflits armés

Les voies navigables définies à l'article 3 et les installations, aménagements et autres ouvrages connexes bénéficient de la protection accordée par les règles et principes du droit international applicables aux conflits armés internationaux et non internationaux et ne sont pas utilisés en violation de ces règles et principes.

Article 14 : Non-discrimination (recours)

Un Etat contractant ne fait pas de discrimination fondée sur la nationalité, le lieu de résidence ou le lieu où le préjudice a été subi dans l'octroi aux victimes, conformément â son droit interne, de l'accès aux procédures juridictionnelles et autres ou bien d'un droit à indemnisation ou autre forme de réparation au titre d'un dommage causé par de telles activités menées sur son territoire.

Article 15 : Bénéfice de la solidarité

Pour l'application du présent chapitre, les Etats contractants tiennent compte du fait que les avantages consentis dans le présent Accord par chacun des Etats contractants font partie intégrante de l'établissement progressif d'un système de gestion intégrée.

Celui-ci devra tendre vers l'utilisation optimale des eaux des voies navigables définies à l'article 3 et sont de ce fait inséparablement liées à la communauté d'intérêts existants, aux institutions et structures communes créées ainsi qu'à l'octroi des mêmes avantages par tous les autres Etats contractants.

Chapitre VI : La Commission internationale

Article 16 :

En vue de la réalisation des objectifs énumérés à l'article 2 du présent Accord, les Etats contractants créent une institution inter-Etats dénommée Commission internationale du Bassin Congo-Oubangui-Sangha en sigle CICOS.

Article 17 : Rôle de la Commission

La Commission internationale aura pour missions :

a) Dès sa mise en place ;

- d'assister les Etats pour la tenue et la mise à jour dans le plus bref délai des registres de recensement des unités opérant sur les voies navigables du Bassin Congo-Oubangui-Sangha (COS) ;
- de contrôler la mise en application des dispositions du code de la navigation intérieure CEMAC/RDC sur l'immatriculation. Le jaugeage, la signalisation et la délivrance des certificats de navigabilité ainsi que des permis de navigation ;
- de définir et faire appliquer des mesures appropriées à prendre pour réduire sinon, éliminer les incidents qui se produisent sur cette route de convergence et de dispatching des trafics internationaux empruntant les voies navigables du COS ;
- d'examiner la révision du Protocole tripartite Congo-RCA-RDC relatif à l'entretien par le Service commun d'entretien des voies navigables (SCEVN) et la Régie des voies fluviales (RVF) du tronçon de base du réseau Inter-Etats ;
- d'exécuter l'étude demandée par la deuxième réunion des experts en transport CEMAC/RDC tenue à Kinshasa relative à l'harmonisation des normes et spécifications techniques en matière de construction et réparation navales.

b) à court, moyen et long termes

Au plan national

La mission de la Commission sera d'assister chacun des Etats concernés à garantir de la façon la plus efficace l'usage de ses voies de désenclavement.

Au plan du réseau Inter-Etats

Sa mission première consistera à accorder toute son attention au tronçon de base du réseau inter-Etats du Bassin Congo-Oubangui-Sangha.

Par rapport à l'existence de deux chenaux de navigation (un suivant la rive congolaise et l'autre suivant la rive RDC) sur les km 0 à 45 de ce tronçon, la Commission internationale du Bassin Congo-Oubangui-Sangha doit formuler le plus rapidement possible des dispositions concertées et adéquates pour gérer équitablement ce système fluvial face aux déficits soutenus des débits d'étiage enregistrés ces dernières années.

Au plan de l'ensemble du réseau Inter-Etats du Bassin COS

La Commission internationale interviendra sur :

- les données hydrologiques et hydrographiques lesquelles sont primordiales à la gestion du réseau (entretien et préservation) au développement du réseau ;
- la recherche du financement nécessaire à la mise en œuvre du programme commun relatif, la coordination et l'harmonisation des procédés de collecte, de traitement, d'analyse, d'exploitation et de diffusion de ces données ;
- le contrôle en étroite collaboration avec les institutions nationales qu'elle assistera dans l'exécution effective des travaux de maintenance du réseau conformément aux normes techniques définies par la classification du réseau telle que fixée par le Code de la navigation intérieure CEMAC/RDC ;
- la conception et la réalisation des programmes concertés, de préservation de l'environnement du réseau, notamment par des programmes de lutte contre la jacinthe d'eau et de contrôle de la qualité des eaux ;
- la conception et la négociation d'une politique d'usage adéquat et équilibré des deux axes classiques de désenclavement du réseau du Bassin et étudier les possibilités de diversification, de désenclavement du réseau Inter-Etats pour en assurer une meilleure viabilité.

A long terme au niveau des réseaux de desserte et d'intégration sous-régionale, engager des négociations nécessaires à l'élargissement du réseau inter-Etats afin d'y inclure les deux tronçons de la RDC devant le compléter à savoir :

- Le tronçon allant de Kisangani au confluent du fleuve Congo avec l'Oubangui;
- LetronçondelarivièreKassaïpartantd'llebojusqu'auconfluentdufleuve Congo ;
- Le réseau lacustre de la R.D.C

Article18 : Les Organes de la Commission

Les Organes de la Commission internationale sont :

- le Comité des ministres ;
- le Comité de direction ;
- le Secrétariat général.

Section 1 : Le Comité des ministres

Article 19 : Le Comité des ministres est composé des ministres chargés de la navigation intérieure.

Le Comité des ministres a pour missions de :

a) définir la politique d'aménagement et d'exploitation des cours d'eau du Bassin, b) fixer les grandes orientations de la Commission ;

c) approuver le programme du Comité de direction ;

d) adopter le budget et approuver les comptes de la Commission ;

e) approuver le règlement financier de la Commission ;

f) adopter le règlement intérieur de la Commission ;

g) nommer le Secrétaire général ;

h) arbitrer les différends entre Etats contractants ;

i) examiner et approuver les propositions de révision du présent Accord ;

j) interpréter les dispositions du présent Accord.

Article 20 : Le Comité des ministres tient une session ordinaire par an. Des sessions extraordinaires peuvent être convoquées par le Président à la demande d'un Etat.

Institue à titre permanent ou temporaire des Organes de travail nécessaires à sa mission.

Article 21:

La Présidence du Comité est assurée par un ministre pour une période de deux (2) ans à tour de rôle suivant l'ordre alphabétique français des Etats contractants.

Le Président dirige les débats des sessions, il veille à l'exécution des décisions du Comité, et d'une manière générale au bon fonctionnement de la Commission.

Article 22 : Les décisions du Comité des ministres sont prises par consensus.

En cas de désaccord persistant, les décisions sont prises à la majorité simple.

Article 23 : Le Comité des ministres peut réunir en commission Ad hoc toutes les compétences qu'il juge nécessaires.

Article 24 : Le Comité des ministres peut déléguer certains de ses pouvoirs à son Président ou au Secrétaire général de la Commission.

Section2 : Le Comité de direction

Article 25 : Les délibérations du Comité des Ministres sont préparées par le Comité de Direction. Le Comité de Direction est composé de deux Représentants par Etat dont un responsable de l'administration des transports fluviaux et un représentant des exploitants fluviaux.

Le Comité de Direction ne peut délibérer valablement que si trois (3) Etats au moins sont représentés.

Le Secrétaire Général de la Commission et le Représentant du Secrétaire exécutif de la CEMAC prennent part aux réunions du Comité de direction, sans voix délibérative.

Le Comité de direction examine et donne des avis sur les propositions inscrites à l'ordre du jour du Comité des ministres. Il examine le rapport d'activité du Secrétaire général.

Le Comité de direction examine toutes les plaintes et le règlement des procédures auxquelles donne lieu le présent Accord. Un règlement de procédure de plainte définira les conditions de recevabilité des plaintes.

Le Comité de direction est présidé par le représentant de l'Etat contractant qui assure la présidence du Comité des ministres.

Section 3 : L'Organe exécutif : le Secrétariat Général

Article 26 : Le Secrétariat général est dirigé par un Secrétaire général nommé par le Comité des ministres.

Article 27 : Attributions du Secrétaire Général

Le Secrétaire général a pour attributions de :

a) veiller à la bonne application du présent Accord ;

b) élaborer les règlements communs destinés à assurer la sécurité de la navigation et d'assurer la protection de l'environnement ;

c) promouvoir, favoriser et soutenir la coopération et la coordination des activités et projets d'intérêts communs du développement durable, d'utilisation, de conservation des voies navigables de ce Bassin ;

d) établir des programmes d'assistance financière et technique et si nécessaire inviter les donateurs à coordonner leur soutien au sein d'un groupe consultatif de donateurs ;

e) coordonner les travaux d'aménagement et d'entretien ;

f) assurer la mise en œuvre de l'ouverture à la navigation internationale des voies d'eau intérieures au fur et à mesure des besoins d'intégration ;

g) établir des relations avec toute Organisation privée ou publique, de caractère national ou international en vue de l'accomplissement de sa mission ;

h) préparer et soumettre le projet de budget au Comité de direction et au Comité des ministres ;

i) exécuter le budget de la Commission ;

j) établir un rapport annuel sur le fonctionnement de la Commission qu'il soumet, assorti de l'avis du Comité de direction au Comité des ministres ;

k) assurer la diffusion de toutes informations et données relatives à la gestion et l'exploitation du Bassin ;

l) proposer à l'adoption du Comité des ministres l'organigramme des services du Secrétariat général ;

m) nommer les Directeurs après avis du Comité de direction ;

n) recruter et nommer aux autres emplois dans la limite des postes budgétaires ouverts.

Chapitre VII: Finances et Ressources de la commission

Article 28 :-

Les ressources de la Commission proviennent des contributions des Etats contractants, des recettes des activités propres, des emprunts, dons et legs.

Le Comité des ministres adopte une formule pour déterminer les quotités des contributions des Etats contractants.

Le Comité des ministres peut adopter des budgets supplémentaires en vue de pourvoir aux dépenses extraordinaires de la Commission.

Tout Etat contractant qui ne remplit pas ses obligations financières vis à vis de la Commission dans un délai d'un an à partir de la date à laquelle elles sont exigibles perd son droit de vote.

Chapitre VIII : Dispositions diverses et finales

Article 29: Siège de la Commission

Le siège de la Commission est établi à Kinshasa en République Démocratique du Congo et peut être transféré dans tout autre Etat contractant sur décision du Comité des ministres.

Le pays du siège mettra à la disposition de la Commission des locaux, Siège de la Commission et logement du Secrétaire Général, nécessaires au fonctionnement de celle-ci.

La Commission bénéficie de tous droits de douanes sur les objets importés et destinés à son fonctionnement.

Les Organes de la Commission peuvent se réunir en tout autre lieu que le siège.

Article 30 : Langue

La langue de travail de la Commission est le français.

Article 31 : Statut, privilèges et immunités

La Commission est une personne morale jouissant de la personnalité juridique internationale et des privilèges et immunités qui lui sont reconnus sur le territoire de chacun des Etats membres. La Commission et ses fonctionnaires jouissent sur le territoire de chacun des Etats membres, parties contractantes, des privilèges, immunités et franchises établis dans la Convention sur les privilèges et immunités des Nations Unies.

Le Secrétaire général conclut un accord de siège avec le Gouvernement de l'Etat contractant sur le territoire duquel est établi le siège de la Commission.

Article 32 : Amendement

Toute proposition d'amendement au présent Accord est adressée par écrit au Secrétaire général, qui la transmet aux Etats contractants dans les trente (30) jours de sa réception.

Les observations sur les propositions d'amendement sont adressées au Secrétaire général dans les trente (30) jours qui suivent.

A l'expiration de ce délai, le Secrétaire général soumet au Comité des ministres, les propositions d'amendement ainsi que les commentaires y relatifs.

Tout amendement au présent Accord est adopté par le Comité des ministres avant son entrée en vigueur.

Article 33 : Adhésion

Tout Etat membre de la région de l'Afrique centrale telle que définie par la Résolution 461 du Conseil des ministres de l'OUA peut adhérer au présent Accord.

Cette adhésion prend effet le 1er jour du mois suivant l'accomplissement des formalités constitutionnelles de l'Etat concerné.

Il peut être conclu entrela Commission et un ou plusieurs Etats non parties prenantes des accords de coopération ou des accords concernant des domaines particuliers dont les dispositions sont arrêtées par le Comité des ministres.

Article 34 : L'annexe au présent Accord fait partie intégrante de ce dernier.

Article 35 : Entrée en vigueur

Le présent Accord entre en vigueur après ratification par au moins trois Etats contractants.

Fait à Brazzaville, le 06 novembre 1999.

2 : L'Additif à l'Accord instituant un régime fluvial uniforme et créant la CICOS

Préambule

Les chefs d'Etat :

- de la République du Cameroun
- de la République centrafricaine
- de la République du Congo
- de la République démocratique du Congo

Vu la Charte de l'Organisation des Nations Unies du 26 juin 1945 ;

Vu le Traité instituant l'Union africaine du 11 juillet 2000 ;

Vu le Traité instituant la Communauté économique et monétaire de l'Afrique centrale signé le 16 mars 1994 et son additif en date du 5 juillet 1996 ;

Vu le Traité créant la Communauté économique des Etats de l'Afrique centrale signé à Brazzaville en 1983 ;

Vu l'Accord instituant un Régime fluvial uniforme et créant la Commission internationale du Bassin Congo-Oubangui-Sangha du 6 novembre 1999 ;

Vu les recommandations de l'Agenda 21 des Nations Unies, adopté en 1992, en son chapitre 18 notamment à l'application d'approches intégrées de mise en valeur, de gestion et d'utilisation des ressources en eau ;

- Soucieux de renforcer la coopération entre les Etats riverains du fleuve Congo et ses affluents et les peuples de la sous-région dans l'esprit de bon voisinage présidant à leurs relations ;

- Conscients de la nécessité du respect des principes généraux du droit de l'eau résultant du droit international qui ont inspiré le statut juridique des cours d'eau internationaux, et notamment la Convention des Nations Unies sur le droit relatif aux utilisations des cours d'eaux internationaux à des fins autres que la navigation du 21 mai 1997 ;

- Soucieux de la réalisation des Objectifs du millénaire pour le développement, notamment ceux relatifs à l'accès à l'eau potable et à l'assainissement ;

- Désireux de contribuer à la réalisation des objectifs du Nouveau partenariat pour le développement de l'Afrique ;

- Déterminés à mettre fin conjointement aux pratiques de gestion de l'eau susceptibles de causer un préjudice aux Etats ;

- Conscients de la baisse constante du niveau des eaux engendrée par les effets combinés des variations climatiques et des prélèvements, et préoccupés par l'érosion hydrique dans le bassin et par la sédimentation qui en résulte dans les cours d'eau ;

- Conscients également de l'importance des fonctions que remplissent les ressources en eau douce aux plans économique, social et environnemental et convaincus que le fleuve Congo et ses affluents constituent une base de ressource essentielle au développement durable des pays riverains, qui doit être gérée en la considérant comme un ensemble et en tenant compte du cycle de l'eau, des besoins sectoriels et multisectoriels, et de la vulnérabilité des zones humides et des écosystèmes aquatiques qui en dépendent ;

- Considérant l'accroissement des besoins en eau ainsi que la multiplicité et la diversité des usages, fonctions et rôles de l'eau ;

- Rappelant les principes et recommandations relatifs à l'environnement adoptés par la Conférence des Nations Unies pour l'environnement et le développement tenue à Rio de Janeiro en 1992 et réaffirmés par le Sommet mondial sur le développement durable de Johannesburg en 2002 ;

- Désireux de promouvoir la gestion intégrée des ressources en eau garante d'une politique d'utilisation optimale et durable de la ressource ;

- Désireux de donner un cadre à la fois durable et évolutif à la communauté des intérêts entre les Etats riverains du fleuve Congo et ses affluents et de garantir à chaque Etat et à chaque usager du fleuve et de ses affluents un avantage raisonnable et équitable de l'utilisation des eaux, conformément aux principes régissant le droit des eaux partagées ;

- Satisfaits de l'œuvre institutionnelle accomplie à ce jour par la Commission internationale du bassin Congo-Oubangui -Sangha ;

- S'appuyant sur les conclusions de la Conférence des chefs d'Etat et de Gouvernement de la Communauté économique des Etats de l'Afrique centrale réunis à Brazzaville le 7 juin 2005 ;

Sont convenus de ce qui suit :

Titre 1 : Définitions

Article Premier : Aux fins du présent Additif, on entend par :

1° « Accord » : l'Accord Instituant un Régime fluvial uniforme et créant la Commission internationale du Bassin Congo-Oubangui-Sangha ;

2° « Affluent » : tout affluent du fleuve Congo ainsi que ses cours d'eau et plans d'eau tributaires ;

3° « Bassin hydrographique du fleuve » : le fleuve Congo, ses affluents, ses défluents et les dépressions associées ;

4° « Besoins en eau » : les quantités de la ressource dont doivent disposer les utilisateurs, pour leur subsistance ou pour l'exercice de leurs activités domestiques ou économiques ;

5° « Commission » : la Commission internationale du Bassin Congo-Oubangui-Sangha » ;

6° « Comité des Ministres» : le Comité des ministres de la Commission internationale du Bassin Congo-Oubangui-Sangha ;

7° « Comité de direction » : le Comité de direction de la Commission internationale du Bassin Congo-Oubangui-Sangha ;

8° « Eaux partagées » : les eaux du fleuve et de ses affluents partagées par au moins deux Etats riverains ;

9° « Eaux souterraines » : les eaux contenues dans les formations géologiques perméables du fait de leur porosité et/ou de leur fissuration, et dont le renouvellement total et/ou partiel est lié au régime hydrologique du fleuve et de ses affluents ;

10° « Fleuve » : le fleuve Congo ;

11° « Navigabilité » : les conditions hydrologiques de la navigation, en particulier l'existence ou non d'un tirant d'eau suffisant pour la navigation ;

12° « Pollution » : l'introduction directe ou indirecte par l'homme de substances dans le fleuve et ses affluents, lorsqu'elle a, ou peut avoir, des effets nuisibles, tels que des dommages aux ressources naturelles, des atteintes à la diversité biologique, des risques pour la santé humaine, des entraves aux activités dans le fleuve, et plus généralement une diminution de la quantité d'eau disponible ou une dégradation de sa qualité pouvant compromettre son utilisation ;

13° « Ressources en eau » : la totalité des eaux de surface et souterraines disponibles dans le territoire de compétence de la Commission ;

14° « Secrétariat général » : le Secrétariat général de la Commission internationale du Bassin Congo-Oubangui-Sangha ;

15° « Territoire de compétence de la Commission » : l'ensemble des parties du bassin hydrographique du fleuve situées sur les territoires des Etats contractants ;

16° « Usages domestiques » : les prélèvements ou les rejets ayant pour objet la satisfaction des besoins des personnes physiques et limités aux quantités nécessaires à l'alimentation, à l'assainissement et aux productions animales ou végétales destinées à l'usage familial ;

17° « Utilisation durable et équitable » : l'utilisation et l'accès par chacun à une eau de qualité convenable et en quantités adéquates sans affaiblissement des écosystèmes vitaux et sans compromettre son utilisation par les générations futures.

Titre II : Objet et champ d'application

Article 2 : Le présent Additif a pour objet de promouvoir la gestion intégrée des ressources en eau sur le territoire de compétence de la Commission :

- en fixant les principes et les modalités d'utilisation des eaux du fleuve et de ses affluents entre les différents secteurs d'utilisation ;

- en définissant les modalités d'examen et d'approbation de nouveaux projets susceptibles d'affecter la quantité et la qualité de l'eau ;

- en déterminant les règles relatives à la préservation et à la protection de l'environnement, particulièrement en ce qui concerne la faune et la flore des écosystèmes aquatiques, des zones humides et des écosystèmes terrestres qui en dépendent ;

- en définissant le cadre et les modalités de participation des utilisateurs de l'eau dans la prise des décisions de gestion des ressources en eau du bassin du fleuve et de ses affluents ;

- en renforçant la coopération dans tous les domaines du développement durable par l'utilisation, la gestion et la conservation de l'eau et des ressources du fleuve et de ses affluents, par l'optimisation des différents usages de l'eau et des avantages réciproques qu'en tirent les Etats contractants afin de réduire au minimum les effets négatifs qui pourraient résulter de la concurrence désordonnée entre les Etats.

Article 3 : Le présent Additif s'applique sur le territoire de compétence de la Commission tel que défini à l'article 1er, n° 15.

Titre III : Principes et modalités d'utilisation des eaux

Article 4 : Chaque Etat contractant, ainsi que les personnes se trouvant sur son territoire, sont autorisés à utiliser les eaux du fleuve et de ses affluents, en se conformant aux principes et modalités définis par le présent Additif.

Les modalités d'utilisation des eaux sont fondées sur les principes suivants qui visent à assurer aux populations des Etats contractants la pleine jouissance de la ressource dans la perspective d'un développement durable, dans le respect de l'environnement et en veillant à la sécurité des personnes et des ouvrages, ainsi que du droit fondamental de l'Homme à une eau saine en quantité suffisante :

- l'obligation de garantir la gestion équilibrée et durable des ressources en eau ;

- l'utilisation équitable et rationnelle des eaux du fleuve et de ses affluents, ainsi que des ressources naturelles qui en dépendent ;

- le traitement équitable des usagers ;

- l'obligation d'impliquer toutes les parties concernées dans la gestion des ressources en eau et la prise des décisions.

- la nécessité de prévenir les conflits entre Etats et l'obligation de négocier en cas de conflit ;

- l'obligation de préserver l'environnement ainsi que d'assurer la pérennité des équilibres écologiques et des processus hydrologiques naturels ;

- l'obligation pour chaque Etat contractant d'informer les autres Etats avant d'entreprendre toute action ou tout projet qui pourrait avoir un impact significatif sur la disponibilité de l'eau et/ou la possibilité de mettre en œuvre des projets futurs ;

- le principe pollueur-payeur ;

- le principe utilisateur-payeur limité aux utilisations de l'eau à des fins économiques.

Article 5 : L'utilisation des ressources en eau par les Etats contractants doit tenir compte de leur disponibilité et se fonder sur les éléments suivants :

1. La coopération sous-régionale qui s'attache entre autres :

- à la sécurité et à l'amélioration des revenus des populations ;

- à la préservation et à l'utilisation durable des zones humides et des ressources naturelles qui en dépendent ;

- à la lutte contre l'exode rural ;

- à la réduction de la pauvreté et à la sécurité alimentaire ;

- au développement quantitatif et qualitatif de la production énergétique ;

- au maintien et à l'amélioration de la navigabilité ;

- au développement intégré grâce aux infrastructures réalisées en commun.

2. La gestion intégrée des ressources en eau qui consiste à prendre en considération ensemble et à concilier entre elles les différentes utilisations et fonctions physiologiques, socioculturelles, économiques, environnementales de l'eau, ainsi que ses éventuels effets négatifs sur les personnes, les biens ou l'environnement, afin d'assurer une utilisation équilibrée, une répartition équitable et une exploitation durable de la ressource disponible.

Article 6 : Les modalités d'utilisation des eaux doivent tenir compte en priorité :

- du traitement équitable des usagers, qu'il s'agisse des Etats ou des personnes physiques ou morales sous leur juridiction ;

- de la satisfaction des besoins vitaux des personnes et des autres êtres vivants ;

- de la sécurité des personnes.

Elles doivent également tenir compte des éléments suivants :

- la connaissance de la ressource et l'accès à l'information sur son état ;

- les caractéristiques des ouvrages nécessaires à la mobilisation des ressources en eau : prélèvement, captage, dérivation, endiguement, retenue ;

- le partage de l'information sur les régimes du fleuve et de ses affluents ;

- la sécurité des ouvrages ;

- la préservation des zones humides en réservant à celles-ci une eau de qualité et en quantité suffisante nécessaire à leur bon fonctionnement hydrologique ;

- la protection des zones de recharge et de captage des eaux souterraines ;

- les impératifs de la production agricole, de l'élevage, de la pêche et de l'aquaculture ;

- les impératifs de la production hydroélectrique ;

- les impératifs de la production industrielle ;

- la liberté de navigation ;

- la liberté de jouissance des plans d'eau et des cours d'eau à des fins récréatives ou sportives ;

- les autres activités exercées dans le strict respect de la réglementation en vigueur dans les pays contractants.

Et plus généralement, tout autre élément justifiant ou limitant l'utilisation de l'eau en tout point du territoire de compétence de la Commission.

Article 7 : Les modalités d'utilisation des eaux s'apprécient en fonction de la situation de la disponibilité de la ressource :

- la situation normale correspondant à la satisfaction de tous les besoins ;

- la situation d'urgence correspondant aux inondations ou autres catastrophes naturelles ou accidentelles ;

- la situation de pénurie, correspondant à une période d'indisponibilité de la ressource, totale ou partielle, générale ou localisée, pour des raisons naturelles ou accidentelles non-imputables aux conditions de gestion des ressources en eau.

Dans les deux derniers cas, la Commission est saisie sans délai par l'Etat qui subit cette situation. Toutefois, si un Etat est amené à prendre des mesures d'urgence de manière unilatérale, il en tiendra immédiatement informés les autres Etats et la Commission.

Article 8 : L'usage de l'eau vise à satisfaire de manière équitable, équilibrée et durable :

- les besoins en eau potable ;

- les besoins de l'assainissement ;

- les besoins en eau pour le bon fonctionnement hydrologique des zones humides et pour la préservation des écosystèmes ;

- les besoins en eau pour l'agriculture, la sylviculture, l'élevage, la pêche et la pisciculture ;

- les besoins en eau pour l'industrie ;

- les besoins en eau pour la production d'énergie ;

- les besoins en eau pour la navigation ;

- les besoins en eau pour les activités sportives, les activités récréatives, le tourisme et l'aménité des paysages ;

- et plus généralement les besoins en eau pour toutes autres activités légalement exercées.

Article 9 : Les Etats contractants, sur proposition de la Commission, déterminent les priorités entre les demandes en eau des différents utilisateurs, en fonction de leurs besoins et en fonction de la disponibilité de la ressource, en tenant compte du bon fonctionnement hydrologique des zones humides et de la préservation des écosystèmes.

Aucun usager ne bénéficie d'emblée d'une priorité par rapport aux autres, conformément aux principes de la gestion intégrée des ressources en eau et à ceux du droit international.

Toutefois, en cas de situation de pénurie, la priorité sera accordée à l'approvisionnement en eau potable pour les besoins domestiques, l'élevage, et à la préservation des écosystèmes aquatiques.

Article 10 : Sont soumis à autorisation préalable ou à déclaration les aménagements hydrauliques et, d'une manière générale, les installations, ouvrages, travaux et activités réalisés par toute personne physique ou morale, publique ou privée, et entraînant, selon le cas:

- des prélèvements d'eau superficielle ou souterraine, restitués ou non ;

- une modification des régimes hydrauliques ;

- des déversements, écoulements, rejets ou dépôts directs ou indirects, chroniques ou épisodiques, mêmes non polluants.

Les installations, ouvrages, travaux et activités visés au premier alinéa du présent article sont soumis à autorisation ou à déclaration suivant leur nature, leur localisation, leur importance ou la gravité de leurs effets sur la ressource en eau et les écosystèmes aquatiques.

En dérogation au régime général d'autorisation ou de déclaration, les usages domestiques de l'eau sont libres. Sont considérés comme usages domestiques ceux correspondant à des prélèvements quotidiens inférieurs à un seuil fixé par décision du Comité des ministres sur proposition du Secrétariat général de la Commission.

Les autorités exerçant les pouvoirs de police et d'administration de l'eau au sein de chaque Etat contractant ont obligation de transmettre les autorisations et les déclarations à la Commission.

Une nomenclature des installations, ouvrages, travaux ou aménagements soumis selon le cas à autorisation ou à déclaration est élaborée par le Secrétariat général de la Commission en tenant compte des scénarii de leur construction et de leur exploitation. Elle est approuvée par décision du Comité des ministres.

Article 11 : L'instruction des dossiers de demande d'autorisation, leur délivrance, ainsi que l'enregistrement des déclarations, sont de la compétence des Etats contractants.

Toutefois, les projets susceptibles d'avoir des impacts significatifs sur les eaux partagées, visés à l'article 19, et définis dans la nomenclature prévue à l'article 10 ci-dessus, doivent faire l'objet d'un avis de la Commission et/ou d'une consultation des autres Etats contractants avant leur autorisation.

L'instruction des demandes d'autorisation doit tenir compte des grandes orientations d'aménagement et de gestion des eaux figurant dans les documents guides approuvés par le Comité de ministres sur proposition du Secrétariat général.

L'autorisation est accordée sous réserve des droits des tiers et des droits antérieurement exercés. Elle peut être retirée dans les mêmes formes pour les motifs d'intérêt public ou en cas de non-exécution et de non-respect des règles en matière de protection de l'environnement.

Les Etats contractants transmettent au Secrétariat général les informations relatives aux autorisations délivrées et aux déclarations reçues.

Article 12 : Les demandes d'autorisation relatives à la construction des futurs barrages et autres ouvrages hydrauliques doivent comporter des scénarii de gestion sous forme de manuels de gestion établis à cet effet par le pétitionnaire. Ces manuels fixent les consignes à respecter pour chaque usage et, le cas échéant, l'ordre de certaines priorités techniques.

Article 13 : Les Etats contractants et la Commission veillent à ce que les informations relatives à l'état des eaux du fleuve et de ses affluents soient rendues accessibles au public.

A cette fin, la Commission prépare et édite périodiquement un rapport sur l'état des ressources en eau dans son territoire de compétence.

Titre IV : Protection et préservation de l'environnement

Article 14 : Les Etats contractants protègent les écosystèmes riverains du fleuve et de ses affluents, et gèrent la ressource dans le respect des équilibres naturels, notamment ceux des zones humides, en utilisant conjointement leurs législations et réglementations nationales et, en cas de besoin, les instruments réglementaires à la disposition de la Commission.

Les Etats contractants s'engagent à réglementer toute action de nature à modifier de manière sensible les caractéristiques du régime du fleuve, de ses affluents et autres zones humides associées, l'état sanitaire des eaux, les caractéristiques et la diversité biologiques de sa faune et de sa flore et, de manière générale, son environnement.

A cet effet, ils prennent les dispositions de nature à prévenir, réduire ou maîtriser les événements ou conditions résultant des causes naturelles ou d'activités humaines qui risquent de causer un dommage aux autres Etats contractants, à l' environnement du fleuve, à la santé ou à la sécurité de l'Homme.

A ce titre, les Etats contractants se concertent afin de prévenir l'introduction d'espèces étrangères ou nouvelles, de plantes ou d'animaux, susceptibles de modifier les écosystèmes, et afin de combattre les effets négatifs de telles introductions lorsqu'elles se sont déjà produites.

Par conséquent, les Etats contractants :

- établissent conjointement la liste des substances dont la présence dans les eaux du fleuve et de ses affluents doit être surveillée, limitée ou interdite ;

- définissent conjointement des objectifs et critères communs concernant la qualité de l'eau en fonction des utilisations qui en sont faites ;

- œuvrent de concert afin de mettre au point des techniques et d'instaurer des pratiques efficaces d'économie d'eau et de lutte contre les pollutions ponctuelles ou diffuses ;

- travaillent à l'harmonisation des législations nationales relatives à l'eau et à l'environnement dans le territoire de compétence de la Commission.

Article 15 : En complément des dispositions de l'article 14 ci-dessus, le Comité des ministres, sur proposition du Secrétariat général, et après avis du Comité de direction, adopte un schéma directeur d'aménagement et de gestion des eaux.

Ce document fixe en particulier les conditions dans lesquelles la Commission :

- collecte, centralise et diffuse les données du suivi des ressources en eau réalisé par les Etats contractants, tant sur le plan quantitatif que qualitatif ;

- effectue un recensement cartographique des zones de recharge des eaux souterraines, afin de les inventorier, de délimiter les zones d'alimentation et de captage, et de connaître leurs interactions avec les eaux de surface ;

- recommande aux Etats contractants des mesures de limitation ou de suspension provisoire de certains usages de l'eau, pour faire face à des situations de pénurie, de risque ou de catastrophe naturelle ;

- édicte, dans le respect de l'équilibre général des droits et obligations résultant du présent Additif et des diverses autorisations accordées, des prescriptions spéciales applicables aux installations, activités et pratiques des usagers, ainsi que les conditions dans lesquelles peuvent être contrôlées, suspendues, limitées ou interdites certaines utilisations de l'eau ;

- met en place les procédures nécessaires à l'identification et à l'évaluation des sources de pollution, des milieux de diffusion et à la surveillance des rejets.

En complément aux règles édictées ci-dessus, les Etats contractants pourront adopter conjointement d'autres dispositions déterminant en particulier les conditions dans lesquelles les règles de police des eaux en vigueur sur leurs territoires respectifs sont applicables aux eaux partagées.

Article 16 : Les Etats appliquent le principe pollueur-payeur et le principe utilisateur-payeur aux personnes physiques et morales, publiques ou privées.

Ils s'engagent à mettre en place un cadre fiscal incitatif et dissuasif visant d'une part à encourager les opérateurs économiques qui utilisent la ressource en la préservant et, d'autre part, à faire contribuer financièrement les opérateurs économiques qui participent à sa dégradation.

A cet effet, des taxes et redevances sont instituées par les Etats à l'encontre des pollueurs et des utilisateurs de l'eau à des fins économiques. Le produit de ces taxes et redevances est affecté en priorité au financement de la gestion et de la protection des ressources en eau.

Nonobstant l'application du principe pollueur-payeur, la violation par un Etat de ses obligations internationales en matière de pollution engage sa responsabilité conformément aux règles du droit international.

Titre V : Dispositions institutionnelles

Article 17 : En complément des dispositions de l'article 19 de l'Accord, les ministres en charge de la gestion des ressources en eau des Etats contractants sont membres de droit du Comité des ministres.

Article 18 : Nonobstant les dispositions des articles 21 et 25 de l'Accord, celles relatives à la présidence du Comité des ministres et à la composition du Comité des directions s'entendent comme suit :

1°) la Présidence du Comité des ministres est assurée à tour de rôle par un ministre pour une période de un (1) an suivant l'ordre alphabétique français des Etats contractants ;

2°) la représentation au Comité des directions des Etats est élargie d'un représentant des administrations chargées de la gestion des ressources en eau par pays ;

3°) le statut d'observateur auprès du Comité des directions est accordé aux entités des Etats membres et aux Organisations internationales et/ou régionales en charge de l'intégration régionale et de la gestion des ressources en eau.

Titre VI : Modalités d'examen et d'approbation des grands projets

Article 19 : Conformément aux dispositions de l'article 8 de l'Accord, relatif aux travaux et ouvrages, aucun projet susceptible de modifier de manière significative les caractéristiques des eaux partagées : régime, navigabilité, exploitabilité, qualité, état sanitaire, diversité biologique ne peut être exécuté sans avoir été au préalable approuvé par les Etats contractants.

Une obligation d'information et de consultation réciproque lie les parties, concernant les impacts éventuels de ces projets.

A cette fin, les projets soumis à autorisation selon la nomenclature visée à l'article 10 sont classés en trois catégories :

1°) les projets susceptibles d'avoir des impacts significatifs sur deux ou plusieurs Etats contractants ;

2°) les projets n'ayant pas d'impacts significatifs hors du territoire du pays contractant qui les autorise ;

3°) les projets dérogatoires.

Il est fait obligation, avant leur exécution, de notifier les projets de première catégorie aux Etats contractants, par l'intermédiaire du Secrétariat général. La notification doit se faire en temps utile et être accompagnée de toutes les données techniques nécessaires à l'évaluation du projet, notamment les rapports d'études d'impact sur l'environnement. Un délai de trois mois est accordé aux Etats contractants pour donner leur avis motivé en réponse à la notification.

L'absence de réponse vaut approbation.

Les projets dérogatoires sont définis par une décision du Comité des ministres qui fixe les conditions qu'ils doivent remplir pour justifier leur caractère d'urgence. Ils font l'objet d'une déclaration formelle de l'Etat demandeur auprès de la Commission.

Titre VII : dispositions finales

Article 20 : Les dispositions du présent Additif s'appliquent à titre supplétif à l'Accord et à tout ce que les législations nationales ne prévoient pas.

Article 21 : En application des dispositions des articles 33 et 35 de l'Accord, le présent Additif entrera en vigueur après sa signature et sa ratification dans les mêmes conditions que l'Accord.

Article 22 : Le présent Additif peut être amendé dans les mêmes conditions que l'Accord, telles que définies en son article 32.

Article 23 : Tout différend qui pourrait surgir entre deux ou plusieurs Etats contractants relevant de l'interprétation ou de l'application du présent Additif sera réglé à l'amiable.

En cas de désaccord persistant, il sera fait appel à la juridiction internationale compétente.

Fait à Kinshasa, le 22 février 2007

Le Président de la République du Cameroun

Le Président de la République centrafricaine

Le Président de la République du Congo

Le Président de la République démocratique du Congo

B : Le Fonds Bleu pour le Bassin du Congo (F2BC) et La Commission Climat du Bassin du Congo (CCBC)

Le F2BC et la CCBC sont deux organismes jumeaux dont la fécondation remonte à la Déclaration de Marrakech du 16 novembre 2016. Il est question de présenter d'abord le F2BC (1) avant de passer à la CCBC (2).

1 : Le Fonds Bleu pour le Bassin du Congo (F2BC)

La création du F2BC remonte aux engagements pris par les Chefs d'Etat et de gouvernement des pays du Bassin du Congo, exprimé lors de leurs premier et deuxième sommets sur la conservation et la gestion durable des écosystèmes forestiers de cet espace géographique, tenus respectivement à Yaoundé le 17 mars 1999 et à Brazzaville le 5 février 2005[60]. Cette volonté des Etats du bassin du Congo a été rappelée lors du 1er Sommet Africain de l'Action en faveur de la co-émergence de l'Afrique en marge de la 22e Conférence des Parties à la Convention-cadre des Nations unies sur les changements Climatiques (CCNUCC), le 16 novembre 2016 à Marrakech par le Président de la République du Congo, Son Excellence Monsieur Denis SASSOU N'GUESSO. Il a été décidé pendant cette rencontre de la création de trois (3) commissions climat[61] dont une Commission dédiée au Bassin du Congo[62]. A L'issue de ce Sommet, le Chef de l'Etat congolais a été désigné par ses Pairs comme promoteur de la mise en œuvre du Fonds Bleu pour le Bassin du Congo en Afrique Centrale.

Concrétisant leur engagement, le 09 mars 2017, a été signé à Oyo le Mémorandum d'Entente pour la création du Fonds Bleu pour le Bassin du Congo par douze (12) pays du Bassin et le Royaume du Maroc. L'objectif du Fonds est de mobiliser les ressources financières auprès des partenaires pour

---

[60] Préambule du Mémorandum d'Entente pour la création du Fonds Bleu pour le Bassin du Congo

[61] Ces trois commissions sont dédiées à la gestion du Sahel, à la région du Bassin du Congo et aux Etats insulaires.

[62] Préambule du Mémorandum d'Entente relatif à la réalisation de l'étude de préfiguration du Fonds Bleu pour le Bassin du Congo, mars 2018. La création des trois (3) Commissions susvisées a été entérinée par l'Union Africaine lors de la 28ème session ordinaire de la Conférence des Chefs d'Etat et de Gouvernement de l'Union Africaine du 31 janvier 2017.

financer les projets liés à l'eau dans le bassin du Congo (art.3). Tenant à mettre en œuvre le F2BC, le 12 mars 2018, un autre Mémorandum d'Entente relatif à la réalisation de l'étude de préfiguration du Fonds Bleu pour le Bassin du Congo a été signé à Rabat (Maroc) entre la CCBC et le Centre de Compétences en Changements Climatiques (4C Maroc). Le 30 septembre 2021, les Chefs d'Etat et de Gouvernement du F2BC et de la CCBC, lors de leur deuxième sommet, avaient approuvé le plan d'investissement, le mécanisme financier et le schéma de gouvernance du F2BC, ainsi que le choix de la BDEAC pour héberger la ligne de financement du F2BC.

Les textes ci-dessous apportent les plus amples informations.

a : Mémorandum d'Entente pour la création du Fonds Bleu pour le Bassin du Congo

Préambule

Les Etats signataires :

- La République d'Angola ;
- La République du Burundi ;
- La République du Cameroun ;
- La République Centrafricaine ;
- La République du Congo ;
- La République Démocratique du Congo ;
- La République Gabonaise;
- La République de Guinée Equatoriale ;
- La République du Maroc ;
- La République du Rwanda ;
- La République du Tchad ;
- La République-Unie de Tanzanie ;
- La République de Zambie.

Ci-dessous désignés « **les Parties** »,

Reconnaissant que :

- le Bassin du Congo dispose d'énormes potentialités de ressources en eau, qui revêtent une importance économique, sociale et environnementale majeure ;
- le Bassin du Congo constitue le second réservoir de carbone forestier du monde après celui du Bassin d'Amazonie ;
- la préservation des forêts du Bassin du Congo représente un enjeu primordial pour la réduction des effets néfastes des changements climatiques et le développement durable ;
- les programmes de gestion durable du Bassin du Congo sont principalement axés sur les ressources forestières et fauniques ;

- l'approche d'une gestion écosystémique intégrée de cet espace géographique nécessite la prise en compte des aspects hydrologiques des eaux douces, marines et côtières ;
- il s'impose aux Etats la nécessité d'améliorer les infrastructures de navigation intérieure de cet espace ;
- le développement économique des pays et des peuples du Bassin du Congo doit être garanti et leur qualité de vie améliorée ;
- la connaissance, l'utilisation durable et l'interaction des biodiversités, terrestres, marines et côtières, ainsi que la préservation des ressources en eau et la promotion subséquente de l'économie bleue nécessitent des actions concertées des pays concernés ;
- le renforcement de la paix et de la stabilité de la région passe par la coopération entre les pays du Bassin du Congo à travers des projets intégrateurs.

Réaffirmant l'engagement des Chefs d'Etat et de gouvernement des pays du Bassin du Congo, exprimé lors de leurs premier et deuxième sommets sur la conservation et la gestion durable des écosystèmes forestiers de cet espace géographique, tenus respectivement à Yaoundé le 17 mars 1999 et à Brazzaville le 5 février 2005.

Tenant compte :

- des objectifs de la Convention Cadre des Nations Unies sur le Changement Climatique ;
- de l'existence du fonds pour l'Economie Verte d'Afrique Centrale et du système des programmes sectoriels sur l'Economie Verte, adoptés par les Chefs d'Etat et de Gouvernement de la Communauté Economique des Etats de l'Afrique Centrale ;
- de la volonté des Chefs d'Etat et de gouvernement des pays du Bassin du Congo de valoriser durablement les ressources en eau, favorisant ainsi une gestion écosystémique de cet espace géographique ;
- des objectifs du développement durable, notamment l'objectif 14, des objectifs de la Convention sur la Diversité Biologique, de la Convention d'Abidjan sur la conservation des écosystèmes marins et côtiers de l'Afrique de l'Ouest et du Centre, de la Convention de Nairobi sur la conservation des écosystèmes marins et côtiers de l'Afrique de l'Est et de l'Agenda 2063 adopté par le Sommet des Chefs d'Etat et de Gouvernement de l'Union Africaine ;
- des conclusions du Sommet extraordinaire des Chefs d'Etat africains, en marge de la 22e Conférence des Parties à la CCNUCC, en novembre 2016 à Marrakech, à l'issue duquel le Président de la République du Congo a été désigné par ses pairs africains pour

promouvoir la mise en œuvre de l'initiative Fonds Bleu pour le Bassin du Congo en Afrique Centrale ;
- des initiatives liées à la préservation et à la gestion intégrée des ressources en eau en Afrique, notamment la Commission Internationale des bassins Congo Oubangui Sangha (CICOS), le Réseau Internationale des Organismes de Bassin (RIOB), le Partenariat Mondial de l'Eau (GWP), etc.

Etant résolus à mettre en place des instruments adaptés pour la mobilisation des ressources financières dédiées à la mise en œuvre des politiques et stratégies au service de l'économie bleue pour l'espace des pays du bassin du Congo.

Convaincus de la nécessité de la création d'un fonds bleu régional destiné à la collecte et à la gestion des financements disponibles dans les domaines de promotion de l'économie bleue y compris pour lutter contre la pauvreté.

Les parties conviennent de ce qui suit :

Article premier : Expressions employées

Au sens du présent Mémorandum, on entend par :

- « Fonds » : Fonds Bleu pour le Bassin du Congo ;
- « Etat Membre » : Tout Etat concerné par le Champ d'intervention du Fonds ;
- « Etat Partie » : Tout Etat, contributeur au Fonds ;
- « Organisation Partie » : Toute organisation ou institution contributrice au Fonds ;
- « Economie Bleue » : Branche de l'activité économique basée sur les ressources marines et aquatiques, notamment les lacs, cours d'eau et les nappes souterraines, y compris les mers et les côtes.

Le Présent Mémorandum d'Entente s'applique dans la zone écologique du Bassin du Congo de la bande comprise entre les écosystèmes marins et côtiers des courants de Guinée, de Banguela, d'Aguilhas et de Somalie.

Article 2 : Objet

Par le présent Mémorandum, les Etats membres conviennent de créer un fonds, dénommé « Fonds Bleu pour le Bassin du Congo », en abrégé, F2BC, ci-après désigné « Fonds ».

Article 3 : Objectifs

Le Fonds a pour objectif de mobiliser les ressources nécessaires auprès des contributeurs et investisseurs, en vue du financement de la mise en œuvre des programmes et projets concourant au développement durable et à la promotion de l'économie bleue dans son champ d'intervention.

Article 4 : Siège, avoirs et dépositaire

4.1. Siège

Le siège du Fonds est fixé à Brazzaville, en République du Congo.

Il pourra, en cas de nécessité, être transféré à un autre lieu, sur décision de l'organe délibérant du Fonds.

4.2. Avoirs

Les avoirs du Fonds sont domiciliés dans une institution financière africaine, à définir d'accord parties. Ils peuvent être transférés, en cas de nécessité, dans toute autre institution choisie par l'organe délibérant du Fonds.

4.3. Dépositaire du Mémorandum

Le Dépositaire du présent Mémorandum est la Banque Africaine de Développement (BAD).

Article 5 : Domaines d'intervention

Le Fonds intervient dans les domaines de « l'économie bleue », concernant, notamment, toutes les étendues d'eau et les rivages, qu'il s'agisse des océans et des mers, des côtes, des lacs, des cours d'eau et des nappes souterraines, en prenant en compte la dimension lutte contre la pauvreté des populations riveraines, en vue de :

- Améliorer les voies de navigation intérieures par entretien régulier, et aménager les ports secondaires ;
- Développer le système de suivi hydrométrique et météorologique ;
- Lutter contre les plantes flottantes envahissantes ;
- Promouvoir les énergies renouvelables ;
- Développer la pêche durable, l'aquaculture, la surveillance et l'observation des zones de pêche ;
- Assurer le traitement des eaux usées et l'approvisionnement en eau potable ;
- Développer des systèmes de gestion et de traitement de déchets solides déversés dans les cours d'eau et les océans ;
- Promouvoir le paiement pour services environnementaux (PSE) basés sur la gestion durable des eaux ;
- Lutter contre les érosions ;
- Gérer et valoriser durablement les mangroves et promouvoir l'éco-tourisme ;
- Promouvoir les mécanismes de veille sanitaire et environnementale ainsi que la surveillance épidémiologique ;
- Améliorer la connaissance, par la formation, la recherche et l'innovation, du milieu marin, des eaux continentales et de la biodiversité des écosystèmes ;

- Soutenir et encourager les efforts de stockage de carbone.

Article 6 : Ressources

Les ressources du Fonds proviennent, notamment :

- des apports des Etats membres ;
- des apports des partenaires financiers ;
- des mécanismes nationaux, sous régionaux et internationaux de financements ;
- des financements novateurs tels que le paiement pour les services environnementaux, générés par les services écosystémiques liés à la gestion durable des eaux ;
- des dons et legs ;
- des souscriptions au Fonds ;
- des intérêts reçus sur les prêts consentis ;
- des produits financiers générés par les placements ;
- des emprunts concessionnels contractés auprès des pays extérieurs ou institutions nationales, multinationales ou internationales ;
- de toute autre ressource pouvant être générée par les activités du Fonds.

Le fonds de départ sera constitué par :

- les contributions des Etats Membres ;
- les contributions des partenaires au développement et organisations qui accompagnent la mise en place du Fonds.

Le Fonds recherche auprès des Gouvernements, des sociétés commerciales, des fondations, des trusts et autres, des financements adéquats, suivant les types d'emplois projetés ou toutes autres sources compatibles avec ses objectifs.

Article 7 : Organisation, fonctionnement et autres modalités

Les modalités relatives à l'organisation, au fonctionnement et à la mise en œuvre du Fonds, seront définies par les textes spécifiques.

Article 8 : Durée

Le Présent Mémorandum est établi pour une durée illimitée. Toutefois, une période transitoire d'un an est prévue pour le démarrage du Fonds à compter de la date de sa signature.

Article 9 : Retrait

Chaque Etat Membre, dans l'exercice de sa souveraineté, est libre de se retirer du Fonds après notification aux organes du Fonds. Ce retrait est effectif trois mois après notification.

Tout litige portant sur l'interprétation ou la mise en œuvre du présent Mémorandum est réglé à l'amiable. A défaut, la Partie la plus diligente peut recourir à l'arbitrage international.

Article 10 : Révision

Le présent Mémorandum peut être révisé à la demande d'une ou plusieurs Parties.

Les modalités de révision sont fixées par les organes du Fonds.

Article 11 : Entrée en vigueur

Le présent Mémorandum d'Entente entre en vigueur sous réserve des dispositions internes à chaque Etat.

Article 12 : Dispositions finales

Le présent Mémorandum est ouvert à tous les Etats de l'Organisation des Nations Unies désireux d'y adhérer.

Article 13 : Textes authentiques

Le présent Mémorandum rédigé en anglais, espagnol, français et portugais est authentique.

Fait à Oyo, le 09 mars 2017

Pour la République d'Angola
Maria De FATIMA JARDIM

Pour la République Gabonaise
Régis IMMOGAULT TATAGANI

Pour la République du Burundi
Côme MANIRAKIZA

Pour la République du Cameroun
NGOLE PHILIP NGWESE

Pour la République Centrafricaine
Arlette-Marie SOMBO DIBELE

Pour la République du Congo
Jean Claude GAKOSSO

Pour la République Démocratique du Congo
Léon SHE OKITUNDU

Pour la République de Guinée Equatoriale

Pour le Royaume du Maroc
SALAHEDDINE MEZOUAR

Pour la République du Rwanda
Vincent BIRUTA

Pour la République du Tchad
BRAT MAHAMAT

Pour la République-Unie de Tanzanie

Pour la République de Zambie.

b : Mémorandum d'Entente relatif à la réalisation de l'étude de préfiguration du Fonds Bleu pour le Bassin du Congo

Entre les soussignés

Le Centre de Compétences en Changement Climatique du Maroc, dûment représenté par Son Excellence Nezha El Ouafi, Secrétaire d'Etat chargée du Développement Durable du Royaume du Maroc,

Ci-après dénommé « 4C Maroc » ;

D'une part,

La Commission climat du Bassin du Congo, dûment représentée par Son Excellence Madame Arlette Soudan-Nonault, Ministre du Tourisme et de l'Environnement de la République du Congo, Coordonnatrice technique de la Commission,

Ci-après dénommée « CCBC » ;

D'autre part

Dénommés ci-après par « les Parties » ;

Préambule

- Considérant la Déclaration des Chefs d'Etat et de Gouvernement Africains réunis à Marrakech le 16 novembre 2016, en marge de la COP22 sur le climat, lors du 1er Sommet Africain de l'Action en faveur de la co-émergence de l'Afrique, dans laquelle il a été décidé de la création de trois commissions climat dont la Commission dédiée au Bassin du Congo, présidée par la République du Congo ;
- Rappelant la proposition, en marge de la COP22, du Président de la République du Congo pour la création d'un Fonds Bleu pour le Bassin du Congo ;
- Prenant en considération le Mémorandum d'entente signé le 9 mars 2017 à Oyo, en République du Congo, portant création du Fonds Bleu pour le Bassin du Congo ;
- Rappelant la Déclaration de Brazzaville, du 05 octobre 2017, sur l'accélération de l'opérationnalisation de la Commission climat pour le Bassin du Congo et du Fonds Bleu pour le Bassin du Congo, notamment la recommandation à ce que le Royaume du Maroc, à travers le Centre 4C Maroc, apporte son appui nécessaire pour la mise en œuvre du Fonds Bleu pour le Bassin du Congo ;
- Considérant les termes de la feuille de route 2017-2018 du Fonds Bleu pour le Bassin du Congo et du Communiqué final de la

Conférence ministérielle de Brazzaville ainsi que du Communiqué final de la réunion des ministres à Bonn en 2017 ;

- Tenant compte de la volonté du Royaume du Maroc et de la République du Congo à renforcer leur partenariat et conjuguer leurs efforts en vue de la lutte contre le changement climatique et l'intégration d'une démarche climat dans la planification du développement de la Région du Bassin du Congo ;

Les Parties ont convenu ce qui suit :

Article 1 : Objet

Ce Mémorandum concerne la réalisation de l'étude de préfiguration du Fonds Bleu pour le Bassin du Congo dont la Commission Climat du Bassin du Congo est le maître d'ouvrage et 4C Maroc, le maître d'ouvrage délégué.

Article 2 : Objectifs de l'étude

L'étude de préfiguration du Fonds Bleu pour le bassin du Congo vise deux objectifs, à savoir :

- Analyser les conditions institutionnelles, techniques, juridiques, fiscales et financières pour la mise en place du Fonds et établir des recommandations en vue d'en assurer l'opérationnalisation dans un calendrier et un cadre opérationnel optimum pour tous les acteurs concernés.
- Collecter, analyser et restituer les attentes, contraintes et objectifs des acteurs de l'ensemble des pays engagés par le Mémorandum d'entente d'Oyo ainsi que les acteurs institutionnels, économiques, industriels et associatifs associés concernés.

Article 3 : Engagements

1. **Engagements du 4C Maroc**

- Préparer les Termes de Référence de l'étude de préfiguration ;
- Rechercher et gérer le financement de l'étude de préfiguration ;
- Contribuer au processus de lancement de l'étude de préfiguration ;
- Identifier et recruter, en concertation avec la Coordination de la Commission Climat du Bassin du Congo, le bureau d'Etude chargé de la réalisation de l'étude de préfiguration du Fonds Bleu pour le Bassin du Congo, dont tous les droits de propriété intellectuelle y afférant, appartiennent exclusivement à la Commission ;
- Superviser techniquement le déroulement de l'étude de préfiguration.

2. **Engagements de la CCBC**

- Proposer deux à trois experts pour appuyer le 4C Maroc dans le processus de supervision technique ;

- Identifier les membres du Comité ad hoc régional (Points Focaux du F2BC et délégués de la société civile) pour la validation des termes de référence et des livrables de l'étude ;
- Faciliter les contacts du Bureau d'Etude auprès des partenaires en Afrique Centrale et en Afrique de l'Est, concernés par le F2BC ;
- Veiller à ce que les éléments d'analyse produits s'inscrivent dans une logique inclusive et multilatérale ;
- Diffuser le présent Mémorandum d'entente dans les langues de travail des Etats membres de la Commission Climat du Bassin du Congo.

Article 4 : Mise en œuvre, suivi et appui des partenaires

Afin de mettre en œuvre les stipulations du présent Mémorandum, les Parties conviennent de :

- Mettre en place des équipes internes de suivi ;
- La tenue des réunions à distance ou en présentiel ainsi que les échanges de correspondances ;
- Rechercher les partenaires stratégiques internationaux, bilatéraux et multilatéraux.

Article 5 : Amendement-Dénonciation

Le présent Mémorandum peut être amendé par accord mutuel des Parties.

Il peut, par ailleurs, être dénoncé par chacune des Parties sous réserve du respect d'un préavis d'au moins trois (3) mois, notifié à l'autre Partie par la Partie qui en prend l'initiative.

Article 6 : Règlement des différends

Tout différend relatif à l'interprétation et/ou à l'application du présent Mémorandum est réglé par voie de négociations entre les deux Parties.

Article 7 : Date d'effet et durée du Mémorandum

Le Présent Mémorandum prend effet à la date de sa signature par les Parties, et restera valable jusqu'à la fin de la réalisation de l'étude de préfiguration du F2BC.

Fait à Rabat, Royaume du Maroc, en deux exemplaires originaux en langue française, le 12 mars 2018

Pour le 4C Maroc	**Pour la Commission Climat du Bassin du Congo**
Madame Nezha El Ouafi	Madame Arlette Soudan-Nonault
Présidente du Conseil	Coordonnatrice technique de la
d'Administration du 4C Maroc,	Commission climat du Bassin du Congo
Secrétaire d'Etat chargée du	Ministre du Tourisme et de
Développement Durable, du	l'Environnement de la République du Congo

2 : La Commission Climat du Bassin du Congo (CCBC)

Elle a pour objet « d'accélérer la mise en œuvre de la transition climatique et de la transformation économique du Bassin du Congo dans une logique de développement durable. Elle comprend une Conférence des Chefs d'Etat, le Conseil des Ministres et le Secrétariat Exécutif. Ses origines sont les mêmes que celles du F2BC (a) mais le Protocole l'instituant a été signé le 28 avril 2018 à Brazzaville (b).

a : Les origines de la CCBC : les Déclarations de Marrakech et de Brazzaville

Sœur jumelle du F2BC, la CCBC tire ses origines de la Déclaration finale du sommet des Chefs d'Etat et de Gouvernement adoptée à Marrakech le 16 novembre 2016 et de celle de Brazzaville visant l'accélération et l'opérationnalisation du F2BC et de la CCBC. Par la première les Etats ont prévu la création des commissions climat pour la région du Sahel, la région du bassin du Congo et de la région des Etats insulaires. Par la seconde Déclaration, les Chefs d'Etat avait recommandé l'appui des partenaires pour l'opérationnalisation rapide de la Commission du Bassin du Congo qui devenait alors la Commission Climat du Bassin du Congo (CCBC). La même Déclaration érige le F2BC en instrument financier de la CCBC.

Déclaration finale du Sommet des Chefs d'Etat et de Gouvernement de Marrakech 2016

Déclaration du 16 novembre 2016

Nous, Chefs d'Etat et de Gouvernement Africains réunis à Marrakech, le 16 novembre 2016, à l'initiative de Sa Majesté Mohammed VI, Roi du Maroc, lors du 1er Sommet Africain de l'Action en faveur de la co-émergence de l'Afrique, en marge de la 22e Conférence des Parties de la Convention-Cadre des Nations Unies sur les changements climatiques (COP22) ;

Soulignons que :

*l'Afrique, qui a le moins contribué aux émissions mondiales de gaz à effet de serre, est le continent le plus touché par les changements climatiques et leurs effets sur ses territoires dont les conséquences peuvent représenter une menace pour sa paix, sa sécurité et son développement durable ;

*les régions africaines ont volontairement lancé des initiatives en matière d'adaptation et d'atténuation, visant à améliorer leur résilience et à promouvoir un développement durable ;

Réaffirmons :

*l'importance d'une mise en œuvre adéquate des Objectifs de Développement Durable, fondés sur les principes de Rio, en particulier celui de « la responsabilité commune mais différenciée », pour relever le défi du changement climatique ;

*l'engagement concret et substantiel des pays africains à contribuer à l'effort mondial de lutte contre les changements climatiques ;

*notre ambition de faire de l'action pour le climat un levier d'émergence, en vue de construire un modèle de développement inclusif et durable répondant aux aspirations légitimes des populations africaines et préservant les intérêts des générations futures ;

*notre volonté d'œuvrer collectivement et solidairement pour une Afrique résiliente au changement climatique et qui façonne son destin, à travers des approches sous régionales et régionales ;

Nous nous engageons à :

*promouvoir les politiques et les mesures en matière d'adaptation requises, qui soient aussi des catalyseurs pour une transformation structurelle profonde sur les plans économique et social en Afrique ;

*accélérer la réalisation des initiatives déjà identifiées ou lancées, en s'appuyant non seulement sur nos ressources intrinsèques mais également en mobilisant les bailleurs de fonds, multilatéraux et bilatéraux ainsi que les acteurs non étatiques ; à titre d'exemple, il s'agit d'initiatives ;

*visant à renforcer la résilience de notre Continent face aux menaces du dérèglement climatique, en particulier « l'Initiative Africaine pour l'Adaptation », l'initiative pour « l'Adaptation de l'Agriculture Africaine », connue sous l'acronyme « Triple A », le projet de la « Grande Muraille Verte pour le Sahara et le Sahel », l'initiative pour la « Sécurité, la Stabilité et la Soutenabilité », celle pour la « Résilience Rurale », ou encore celle en faveur des « Forêts dans la Région Méditerranée et au Sahel » ;

*en faveur d'une co-émergence durable africaine, notamment « l'Initiative Africaine pour les Energies Renouvelables », celle relative à la « Conservation de l'Ecosystème du Bassin du Lac Tchad », celle pour une « Croissance Bleue », ou encore celle portant sur la réalisation d'un « Couloir Africain de l'Energie Propre » ainsi que le « Fonds Bleu pour le Bassin du Congo » ;

*encourager et faciliter la participation du secteur privé à la mobilisation de capacités et de financements supplémentaires pour relever le défi du changement climatique.

Nous lançons un appel à nos partenaires stratégiques pour :

*renforcer notre coopération dans le sens de l'ambition africaine pour un développement durable et inclusif ;

*fournir un appui efficace et concret à la mise en œuvre de cette ambition, à travers notamment, l'augmentation du financement public, la facilitation de l'accès au financement climatique et son rééquilibrage en faveur de l'adaptation, le renforcement des capacités et le transfert de technologies.

Tout en remerciant Sa Majesté Mohammed VI, Roi du Maroc, d'avoir pris l'initiative de convoquer ce Sommet de l'Action en faveur de la co-émergence de l'Afrique,

Et en relevant la pertinence d'unir la voix du Continent pour mieux défendre ses intérêts,

Invitons Le Roi du Maroc, en relation avec le Président en exercice de l'Union Africaine, à œuvrer pour la mise en œuvre de cette Déclaration, notamment au niveau de la coordination et du suivi des initiatives prioritaires dans les domaines de la lutte contre les changements climatiques et du développement durable ainsi que de la mobilisation des partenaires du continent, bilatéraux ou multilatéraux et décidons, dans ce cadre, la création de trois commissions dédiées à :

1. la région du Sahel, présidée par la République du Niger ;
2. la région du Bassin du Congo, présidée par la République du Congo ;
3. les Etats Insulaires, présidée par la République des Seychelles.

Déclaration de Brazzaville sur l'accélération de l'opérationnalisation de la CCBC, du F2BC

Déclaration du 5 octobre 2017

Nous, Ministres africains de l'environnement, de l'économie et des finances, et les Représentants des Communautés Economiques Régionales,

Réunis à Brazzaville le 5 octobre 2017, à l'occasion de la Conférence Extraordinaire des Ministres de l'environnement, de l'économie et des finances de la Communauté Economique des Etats de l'Afrique Centrale (CEEAC) et de la Communauté de l'Afrique de l'Est sur l'accélération de l'opérationnalisation de la Commission climat pour le Bassin du Congo et du Fonds Bleu pour le Bassin du Congo ;

Rappelant la Déclaration faite par les Chefs d'Etat et de Gouvernement Africains réunis à Marrakech, le 16 novembre 2016 lors du 1er Sommet Africain de l'Action en faveur de la co-émergence de l'Afrique, en marge de la 22e Conférence des Parties à la Convention-Cadre des Nations Unies sur les Changements Climatiques (COP Conférence des parties COP22), dans laquelle il a été décidé de la création de trois commissions dédiées à la région du Sahel, à la région du Bassin du Congo et aux Etats Insulaires ;

Rappelant le Communiqué final du 28e Sommet des Chefs d'Etat de l'Union Africaine tenu les 30 et 31 janvier 2017 à Addis-Abeba en Ethiopie, dans lequel a été entérinée la décision portant création de ces trois commissions ;

Rappelant la Déclaration des Ministres Africains de l'environnement et de l'économie sur la création du Fonds Bleu pour le Bassin du Congo, matérialisée par la signature, le 9 mars 2017 à Oyo en République du Congo, d'un Mémorandum d'entente entre la République d'Angola, la République du Burundi, la République du Cameroun, la République Centrafricaine, la République du Congo, la République Démocratique du Congo, la République Gabonaise, la République de Guinée Equatoriale, le Royaume du Maroc, la République du Rwanda, la République du Tchad, la République Unie de Tanzanie et la République de Zambie ;

Soulignant que ces pays sont en majorité des Etats membres de la Communauté Economique des Etats de l'Afrique Centrale (CEEAC) et de la Communauté de l'Afrique de l'Est, qui font partie des Huit Communautés Economiques Régionales (CER) de l'Union Africaine ;

Rappelant que le Royaume du Maroc est signataire du Mémorandum d'entente d'Oyo ;

Rappelant la résolution prise par les Chefs d'Etat et de Gouvernement Africains de consolider leurs engagements respectifs en matière de lutte contre les effets du changement climatique, pour avancer ensemble et accélérer la réalisation des initiatives visant à renforcer la résilience du continent face aux menaces du dérèglement climatique ;

Soulignant la nécessité d'accélérer l'opérationnalisation de la Commission du Bassin du Congo, à travers la définition des modalités de mise en œuvre du Fonds Bleu pour le Bassin du Congo ;

Relevant l'importance de l'élaboration d'un plan d'action global de la Commission du Bassin du Congo de l'Union Africaine ;

Recommandons :

Que le Président de la Commission du Bassin du Congo, poursuive ses efforts d'accélération de l'opérationnalisation de la Commission du Bassin du Congo et du Fonds Bleu pour le Bassin du Congo (FBBC) ;

Que la Communauté des Etats de l'Afrique Centrale et la Communauté des Etats de l'Afrique de l'Est soient davantage mobilisées en vue d'assurer leur pleine participation aux travaux de la Commission du Bassin du Congo ;

Que le Fonds Bleu devienne l'instrument financier de la Commission du Bassin du Congo ;

Que le Royaume du Maroc, à travers le Centre 4C (Centre de Compétence en Changement Climatique), apporte son appui nécessaire pour la mise en œuvre du Fonds Bleu pour le Bassin du Congo ;

Que la dénomination « Commission du Bassin du Congo » devienne la « Commission Climat du Bassin du Congo » ;

Que la prochaine réunion de la Commission soit organisée en marge de la COP23 à Bonn, dont l'ordre du jour sera préparé par la Présidence et notamment dans la perspective de l'organisation d'une Conférence sur la mobilisation financière en janvier 2018 à Davos.

Fait à Brazzaville, le 5 octobre 2017

République du Burundi

Madame Marie Salomé NDABAHA RIYE,
Secrétaire Permanent au Ministère des Finances, Budget et de la Privatisation du Burundi

République du Cameroun

Monsieur Hamidou KOMIDOR NJIMOLUH,
Ambassadeur du Cameroun auprès de la République du Congo, Représentant du Ministre des Finances de la République du Cameroun

République Centrafricaine

Monsieur Rubens NAMBAI
Conseiller du Ministre de l'environnement de la République Centrafricaine

République du Congo

Madame Arlette SOUDAN-NONAULT,
Ministre du Tourisme et de l'Environnement
de la République du Congo

République Démocratique du Congo
Dr Amy AMBATOBE NYONGOLO,
Ministre de l'Environnement et du Développement Durable de la RDC

République Gabonaise
Monsieur Pacome MOUBELET-BOUBEYA, Ministre d'Etat,
Ministre de la Forêt, de la Mer et de l'Environnement de la République Gabonaise

République de Guinée Equatoriale
Monsieur Francisco Mba OLO BAHAMONDE,
Ministerio de Bosques y Medio Ambiente, Guinea Ecuatorial

Royaume du Maroc
Madame Nezha El OUAFI
Secrétaire d'Etat auprès du Ministre de l'Energie et du Développement Durable, Chargée du Développement Durable du Royaume du Maroc

République du Rwanda
Dr Jean Baptiste HABYALIMANA
Ambassadeur du Rwanda auprès de la République du Congo,
Représentant le Ministre de l'Environnement du Rwanda

République du Tchad
Dr AHMAT MBODOU MAHAMAT
Ministre de l'Environnement et de la Pêche de la République du Tchad

Pour la Communauté Economique des Etats de l'Afrique Centrale

Madame Chantale MFOULA M.T

Secrétaire Générale Adjointe DIPEM/Communauté Economique des Etats de l'Afrique Centrale

Pour la Communauté de l'Afrique de l'Est

Eng. Leonidas LADISLAUS KYARUZI

Principal Environnement and Naturel Ressources Officer East African Community Secretariat

b : Protocole instituant la Commission Climat du Bassin du Congo

Préambule

Les Hautes Parties Contractantes,

Vu l'Acte Constitutifs de l'Union Africaine ;

Vu la Convention-Cadre des Nations Unies sur les Changements Climatiques ;

Vu l'Accord de Paris sur le Climat

Considérant la Déclaration des Chefs d'Etat et de Gouvernement Africains, réunis à Marrakech le 16 novembre 2016, ayant décidé de la création de trois Commissions dédiées à la lutte contre les Changements climatiques (Sahel, Bassin du Congo et Etats Insulaires) ;

Considérant la Décision de la 28ème session ordinaire de la Conférence des Chefs d'Etat et de Gouvernement de l'Union Africaine du 31 janvier 2017 entérinant la création des trois commissions susvisées ;

Résolues à opérationnaliser la Commission Climat du Bassin du Congo ;

ONT CONVENU DE CE QUI SUIT :

Article 1 : Création

Il est institué une commission dite Commission Climat du Bassin du Congo (CCBC).

Article 2 : Objet

La Commission Climat du Bassin du Congo (CCBC) a pour objet d'accélérer la mise en œuvre de la transition climatique et de la transformation économique du Bassin du Congo dans une logique de développement durable.

A cet effet, elle a pour vocation de :

- Coordonner et orienter les initiatives prioritaires dans le domaine de la lutte contre les changements climatiques et du développement durable ;
- Promouvoir les politiques et les mesures requises en matière d'adaptation et d'atténuation ;
- Consolider les engagements de l'Afrique en matière de lutte contre les effets du changement climatique, pour donner davantage de cohérence aux stratégies en cours ou programmées ;
- Accélérer la réalisation des initiatives déjà identifiées ou enclenchées ;
- Encourager et faciliter l'investissement dans le développement durable ;
- Promouvoir la participation du secteur privé, des acteurs non étatiques et de la société civile à la lutte contre les changements climatiques ;
- Encourager et accompagner les actions de coopération Nord-Sud et Sud-Sud ;
- Etablir les synergies avec les autres instruments de l'Union Africaine (UA), notamment en matière de diplomatie climatique et environnementale.
- Mobiliser les partenaires techniques et financiers, bilatéraux et multilatéraux et non-étatiques du continent, pour des appuis techniques multiformes ;
- Œuvrer à la recherche des modes de financements innovants du développement durable.

Article 3 : Etats membres

Sont membres de la Commission Climat du Bassin du Congo :

- tous les Etats du bassin hydrographique étendu du Congo et des bassins voisins de l'Atlantique à l'Océan indien ;
- est membre associé originel le Maroc ;
- peut adhérer, en qualité de membre associé, à la Commission Climat du Bassin du Congo tout Etat africain se reconnaissant dans l'objet de la Commission.

Article 4 : Gouvernance

La Commission Climat du Bassin du Congo comprend : la Conférence des Chefs d'Etat, le Conseil des Ministres et le Secrétariat Exécutif. Les missions et attributions de ces organes seront déterminées par les statuts de la Commission.

Article 5 : Statuts et Règlement intérieur

Le Conseil des Ministres de la Commission Climat du Bassin du Congo établit les Statuts et le Règlement intérieur fixant les modalités d'organisation et de fonctionnement de la Commission.

Article 6 : Budget de fonctionnement et d'investissement

La Commission dispose d'un budget de fonctionnement et d'investissement financé par les contributions paritaires des Etats membres et des Etats associés, ainsi que par toutes autres ressources provenant, sans conditions, de personnes physiques ou morales.

Article 7 : Entrée en vigueur

Le Présent protocole entre en vigueur après l'accomplissement par chaque Etat de ses procédures de droit interne.

Fait à Brazzaville, le 29 avril 2018

En quatre (4) exemplaires originaux en langues anglaise, espagnole, française et portugaise

Pour le Royaume du Maroc
Sa Majesté MOHAMMED VI
Roi du Maroc

Pour la République de l'Angola
S.E.M. Joao Manuel GONCALVES LOURENÇO
Président de la République

Pour la République Centrafricaine
S.E.M. Faustin Archange TOUADERA
Président de la République

Pour la République du Congo
S.E.M. Denis SASSOU NGUESSO
Président de la République

Pour la République Gabonaise

S.E.M. Ali BONGO ONDIMBA

Président de la République

Pour la République de Guinée Equatoriale

S.E.M. Téodore OBIANG NGUEMA MBAZOGO

Président de la République

Pour la République du Rwanda

S.E.M. Paul KAGAME
Président de la République

Pour la Commission de l'Union Africaine

S.E.M. Moussa Faki MAHAMAT
Président de la Commission

Section II : Les organisations de gestion des ressources du Golfe de Guinée

Le Golfe de Guinée est une partie de l'océan Atlantique qui s'enfonce en coin vers le centre du continent africain. Il est situé à l'ouest de la partie centrale de l'Afrique. Autrement dit, c'est un espace géographique marin qui constitue la Zone Economique Exclusive du Gabon, de l'Angola, de la RC, de la RDC, Cameroun, de la Guinée Equatoriale, de bien d'autres pays comme le Nigéria et la République Démocratique de Sao Tomé et Principe. Cet espace maritime se caractérise par l'abondance des ressources halieutiques et pétrolières ainsi que par l'insécurité due aux conflits et à piraterie. C'est ainsi que pour une bonne gestion des ressources et l'éradication de l'insécurité, les Etats côtiers se sont engagés à renforcer leur coopération en instituant la Commission régionale des pêches du Golfe de Guinée (COREP) (**§ I**) et la Commission du Golfe de Guinée (**§ II**).

§ I: La Commission régionale des pêches du Golfe de Guinée (COREP)

La création de la COREP a été inspirée par la Convention de Montego bay de 1982 qui institut la Zone Economique Exclusive et invite les Etats riverains à s'organiser en vue d'assurer la coopération et la gestion efficaces des ressources s'y trouvant. C'est ainsi que du 18 au 21 novembre 1983 une décision de constituer une Commission ad hoc chargée de l'élaboration du statut d'un Comité Consultatif Régional des Pêches du Golfe de Guinée était prise lors d'une Conférence des Ministres chargés des pêches dans les Etats côtiers du Golfe de Guinée. La Commission ad hoc s'était réuni pour la première fois du 16 au 18 mai 1984 à Libreville et avait adopté le projet de Convention relative au développement de la pêche dans le Golfe de Guinée dont les Etats signataires sont : la RDC, la République du Congo, la République Gabonaise, la République de Guinée Equatoriale, la République Démocratique de Sao Tomé et Principe. Une Conférence des Plénipotentiaires sur le Comité Consultatif Régional des Pêches du Golfe de

Guinée s'était tenue du 20 au 21 juin 1984 et avait ouvert à la signature la Convention et de ses Annexes jusqu'au 31 décembre 1984. Ces textes avaient bénéficié de la signature de la RC, de la RDC et de la République Gabonaise et du paraphe de la République de Guinée Equatoriale et de la République Démocratique de Sao Tomé et Principe. La COREP a été érigée en une institution spécialisée de la CEEAC par Décision n°9/CEEAC/CCEG/XIII/07 prise le 30 octobre 2007 par la Conférence des Chefs d'Etat et de Gouvernement à Brazzaville[63].

Toutefois, pour tenir compte de son nouveau statut et redynamiser la COREP, lors de la session extraordinaire d'avril 2004, tenue à Libreville, les Etats membres avaient décidé de révisé la Convention sur le développement des pêches dans le Golfe de Guinée. Après sa signature par la RC, la RDC et le Gabon, la Convention révisée était entrée en vigueur le 08 mai 2009 lors de la session extraordinaire tenue à Pointe-Noire en RC. Son entrée en vigueur définitive est intervenue le 15 décembre 2010 lorsque le Cameroun[64] et Sao Tomé et Principe l'avait signé respectivement le 21 octobre et le 15 décembre 2010. La Convention révisée apporte des amendements significatifs qui portent sur l'élargissement du mandat de la COREP à l'aquaculture, la création de nouveaux organes (le Comité Technique et le Sous Comité Scientifique), le changement d'appellation de l'organisation de Comité Régional des Pêches du Golfe de Guinée en « Commission Régionale des Pêches du Golfe de Guinée » et le Secrétariat Général se transforme en « Secrétariat Exécutif.» Le Financement de la COREP est désormais renforcé par la Contribution Communautaire d'Intégration (CCI).

Convention relative au développement régional des pêches dans le Golfe de Guinée

Préambule

Le Gouvernement de la République d'Angola ;

Le Gouvernement de la République du Cameroun ;

Le Gouvernement de la République du Congo ;

Le Gouvernement de la République Démocratique du Congo ;

Le Gouvernement de la République Gabonaise ;

Le Gouvernement de la République de Guinée Equatoriale ;

Le Gouvernement de la République de Sao Tomé et Principe ;

---

[63] Voir Préambule de la Convention révisée relative au développement des pêches dans le Golfe de Guinée.

[64] La République du Cameroun est devenue membre de la COREP le 02 janvier 2003.

Soucieux d'établir une Plate forme régionale de concertation et de coopération en vue de parvenir à des politiques harmonisées de pêcheries ;

Désireux de promouvoir un partenariat avec les organisations internationales compétentes, dans le cadre d'une stratégie d'aménagement des pêches mise au service du développement socio-économique de leurs populations ;

Conscients de la nécessité de préserver les écosystèmes aquatiques à travers une gestion rationnelle des stocks de poissons en vue d'assurer un développement durable ;

Considérant le Traité instituant la Communauté Economique des Etats de l'Afrique Centrale ;

Se référant à la décision N°9/CEEAC/CCEG/XIII/07 prise le 30 octobre 2007 à Brazzaville, par la Conférence des Chefs d'Etats et de gouvernement, conférant au Comité Régional des Pêches du Golfe de Guinée (COREP), le statut d'institution spécialisée de la CEEAC ;

Ayant à l'esprit les principes et objectifs du Code de Conduite pour une Pêche Responsable d'une part, ainsi que les instruments conventionnels adoptés sous l'égide ou dans le cadre de la FAO à l'effet d'intensifier notamment la coopération entre ses membres ;

Tenant compte des dispositions pertinentes de la Convention des Nations Unies sur le Droit de la mer de 1982, notamment celles relatives à la conclusion d'accords régionaux et sous régionaux de coopération dans le secteur des pêches et les autres instruments relatifs à la coopération internationale ;

Prenant également en compte les dispositions de la Convention des Nations Unies sur les droits relatifs aux utilisations des cours d'eau à des fins autres que la navigation de 1997 ;

Notant avec intérêt les dispositions de la Convention régionale sur la coopération halieutique entre les Etats Africains Riverains de l'Océan Atlantique ainsi que les autres traités internationaux pertinents ;

Conviennent de ce qui suit :

Chapitre 1er : Définitions, champ d'application et objectifs de la Convention

Article 1er : Définitions

Aux fins de la présente Convention, on entend par :

« Convention », la Convention portant sur le développement régional des pêches dans les zones relevant de la juridiction nationale des Etats du Golfe de Guinée.

« Partie », tout Etat pour lequel la Convention est entrée en vigueur.

« CEEAC », la Communauté Economique des Etats de l'Afrique Centrale.

« Commission » ou « COREP », la Commission Régionale des Pêches du Golfe de Guinée instituée en application de la présente Convention.

« Golfe de Guinée », espace géographique compris entre la République du Cameroun incluse et la République d'Angola et relevant de la Zone Economique Exclusive de chaque Partie.

Article 2 : Champ d'application

Les dispositions de la présente Convention s'appliquent :

1. A la zone économique exclusive sous juridiction des Etats de l'Afrique Centrale riverains du Golfe de Guinée telle que définie dans l'article 1er ci-dessus ;
2. Aux fleuves, lacs et lagunes des Etats parties de l'Afrique Centrale.

Article 3 : Objectifs

Sans préjudice de la jouissance et de l'exercice des droits souverains des Parties, la présente Convention à pour objectifs :

- l'harmonisation des politiques halieutiques des Etats parties ;
- la promotion d'une coopération active en matière de développement et d'aménagement des pêcheries dans les Etats parties ;
- la détermination d'une attitude concertée à l'égard de l'activité des navires de pêche des Etats tiers en accordant un traitement favorable aux unités de pêche sous pavillon des Etats parties ;
- la promotion de la constitution d'entreprises conjointes de pêche entre ressortissants des Etats paries ;
- la préservation et la protection des écosystèmes aquatiques, tant en eaux maritimes qu'en eaux continentales ;
- la coordination et le suivi des programmes de recherche et de formation en matière des pêches et d'aquaculture ;
- l'évaluation des ressources se trouvant dans les eaux relevant de la souveraineté ou de la juridiction de plusieurs Etats parties ;
- le traitement, l'analyse et la mise à disposition des Etats parties des données scientifiques et techniques ainsi que les informations sur les pêches et l'aquaculture ;
- l'intéressement des autres Etats parties sans littoral aux mesures de conservation et de gestion des ressources halieutiques du Golfe de Guinée ;
- le développement responsable des pêches et de l'aquaculture dans les zones relevant de la juridiction des Etats parties et comprennent notamment :

a) l'harmonisation des législations nationales pour le développement responsable des pêches et de l'aquaculture ;
b) la promotion d'un développement et d'une gestion responsable des pêches et de l'aquaculture, y compris des évaluations préalables des effets du développement de l'aquaculture sur la diversité génétique et l'intégrité des écosystèmes, fondées sur l'information scientifique la plus fiable disponible ;
c) la conduite des pêches et de l'aquaculture de telle sorte qu'elle n'ait pas des effets néfastes sur les moyens d'existence des communautés locales et leur accès aux zones de pêche.

- le développement responsable des pêches et de l'aquaculture dans les écosystèmes aquatiques transfrontières ;
- la mise en place d'un cadre juridique et administratif efficace aux niveaux local, national et régional, aux fins de la conservation des ressources halieutiques et de l'aménagement des pêcheries.

Chapitre 2 : Structure organique et financement de la COREP

Article 4 : Création de la COREP

En vue de mettre en œuvre les objectifs énoncés à l'article 3 ci-dessus, les Parties décident de créer et de mettre en place une organisation intergouvernementale dénommée Commission Régionale des Pêches du Golfe de Guinée (COREP).

Article 5 : Structure organique de la COREP

La réalisation des missions dévolues à la Commission est assurée par les organes suivants :

- le Conseil des Ministres ;
- le Comité technique ;
- le Secrétariat Exécutif ;
- le Sous-comité scientifique.

Les règles de fonctionnement du Conseil des Ministres, du Comité technique, du Secrétariat Exécutif et Sous-comité scientifique sont déterminées par le règlement intérieur de la COREP.

Article 6 : Conseil des Ministres

Le Conseil des Ministres est l'organe d'orientation et de décision de la Commission. Il définit les plans d'action et principes régissant l'activité de la COREP conformément aux objectifs de la Convention.

Le Conseil des Ministres est composé des Ministres chargés des pêches des Etats Parties. Il se réunit en session ordinaire tous les deux (2) ans et en session extraordinaire à la demande de la majorité des Parties.

La Présidence du Conseil des Ministres est assurée à tour de rôle pour une durée de deux (2) ans par chacun des Ministres chargés dans pêches et de l'aquaculture suivant un ordre déterminé par le Conseil.

Le Conseil des Ministres peut, selon les besoins de la COREP, créer ou mettre en place des sous-comités techniques dans différents domaines d'activité.

Article 7 : Comité technique

Le Comité technique est l'organe consultatif et d'expertise du Conseil des Ministres. Il est composé des Directeurs des pêches, de l'aquaculture, ou de tout autre expert désigné par les Etats Parties.

Le Comité technique coordonne les activités de la COREP, approuve le budget et contrôle les comptes. Il statue sur toutes les mesures visant à faciliter la mise en œuvre des dispositions de la Convention et des décisions du Conseil des Ministres.

Il supervise les activités de la COREP et examine les questions réglementaires, administratives, législatives et juridiques.

Le Comité technique s'assure de l'exécution rationnelle et efficace des programmes de la COREP et prépare les travaux du Conseil des Ministres.

Le Comité technique veille à l'application des décisions du Conseil des Ministres. Il formule des recommandations au Conseil des Ministres sur les questions scientifiques et techniques qui lui sont communiquées pour examen et statue préalablement sur les matières que le Secrétaire Exécutif se propose de soumettre au Conseil des Ministres.

La Présidence en exercice du Comité technique est occupée par le pays qui assure la Présidence en exercice du Conseil des Ministres.

Article 8 : Secrétariat Exécutif

Le Secrétariat Exécutif est l'organe permanent exécutif de la COREP. Son siège est à Libreville (GABON). Il est composé d'un Secrétaire Exécutif et d'un Secrétaire Exécutif Adjoint.

Article 9 : Secrétaire Exécutif

Le Secrétaire Exécutif de la COREP est nommé par le Conseil des Ministres pour un mandat de quatre (4) ans renouvelable une fois suivant un système rotatif entre les Etats membres.

Le Secrétariat Exécutif est placé sous son autorité.

Le Secrétaire Exécutif :

- représente la Commission dans tous les actes de la vie civile ;
- élabore le projet d'ordre du jour et prépare l'organisation des sessions du Conseil des Ministres, du Comité technique et des autres instances de la Commission ;
- assure la gestion administrative de la Commission ;
- exécute les décisions du Conseil des Ministres ;
- recrute le personnel dans les conditions prévues par les statuts du personnel ;
- prépare le projet de budget qu'il soumet à l'approbation du Comité technique et à l'adoption du Conseil des Ministres ;
- présente au Conseil des Ministres un rapport d'activités annuel et un rapport sur l'état d'exécution du budget contresigné par l'administrateur financier ;
- établit et maintient des liaisons régulières avec les Etats membres notamment à travers les membres du Comité technique ;
- prépare les documents sur les mesures d'aménagement des pêcheries qu'il convient de prendre dans l'intérêt de la Commission ;
- exerce tout autre mandat qui lui est confié par le Conseil des Ministres.

Le Secrétaire Exécutif est l'ordonnateur des crédits de la Commission.

Article 10 : Le Secrétaire Exécutif Adjoint

Le Secrétaire Exécutif Adjoint de la COREP est nommé par le Conseil des Ministres dans les mêmes conditions que le Secrétaire Exécutif.

Le Secrétaire Exécutif Adjoint est chargé de la coordination technique et assure l'intérim ou la suppléance du Secrétaire Exécutif en cas de d'empêchement ou de vacance.

Article 11 : Sous-comité scientifique

Le Sous-comité scientifique émet des avis au Comité technique et au Secrétariat Exécutif sur les questions scientifiques et techniques.

Le Sous-comité scientifique est composé de chercheurs et de scientifiques désignés par leurs Etats respectifs à raison de deux par Etat.

En outre, le Sous-comité scientifique est chargé de :

- formuler des recommandations sur les politiques et procédures qui régissent la collecte, le traitement, l'analyse et la diffusion des données sur les pêches et l'aquaculture ;
- faciliter l'échange entre scientifiques et l'examen critique des informations concernant la recherche halieutique et le fonctionnement des pêcheries et de l'aquaculture dans les domaines d'intérêt de la COREP ;

- élaborer et coordonner des programmes de recherche coopérative auxquels sont associés des membres de la COREP, à l'appui de l'aménagement des pêcheries et l'aquaculture ;
- évaluer l'état des stocks se trouvant dans la région de la COREP ainsi que les effets probables d'un nouvel effort de pêche et de différents modes et intensités de pêche, et faire rapport au Conseil technique à ce sujet ;
- formuler, le cas échéant, des recommandations sur la conservation, l'aménagement des pêcheries et la recherche en indiquant notamment celles approuvées par consensus ainsi que les opinions majoritaires et minoritaires et faire rapport au Comité technique, si nécessaire ;
- examiner toute question soumise par le Comité technique ;
- réaliser d'autres activités techniques intéressant le Comité technique.

Article 12 : Ressources financières

Le financement des activités de la Commission est assuré par :

- les contributions statutaires des Etats membres ;
- les subventions de la CEEAC ;
- les dons, legs et autres subventions des partenaires multilatéraux, bilatéraux ou transnationaux.

Les taux et modalités d'allocation des ressources financières font l'objet d'un protocole annexé à la présente Convention.

Les ressources de la COREP sont destinées à :

- couvrir les frais de fonctionnement du Secrétariat Exécutif ;
- financer les activités, projets et programmes mis en œuvre dans le cadre de la Convention.

Article 13 : Gestion des ressources financières

La gestion des ressources financières de la COREP est assurée par un Administrateur financier, désigné par le Conseil des Ministres. L'Administrateur financier est le comptable de la COREP. Il contresigne toutes les dépenses engageant les ressources financières de la COREP. Il prépare chaque année, un rapport d'exécution du budget.

Article 14 : Protocoles

Les Parties élaborent et adoptent des protocoles additionnels relatifs aux procédures et normes relatives aux règles de fonctionnement des organes de la COREP, les clefs de répartition et les barèmes des contributions financières.

Les protocoles entrent en vigueur dès leur approbation par le Conseil des Ministres.

Article 15 : Rapport avec la CEEAC

Dans le cadre de la coordination de l'activité des institutions spécialisées, la CEEAC définit les grandes orientations de l'action de la COREP, examine la conformité de son budget au mandat des Etats membres et approuve les arrangements d'ordre financier souscrits entre la COREP et les tiers.

La CEEAC est informée, a priori, des projets de budget de la COREP ainsi que de toute négociation tendant à la conclusion d'un accord avec d'autres institutions spécialisées ou organisations gouvernementales et non gouvernementales et a la faculté d'y apporter des observations ou des recommandations.

Le droit de contrôle de la CEEAC sur la COREP en matière administrative et budgétaire ne doit pas empiéter ni entamer, le pouvoir de décision, ni l'autonomie fonctionnelle de la Commission.

Article 16 : Coopération avec les autres organisations

En vue de réaliser les objectifs de la Convention, les Parties coopèrent selon toutes formes appropriées avec les Organisations sous régionales, Régionales et Internationales compétentes.

Chapitre 3 : Dispositions finales

Article 17 : Règlements des différends

Tout différend né de l'application ou de l'interprétation de la présente Convention est réglé par voie de négociation entre les Parties.

A défaut, les Parties recourent à l'arbitrage selon des modalités à convenir d'un commun accord.

Article 18 : Signature

La présente Convention est ouverte à la signature de tous les Etats africains riverains du Golfe de Guinée tel que défini à l'article 2 ci-dessus.

La Convention est rédigée dans les langues officielles des Etats Parties à savoir l'anglais, l'espagnol, le français et le portugais, les quatre (4) textes faisant également foi.

Article 19 : Entrée en vigueur

La présente Convention, qui se substitue et abroge les dispositions de la Convention relative au développement des Pêches dans le golfe de Guinée signée à Libreville, le 21 juin 1984, entre en vigueur provisoirement dès sa signature et définitivement après l'accomplissement par deux tiers des Etats, des procédures constitutionnelles requises par leur droit interne.

Article 20 : Dépositaire

Les instruments de ratification, d'approbation ou d'adhésion sont déposés auprès de la République Gabonaise, Etat du siège, qui est le dépositaire de la Convention.

Article 21 : Amendements

Toute Partie peut proposer des amendements à la Convention ou aux protocoles y annexés. Les projets d'amendements sont communiqués aux autres Parties six (6) mois avant leur examen. Les amendements sont adoptés par les Parties à la majorité des deux tiers et entrent en vigueur trente (30) jours après leur adoption.

Article 22 : Dénonciation

Toute Partie peut, dans un délai de cinq (5) ans après l'entrée en vigueur, dénoncer la présente Convention, sous réserve de notifier au dépositaire son intention de la dénoncer.

Le retrait prend effet un (1) an après cette notification.

Fait à Brazzaville, le / / .

Pour la République d'Angola
Victoria de BARROS
Vice-Ministre de la Pêche

Pour la République du Cameroun
Dr. ABOUBAKAR SARKI
Ministre de l'Elevage,
Pêche et Industrie Animales

Pour la République Centrafricaine
S.E. François BOZIZE
Président de la République

Pour la République du Congo,
Guy Parfait KOLELAS
Ministre de la Pêche Maritime

Pour la République Gabonaise
Célestin BAYOGHA
Ministre Délégué auprès du
Ministre de l'économie Forestière, des Eaux,
de la Pêche et de l'Aquaculture
et continentale, Chargé de l'Aquaculture

Pour la République Démocratique du Congo,
Norbert BASENGEZI KATINTIMA
Ministre de l'Agriculture

Pour la République Démocratique de Sao Tomé et Principe
José Luis Xavier MENDES
Ministre de l'Agriculture, Pêche et Développement Rural

§ II : La Commission du Golfe de Guinée (C.G.G.)

La Commission du Golfe de Guinée est une organisation intergouvernementale née le 3 juillet 2001 à Libreville par un Traité signé entre la RC, la RDC, la République du Gabon, la République du Cameroun, la République d'Angola, la République de Guinée Equatoriale, la République du Nigéria et la République de Sao Tomé et Principe. Elle a entre autre pour objectifs de créer les conditions de paix et sécurité et d'harmoniser les politiques respectives des Etats membres en matière de ressources naturelles[65]. Afin de réaliser ses missions, elle dispose des organes suivants : une Conférence des Chefs d'Etat et de Gouvernement, un Conseil de Ministres, un Secrétariat et un Mécanisme arbitral ad hoc. Son budget est essentiellement financé par les contributions des Etats membres, des dons et legs. Elle peut conclure des accords internationaux avec d'autres organisations et les Etats tiers.

Cependant, il y a lieu de se demander s'il était opportun pour les Etats du Golfe de Guinée de créer la C.G.G. étant entendu que la COREP existait déjà. N'était-il pas plus rational d'élargir tout simplement le mandat de la COREP ? A notre humble avis, la C.G.G. constitue un doublon par rapport à la COREP susceptible d'entrainer les déperditions d'énergie et l'inefficacité de la gestion du Golfe. Il est dans ces conditions nécessaires que la COREP et la C.G.G. soit fusionnées pour plus d'économie de moyens.

Traité instituant la Commission du Golfe de Guinée

PREAMBULE

Nous, Chefs d'Etat et de Gouvernement de :

La République d'Angola,

La République du Cameroun,

La République du Congo,

La République Démocratique du Congo,

La République Gabonaise,

La République de Guinée Equatoriale,

La République Fédérale du Nigéria,

La République Démocratique de Sao Tomé et Principe.

Soucieux de renforcer et consolider les relations d'amitié fraternelle qu'existent entre nos peuples ;

---

[65] Article 3 du Traité instituant la Commission du Golfe de Guinée

Animés de la volonté d'instaurer et/ou de développer des relations de bon voisinage entre nos Etats ainsi qu'une coopération étroite et multiforme, et d'établir nos relations sur une base de compréhension mutuelle et de solide amitié ;

Résolus à améliorer les obstacles qui pourraient entraver notre coopération, à créer et à maintenir les conditions de paix et sécurité entre nos pays ;

Conscients de la nécessité de mettre les ressources naturelles de nos pays au service du développement économique et du progrès social de nos peuples ;

Persuadés, à cet effet, que notre action commune et concertée est le gage d'une exploitation harmonieuse, rationnelle et pacifique de nos ressources naturelles ;

Désireux d'harmoniser nos politiques économiques dans le respect de la souveraineté de chacun de nos Etats ;

Réaffirmant notre attachement aux principes et aux objectifs des Chartes des Nations Unies et de l'Organisation de l'Unité Africaine/Union Africaine, ainsi qu'aux dispositions du traité instituant la Communauté Economique Africaine ;

Ayant à l'esprit les dispositions de la Convention des Nations Unies sur le droit de la Mer, signée à Montego Bay (Jamaïque) le 10 décembre 1982 ;

Convaincus que les ensembles sous-régionaux et régionaux constituent les maillons essentiels d'une Afrique Unie, intégrée et solidaire ;

Reconnaissant que le Golfe de Guinée renferme des ressources naturelles pouvant contribuer au développement économique de tous les Etats riverains et au bien-être de nos peuples ;

Désireux de réaliser l'exploitation de ces ressources de manière à assurer le développement économique de nos Etats et le bien-être de nos populations ;

Conscients des engagements internationaux que nous avons pris sur les plans bilatéral et multilatéral ;

Soucieux de régler nos différends par des moyens pacifiques ;

Convaincus que le dialogue et la négociation demeurent les meilleurs moyens de résoudre durablement tout différend conformément aux dispositions des Chartes des Nations Unies et de l'Organisation de l'Unité Africaine/Union Africaine ;

Conscients de la nécessité de mettre en place un mécanisme de dialogue et de concertation propre à prévenir, gérer et régler les conflits liés aux délimitations des frontières et à l'exploitations économiques et commerciale des richesses naturelles situées aux limites territoriales et notamment en cas de chevauchement des Zones Economiques Exclusives (ZEE) des Etats Membres ;

Conformément aux dispositions pertinentes du Communiqué final du Sommet des Chefs d'Etat et de Gouvernement du Golfe de Guinée qui s'est tenu à Libreville, le 19 Novembre 1999 ;

Sommes convenus de ce qui suit :

Article premier : (Définitions)

Aux fins du présent Traité, on entend par :

« AEC », la Communauté Economique Africaine ;

« Commission », la Commission du Golfe de Guinée ;

« Comités », les Comités spécialisés ;

« Conférence », la Conférence des Chefs d'Etats et de Gouvernement ;

« Conseil », le Conseil de Ministres ;

« Golfe », le Golfe de Guinée ;

« Hautes Parties Contractantes », les Etats Membres représentés par les Chefs d'Etats et de Gouvernement ou leurs plénipotentiaires dûment mandatés ;

« Etat membre », un Etat membre de la Commission ;

« OUA », l'Organisation de l'Unité Africaine ;

« U.A. », l'Union Africaine ;

« ONU » l'Organisation des Nations Unies ;

« Secrétariat », le Secrétariat de la Commission ;

« Traité », le Présent Traité.

Article 2 : (Institution de la Commission du Golfe de Guinée)

Il est crée une Commission du Golfe de Guinée (C.G.G.), ci-après dénommée la Commission.

Sont membres de la Commission, les Etats souverains riverains du Golfe de Guinée, parties au présent Traité.

La Commission du Golfe de Guinée constitue un cadre de concertation des pays du Golfe de Guinée, pour la coopération et le développement ainsi que pour la prévention, la gestion et le règlement des conflits liées à la délimitation des frontières et l'exploitation économique et commerciale des richesses naturelles situées aux limites territoriales et notamment en cas de chevauchement des Zones Economiques Exclusives des Etats membres.

Article 3 : (Objectifs)

La Commission a pour objectifs de :

a) Renforcer les liens de coopération et de solidarité qui existent entre les Etats membres ;
b) Créer les conditions de confiance mutuelle, de paix et de sécurité propices au développement harmonieux des Etats ;
c) Promouvoir une concertation étroite dans l'exploitation des ressources naturelles du Golfe, en vue d'assurer le développement économique des Etats membres et le bien être de leurs peuples ;
d) Promouvoir la coopération sectorielle dans le cadre des dispositions du Traité instituant la Communauté Economique Africaine et l'Union Africaine et, ce faisant, contribuer au développement du Continent ;
e) Harmoniser les politiques respectives des Etats membres dans les affaires d'intérêt commun, notamment en matière de ressources naturelles ;
f) Protéger, préserver et améliorer l'environnement naturel du Golfe de Guinée et coopérer en cas de désastre naturel ;
g) Développer une politique concertée d'immigration, et trouver des solutions appropriées aux problèmes qui pourraient se poser dans ce domaine ;
h) Renforcer la coopération dans le domaine des communications, notamment maritimes, en vue de faciliter les relations et les échanges entre les Etats Membres et entre leurs populations ;
i) A cette fin développer un vaste réseau de communications et assurer l'intégration des réseaux de transport.

Article 4 : (Principes)

En vue de la réalisation des objectifs énoncés ci-dessus, les hautes Parties Contractantes réaffirment solennellement leur ferme engagement à respecter les principes contenus dans la Charte des Nations Unies et dans la Charte de l'OUA et l'Acte constitutif de l'Union Africaine, notamment :

a) L'égalité souveraine de tous les Etats membres ;
b) La non-ingérence dans les affaires intérieures des Etats membres ;
c) Le règlement pacifique des différends ;
d) L'intangibilité des frontières héritées de la colonisation ;
e) La non-agression ;
f) La non-utilisation de son territoire aux fins d'activités dirigées contre la souveraineté et l'intégrité territoriale d'un Etat membre.

Article 5 : (Domaines de coopération)

Aux fins de la réalisation des objectifs énoncés ci-dessus, les Hautes Parties contractantes s'engagent à joindre leurs efforts en vue d'harmoniser leurs politiques respectives dans les domaines d'intérêts communs. A cet effet, elles conviennent de procéder à la recherche des sphères d'intérêt commun dans l'aire géographique du Golfe et de définir des politiques communes notamment dans le domaine de la paix et de la sécurité, de l'exploitation des hydrocarbures, des ressources halieutiques et minérales, de l'environnement, la circulation des personnes et des biens, le développement des communications, la promotion du développement économique et de l'intégration du Golfe.

Les Etats membres s'efforcent de développer d'autres activités qu'ils jugeront nécessaires pour promouvoir des objectifs de la Commission.

Article 6 : (Organes)

Aux fins de l'exécution des objectifs ci-dessus, les organes suivants sont crées :

a) La Conférence des Chefs d'Etats et de Gouvernement ;
b) Le Conseil de Ministres ;
c) Le Secrétariat ;
d) Le Mécanisme arbitral ad hoc.

Article 7 : (La Conférence)

La Conférence est l'organe suprême de la Commission. Elle est composée des Chefs d'Etat et de Gouvernement ou de leurs représentants dûment mandatés. Elle se réunit une fois l'an en session ordinaire et à tout moment, en session extraordinaire, sous réserve de l'accord des deux tiers (2/3) des Etats membres de la Commission.

Article 8 : (Attributions de la Conférence)

La Conférence a pour attributions de :

a) Définir la politique générale et les grandes orientations de la Commission ;
b) Contrôler le fonctionnement de la Commission ;
c) Examiner les rapports du Conseil et prendre des décisions pertinentes ;
d) Décider en dernier ressort de toutes les questions pour lesquelles le Conseil n'a pas pu prendre une décision ;
e) Créer tout organe ou Comité Spécialisé de la Commission ;
f) Arrêter le budget de la Commission ;
g) Nommer le Secrétaire Exécutif et mettre fin à ses fonctions ;
h) Fixer le siège de la Commission.

Article 9 : (Décisions de la Conférence)

La Conférence prend ses décisions par consensus ou à défaut, à la majorité des deux tiers des Etats présents. Pour se réunir et délibérer valablement, le quorum est de deux tiers des Etats membres de la Commission.

Article 10 : (Règlement intérieur de la Conférence)

La Conférence adopte son règlement intérieur. Elle détermine les modalités de son fonctionnement notamment le modèle de désignation de son Président et la durée de ses fonctions.

Article 11 : (Le Conseil)

Le Conseil des Ministres est composé des Ministres des Affaires Etrangères ou de tout autre Ministre ou autorité désignés par les Etats membres. Les Ministres de l'Economie, des Hydrocarbures, des Ressources halieutiques, des Mines, de l'environnement ou de tout autre Ministre désigné par les Etats Membres peuvent également se réunir en tant que de besoin.

Le Conseil se réunit une fois par an en session ordinaire et à tout moment, en session extraordinaire, à la demande de tout Etat membre et sous réserve de l'accord de la majorité des deux tiers des membres de la Commission.

Article 12 : (Attributions du Conseil)

Le Conseil est responsable devant la Conférence. Il a pour tâches de :

a) Préparer les sessions de la Conférence ;
b) Promouvoir toutes actions tendant à la réalisation des objectifs énoncés à l'article 2 du Présent Traité, dans le cadre de la politique générale définie par la Conférence.
c) A cet effet, élaborer et proposer des mesures de politique générale appropriées ;
d) Connaitre toutes les questions que lui envoie la conférence ;
e) Mettre en œuvre la politique de coopération conformément à la politique générale définie par la Conférence ;
f) Créer les Comités et fixer les compétences.

Le Conseil est assisté, dans l'accomplissement de ses tâches, par les Comités Spécialisés du présent Traité.

Article 13 : (Décision du Conseil)

Le Conseil prend ses décisions par consensus ou, à défaut à la majorité des deux tiers Etats présents. Pour se réunir et délibérer valablement, le quorum exigé est de deux tiers des Etats membres de la Commission.

Article 14 : (Règlement intérieur du Conseil)

Le Conseil adopte son règlement intérieur.

Article 15 : (Les Comités spécialisés)

La Conférence établit des Comités spécialisés pour traiter, à la demande de la Conférence ou du Conseil, des questions spécifiques liées à la réalisation des objectifs énoncés dans le présent Traité.

La Conférence peut, si elle le juge nécessaire, restructurer les Comités existants ou en créer de nouveaux suivant les besoins de la Commission.

Chaque Comité peut, en cas de besoin, mettre en place des sous-comités pour l'aider dans l'accomplissement de son mandat. Elle en détermine la composition.

Article 16 : (Le Secrétariat)

Le Secrétariat est dirigé par un Secrétaire Exécutif nommé par la Conférence pour un mandat de trois ans renouvelable une seule fois.

Article 17 : (Les fonctions du Secrétariat)

Les fonctions du Secrétariat sont :

a) Assurer le fonctionnement régulier de la Commission ;
b) Mettre en œuvre les décisions de la Conférence et du Conseil ;
c) Préparer les rapports, des projets de décisions et d'accords, à l'attention de la Conférence et du Conseil ;
d) Formuler des recommandations susceptibles de contribuer au fonctionnement et au développement efficace et harmonieux de la Commission ;
e) Assurer les services techniques des réunions de la Conférence et du Conseil ainsi que des Comités spécialisés ;
f) Assumer le rôle de dépositaire des documents et des biens de la Commission ;
g) Préparer le budget de la Commission ;
h) S'acquitter d'autres fonctions que la Conférence ou le Conseil pourraient lui confier.

Article 18 : (Le Mécanisme arbitral ad hoc)

Il est institué au sein de la Commission, un Mécanisme arbitral ad hoc. Les règles de procédure et les autres questions concernant le Mécanisme arbitral ad hoc seront définies par le Conseil et adoptées par la Conférence.

Article 19 : (Budget et Ressources)

Les ressources financières de la Commission proviennent essentiellement des contributions des Etats membres, des dons et legs.

Le Secrétariat établit pour chaque exercice, un projet de budget qu'il soumet à l'examen du Conseil, lequel le présente avec ses recommandations, à l'approbation de la Conférence.

La Conférence détermine le mode de calcul des contributions des Etats membres au budget de la Commission, ainsi que les monnaies dans lesquelles elles sont versées.

La Conférence, sur proposition du Conseil, approuve le règlement financier régissant l'application des dispositions du présent article.

Article 20 : (Règlement de différends)

Les Etats membres agissent collectivement en vue de garantir la paix, la sécurité et la stabilité comme conditions préalables à la réalisation des objectifs énoncés dans le présent Traité. A cette fin, ils s'engagent à régler leurs différends à l'amiable. A défaut, les parties auront recours au Mécanisme arbitral ad hoc prévu par le présent Traité ou à tout autre mécanisme de règlement pacifique des conflits prévu par les Chartes des Nations Unies, de l'OUA et de l'Acte constitutif de l'Union Africaine.

Article 21 : (Langues officielles)

Les langues officielles de la Commission sont l'anglais, l'espagnol, le français et le portugais.

Article 22 : (Statuts, privilèges et immunités)

La Commission a la personnalité juridique et possède la capacité de :

a) Conclure des contrats ;
b) D'acquérir des biens meubles et immeubles, d'en jouir et de les aliéner ;
c) D'ester en justice.

A cet effet, la Commission est représentée par le Secrétaire Exécutif.

Les privilèges et immunités accordés au Secrétariat sont les mêmes que ceux dont jouissent les missions diplomatiques au pays du siège de la Commission. Les privilèges et immunités accordés aux fonctionnaires de la Commission sont les mêmes que ceux dont jouissent les diplomates au pays du siège de la Commission et dans les Etats membres.

Article 23 : (Mise en place des Institutions)

Lors de sa réunion inaugural qui se tiendra dans un délai d'un mois à compter de la date de l'entrée en vigueur du présent Traité, la Conférence nomme le Secrétaire Exécutif et détermine son lieu de siège et, le cas échéant, prend les dispositions nécessaires à l'installation d'un Secrétariat provisoire en attendant la mise en place du Secrétariat.

Article 24 : (Relations avec d'autres organisations)

En vue de réaliser ses objectifs tels que contenus dans le présent Traité, la Commission peut conclure des accords de coopération avec d'autres organisations régionales, des institutions intergouvernementales et avec des pays tiers, à condition que ces accords ne soient pas incompatibles avec les dispositions du présent Traité.

Article 25 : (Relations avec l'OUA/UA et les Communautés économiques régionales)

La Commission œuvrera avec l'OUA/UA/AEC et les Communautés économiques régionales, à la réalisation des objectifs d'intégration effective et d'Union Africaine. Elle pourrait, dans ce cadre, établir des mécanismes de consultation et conclure des accords avec ces organisations.

Article 26 : (Ratification et entrée en vigueur)

Le présent Traité sera ratifié par les Hautes Parties contractantes en conformité avec leurs règles constitutionnelles respectives. Il entrera en vigueur trente (30) jours après le dépôt des instruments de ratification par les deux tiers des Parties signataires du présent Traité.

Article 27 : (Adhésion et admission)

Tout Etat riverain du Golfe de Guinée, non signataire du présent Traité au moment de son entrée en vigueur, peut en tout temps notifier au Secrétaire Exécutif son intention d'y adhérer.

Le Secrétaire Exécutif en saisit tous les Etats membres. L'admission est décidée à la majorité simple des Etats membres. La décision de chaque Etat membre est transmise au Secrétaire Exécutif qui communique la décision d'admission à l'Etat intéressé. Après avoir reçu le nombre de voix requises.

Article 28 : (Retrait)

Tout Etat membre désireux de se délier des engagements contractés aux termes du présent Traité, en informe le Secrétaire Exécutif qui en saisit les autres Etats membres.

Au terme d'une période de six mois, et s'il ne reconsidère pas son retrait, l'Etat concerné cesse d'être membre de la Commission.

Au cours de la période de six mois énoncée ci-dessus, l'Etat membre ayant exprimé son intention de se retirer de la Commission, continue d'être lié par les dispositions du Traité.

Article 29 : (Amendements et révision)

Tout Etat membre peut soumettre au Secrétariat, des propositions en vue de l'amendement ou de la révision du présent Traité. Ces propositions sont communiquées à tous les Etats membres par le Secrétariat dans un délai d'un mois.

La Conférence examine les propositions à sa prochaine réunion et les adopte à la majorité des deux tiers. Le Secrétariat les soumet à la ratification des Etats membres. Les amendements entrent en vigueur aussitôt après le dépôt des instruments de ratification par les deux tiers des Etats membres.

Article 30 : (Clause de sauvegarde)

La Conférence décidera des modalités et des conditions dans lesquelles un Etat membre peut être autorisé à suspendre l'application des dispositions spécifiques du présent Traité.

Article 31 : (Dépositaire)

Le présent Traité et les instruments de ratification seront déposés auprès du Secrétariat qui en remettra des copies certifiées conformes à tous les Etats membres.

Le Secrétariat notifiera aux Etats membres les dates de dépôt des instruments de ratification et d'adhésion et fera enregistrer le présent Traité auprès de l'OUA/UA et auprès de l'ONU.

En foi de quoi, nous avons signé le présent Traité.

Fait à Libreville, le 3 juillet 2001

En un seul original en anglais, en espagnol, en français et en portugais. Les autres textes faisant également foi.

Pour la République d'Angola, **José Eduardo dos Santos** (signé).

Pour la République du Cameroun, **Paul Biya**.

Pour la République du Congo, **Denis Sassou-Nguesso** (signé),

Pour la République Démocratique du Congo, **Joseph Kabila**,

La République de Guinée Equatoriale, **Obiang Nguema Mbasogo**

Pour la République Gabonaise, **El Hadj Omar Bongo** (signé)

Pour la République Fédéral du Nigéria, **Chief Olusegun Obasanjo** (signé)

La République Démocratique de Sao Tomé e Principe, **Miguel Trovoada** (Signé)

CHAPITRE II : LES ORGANISATIONS DE LA REGION DES GRANDS LACS : UNE LUTTE CONTRE L'INSECURITE

La Région des Grands Lacs se caractérise par l'insécurité qui dure depuis des décennies. Depuis le génocide Rwandais de 1994, cet espace souffre de la stagnation économique et l'aggravation de la pauvreté, la méfiance et la suspicion entre gouvernements, les violations massives des droits de l'Homme et autres politiques d'exclusion et de marginalisation, les disparités entre les sexes, le recours à la violence pour la conquête ou la conservation du pouvoir, l'impunité des crimes de génocide, des crimes contre l'humanité, des crimes de guerre, le trafic des armes légères et de petit-calibre, la prolifération des groupes armés, et de la criminalité organisée, et l'exploitation illégale des ressources naturelles. C'est la raison pour laquelle, afin d'endiguer ces dangers, le renforcement de la coopération a paru être le meilleur moyen pour des actions communes plus efficaces.

Les organisations de la Région des Grands Lacs sont récentes, à l'exception de la Communauté Economique des Pays des Grands Lacs (CEPGL) qui, créée depuis 1976 est l'une des plus vieille des Communautés économiques de la sous région. Pour l'heure, nous allons nous contenter des textes fondateurs de la Conférence Internationale sur la Région des Grands Lacs (CIRGEL) **(Section I)** et des Protocoles additionnels **(Section II).**

Section I : Les textes fondateurs de la CIRGL

Il n'est pas faux d'affirmer que les conflits internationaux sont des catalyseurs des relations internationales. Ils font évoluer les normes et donnent naissance aux institutions chargées de maintenir la paix. La Conférence Internationale pour la Région des Grands Lacs est un cas typique des institutions nées à la suite d'un conflit armé meurtrière. En effet, le génocide rwandais de 1994 a entrainé des conséquences désastreuses dans toute la sous-région et surtout l'insécurité interminable sur le territoire de la RDC et ses voisins de l'Est. C'est ainsi qu'en 2000, aux moyens des Résolutions 1291 et 1304, le Conseil de Sécurité des Nations-Unies, a invité les Etats à la tenue d'une Conférence internationale sur la paix, la sécurité, la démocratie et le développement dans la Région des Grands Lacs. Lors de cette rencontre à Nairobi (Kenya), était créée la Conférence Internationale sur la Région des Grands Lacs (CIRGL). Cette dernière compte onze Etats membres : l'Angola, le Burundi, la République Centrafricaine, la République du Congo, la République Démocratique du Congo, le Kenya, l'Ouganda, le

Rwanda, la République du Sud Soudan, le Soudan, la Tanzanie et la Zambie. En novembre 2004, les Etats membres de la CIRGEL avaient adoptée la Déclaration sur la Paix, la Sécurité, la démocratie et le développement dans la Région des Grands Lacs à Dar-es-Salaam. Deux années après, en décembre 2006, la Conférence se réunit à Nairobi au Kenya et adopta le Pacte sur la sécurité, la stabilité et le développement dans la Région des Grands Lacs qui comprend dix (10) Protocoles[66] qui font parties intégrantes du Pacte, sans oublier les Programmes d'action[67]. L'adoption du Pacte marque la fin de la phase préparatoire de la CIRGL. Voilà pourquoi en mai 2007 son Secrétariat Exécutif fut inauguré et installé à Bujumbura (Burundi). Afin d'atteindre les objectifs assignés, la Conférence est dotée d'un Mécanisme Régional de Suivi qui comprend les organes suivants : le Sommet des Chefs d'Etat et de Gouvernement, le Comité régional interministériel, le Secrétariat de la Conférence, les Mécanismes nationaux de coordination et le Mécanisme de collaboration. Les textes fondateurs de la CIRGL sont la Déclaration de Dar-es-Salaam (**§ I**) et le Pacte sur la Sécurité, la stabilité et le développement dans la Région des Grands Lacs (**§ II**).

§ I : La Déclaration de Dar-es-Salaam sur la paix, la sécurité, la démocratie et le développement dans la Région des Grands Lacs

Préambule

1. Nous, Chefs d'Etat et de Gouvernement des pays membres de la Conférence Internationale sur la Région des Grands Lacs, réunis à Dar-es-

---

66 Les Protocoles de la CIRGEL sont : le Protocole sur la démocratie et la bonne Gouvernance (1er décembre 2006) ; le Protocole sur la prévention et la répression de la violence sexuelle contre les femmes et les enfants (30 novembre 2006) ; le Protocole sur la Coopération Judiciaire (1er décembre 2006) ; le Protocole sur la Protection et l'assistance à apporter aux personnes déplacées à l'intérieur de leur propre Pays (30 novembre 2006) ; le Protocole pour la Prévention et la Répression du Crime de Génocide, des crimes de Guerre et des crimes contre l'humanité ainsi que toute forme de discrimination (1er décembre 2006) ; le Protocole sur les droits de propriété des personnes de retour (30 novembre 2006) ; le Protocole sur la Lutte contre l'exploitation illégale des ressources naturelles (30 novembre 2006) ; le Protocole sur la gestion de l'information et de la communication (1er décembre 2006); le Protocole de Non-agression et de défense mutuelle dans la Région des Grands Lacs (14-15 décembre 2006).

67 Les Programmes d'action de la CIRGEL sont : Paix et Sécurité ; Démocratie et Bonne Gouvernance ; Développement Economique et Intégration Régionale ; Questions Humanitaires, Sociales et Environnementales ; Questions Transversales ; Genre, Femmes et Enfants ; le Protocole sur la Zone Spécifique de Reconstruction et de Développement (SRDZ).

Salaam, les 19 et 20 novembre 2004, sous les auspices des Nations Unies et de l'Union africaine ;

2. Profondément préoccupés par les conflits endémiques et la persistance de l'insécurité provoqués ou aggravés, entre autres, par la stagnation économique et l'aggravation de la pauvreté, la méfiance et la suspicion entre gouvernements, les violations massives des droits de l'Homme et autres politiques d'exclusion et de marginalisation, les disparités entre les sexes, le recours à la violence pour la conquête ou la conservation du pouvoir, l'impunité des crimes de génocide, des crimes contre l'humanité, des crimes de guerre, le trafic des armes légères et de petit-calibre, la prolifération des groupes armés, et de la criminalité organisée, et l'exploitation illégale des ressources naturelles, reconnaissant les efforts entrepris aux niveaux national, régional et international pour résoudre ces problèmes endémiques ;

3. Rappelant que les causes des conflits et de l'insécurité dans la région sont aussi ancrées dans notre histoire, y compris durant l'ère précoloniale, coloniale et postcoloniale ;

4. Conscients de la nécessité du respect de la démocratie et de la bonne gouvernance, ainsi que des principes fondamentaux inscrits dans la Charte des Nations unies et l'Acte Constitutif de l'Union africaine tels que, l'intégrité territoriale, la souveraineté, la non-ingérence et la non-agression, l'interdiction à tout Etat membre d'autoriser l'usage de son territoire par des groupes armés comme base d'agression et de subversion contre un autre Etat membre, ainsi que la nécessité d'une volonté politique effective et durable de rechercher ensemble des solutions pacifiques et en particulier d'honorer nos engagements dans un esprit de confiance mutuelle ;

5. Conscients qu'en raison des liens étroits qui unissent nos peuples, les crises et les conflits affectant un pays peuvent s'étendre rapidement à un autre, voire à l'ensemble de la région ;

6. Profondément préoccupés par les conséquences humanitaires et sociales des crises et des conflits armés, notamment les violations des droits humains des femmes, des enfants, des personnes âgées, des personnes vivant avec un handicap et des jeunes, le recrutement et l'utilisation des enfants soldats dans les conflits armés, la violence et l'exploitation sexuelles des filles et des femmes et leur utilisation comme esclaves sexuelles, les déplacements forcés des populations, la vulnérabilité des communautés vivant aux frontières, la destruction des services de base, en particulier des infrastructures de santé et d'éducation, l'insécurité alimentaire et la malnutrition des populations qui s'ensuit, la dégradation de l'écosystème et de l'habitat humain ainsi que la pression exercée sur la répartition des ressources nationales entre la sécurité et les secteurs sociaux ;

7. Préoccupés par l'impact des conflits armés sur l'environnement, en particulier l'effet des réfugiés et déplacés internes sur la dégradation des écosystèmes du bassin du Congo et de la région des Grands Lacs africains, et pleinement conscients du lien entre la paix, l'environnement et le développement ;

8. Profondément préoccupés par la non-application intégrale des instruments juridiques essentiels du Droit international humanitaire et certains principes fondamentaux, en particulier ceux qui ont trait aux réfugiés et aux déplacés internes, et sur les graves conséquences de ces manquements sur la protection des populations affectées et la fourniture d'assistance humanitaire ;

9. Préoccupés par le fléau du VIH/SIDA, la propagation du paludisme, de la tuberculose et autres maladies infectieuses, le taux élevé de l'analphabétisme, et par leurs conséquences sur le développement humain ;

10. Conscients du retard sur le plan du développement économique et de l'intégration régionale, liés entre autres facteurs, aux choix de politiques inappropriées, aux résultats mitigés des programmes d'ajustement structurel, à la mauvaise gestion des ressources publiques, au fardeau insoutenable de la dette et aux effets destructeurs des guerres ;

11. Considérant que la discrimination à l'égard des femmes à tous les niveaux de prise de décision, dans les domaines de la paix et de la sécurité, de la démocratie et de la gouvernance politique, économique et sociale, exige un redressement volontariste, immédiat et durable ;

12. Conscients du fait que les dirigeants politiques doivent œuvrer individuellement et collectivement en vue de la reconstruction et du développement de la région et de l'avènement d'un avenir de paix, de stabilité et de prospérité ;

13. Convaincus que l'édification d'un avenir viable pour tous passe par le rétablissement de relations interétatiques et intra-étatiques fondées sur la confiance, la relance de la coopération et de l'intégration, dans le cadre d'une vision régionale inclusive en vue de la promotion de la paix, de la sécurité, de la démocratie et du développement durables ;

II. Vision

14. Proclamons notre détermination collective à faire de la région des Grands Lacs un espace de paix et de sécurité durable, et ce pour les Etats et les peuples, de stabilité politique et sociale, de croissance et de développement partagés, un espace de coopération fondé sur des stratégies et politiques de convergence dans le cadre d'un destin commun que nous sommes déterminés à réaliser, selon les aspirations de nos peuples, en conformité aussi avec la vision et la mission de l'Union africaine, avec la pleine participation de toutes nos populations, en partenariat avec l'organisation des Nations unies, l'Union africaine et l'ensemble de la Communauté internationale ;

15. Réaffirmons notre engagement à réaliser ce destin commun dans le strict respect des dispositions de la Charte des Nations unies, de l'Acte constitutif de l'Union africaine, de la Déclaration universelle des droits de l'Homme, de la Charte africaine des droits de l'Homme et des peuples, ainsi que de tous les instruments juridiques internationaux et régionaux pertinents ;

16. Nous engageons à construire une région des Grands Lacs ouverte à d'autres régions du continent en bâtissant notre coopération autour des axes prioritaires que sont la paix et la sécurité, la démocratie et la bonne gouvernance, le développement économique et l'intégration régionale, les questions humanitaires et sociales et réaliser notre vision à travers les options politiques prioritaires, les principes directeurs et les mécanismes ci-après ;

III. Options politiques prioritaires et principes directeurs paix et sécurité

Nous engageons à

17. Appuyer sans réserve les processus nationaux de paix dans la région, et nous abstenir de tout acte, déclaration ou attitude susceptible de les affecter négativement, y compris à travers les médias ;

18. Renforcer la coopération bilatérale et régionale grâce à l'adoption et l'application effective de pactes de non-agression et de défense commune ;

19. Mettre en place un cadre régional de sécurité pour la prévention, la gestion et le règlement pacifique des conflits et, à cet effet, évaluer sur une base régulière les initiatives et mécanismes sous-régionaux pertinents et les adapter, tout en encourageant les structures traditionnelles appropriées ;

20. Lutter contre le génocide dans la région des Grands Lacs et décidons de neutraliser, de désarmer, d'arrêter et de déférer aux tribunaux internationaux les auteurs du génocide, y compris les forces qui commis le génocide au Rwanda en 1994, et toutes autres forces similaires pouvant se constituer à l'avenir, conformément à la Convention de 1948 sur le génocide et aux Résolutions pertinents du Conseil de sécurité des Nations unies ;

21. Renforcer la coopération en matière de défense et de sécurité et promouvoir la confiance grâce à la mise en place de politiques, de mesures et de mécanismes ayant pour objectif de renforcer les relations de bon voisinage et la coopération multisectorielle.

22. Promouvoir des politiques communes pour mettre fin à la prolifération et au trafic illicite des armes légères et de petit calibre, ainsi que des mines

anti-personnel et, à cet égard, harmoniser et assurer la mise en œuvre des accords et des mécanismes existants ;

23. Assurer la sécurité des frontières communes dans le cadre de stratégie de gestion de proximité des questions transfrontalières, en consultation avec les populations de ces zones ;

24. Empêcher tout soutien direct et indirect, toute livraison d'armes ou toute autre forme d'assistance aux groupes armés opérant dans la région, et interdire aux groupes armés de mener, à partir de tout territoire, des actes d'agression ou de subversion contre d'autres Etats membres ;

25. Adopter et Mettre en œuvre, de façon effective et durable, des programmes nationaux de Désarmement, de Démobilisation et de Réinsertion (DDR), assurer, là où cela est applicable, une coordination régionale pour le Rapatriement et la Réinstallation (DDRRR), en tenant compte des besoins spécifiques des anciens enfants soldats et des ex-combattantes ;

26. Intensifier la lutte contre la criminalité transfrontalière et le terrorisme et, à cet égard, mettre en œuvre des mesures contre l'impunité, à travers des mécanismes régionaux mis en place pour assurer le suivi de l'application des Conventions internationales pertinentes ;

27. Protéger les groupes vulnérables, les femmes, les enfants, les personnes âgées, les personnes vivant avec un handicap, les malades, les réfugiés et les déplacés, les impliquer dans nos efforts de paix, nous attaquer aux problèmes de la violence sexuelle, mettre en œuvre une stratégie régionale de lutte contre la pandémie du VIH/SIDA en tant que question relative à la paix et à la sécurité et conformément aux instruments politiques, légaux, régionaux et internationaux pertinents, y compris les résolutions 1308 et 1325 du Conseil de Sécurité des Nations unies, et créer les conditions pour protéger les jeunes de toutes sortes de manipulation, en particulier durant les conflits armés ;

Démocratie et bonne gouvernance

Nous engageons à :

28. Promouvoir dans nos Etats et dans la région, des politiques et stratégies dictées par le respect des valeurs, principes et normes de démocratie et de bonne gouvernance ainsi que le respect des droits de l'Homme ;

29. Combattre toutes les idéologies, les politiques et les pratiques discriminatoires et tous les actes de génocide, de massacre, de terrorisme, de racisme, d'ethnicisme, d'exclusion, ainsi que toutes autres formes de violence ou de crimes ;

31. Promouvoir des politiques d'unité nationale fondée sur le multiculturalisme, la tolérance, la culture de la paix et le dialogue, en vue de bâtir un destin commun sur des valeurs culturelles africaines partagées ;

32. Mettre en place des politiques nationales et régionales fondées sur la démocratie et la bonne gouvernance visant la consolidation de l'état de droit, le renforcement des capacités de leadership, la transparence des processus électoraux, le renforcement de l'efficacité des services judiciaires et des services de sécurité et la promotion des nouvelles technologies de l'information et de la communication (TIC) ;

33. Promouvoir la participation effective des différents acteurs socio-économiques, en particulier, le secteur privé, la société civile, les femmes et les jeunes, dans le renforcement de la démocratie et de la bonne gouvernance, notamment à travers la promotion de la bonne gouvernance au niveau local, et l'émergence de médias indépendants et responsables ;

34. Encourager les pays membres de la Conférence à adhérer au Mécanisme africain d'évaluation par les Pairs du NEPAD et à mettre en place des appareils régionaux veillant au respect des conventions internationales sur les droits humains et sur les pratiques criminelles, tels que le trafic illicite des armes légères et de petit calibre et l'exploitation illégale des ressources dans la région des Grands Lacs ;

35. Adopter des politiques et mécanismes volontaristes pour promouvoir l'égalité entre les hommes et les femmes, à tous les niveaux et dans tous les domaines, aux niveaux national et régional, conformément à la Déclaration du Millénaire, à la Résolution 1325 (2000) du Conseil de sécurité des Nations unies, la Convention sur l'élimination de toutes les formes de discrimination à l'égard des femmes, à la Charte africaine des Droits de l'Homme et des peuples, au Protocole relatif aux droits de la Femme en Afrique, au Plan d'action de Beijing et à la Déclaration de l'Union africaine sur l'égalité entre les hommes et les femmes en Afrique ;

36. Encourager la coopération politique et juridique entre les Etats de la région en vue de traiter des crimes, en particulier le génocide, les crimes contre l'humanité, les crimes de guerre et les actes de terrorisme ;

Développement économique et intégration régionale

Nous engageons à

37. Promouvoir une vision partagée du développement économique et de l'intégration régionale qui appuie un développement global et durable ;

38. Parvenir à l'intégration régionale en œuvrant à l'harmonisation des instruments de coopération économique ; adopter des stratégiques pour la convergence macroéconomique et pour la mise en œuvre de politiques

régionales en vue de la libre circulation des personnes, des biens et des services ;

39. Coopérer en vue du renforcement de la croissance économique à travers l'intégration économique et la recherche de solutions aux défis majeurs qui se posent au pays, et l'incorporation d'une stratégie intégrée de reconstruction au niveau régional des secteurs de production et des infrastructures ;

40. Créer ou renforcer au niveau régional, des cadres juridiques, administratifs et institutionnels et développer les capacités en vue de l'intégration régionale ;

41. Créer un espace économique unique en vue d'une efficacité économique renforcée, pour éradiquer la pauvreté, et parvenir à un développement économique durable ;

42. Promouvoir la croissance et le développement grâce à la relance et l'harmonisation des organisations d'intégration régionale existantes et l'établissement de pôles/zones de part et d'autre des frontières ;

43. Adopter des politiques régionales de promotion d'un secteur privé dynamique, socialement responsable, dans le cadre d'un environnement propice aux investissements, notamment par le biais d'un mécanisme d'intégration du secteur informel dans l'ensemble de l'économie ;

44. Promouvoir des politiques et stratégies régionales de diversification et d'accroissement des sources de revenus, de la compétitivité des secteurs productifs, de la gestion rationnelle des ressources agraires, de la gestion durable et saine des ressources naturelles vitales de la nature et de l'environnement telles que les écosystèmes aquatiques, les réserves minérales et les forêts du bassin du Congo, ainsi que l'habitat humain durable ;

45. Promouvoir la coopération régionale dans les secteurs du commerce, des politiques monétaires, de l'énergie, du transport, du tourisme, de la culture, de l'environnement, des nouvelles technologies de l'information et de la communication (NTICS), ainsi que dans le domaine des télécommunications, une attention particulière devant être accordée aux chemins de fer, aux oléoducs, aux câbles sous-marins et à l'interconnexion par fibres optiques des réseaux de télécommunications ;

46. Elaborer une stratégie régionale de développement de l'agriculture, de la pêche, de l'élevage et de l'agro-industrie, et des politiques d'irrigation propres à réduire la dépendance à l'égard des précipitations et changements climatiques ;

47. Promouvoir la coopération dans le domaine de la recherche scientifique et dans les domaines sociaux, notamment ceux de l'éducation et de la santé, en vue d'harmoniser les programmes ou politiques, de renforcer les échanges, de favoriser la gestion judicieuse des ressources humaines, de réduire l'exode des compétences et d'améliorer les conditions de vie ;

48. Formuler des politiques nationales et régionales pour favoriser l'emploi des femmes et des jeunes et développer les mécanismes régionaux de financement appropriés, afin de leur permettre d'avoir davantage accès aux institutions de microfinance, aux possibilités d'investissement dans le domaine commercial et au contrôle des facteurs de production tels que la terre, la propriété et le capital ;

49. Formuler des politiques et des stratégies en vue de créer de la valeur ajoutée par le biais de la transformation de nos matières premières et promouvoir des activités basées sur les connaissances ainsi que les industries de services tels que le tourisme, les banques et les assurances en vue de créer des richesses ;

50. Harmoniser les politiques et mécanismes régionaux de gestion de l'environnement, et notamment des parcs nationaux et des écosystèmes protégés, conformément aux conventions et normes internationales en la matière ;

51. Poursuivre une stratégie régionale collective en vue d'un meilleur accès aux marchés internationaux et d'une intégration accélérée du marché régional ;

52. Adopter, promouvoir et appuyer la formulation de stratégies et politiques nationales équilibrées de développement rural et urbain, aux niveaux national et régional ;

53. Impliquer la Communauté internationale, notamment l'ONU et toutes ses agences, l'UA et les Communautés économiques régionales pertinentes, les Institutions financières internationales, le Groupe des Amis de la Région des Grands Lacs et les autres partenaires au développement, à apporter leur soutien aux pays de la région en déclarant la région des Grands Lacs ''Zone spécifique de reconstruction et de développement'' dotée d'un Fonds Spécial pour la reconstruction et, dans ce cadre, nous engageons à mobiliser les ressources disponibles dans la région ;

54. Lancer un appel pressant aux partenaires en vue de l'annulation totale de la dette compte tenu des besoins spécifiques relatifs aux problèmes de reconstruction et de développement post conflit de la région ;

55. Créer et renforcer des mécanismes nationaux et régionaux pour intégrer les aspects sexo-spécifiques dans tous les secteurs du développement économique ;

Questions humanitaires et sociales

Nous engageons à

56. Respecter scrupuleusement les obligations et les principes de la Déclaration Universelle des Droits de l'Homme, à ratifier, à mettre en œuvre au national et à rendre opérationnel tous les autres instruments internationaux et régionaux sur les droits de l'Homme.

57. Nous conformer aux obligations et principes de la Convention des Nations unies de 1951 relative au statut des réfugiés et de la Convention de l'OUA de 1969 régissant les aspects spécifiques des problèmes des réfugiés en Afrique ;

58. Respecter et faire usage des Principes directeurs sur les déplacés intimes, tels que proposés par le Secrétariat des Nations unies, à harmoniser toutes les législations pertinentes et à définir un cadre national et régional pour le contrôle et le suivi des normes qui y sont inscrites et qui ont trait à l'accès et à la protection des populations sinistrées, des déplacés internes, des femmes et des enfants victimes des conflits ;

59. Observer scrupuleusement les normes et les principes du Droit international humanitaire et les Conventions pertinentes y relatives, entre autres, les Conventions de Genève de 1949, pour la protection des civils en temps de conflits et la fourniture d'une assistance humanitaire, y compris un accès intégral et libre à toutes les personnes qui ont besoin d'assistance ;

60. Garantir la sécurité du personnel humanitaire, conformément à la Convention de 1994 sur la sécurité du personnel des Nations unies et du personnel associé, ainsi que la Résolution 1502 du Conseil de Sécurité des Nations unies, étant entendu que les organisations humanitaires internationales respectent les lois nationales des pays dans lesquels elles interviennent ;

61. S'attaquer aux causes profondes et trouver des solutions durables aux problèmes persistants des populations déplacées et des réfugiés, en particulier en ce qui concerne leur cohabitation pacifique avec les populations locales, leur rapatriement et leur retour volontaires ou leur intégration locale, avec la pleine participation des autorités locales et des populations d'accueil et, le cas échéant, dans le cadre des accords tripartite ; encourager les pays d'origines à créer les conditions propices au retour des réfugiés ;

62. Encourager la communauté internationale à aider les communautés d'accueil et les zones où vivent des réfugiés et à atténuer les effets néfastes de la présence prolongée des réfugiés, dans un esprit de partage du fardeau ;

63. Mettre en place un mécanisme régional et des systèmes nationaux qui permettent d'identifier, de désarmer et de séparer les ex-combattants des réfugiés et des personnes déplacées, et de les installer dans des emplacements distincts pour les empêcher de manipuler les réfugiés et les personnes déplacées à des fins politiques ou militaires ;

64. Appliquer la Convention d'Ottawa sur les mines anti-personnel et assurer le déminage, y compris des zones abritant des réfugiés, des rapatriés et des personnes déplacées, et installer les camps à une distance raisonnable des frontières, conformément à la Convention de l'OUA régissant les aspects spécifiques des problèmes des réfugiés en Afrique et aux conclusions pertinentes du Comité exécutif du programme du Haut Commissariat des Nations unies pour les Réfugiés, approuvées par l'Assemblée générale des Nations unies ;

65. Créer un mécanisme régional d'alerte précoce et de réponse rapide aux catastrophes naturelles et provoquées par l'homme et renforcer les capacités pour la restauration de l'environnement dans les zones détruites par l'installation des personnes déplacées et des réfugiés ;

66. Interdire le recrutement des enfants dans les forces armées ou leur quelconque participation aux hostilités, notamment comme renforts, et à cet effet, se référer aux dispositions pertinentes de la Charte sur le bien-être de l'enfant, au Protocole facultatif de la Convention sur les droits de l'Enfant et les recommandations pertinentes du Représentant spécial du Secrétaire général des Nations unies pour les enfants dans les conflits armés, et prendre toutes les mesures nécessaires pour s'assurer que les enfants soldats démobilisés soient exemptés du service militaire obligatoire, réunis avec leurs familles, réintégrés dans leurs communautés, réhabilités, qu'ils bénéficient d'un appui psychologique et soient réinstallés ;

67. Mettre en place des mécanismes régionaux, et notamment divers mécanismes traditionnels d'accompagnement destinés à fournir de l'appui psychosocial, médical et juridique aux femmes et aux jeunes filles victimes de viol et de tout autre acte de violence et d'exploitation sexuelles ;

68. Adopter une approche régionale commune en vue de la ratification et la mise en œuvre des Conventions de l'ONU sur l'apatridie, harmoniser les législations et normes nationales y relatives et fournir aux réfugiés et aux déplacés des documents d'identité qui leur permettent d'avoir accès aux services de base et de jouir de leurs droits ;

69. Veiller à ce que les réfugiés et déplacés, lorsqu'ils retournent dans leurs zones d'origine, récupèrent leurs propriétés avec l'assistance des autorités traditionnelles et administratives locales ;

70. Affecter les fonds provenant de l'annulation de la dette en priorité aux programmes de réhabilitation et de reconstruction des infrastructures sociales d'éducation, ainsi qu'au développement des zones rurales ;

71. Promouvoir des stratégies de prévention et de lutte contre la propagation des maladies endémiques telles le VIH/SIDA, le paludisme et la tuberculose et réduire l'impact desdites maladies grâce au renforcement des initiatives régionales, notamment l'Initiative des Grands Lacs sur le SIDA (GLIA), l'Initiative des pays riverains des fleuves Congo-Oubangui et Chari pour la lutte contre le VIH/SIDA afin de faciliter l'accès aux interventions médicales et de renforcer la collaboration, la coordination et le partage des informations entre les Etats de la région ;

72. Faire des Objectifs du Millénaire pour le Développement (OMD), un cadre de référence pour l'élaboration de politiques intégrées visant l'éradication des phénomènes de pauvreté ;

73. Elaborer et promouvoir, dans les systèmes d'enseignement, des programmes scolaires exhaustifs sur la culture de la paix ;

74. Promouvoir l'utilisation du Kiswahili comme langue de travail dans la région des Grands Lacs.

IV Mécanisme de suivi

Décidons de

75. Donner un sens à notre vision commune de la région des Grands Lacs et, à cet effet, rendre plus régulières nos consultations politiques, consolider et matérialiser notre coopération sous la forme d'un Pacte sur la Sécurité, la Stabilité et le Développement qui sera adopté lors du deuxième Sommet de la Conférence internationale sur la région des Grands Lacs, prévu à Nairobi en 2005 ;

76. Mettre en place un Comité Régional International chargé de préparer des projets spécifiques, concrets, réalisables et mesurables de protocoles et de programmes d'action assortis d'objectifs précis à court, moyen et long termes ; le Comité est aidé dans sa tâche par le Comité préparatoire régional, renforcé par des représentants de la société civile, des femmes, des jeunes et d'autres experts de renom dont le tiers au moins de l'effectif sera composé de femmes ; les projets de protocoles et de programmes d'action seront soumis au deuxième sommet et constitueront, avec la présente Déclaration, le Pacte pour la sécurité, la stabilité et le développement dans la région des Grands Lacs ;

77. Charger le Comité Régional International de prendre en compte les recommandations issues des rencontres du Comité Régional Préparatoire, des autres réunions régionales spécialisées ainsi que des rencontres tenues

dans le cadre de la préparation de la Conférence, y compris le Forum des Premières Dames ;

78. Charger par ailleurs, le Comité Régional Interministériel d'incorporer dans les projets de protocoles et de programmes d'action les modalités pratiques pour la mise en œuvre, le suivi régulier et l'évaluation périodique des différentes composantes du Pacte, aux niveaux national et régional ;

79. Recommander au Comité Régional Interministériel de travailler en étroite collaboration avec l'ONU, l'UA, les Communautés économiques régionales concernées, les partenaires au développement et le Groupe des Amis de la Région des Grands Lacs ;

V. Dispositions finales

80. Invitons le Groupe des Amis de la Région des Grands Lacs à poursuivre son louable appui diplomatique, politique, technique et financier, en vue d'aider à la création de conditions favorables à la mise en œuvre de la présente Déclaration et pour la bonne préparation des décisions du deuxième Sommet ;

81. Invitons en outre l'ONU et l'UA, en consultation avec le pays hôte de notre premier Sommet et avec l'appui du Groupe des Amis de la Région des Grands Lacs, à aider les Etats membres de la Conférence à mettre en œuvre la Déclaration jusqu'à la tenue du deuxième Sommet de la Conférence ;

82. Proclamons l'entrée en vigueur immédiate de la présente Déclaration et notre engagement à respecter et à mettre en œuvre ses dispositions ;

EN FOI DE QUOI, NOUS, Chefs d'Etat et de Gouvernement ou nos représentants officiellement désignés, avons signé la présente Déclaration.

Fait à Dar-es-Salaam, le 20 novembre 2004, en quatre (4) versions originales, l'anglais, le français, l'arabe et le portugais, toutes versions faisant également foi.

1 S.E. JOSE EDUARDO SANTOS
Président de la République de l'Angola

2. S.E. DOMITIEN NDAYIZEYEDOS
Président de la République du Burundi

3. S.E. FRANCOIS BOZIZE
Président de la République Centrafricaine

4. S.E. DENIS SASSOU NGUESSO
Président de la République du Congo

5. S.E. JOSEPH KABILA
Président de la RDC

6. S.E. MWAI KIBAKI
Président de la République du Kenya

7. S.E. PAUL KAGAME

8. S.E. OMAR HASSAN EL. BASHIR

Président de la République du Rwanda *Président de la République du Soudan*

9. S.E. BENJAMIN WILLIAM MKAPA 10. S.E. YOWERI KAGUTAMUSEVENI

Président de la République unie de Tanzanie *Président de la République de l'Ouganda*

11. S.E. LEVY MWANAWASA

Président de la République de Zambie

§ II : Le Pacte sur la sécurité, la stabilité et le développement dans la Région des Grands Lacs (14 et 15 décembre 2006)

Préambule

Nous, Chefs d'Etat et de gouvernement des Etats membres de la Conférence internationale sur la Région des Grands Lacs ;

Conscients de la nécessité de respecter la démocratie et la bonne gouvernance ainsi que les principes fondamentaux consacrés par la Charte des Nations Unies et par l'Acte constitutif de l'Union africaine, notamment l'intégrité territoriale, la souveraineté nationale, la non-ingérence et la non-agression, l'interdiction pour tout Etat membre de permettre l'utilisation de son territoire comme base pour l'agression ou subversion contre un autre Etat membre ;

Conscients de la nécessité d'une volonté politique effective et soutenue de rechercher conjointement des solutions pacifiques à nos différends et, plus particulièrement d'honorer nos engagements dans un esprit de confiance mutuelle ;

Réaffirmant notre détermination individuelle et collective de fonder les relations entre nos Etats sur les instruments juridiques internationaux, les principes fondamentaux et universels ; les options politiques prioritaires et les principes directeurs contenus dans la Déclaration de Dar-es-Salaam et de transformer la Région des Grands lacs, dans le cadre de notre destin commun, en un espace de paix et de sécurité durables, de stabilité politique et sociale, de croissance économique et de développement partagés, par une coopération et une intégration multisectorielles au seul profit de nos peuples ;

Déterminés à assurer le respect strict des normes et principes fondamentaux du droit international humanitaire, notamment ceux afférents à la protection et à l'assistance devant être apportées aux femmes, aux enfants, aux réfugiés et aux personnes déplacées, dont les violations ont gravement affecté les populations concernées.

Réaffirmant notre décision prise à Dar-es-Salaam de déclarer la Région des Grands Lacs Zone spécifique de reconstruction et de développement et déterminés à relever ensemble le défi de la reconstruction et du développement avec la pleine participation de tous nos peuples, notamment en partenariat avec les organisations de la société civile, les jeunes, les femmes, le secteur privé et les organisations religieuses, ainsi qu'en coopération étroite avec les organisations régionales compétentes à savoir l'Union africaine, les Nations unies, et la communauté internationale en général ;

Résolus à adopter et à mettre en œuvre de manière collective les Programmes d'action, Protocoles et mécanismes propres à traduire dans les faits les options politiques prioritaires et les principes directeurs de la Déclaration de Dar-es-Salaam.

Convenons Solennellement de ce qui Suit :

Chapitre I : Dispositions Générales

Article 1 : Définitions

Aux fins du présent Pacte, à moins que le contexte n'en décide autrement, on entend par :

a) Conférence : la Conférence internationale sur la Région des Grands Lacs ;
b) Région des Grands Lacs : la Région composée de l'ensemble des territoires des onze (11) Etats membres du champ de la Conférence ;
c) Déclaration de Dar-es-Salaam : la Déclaration sur la paix, la sécurité, la démocratie et le développement dans la Région des Grands Lacs, adoptée lors du premier Sommet de la Conférence à Dar-es-Salaam (République-unie de Tanzanie) le 20 novembre 2004 ;
d) Etats membres : les onze (11) Etats membres du champ de la Conférence internationale sur la paix, la sécurité, la démocratie et le développement dans la Région des Grands Lacs à savoir : la République d'Angola, la République du Burundi, la République Centrafricaine, la République d'Angola, la République du Burundi, la République Centrafricaine, la République du Congo, le République démocratique du Congo, la République du Soudan, la République-unie de Tanzanie, la République de Zambie ;
e) Mécanisme nationaux de Coordination : mécanisme national de coordination facilitant la mise en œuvre du présent Pacte dans un Etat membre ;
f) Sommet : L'organe composé des Chefs d'Etat et de gouvernement des Etats membres ;

g) Comité interministériel régional : l'organe composé des Ministres des Etats membres en charge de la Conférence ;
h) Secrétariat de la Conférence : le Secrétariat de la Conférence internationale sur la Région des Grands Lacs ;
i) Pacte : le Pacte sur la sécurité, la stabilité et le développement dans la région des Grands Lacs ;
j) Protocoles : les Protocoles adoptés sous ce Pacte ainsi ceux dont l'adoption interviendrait ultérieurement ;
k) Programmes d'action : les Programmes d'action adoptés sous ce Pacte ;
l) Projets : les projets adoptés sous ce Pacte ainsi que ceux dont l'adoption interviendrait ultérieurement ;
m) Mécanisme de suivi : le Mécanisme institutionnel régional de suivi adopté dans le cadre de ce Pacte ;
n) Fonds : Fonds spécial pour la reconstruction et le développement prévu par le Pacte.

Article 2 : Objectifs

Le présent Pacte a pour objectifs de :

a) Donner un cadre juridique aux relations entre les Etats membres auquel le présent Pacte s'applique, comme prévu à l'article 4 ;
b) Mettre en œuvre la Déclaration de Dar-es-Salaam, les Protocoles, les Programmes d'action, le Mécanisme régional de suivi, le Fonds spécial pour la reconstruction et le développement adoptés à l'article 3 du présent Pacte ;
c) Créer les conditions de sécurité, de stabilité et de développement durables entre les Etats membres.

Article 3 : Contenu

1. La Déclaration de Dar-es-Salaam, les Protocoles, les Programmes d'action, le Mécanisme régional de suivi et le Fonds font partie intégrante du présent Pacte ;
2. Toute référence au Pacte s'applique à toutes ses composantes.

Article 4 : Champ d'application et principes fondamentaux

1. Le présent Pacte régit les relations juridiques entre les Etats l'ayant ratifié dans le cadre et les limites des domaines prioritaires choisis en matière de paix et de sécurité, de démocratie et de bonne gouvernance, de développement économique et d'intégration régionale ainsi que de questions humanitaires, sociales et environnementales ;
2. Les Etats membres s'engagent à fonder leurs relations sur le respect des principes de souveraineté nationale, d'intégrité territoriale, de

non-ingérence dans les affaires intérieures des autres Etats membres, de non-agression, de coopération et de règlement pacifique des différends.

Chapitre II : Des Protocoles

Article 5 : Protocole sur la non-agression et la défense mutuelle dans la Région des Grands Lacs

Les Etats membres s'engagent à maintenir la paix et la sécurité, conformément au Protocole sur la non agression et la défense mutuelle dans la Région des Grands Lacs et, en particulier :

a) à renoncer à recourir à la menace ou à l'utilisation de la force comme politique ou instrument visant à régler les différends ou litiges ou atteindre les objectifs nationaux dans la Région des Grands Lacs ;
b) à s'abstenir d'envoyer ou de soutenir des oppositions armées ou des groupes armés ou rebelles sur le territoire d'un autre Etat membre ou de tolérer sur leur territoire des groupes armés ou rebelles engagés dans des conflits armés ou impliqués dans des actes de violence ou de subversion contre le gouvernement d'un autre Etat ;
c) à coopérer à tous les niveaux en vue de désarmement et du démantèlement des groupes rebelles armés existants et à promouvoir une gestion participative conjointe de la sécurité étatique et humaine aux frontières communes ;
d) si un Etat membre ne se conforme pas aux dispositions du présent Article, un Sommet extraordinaire sera convoqué en vue d'examiner les mesures appropriées à prendre.

Article 6 : Protocole sur la démocratie et la bonne gouvernance

Les Etats membres s'engagent à respecter et à promouvoir la démocratie et la bonne gouvernance, conformément au Protocole sur la démocratie et la bonne gouvernance, et, en particulier :

a) à respecter et promouvoir les principes et normes démocratiques ;
b) à mettre en place des institutions de promotion de la bonne gouvernance, de l'Etat de droit et du respect des droits de l'homme, à travers des systèmes constitutionnels fondés sur la séparation des pouvoirs, le pluralisme politique, l'organisation régulière d'élections libres, démocratiques et crédibles, la gestion participative, transparente et responsable des affaires, des institutions et des biens publics.

Article 7 : Protocole sur la coopération judiciaire

Les Etats membres s'engagent, conformément au Protocole sur la coopération judiciaire, à coopérer en matière d'extradition, d'enquête et de poursuites judiciaires.

Article 8 : Protocole sur la prévention et la répression du crime de génocide, des crimes de guerre et des crimes contre l'humanité et de toute forme de discrimination

Les Etats membres, conformément au Protocole sur la prévention et la répression du crime de génocide, des crimes de guerre et des crimes contre l'humanité ainsi que de toute forme de discrimination, reconnaissent que le crime de génocide, les crimes de guerre et les crimes contre l'humanité sont des crimes en droit international et contre les droits des peuples, et s'engagent en particulier à :

a) à s'abstenir, à prévenir et à réprimer de tels crimes ;
b) à condamner et à éliminer toute forme de discrimination et de pratiques discriminatoires ;
c) à veiller au strict respect de cet engagement par toutes les autorités et institutions publiques, nationales, régionales et locales ;
d) à proscrire toute propagande et organisation qui s'inspire d'idées ou de théories fondées sur la supériorité d'une race ou d'un groupe de personnes d'origine ethnique particulière, ou qui tentent de justifier ou d'encourager toute forme de haine ou de discrimination raciale, ethnique, religieuse ou fondée sur le genre.

Article 9 : Protocole sur la lutte contre l'exploitation illégale des ressources naturelles

Les Etats membres conviennent, conformément au Protocole sur la lutte contre l'exploitation illégale des ressources naturelles, de mettre en place des règles et mécanismes régionaux pour lutter contre l'exploitation illégale des ressources naturelles qui constitue une violation du droit de souveraineté permanente des Etats sur leurs ressources naturelles et qui représente une source grave d'insécurité, d'instabilité, de tension et de conflits, et en particulier :

a) de s'assurer que toute activité portant sur les ressources naturelles respecte scrupuleusement la souveraineté permanente de chaque Etat sur ses ressources naturelles et soit conforme aux législations nationales harmonisées ainsi qu'aux principes de transparence, de responsabilité, d'équité et de respect de l'environnement et des établissements humains ;

b) de mettre fin par des voies judiciaires nationales et internationales, à l'impunité dont jouissent les personnes physiques et morales dans l'exploitation illégale des ressources naturelles ;
c) de mettre en place un mécanisme régional de certification de l'exploitation, de l'évaluation et du contrôle des ressources naturelles dans la Région des Grands Lacs.

Article 10 : Protocole sur la zone spécifique de reconstruction et de développement

Les Etats membres conviennent, conformément au Protocole sur la zone spécifique de reconstruction et de développement, de mettre en œuvre une dynamique de développement économique et d'intégration régionale de proximité, en exploitation de la décision contenue dans la Déclaration de Dar-es-Salaam, de faire de la Région des Grands Lacs une zone spécifique de reconstruction et de développement et, à cet effet, instituent en particulier :

a) des bassins transfrontaliers de développement pour promouvoir une intégration régionale de proximité des populations aux frontières des pays de la Région ;
b) un Fonds spécial pour la reconstruction et le développement ayant pour but de financer la mise en œuvre des Protocoles, des Programmes d'action retenus dans les domaines prioritaires de la paix et de la sécurité, de la démocratie et de la bonne gouvernance, du développement économique et de l'intégration régionale, du traitement des questions humanitaires et sociales, ainsi que des questions liées à l'environnement.

Article 11 : Protocole sur la prévention et la répression de la violence sexuelle à l'égard des femmes et des enfants

Les Etats membres s'engagent, conformément au Protocole sur la prévention et la répression de la violence sexuelle à l'égard des femmes et des enfants, à lutter contre ce fléau grâce à des mesures de prévention, de pénalisation et de répression en temps de paix comme en temps de guerre, conformément aux lois nationales et au droit pénal international.

Article 12 : Protocole sur la protection et l'assistance aux personnes déplacées

Les Etats membres conviennent, conformément au Protocole sur la protection et l'assistance aux personnes déplacées, d'apporter une protection et une assistance spéciales aux personnes déplacées et en particulier, d'adopter et de mettre en œuvre les Principes directeurs relatifs aux personnes déplacées tels que proposés par le Secrétariat des Nations Unies.

Article 13 : Protocole sur les droits à la propriété des rapatriés

Les Etats membres s'engagent, conformément au Protocole sur les droits de propriété des rapatriés à assurer la protection juridique des propriétés des personnes déplacées et des réfugiés, dans leurs pays d'origine, et en particulier à :

a) adopter des principes juridiques en vertu desquels les Etats membres garantissent aux réfugiés et aux personnes déplacées la récupération, à leur retour dans leur zone d'origine, de leurs biens avec l'assistance des autorités traditionnelles et administratives locales ;
b) créer un cadre juridique pour résoudre les litiges découlant de la récupération de biens ou de propriétés antérieurement occupées par ou ayant appartenu à des rapatriés.

Article 14 : Protocole sur la gestion de l'information et de la communication

Les Etats membres conviennent, conformément au Protocole sur la gestion de l'information et de la communication, de créer un Conseil régional de l'information et de la communication dont le rôle consiste notamment à :

a) promouvoir le libre échange des idées ;
b) promouvoir la liberté d'expression et de la presse ;
c) assurer la formation et l'éducation civique à travers les médias.

Article 15 : Protocoles ultérieurs

Les Etats membres conviennent que les Protocoles adoptés après l'entrée en vigueur du présent Pacte font partie intégrante du Pacte. Ils entreront en vigueur conformément aux dispositions de l'article 34(5) qui régit les amendements et les révisions du Pacte.

Chapitre III : Des Programmes d'action

Article 16 : Objectifs des Programmes d'action

Les Etats membres s'engagent à promouvoir les stratégies et politiques communes définies par la Déclaration de Dar-es-Salaam dans le cadre de programmes d'action sectoriels.

Article 17 : Programme d'action pour la paix et la sécurité

Les Etats membres s'engagent à garantir une paix et une sécurité durables sur l'ensemble de la Région des Grands Lacs, dans le cadre d'un Programme d'action pour la paix et la sécurité visant à :

a) assurer conjointement la sécurité aux frontières communes ;
b) promouvoir, maintenir et renforcer la coopération dans les domaines de la paix, de la prévention des conflits et du règlement pacifique des différends ;

c) promouvoir la coopération inter-étatique en matière de sécurité pour lutter contre la prolifération illicite des armes légères et de petit calibre, prévenir et lutter contre la criminalité transnationale organisée et le terrorisme.

Article 18 : Programme d'action pour la démocratie et la bonne gouvernance

Les Etats membres s'engagent à ce que les valeurs, principes et normes reposent sur la démocratie, la bonne gouvernance et le respect des droits de l'Homme dans le cadre d'un programme d'action pour la démocratie et la bonne gouvernance qui vise notamment à :

a) l'établissement de mécanismes régionaux qui concourent au renforcement de l'état de droit dans les pays de la Région des Grands Lacs, à la promotion des droits de l'homme et à la lutte contre l'impunité ;
b) la consolidation des processus de démocratisation par le renforcement des capacités des institutions, la promotion de la participation politique de toutes les couches de la société, le développement et la mise en œuvre des stratégies de communication et de l'information ;
c) l'harmonisation et la coordination de politiques relatives à la protection et à la gestion judicieuse des ressources naturelles dans la Région.

Article 19 : Programme d'action pour le développement économique et l'intégration régionale

Les Etats membres s'engagent à promouvoir conjointement un espace économique prospère et intégré, en vue d'améliorer le niveau de vie des populations et de contribuer au développement de la Région avec la mise en œuvre du Programme d'action pour le développement économique et l'intégration régionale visant :

a) la promotion de la coopération et de l'intégration économique à travers l'harmonisation et la coordination des politiques nationales et régionales, en collaboration avec les communautés économiques régionales compétentes, en vue d'accroitre la stabilité et la compétitivité économique et de réduire la pauvreté ;
b) le développement des infrastructures communes dans les domaines de l'énergie, des transports et des communications ;
c) la promotion de l'intégration régionale de proximité par le renforcement de la coopération et de la solidarité multisectorielle entre populations aux frontières des pays limitrophes.

Article 20 : Programme d'action sur les questions humanitaires, sociales et environnementales

Les Etats membres s'engagent à trouver des solutions durables pour garantir la protection et l'assistance aux populations affectées par les conflits politiques, les catastrophes humanitaires, sociales et environnementales dans la Région des Grands Lacs, avec la mise en œuvre d'un programme d'action relatif aux questions humanitaires, sociales et environnementales visant à :

a) promouvoir des politiques de prévention des catastrophes, de protection, d'assistance et de recherche de solutions durables en faveur des réfugiés et des personnes déplacées et de protection de leur environnement ;
b) promouvoir des politiques pertinentes en vue de garantir aux populations affectées par les conflits et les conséquences des catastrophes naturelles l'accès aux services sociaux de base.

Chapitre IV : Du Fonds Spécial pour la Reconstruction et le Développement

Article 21 : Cadre juridique

1. Il est créé un Fonds spécial pour la reconstruction et le développement de la Région des Grands Lacs conformément au Protocole sur la Zone spécifique de reconstruction et de développement. Le statut juridique de ce Fonds est défini dans un autre document ;
2. Les modalités d'opérationnalisation du Fonds sont définies par un cadre juridique spécifique conclu avec la Banque africaine de développement chargée de la gestion dudit Fonds ;
3. Le Fonds est alimenté par les contributions statutaires des Etats membres et par les contributions volontaires de partenaires à la coopération et au développement.

Chapitre V : Mécanisme Régional de Suivi

Article 22 : Création

1. Les Etats membres conviennent de la création d'un Mécanisme régional de suivi qui comprend le Sommet des Chefs d'Etat et de Gouvernement, le Comité régional interministériel, le Secrétariat de la Conférence, les Mécanismes nationaux de coordination, le Mécanisme de collaboration et d'autres structures ou de fora spécifiques, le cas échéant, afin d'assurer la mise en œuvre du présent Pacte.
2. Le Mécanisme régional de suivi fonde son action sur les principes de meilleures pratiques, de complémentarité, de liens et d'appropriation

illégale par les Etats membres, en collaboration avec l'Union africaine, les Nations unies et d'autres partenaires.

Article 23 : Sommet

1. Le Sommet est l'organe suprême de la Conférence. La présidence en est assurée par les Chefs d'Etats et de gouvernement sur la base de la rotation ;
2. Le Sommet se réunit une fois tous les deux ans. Une session extraordinaire du Sommet peut être convoquée à la demande d'un Etat membre et avec le consentement de la majorité qualifiée de huit parmi les Etats membres présents et votants ayant ratifié le Pacte ;
3. Le Sommet donne les orientations pour la mise en œuvre du présent Pacte, approuve les ressources budgétaires, sur recommandation du Comité interministériel régional, mobilise des ressources additionnelles et évalue l'état d'avancement de la mise en œuvre du Pacte ;
4. Le Sommet approuve la nomination du Secrétaire exécutif du Secrétariat de la Conférence sur recommandation du Comité interministériel, décide du siège du Secrétariat de la conférence ;
5. Dans l'exercice de ses fonctions entre les sessions ordinaires du Sommet le/la Président (e) du Sommet, veille au respect et à la mise en œuvre du Pacte par les Etats membres. Il/Elle recherche le soutien des partenaires au développement de la Région à la réalisation des objectifs de la Conférence. Il est aidé dans ses activités par son prédécesseur et son successeur dans le cadre d'une « Troïka » ;
6. Un Etat membre qui n'est pas en mesure ou n'est pas disposé à honorer ses engagements en vertu du présent Pacte devra justifier ce manquement devant le Sommet qui détermine les conséquences d'une telle action ;
7. Les décisions du Sommet sont prises par consensus. A défaut d'un consensus, elles sont prises à la majorité qualifiée de huit des onze Etats membres présents et votants lorsqu'elles portent sur des questions qui ne sont pas liées à la procédure, ou à la majorité absolue des Etats membres présents et votants lorsqu'elles portent sur des questions de procédure.

Article 24 : Comité interministériel régional

1. Le Comité interministériel régional est l'organe exécutif de la Conférence. Il se réunit en session ordinaire deux fois par an. Il peut se réunir en session extraordinaire à la demande d'un Etat membre et avec le consentement de la majorité absolue des Etats membres ;

2. Les réunions du Comité interministériel régional sont présidées à tour de rôle par des ministres en fonction de la séquence des sessions périodiques du Sommet. Chaque réunion du Comité est précédée d'une réunion de hauts fonctionnaires des Etats membres ;
3. Le Comité détermine les stratégies de mise en œuvre du présent Pacte et procède à des contrôles réguliers de sa mise en œuvre ;
4. Il soumet au Sommet un rapport périodique sur la mise en œuvre du Pacte ;
5. Il propose au Sommet des candidats au Poste de Secrétaire exécutif de la Conférence, approuve les nominations de hauts cadres du Secrétariat de la Conférence, sur recommandation du Secrétaire exécutif ;
6. Il examine et soumet au Sommet le projet de budget ainsi que les rapports et plans de travail du Secrétariat de la Conférence et des institutions affiliées ;
7. Entre les sessions ordinaires du Sommet et sur délégation de celui-ci, il peut procéder, le cas échéant, à des ajustements budgétaires, administratifs et opérationnels ;
8. Les décisions du Comité interministériel régional sont prises par consensus. A défaut d'un consensus, elles sont prises à la majorité qualifiée de huit des onze Etats membres lorsqu'elles portent sur des questions qui ne sont pas de procédure, ou à la majorité absolue des Etats membres présents et votants, lorsqu'elles portent sur des questions de procédure.

Article 25 : Groupe ad hoc d'experts

Le Comité interministériel peut nommer un groupe ad hoc de six experts indépendants au maximum composé d'un nombre égal d'hommes et de femmes d'une grande intégrité morale, dont la mission consistera à :

a) préparer et soumettre au Sommet un rapport spécial sur les problèmes spécifiques rencontrés par les Etats membres dans la mise en œuvre du Pacte ;
b) s'acquitter de toute autre tache qui lui sera confiée par le Sommet.

Article 26 : Secrétariat de la Conférence

1. Le Secrétariat de la Conférence constitue l'organe technique et de coordination de la Conférence. Il est dirigé par Secrétaire exécutif dont le mandat est de quatre ans non renouvelable ;
2. Le Secrétaire exécutif est chargé de :
   a) assurer la mise en œuvre des décisions du Sommet et du Comité interministériel et d'en rendre compte ;

b) assurer la promotion du Pacte et de l'exécution des programmes d'action, projets, protocoles et activités dont l'exécution lui incombe directement ;
c) organiser les réunions du Sommet, du Comité Interministériel et des autres structures et fora de la Conférence ;
d) coordonner la mise en œuvre des activités de la Conférence relevant des communautés économiques régionales compétentes et des institutions décentralisées et affiliées ;
e) élaborer les programmes d'activités et le projet de budget du Secrétariat de la Conférence, et assurer leur exécution après leur approbation par le Comité interministériel.

3. Le Secrétaire exécutif peut demander une assistance technique auprès de l'Union africaine, des Nations Unies, des partenaires et organisations de coopération ;
4. Le budget de fonctionnement du Secrétariat de la Conférence est proposé tous les deux ans par le Secrétaire exécutif et approuvé par le Sommet sur recommandation du Comité interministériel régional. Il est alimenté par les contributions statutaires des Etats membres et des ressources mobilisées auprès des partenaires à la coopération et au développement de la Région des Grands Lacs et par toute autre ressource déterminée par la Conférence ;
5. Le mode de calcul des contributions des Etats membres et la monnaie de paiement sont déterminés par le Comité interministériel ;
6. Le recrutement des cadres supérieurs du Secrétariat respecte le principe de la représentation équitable et s'effectue sur une base rotative entre les ressortissants des Etats membres.

Article 27 : Mécanismes nationaux de coordination et de coopération

1. Chaque Etat membre établit un mécanisme national de coordination de la Conférence en vue d'y faciliter la mise en œuvre du présent Pacte ;
2. Le Comité interministériel établit des mécanismes de coopération visant à coordonner les activités de mise en œuvre du Pacte en collaboration avec les Etats membres, les communautés économiques régionales et les institutions régionales compétentes.

Chapitre VI : Règlement pacifique des différends

Article 28 : Règlement pacifique des différends

1. les Etats membres conviennent de régler pacifiquement leurs différends ;
2. à cet effet, les Etats membres s'engagent à régler leurs différends par la négociation, les enquêtes, la médiation, la conciliation ou par tout

autre moyen politique dans le cadre du Mécanisme régional de suivi ;

3. les Etats membres s'engagent à recourir aux instrument de règlement des litiges visés au paragraphe 2 ci-dessus, avant d'avoir recours à d'autres mécanismes internationaux, politiques, diplomatiques ou judiciaires ;
4. les Etats membres peuvent s'inspirer des moyens de règlement pacifique prévus par la Charte des Nations Unies et l'Acte constitutif de l'Union Africaine après avoir épuisé les moyens de règlement pacifique des différends visés aux paragraphes 2 et 3 ci-dessus.

Article 29 : Différends relatifs à l'interprétation et à l'application du présent Pacte

Les Etats membres conviennent de soumettre à la Cour africaine de justice tout différend relatif à l'interprétation ou à l'application de l'intégralité ou d'une partie du Pacte lorsque le recours aux instruments visés à l'article 28 (2), (3), (4) s'avère infructueux.

Chapitre VII : Dispositions finales

Article 30 : Signature et ratification

1. Le présent Pacte est ouvert à la signature et à la ratification de tous les Etats membres de la Conférence ;
2. Les instruments de ratification sont déposés auprès du Secrétariat de la Conférence.

Article 31 : Non-sélectivité et réserve

1. Les Etats membres acceptent d'appliquer l'intégralité des dispositions du présent Pacte selon le principe de la non sélectivité ;
2. Aucune réserve ne peut être émise sur le présent Pacte.

Article 32 : Dépôt et enregistrement

1. Le Secrétaire Général des Nations Unies est le dépositaire du présent Pacte ;
2. Le Secrétariat de la Conférence prend les dispositions nécessaires pour l'enregistrement du présent Pacte, après son entrée en vigueur, auprès du Secrétaire Général des Nations Unies et du Président de la Commission de l'Union africaine.

Article 33 : Entrée en vigueur

1. Le présent Pacte entre en vigueur trente jours après réception du huitième instrument de ratification par le Secrétariat de la Conférence ;

2. Pour tout Etat ayant ratifié le présent Pacte après la date de réception par le dépositaire du huitième instrument de ratification, le présent Pacte entre en vigueur le trentième jour après la date de réception de son instrument de ratification par le Secrétariat de la Conférence.

Article 34 : Amendements et révision

1. Tout Etat membre ayant ratifié le présent Pacte peut proposer des amendements ou une révision du Pacte ;
2. Toute proposition d'amendement ou de révision du Pacte est adressée par écrit au Secrétariat de la Conférence qui en informe immédiatement les autres Etats membres ;
3. La proposition d'amendement ou de révision du Pacte est soumise aux Etats membres au moins six mois avant la session du Sommet au cours de laquelle elle sera proposée et adoptée ;
4. La décision d'amendement ou de révision du Pacte est prise à la majorité qualifiée de huit des onze Etats membres présents et votants ;
5. Tout amendement ou révision adopté, conformément aux dispositions de l'alinéa 4 du présent article, est adressé par le Secrétariat de la Conférence à tous les Etats membres pour acceptation. Les instruments d'acceptation des amendements ou de révisions sont déposés auprès du Secrétariat de la Conférence ;
6. L'amendement ou la révision entre en vigueur pour tous les Etats membres trente (30) jours après réception par le Secrétariat de la Conférence du 8ème instrument de ratification conformément à l'article 33 ci-dessus.
7. Toutefois, les projets et budgets approuvés dans le cadre des Programmes d'action, des Protocoles et des mécanismes de suivi peuvent faire l'objet de modifications sans recours aux procédures d'amendement ou de révision prévues.

Article 35 : Dénonciation

1. Tout Etat membre ayant ratifié le présent Pacte peut se retirer de ce Pacte dix ans après l'entrée en vigueur du Pacte dans ce pays en notifiant par écrit au dépositaire sa décision de se retirer
2. Ce retrait prend effet après l'expiration du délai d'un an à partir de la date de réception de la notification du retrait par le dépositaire.

En foi de quoi, nous, Chef d'Etat et de Gouvernement des pays membres de la Conférence Internationale sur la Région des Grands Lacs, avons signés solennellement le présent Pacte en cinq versions originales, en anglais, français, arabe, portugais et kiswahili, chaque version faisant également foi.

Fait à Nairobi, Kenya, le 15 novembre 2006.

1. S.E. JOSE EDUARDO DOS SANTOS
Président de la République D'Angola

2. S. E. PIERRE NKURUNZIZA
Président de la République du Burundi

3. S.E. FRANCOIS BOZIZE
Président de la République Centrafricaine

4. S.E. DENIS SASSOU-NGUESSO
Président de la République du Congo

5. S.E. JOSEPH KABILA
Président de la République Démocratique du Congo

6. S.E. MWAI KIBAKI
Président de la République du Kenya

7. S.E. YOWERI KGUTA MUSEVENI
Président de la République d'Ouganda

8. S.E PAUL KAGAME
Président de la République du Rwanda

9. S. E. OMAR HASSAN AHMED EL-BAHIR
Président de la République du Soudan

10. S.E. JAKAYA MRISHO KIKWETE
Président de la République unie de Tanzanie

11. S. E. LEVY MWANAWASA
Président de la République de Zambie

Section II : Les Protocoles (additionnels) au Pacte de la CIRGL

Le premier alinéa de l'art. 3 du Pacte sur la sécurité, la stabilité, et le développement dans la Région des Grands Lacs dispose que « *La Déclaration de Dar-es-Salaam, les Protocoles, les Programmes d'action, le Mécanisme régional de suivi et le Fonds font partie intégrante du présent Pacte.*» Un Protocoles, selon Gérard Cornu, « *désigne aussi des conventions internationales jointes à un traité principal et portant sur des questions mineurs.*»[68] Autrement dit, les dix (10) Protocoles de la CIRGEL complètent les dispositions du traité principal qui est le Pacte. Les Protocoles de la CIRGEL sont énumérés au Chapitre II du Pacte et précisément aux articles 5 à 14 parmi lesquels il y a : le Protocole sur la non-agression et la défense mutuelle dans la Région des Grands Lacs (art. 5) ; le Protocole sur la démocratie et la bonne gouvernance (art. 6) ; le Protocole sur la coopération judiciaire (art. 7) ; le Protocole sur la prévention et la répression du crime de génocide, des crimes de guerre et des crimes contre l'humanité et de toute forme de discrimination (art. 8) ; le Protocole sur la lutte contre l'exploitation illégale des ressources naturelles (art. 9) ; le Protocole sur la zone spécifique de reconstruction et de développement (art. 10) ; le Protocole sur la prévention et la répression de la violence sexuelle à l'égard

---

[68] CORNU Gérard, *Vocabulaire Juridique*, Puf, Paris, 2011, p. 817

des femmes et des enfants (art.11) ; le Protocole sur la protection et l'assistance aux personnes déplacées (art. 12) ; le Protocole sur les droits à la propriété des rapatriés (art. 13) ; et le Protocole sur la gestion de l'information et de la communication (art. 14). Un essai de classification montre que certains Protocoles intéressent uniquement les Etats **(§ I)** alors que d'autres impliquent les individus **(§ II).**

§ I : Les Protocoles relatifs aux questions intéressant les Etats

Il faut citer le Protocole sur la non-agression et la défense mutuelle dans la Région des Grands Lacs (art. 5) ; le Protocole sur la démocratie et la bonne gouvernance (art. 6) ; le Protocole sur la gestion de l'information et de la communication (art. 14) ; le Protocole sur la zone spécifique de reconstruction et de développement (art. 10) ; et le Protocole sur la lutte contre l'exploitation illégale des ressources naturelles (art. 9).

1 : Protocole de non-agression et de défense mutuelle dans la Région des Grands Lacs

Préambule

Nous, Chefs d'Etat et de Gouvernement des Etats membres de la Conférence Internationale sur la Région des Grands Lacs ;

Profondément préoccupés par les conflits récurrents et l'insécurité persistante à l'intérieur des Etats et entre les Etats dans la Région des Grands Lacs, tout en reconnaissant les efforts et initiatives entrepris aux niveaux national, régional et international pour résoudre ces conflits et promouvoir la sécurité ;

Réaffirmant notre engagement, souscrit dans la Déclaration sur la Paix, la Sécurité, la Démocratie et le Développement dans la Région des Grands Lacs, adoptée le 20 Novembre 2004 à Dar-es-Salaam (République Unie de Tanzanie), de faire de cette région « ...un espace de paix et de sécurité durable, et ce pour les Etats et les peuples, de stabilité politique et sociale, de croissance et de développement partagés » ;

Rappelant la Déclaration solennelle de l'Union Africaine sur la politique africaine commune en matière de défense et de sécurité de 2004 qui encourage « la conclusion et la ratification de Pactes de non-agression entre Etats africains, et l'harmonisation de tels Pactes », y compris le Pacte de non-agression de la Communauté Economique et Monétaire de l'Afrique Centrale (CEMAC) ;

Rappelant le Pacte de non-agression et de Défense commune de l'Union Africaine, adopté par le Sommet de l'Union Africaine à Abuja le 31 Janvier 2005 ;

Tenant compte des dispositions de la résolution 1325 du Conseil de sécurité relative à la protection des femmes et des enfants au cours des conflits armés ainsi qu'à la représentation équitable des femmes dans la prise de décisions visant à mettre un terme à ces conflits ;

Réaffirmant que l'obligation de non-ingérence dans les affaires intérieures de tout Etat et celle de s'abstenir dans les relations internationales de toute forme de coercition militaire, politique, économique ou autre, dirigée contre la souveraineté, l'indépendance politique ou l'intégrité territoriale de tout Etat, conformément au droit international, constituent des conditions essentielles pour assurer la paix, la sécurité, la stabilité et le développement dans la Région des Grands Lacs ;

Conscients de la responsabilité qu'ont les Etats de protéger leurs populations contre le génocide, les crimes de guerre, le nettoyage ethnique et les crimes contre l'humanité, ainsi que contre les violations graves des droits de l'homme dans la Région des Grands Lacs ;

Réaffirmant l'obligation stricte de chaque Etat de ne pas permettre que son territoire serve de base pour la subversion ou l'agression contre d'autres Etats ;

Réaffirmant en outre le devoir de tous les Etats de régler leurs différends internationaux par des moyens pacifiques conformément au droit international ;

Convenons de ce qui suit :

Article 1 : Définitions

Aux fins du présent Protocole, sauf indication contraire du contexte, on entend par :

1. Actes de subversion : tout acte qui incite, aggrave ou crée des dissensions au sein des Etats membres ou entre les Etats membres, avec l'intension ou l'objectif de déstabiliser ou renverser le régime ou l'ordre politique en place, notamment, en exacerbant les différences d'ordre racial, religieux, linguistique, ethnique et autres, et ce en violation de l'Acte Constitutif de l'Union Africaine, du Pacte de non-agression et de défense commune de l'Union Africaine ou de la Charte des Nations Unies ;

2. Agression : l'emploi, intentionnel et en connaissance de cause, de la force armée ou de tout acte hostile visée aux alinéas g à k du paragraphe 3 de l'article premier par un Etat, un groupe d'Etats, une organisation d'Etats ou un groupe armé ou toute entité étrangère ou extérieure, contre la

souveraineté, l'indépendance politique, l'intégrité territoriale et la sécurité humaine de la population d'un Etat membre, d'une manière incompatible avec l'Acte Constitutif de l'Union Africaine, le Pacte de non-agression et de défense commune de l'Union Africaine ou la Charte des Nations Unies ;

3. Les actes suivants constituent des actes d'agression, indépendamment d'une déclaration de guerre par un Etat, un groupe d'Etats, une organisation d'Etats, des groupes armés ou toute entité étrangère :

a. l'emploi des forces armées contre la souveraineté, l'intégrité territoriale et l'indépendance politique d'un Etat, ou tout autre acte incompatible avec les dispositions de l'Acte Constitutif de l'Union Africaine, du Pacte de non-agression et de défense commune de l'Union Africaine ou de la Charte des Nations Unies ;
b. l'invasion ou l'attaque du territoire d'un Etat membre par des forces armées, ou toute occupation militaire, même temporaire, résultant d'une telle invasion ou d'une telle attaque, ou toute annexion par l'emploi de la force du territoire ou d'une partie du territoire d'un Etat membre ;
c. le bombardement du territoire d'un Etat membre ou l'emploi de toutes armes contre le territoire d'un Etat membre ;
d. le blocus par les forces armées d'un Etat contre les forces militaires terrestres, navales ou aériennes ou la marine ou l'aviation civiles d'un Etat membre ;
e. l'attaque par les forces armées d'un Etat contre les forces militaires terrestres, navales ou aériennes ou la marine ou l'aviation civiles d'un Etat membre ;
f. l'utilisation des forces armées d'un Etat membre, qui sont stationnées sur le territoire d'un autre Etat membre avec l'accord de ce dernier, contrairement aux conditions prévues dans le Pacte de non-agression et de défense commune de l'Union Africaine ;
g. le fait pour un Etat membre d'autoriser l'utilisation de son territoire par un autre Etat membre pour perpétrer un acte d'agression contre un Etat tiers ;
h. l'envoi par un Etat membre ou en son nom de groupes armés, de mercenaires ou d'autres groupes criminels transnationaux organisés, ou tout soutien à ces groupes, qui pourraient perpétrer des actions hostiles contre un Etat membre, d'une gravité telle qu'ils équivalent aux actes énumérés ci-dessus, ou le fait de s'engager de manière substantielle dans de tels actes ;
i. les actes d'espionnage qui pourraient être utilisés, contrairement au paragraphe 4 de l'article 7, pour une agression militaire contre un Etat membre ;
j. l'assistance technologique de toute nature, les renseignements ou la formation au profit d'un autre Etat, contrairement au paragraphe 4

de l'article 7, pour utilisation aux fins de commettre des actes d'agression contre un autre Etat membre ; et

k. l'encouragement, le soutien, l'acceptation ou la fourniture de toute assistance aux fins de commettre des actes de terrorisme et autres crimes transnationaux violents organisés contre un Etat membre ;

4. Groupes armés : groupes armés qui n'appartiennent pas aux forces de défense et de sécurité des Etats membres ou n'y sont pas officiellement incorporés ;

5. Zones désignées de sécurité frontalière : les zones communes frontalières suivantes :

a. Zone 1, comprenant l'Est de la République Démocratique du Congo, l'Ouest de l'Ouganda et l'Ouest du Rwanda ;
b. Zone 2, comprenant le Nord de la République Unie de Tanzanie, le Sud de l'Ouganda et le Sud-ouest du Kenya ;
c. Zone 3, comprenant le Nord-est de l'Ouganda, le Nord-Ouest du Kenya et le Sud est du Soudan ;
d. Zone 4, comprenant le Nord-ouest de l'Ouganda, le Nord-est de la République Démocratique du Congo et le Sud-ouest du Soudan dans le triangle frontalier de l'Ouest du Nil ;
e. Zone 5, comprenant le Nord de la République Démocratique du Congo, le Sud-ouest du Soudan et le Sud-est de la République Centrafricaine ;
f. Zone 6, comprenant le Nord-ouest de la République Démocratique du Congo, le Nord-est de la République du Congo et le Sud-ouest de la République Centrafricaine ;
g. Zone 7, comprenant le Nord-ouest de l'Angola, l'Ouest de la République Démocratique du Congo et l'Est de l'Angola ;
h. Zone 8, comprenant le Nord-Ouest de la Zambie, le Sud de la République Démocratique du Congo et l'Est de l'Angola ;
i. Zone 9, comprenant, l'Ouest de la République Unie de Tanzanie, le Sud du Burundi, le Nord de la Zambie et le Sud-est de la République Démocratique du Congo ;
j. Zone 10, comprenant l'Est de la République Démocratique du Congo, l'Ouest du Burundi et l'Ouest du Rwanda ;
k. Zone 11, comprenant le Nord-ouest de la République Unie de Tanzanie, le Sud-ouest de l'Ouganda et l'Est du Rwanda ; et
l. Zone 12, comprenant le Nord-ouest de la République Unie de Tanzanie, le Sud-est du Rwanda et le Nord-est du Burundi.

Article 2 : Objectifs

Les objectifs du présent Protocole sont les suivants :

1. Résoudre et prévenir les conflits armés internes et interétatiques, les activités subversives et servir de cadre juridique permettant d'éradiquer l'insécurité persistante de quelque nature qu'elle soit, régnant dans et entre les Etats membres ;

2. Eliminer les menaces qui pèsent sur la paix, la sécurité, la stabilité et le développement durable dans la Région des Grands Lacs par le biais de la sécurité collective ;

3. Assurer le respect de la souveraineté et de la sécurité des Etats, de l'inviolabilité de leurs frontières et de leur intégrité territoriale ;

4. Sauvegarder les droits de l'homme et des peuples, l'égalité entre les sexes, l'Etat de droit, la démocratie et le développement durable dans la Région des Grands Lacs ;

5. Veiller à ce que les différends entre les Etats membres ainsi qu'entre les Etats membres et les groupes armés soient résolus pacifiquement ;

6. Veiller à interdire à tout Etat membre de permettre l'utilisation de son territoire en tant que base pour l'agression ou la subversion perpétrée contre un autre Etat membre.

Article 3 : Renonciation à la menace ou à l'emploi de la force par les Etats membres

1. Les Etats membres conviennent de renoncer à tout recours à la menace ou à l'emploi de la force comme politique, moyen ou instrument visant à régler tout différend ou litige ou à atteindre des objectifs nationaux.

2. Cette renonciation est sans effet sur la responsabilité principale qu'ont les Etats membres de préserver l'intégrité de leur souveraineté et de protéger la vie et les droits de l'homme de toutes les personnes et de tous les peuples, y compris les femmes et les enfants, résidant sur leurs territoires ;

3. Les Etats membres assument la responsabilité principale de ne pas permettre l'utilisation de leurs territoires en tant que base pour toute forme d'agression ou de subversion dirigée contre un autre Etat membre.

4. Les Etats membres s'engagent à considérer comme un acte criminel tout acte d'agression ou de subversion contre un quelconque des Etats membres, perpétré par des individus ou des groupes opérant à partir de leurs territoires respectifs.

Article 4 : Interdiction du recours à la menace ou l'emploi de la force par les Etats membres.

1. Les Etats membres s'engagent à s'abstenir, dans leurs relations internationales, de recourir à la menace ou à l'emploi de la force, soit contre l'intégrité territoriale ou l'indépendance politique de tout Etat, soit de toute

autre manière incompatible avec la Charte des Nations Unies, l'Acte Constitutif de l'Union Africaine, les résolutions pertinentes du Conseil de sécurité des Nations Unies et du Conseil de Paix et de Sécurité de l'Union Africaine.

2. Les Etats membres conviennent d'observer strictement leur devoir de non-ingérence dans les affaires qui sont de la compétence nationale d'un autre Etat, conformément au droit international, à la Charte des Nations Unies et à l'Acte Constitutif de l'Union Africaine.

3. Le fait pour un Etat membre d'envoyer ses forces armées ou des groupes armés ou insurgés au-delà des frontières d'un autre Etat, sans l'accord de cet Etat, constitue une violation de l'interdiction du recours à la menace ou à l'emploi de la force et du devoir de non-intervention dans des questions qui sont du ressort de la compétence nationale d'un Etat.

4. Le fait pour un Etat membre d'héberger sur son territoire des groupes armés ou insurgés participants à des conflits armés ou à des actes de violence ou de subversion contre le gouvernement d'un autre Etat constitue une violation de l'interdiction du recours à la menace ou à l'emploi de la force et du devoir de non-intervention dans des questions qui relèvent de la compétence nationale dudit Etat.

5. Le fait pour un Etat membre d'apporter une assistance directe ou indirecte quelle qu'elle soit, à des groupes armés participants à des conflits armés ou à des actes de violence et/ou cherchant à provoquer le renversement inconstitutionnel du gouvernement d'un autre Etat, constitue une violation de l'interdiction du recours à la menace ou l'emploi de la force et du devoir de non-intervention dans des questions relevant de la compétence nationale d'un Etat.

6. Les Etats membres s'engagent à s'abstenir d'actes de représailles impliquant le recours à la menace ou à l'emploi de la force contre d'autres Etats.

7. Les Etats membres conviennent qu'une violation des obligations énoncées dans les dispositions du présent article engage la responsabilité de l'Etat au titre de cette violation.

8. Les Etats membres conviennent que les dispositions du présent article et de l'article 5 du présent Protocole n'entravent pas l'exercice de leur responsabilité de protéger les populations contre le génocide, les crimes de guerre, le nettoyage ethnique, les crimes contre l'humanité et les violations graves des droits de l'homme commis par un Etat ou sur le territoire d'un Etat. La décision des Etats membres d'exercer leur responsabilité de protéger des populations en application de la présente disposition est prise

collectivement et est dûment notifiée au Conseil de Paix et de Sécurité de l'Union Africaine et au Conseil de sécurité des Nations Unies.

Article 5 : Non-agression

1. Les Etats membres ont le devoir de s'abstenir d'actes et de menaces d'agression tels qu'ils sont définis aux paragraphes 2 et 3 de l'article premier du présent Protocole, ainsi que de toute propagande portant sur de tels actes et menaces.

2. Tout emploi ou menace d'emploi de la force contre la souveraineté, l'intégrité territoriale et l'indépendance politique d'un Etat contrairement à l'article 4 ou de quelque autre manière non-autorisée par la Charte des Nations Unies et l'Acte Constitutif de l'Union Africaine, est assimilé à un acte d'agression.

3. Un acte d'agression est punissable individuellement en tant que crime international contre la paix ainsi qu'il ressort des instruments juridiques régionaux et internationaux qui définissent ce crime.

4. Les Etats membres répondent aux actes d'agression perpétrés par des groupes armés à l'encontre de l'un quelconque d'entre eux, en tenant compte des dispositions des articles 6 et 8 du présent Protocole.

Article 6 : Défense mutuelle

1. Les Etats membres conservent le droit naturel de légitime défense, individuelle ou collective, en cas d'agression armée conformément à l'article 51 de la Charte des Nations Unies.

2. L'Etat membre qui a recours à la légitime défense constate que son territoire a fait l'objet d'une agression armée et en informe les autres Etats membres, le Conseil de Paix et de Sécurité de l'Union Africaine et le Conseil de Sécurité des Nations Unies.

3. Les Etats membres conviennent que toute agression armée contre un ou plusieurs d'entre eux sera considérée comme une agression contre eux tous et ils conviennent par conséquent que, le cas échéant, chacun d'eux, dans l'exercice du droit de la légitime défense individuelle ou collective, assistera l'Etat ou les Etats ainsi agressés en prenant sur-le-champ, individuellement ou de concert avec les autres Etats membres, les mesures qui lui paraissent nécessaires, y compris l'emploi de la force armée pour rétablir et maintenir la paix, la sécurité, la stabilité et le développement dans la Région des Grands Lacs.

4. Les Etats membres conviennent de renforcer leurs capacités conjointes afin de se prêter assistance et de se défendre mutuellement pour leur permettre de riposter collectivement et efficacement aux agressions armées

contre un ou plusieurs d'entre eux en utilisant leurs structures de commandement de la force africaine d'intervention.

5. Les Etats membres favorisent et renforcent leur défense mutuelle en instaurant un climat de confiance et de bonne foi entre eux et leurs peuples par l'élaboration de politiques, mesures et mécanismes visant à renforcer les relations de bon voisinage et la coopération multisectorielle.

Article 7 : Responsabilité régionale pour la gestion de la sécurité aux frontières communes

1. Les Etats membres s'engagent à assumer la responsabilité régionale de la gestion de la sécurité de leurs frontières communes dans le cadre des stratégies de gestion de proximité des questions transfrontières, avec la participation active des populations ou communautés vivant à cheval sur les zones frontalières, conformément à l'article 23 de la Déclaration de Dar-es-Salaam sur la Paix, la Sécurité, la Démocratie et le Développement dans la Région des Grands Lacs.

2. Les Etats membres conviennent que les conventions ou instruments bilatéraux existants sur la sécurité aux frontières font partie du présent Protocole.

3. Les Etats membres conviennent que la gestion de la sécurité aux frontières est entreprise sur la base d'une responsabilité conjointe et de la mise en commun des moyens dans chacune des zones désignées de sécurité frontalière.

4. Les Etats membres s'engagent notamment à mettre en commun leurs moyens de renseignement, leurs ressources, leurs capacités et leurs compétences afin de sécuriser leurs frontières communes de manière efficace et rationnelle dans toutes les zones désignées de sécurité frontalière dans un esprit de bonne foi, de coopération, de respect mutuel, de confiance et de bon voisinage.

5. Les Etats membres conviennent de créer des patrouilles de sécurité frontalière le long de leurs zones frontalières communes.

6. Les Etats membres conviennent que les principes suivants régissent le maintien de la sécurité aux frontières dans toutes les zones :

a. Le caractère intangible des frontières existant au moment des indépendances ;
b. Le devoir des Etats voisins de délimiter et démarquer les frontières existantes dans le strict respect des frontières territoriales existant au moment de l'indépendance ;

c. Le rôle des frontières dans l'établissement des limites externes de la souveraineté, de l'autorité, de la compétence et des attributions des Etats voisins ;
d. Le devoir de respecter et de maintenir l'inviolabilité des frontières en veillant à ce que les forces armées et les groupes armés ne franchissent pas les frontières d'un Etat membre sans que l'Etat voisin concerné en soit avisé et donne son consentement ;
e. Le devoir de s'abstenir, sous réserve du droit de légitime défense individuelle ou collective, de recourir à la menace ou à l'emploi de la force en violation des frontières internationales existantes d'un autre Etat pour résoudre tout différend, notamment tout litige territorial et incident de frontière.

7. Les Etats membres conviennent de créer des mécanismes communs de contrôle, de surveillance et de gestion des frontières communes, telles que des commissions mixtes des frontières.

Article 8 : Mesures contre les groupes armés

1. Par le présent Protocole, les Etats membres dénoncent tous les groupes armés sévissant dans la région des Grands Lacs et renoncent à toute association avec de tels groupes et conviennent de combattre fermement toutes les activités perpétrées par de tels groupes.

2. Les Etats membres garantissent d'interdire aux groupes armés d'utiliser leurs territoires comme base pour mener des attaques armées, commettre des actes d'agression ou de subversion contre la souveraineté, la sécurité, l'intégrité territoriale et l'indépendance politique de n'importe quel Etat membre.

3. Les Etats membres s'engagent à n'apporter aucune assistance, directe ou indirecte, active ou passive, aux groupes armés agissant à l'encontre de tout Etat membre.

4. Les Etats membres s'engagent à appréhender et désarmer, loin de leurs frontières communes, les membres des groupes armés qui utilisent ou tentent d'utiliser leurs territoires pour préparer ou organiser des attaques armés et/ou pour mener des activités subversives contre d'autres Etats.

5. Les Etats membres s'engagent à interpréter et désarmer les membres des groupes armés en fuite à travers leurs frontières communes, sans préjudice des obligations relatives à la protection des réfugiés et la libre circulation des personnes dans la Région des Grands Lacs.

6. Tout Etat membre dont les forces armées poursuivent des groupes armés en informe par notification les Etats membres vers les territoires desquels ces groupes sont en fuite, et demande à ces Etats de les intercepter, de les appréhender et de les désarmer.

7. Tout Etat membre qui ne peut ou ne veut pas intercepter des groupes armés en fuite ou agissant sur son territoire sera encouragé à conclure des accords bilatéraux déterminant les conditions dans lesquelles les forces armées d'un autre Etat membre peuvent se lancer à la poursuite desdits groupes armés à condition que ces accords soient conformes aux objectifs du présent Protocole.

8. Les Etats membres veillent à ce que tous les membres d'un groupe armé qui recourt à la menace ou à l'emploi de la force comme politique pour atteindre ses objectifs comme moyen pour résoudre ses différends avec un Etat membre, soient tenus pénalement responsables individuellement et collectivement des actes ou omissions dudit groupe armé.

9. Les Etats membres conviennent de s'accorder une assistance mutuelle en matière de poursuites judiciaires à l'encontre des groupes armés dans toute la Région des Grands Lacs.

10. Aucune disposition du présent article ne porte atteinte au droit de légitime défense individuelle ou collective en cas d'attaque armée ou en cas d'échec, après notification ou demande, d'intercepter et de désarmer les membres d'un groupe armé poursuivis par les forces de défense et de sécurité d'un Etat membre.

11. Les Etats membres conviennent que le non-respect par l'un d'entre eux, des obligations visées aux alinéas 1 à 6 du présent article constitue une violation grave du présent Protocole et une menace à la paix et à la sécurité régionales, pour lesquelles cet Etat membre est tenu responsable par les autres Etats membres ou doit en répondre devant le Sommet de la Conférence.

Article 9 : Armes légères et de petit calibre

1. Les Etats membres conviennent que la prolifération illicite des armes légères et de petit calibre, y compris les mines anti-personnel, constitue une menace à la paix, à la sécurité et à la stabilité dans la Région des Grands Lacs et d'engagent à promouvoir des politiques et stratégies communes visant à mettre un terme à cette prolifération conformément aux accords internationaux en vigueur.

Article 10 : Dispositions finales

1. Ce protocole fait partie intégrante du Pacte et ne doit pas être sujet à une signature et à une ratification séparées par les Etats membres.

2. A l'égard de tout Etat membre qui a ratifié le Pacte, conformément aux termes de l'article 30 dudit Pacte, ce Protocole entre en vigueur automatiquement, au même moment que le Pacte, conformément à l'article 33 dudit Pacte.

3. Aucune disposition de ce Protocole ne sera interprétée comme contraire à celles du Pacte, de l'Acte Constitutif de l'Union Africaine et de la Charte des Nations Unies.

En foi de quoi, Nous Chefs d'Etat et de Gouvernement des pays membre de la Conférence Internationale sur la Région des Grands Lacs, avons signé solennellement la présente Déclaration en cinq exemplaires originaux, en anglais, français, arabe, portugais, et kiswahili, les cinq exemplaires faisant également foi.

Fait à Nairobi, au Kenya, le 15 décembre 2006.

2 : Protocole sur la démocratie et la bonne gouvernance

Préambule

Nous, Chefs d'Etat et de Gouvernement des Etats membres de la Conférence Internationale sur la Région des Grands Lacs ;

Réaffirmant la Déclaration de Dar-es-Salaam sur la Paix, la Sécurité, la Démocratie et le Développement dans la Région des Grands Lacs adoptée et signée à Dar-es-Salaam (République unie de Tanzanie) le 20 novembre 2004 ;

Rappelant que la Déclaration de Dar-es-Salaam jette les bases d'une paix et d'une stabilité durables ;

Affirmant que, conformément à l'Acte constitutif de l'Union Africaine, le fléau des conflits en Afrique constitue un obstacle majeur au développement socio-économique du continent et qu'il s'avère nécessaire de promouvoir la paix, la sécurité et la stabilité, conditions préalables à la mise en œuvre des programmes de développement et d'intégration ;

Conscients du fait que les déficits accumulés en matière de gouvernance et la faillite des processus de démocratisation constituent les principaux facteurs à l'origine des conflits dans la Région des Grands Lacs ;

Considérant que le respect des droits de l'homme garantit le maintien de la paix et de la sécurité dans la région des Grands Lacs ;

Rappelant que la Déclaration Universelle des droits de l'homme d'une part, la Charte Africaine des Droits de l'Homme et des Peuples d'autre part, proclament le droit de chacun de se prévaloir de tous les droits et de toutes les libertés consacrés, sans distinction aucune, notamment de race, de couleur, de sexe, de langue, de religion, d'opinion politique ou de toute autre opinion, d'origine nationale, sociale, de fortune, de naissance ou de toute autre situation ;

Considérant l'engagement solennel contenu dans la Déclaration de Dar-es-Salaam à construire une Région des Grands Lacs ouverte à d'autres régions du continent en établissant la coopération autour des axes prioritaires que sont : la paix et la sécurité, la démocratie et la bonne gouvernance, le développement économique et l'intégration régionale, les questions humanitaires et sociales ;

Réaffirmant l'engagement pris dans la Déclaration de Dar-es-Salaam de respecter la démocratie et la bonne gouvernance, ainsi que les principes fondamentaux inscrits dans la Charte des Nations Unies et dans l'Acte Constitutif de l'Union Africaine, notamment l'intégrité territoriale, la souveraineté, la non-ingérence et la non-agression, l'interdiction à tout Etat partie d'autoriser l'usage de son territoire par des groupes armés comme base d'agression et de subversion contre un autre Etat membre, ainsi que la nécessité d'une volonté politique effective et durable de rechercher ensemble des solutions pacifiques et en particulier d'honorer les engagements des Etats membres dans un esprit de confiance mutuelle ;

Réaffirmant le principe de l'égalité entre les hommes et les femmes tel que consacré par la Charte des Nations Unies, la Convention sur l'élimination de toutes les formes de discrimination à l'égard des femmes, Plate-forme d'Action et la Déclaration de Beijing, les Objectifs du millénaire pour le développement, l'Acte constitutif de l'Union Africaine (UA), le Nouveau Partenariat pour le Développement de l'Afrique (NEPAD), le Protocole à la Charte africaine des droits de l'homme et des peuples relatif aux droits de la femme, la Déclaration solennelle de l'Union Africaine sur l'égalité entre les hommes et les femmes en Afrique qui soulignent l'engagement des Etats africains à assurer la pleine participation des femmes africaines au développement de l'Afrique comme des partenaires égaux ;

Rappelant la Déclaration de Dar-es-Salaam qui reconnait que la discrimination à l'égard des femmes à tous les niveaux de prise de décision, dans les domaines de la paix et de la sécurité, de la démocratie et de la gouvernance politique, économique et sociale, exige un redressement volontariste, immédiat et durable ;

Rappelant les résolutions 2000/64 et 2001/72 de la Commission des Droits de l'Homme, réaffirmant que la bonne gouvernance exige le respect des principes de transparence, de responsabilité, de l'obligation de rendre compte, de participation ;

Résolus à consolider les institutions et la culture démocratique, à promouvoir la bonne gouvernance et l'état de droit, à promouvoir et à protéger les droits de l'homme et des peuples ;

Convenons de ce qui suit :

Chapitre I : Dispositions générales

Article 1 : Définitions

Aux fins du présent Protocole, sauf lorsque le contexte en décide autrement, on entend par :

a) Charte Africaine des Droits et du Bien-être de l'Enfant : la Charte relative à la promotion et à la protection des droits et du bien-être de l'enfant adoptée par les Chefs d'Etat et de Gouvernement de l'Organisation de l'Unité Africaine le 11 juin 1990 ;

b) Convention relative aux droits de l'enfant : la Convention relative à la promotion et à la protection des droits de l'enfant adoptée par l'Assemblée Générale des Nations Unies le 20 novembre 1989

c) La Convention sur l'élimination des discriminations à l'égard des femmes : la Convention sur l'élimination de toutes les formes de discrimination à l'égard des femmes adoptée par l'Assemblée Générale des Nations Unies, le 18 décembre 1979 ;

d) Conventions de Genève : les 4 Conventions qui règlementent la conduite des conflits armés adoptées le 12 août 1949 par la Conférence diplomatique et les Protocoles additionnels à la Convention de Genève adoptés le 8 juin 1977 ;

e) Déclaration solennelle : la déclaration solennelle sur l'égalité entre les hommes et les femmes instituant la parité en Afrique, adoptée par les Chefs d'Etat et de Gouvernement de l'Union Africaine le 8 juillet 2004 ;

f) Discrimination : toute distinction, exclusion, restriction ou préférence fondée sur la race, le sexe,, la langue, la religion, la couleur, l'ascendance ou l'origine nationale ou ethnique, qui a pour but ou pour effet de détruire ou compromettre la reconnaissance, la jouissance ou l'exercice, dans des conditions d'égalité, des droits de l'homme et des libertés fondamentales dans les domaines politique, économique, social, et culturel ou dans tout autre domaine de la vie ;

g) Pays membre : le pays membre de la Conférence Internationale sur la région des Grands Lacs qui aura ratifié ce Protocole ou qui y aura adhéré ;

h) OIT : l'Organisation Internationale du Travail ;

i) Déclaration et Plate-forme d'Action de Beijing : la Déclaration et la plate-forme d'action adoptées au quatrième sommet mondial sur les femmes organisé par les Nations Unies en septembre 1995 ;

j) Protocole relatif aux droits de la femme en Afrique : le Protocole relatif aux droits de la femme en Afrique adopté le 11 juillet 2003 par les Chefs d'Etat et de Gouvernement de l'Union africaine ;

i) Résolution 1325 : la Résolution sur l'implication des femmes dans les opérations de paix et de sécurité adoptée par le Conseil de sécurité des Nations-Unies, le 31 octobre 2000.

Chapitre II : Principes de convergence constitutionnelle

Article 2 : Les Etats membres au présent Protocole s'engagent à respecter les principes constitutionnels communs ci-après :

a) la séparation des pouvoirs exécutif, législatif et judiciaire ;

b) l'accession au pouvoir à travers des élections régulières, libres, honnêtes et transparentes ;

c) l'interdiction de tout changement anticonstitutionnel et de tout mode non démocratique d'accession ou de maintien au pouvoir ;

d) la participation populaire aux prises de décisions dans le strict respect des principes démocratiques ;

e) la décentralisation du pouvoir à tous les niveaux de gouvernement ;

f) la neutralité des forces de défense et de sécurité ;

g) laïcité de l'Etat et de ses institutions ;

h) la promotion de l'unité nationale de l'Etat et de ses institutions ;

i) l'élimination de toute discrimination ethnique, religieuse, raciale, sexiste ou régionale ;

j) la parité entre les hommes et les femmes y compris au moyen de politiques de discrimination positive ;

k) le pluralisme politique ;

l) la liberté d'association, réunion et/ou de manifestation pacifique ;

m) la liberté de presse et d'expression ;

h) la liberté de circulation impliquant en particulier l'interdiction de l'exil forcé ou le maintien en exil.

Chapitre III : Elections

Article 3 : Droit de vote

Les Etats membres doivent garantir à tout citoyen éligible le droit de voter et d'être élu sans discrimination.

Article 4 : Modification de la loi électorale

Aucune réforme substantielle de la loi électorale ne doit intervenir dans les six (6) mois précédant les élections, sans le consentement de la majorité des acteurs politiques et sociaux.

Article 5 : Date des élections

Les élections à tous les niveaux doivent se dérouler aux dates ou période fixées par la constitution ou les lois électorales et suffisamment à temps pour que l'ensemble du processus électoral y compris le règlement du contentieux électoral soit épuisé avant la fin du mandat en cours des élus concernés.

Article 6 : Vote des femmes

Les Etats membres doivent prendre toutes les mesures appropriées pour garantir aux femmes, à égalité avec les hommes, le droit de voter et d'être élues lors des élections, de participer à la formulation et à la mise en œuvre des politiques gouvernementales et de remplir des fonctions publiques à tous les niveaux de prise de décision.

Article 7 : Indépendance des organes électoraux

1. Les organes chargés des élections doivent être indépendants et neutres. Chaque Etat membre doit organiser une concertation nationale appropriée pour déterminer la nature et la forme desdits organes.

2. Ces organes doivent, dans leur composition, refléter le principe de parité entre les hommes et les femmes.

Article 8 : Etat civil fiable

1. Chaque Etat membre doit s'assurer de l'établissement d'un système d'état civil fiable et stable.

2. Les Etats membres s'engagent à coopérer dans ce domaine par des échanges d'expérience et au besoin par une assistance technique.

Article 9 : Etablissement des listes électorales

Les organes électoraux doivent établir les listes électorales de manière transparente et crédible. Les parties prenantes peuvent les consulter autant que de besoin.

Article 10 : Transparence

L'organisation, le déroulement des élections et la proclamation des résultats s'effectueront de manière transparente.

Article 11 : Résolution du contentieux électoral

Il doit être institué un mécanisme crédible de résolution du contentieux électoral relatif au financement, à l'organisation, au déroulement des élections et à la proclamation des résultats.

Article 12 : Rôle de la Conférence

A la demande de tout Etat membre, la Conférence peut apporter aide et assistance à l'organisation et au déroulement de toute élection dans le pays concerné ;

De même, la Conférence peut envoyer dans le pays concerné une mission d'observation des élections.

Article 14 : Missions d'observation

1. La Conférence désigne le Chef et les membres de la mission d'observation qui doivent être des personnalités indépendantes et de nationalité autre que celle de l'Etat dans lequel se déroulent les élections.

2. Les missions d'observation doivent, dans leur composition, respecter le principe de la parité entre les hommes et les femmes.

Article 15 : Durée de la mission

1. La mission d'observation doit arriver dans le pays membre concerné au plus tard soixante-douze (72) heures avant la date de déroulement des élections.

2. La mission doit couvrir toute la période de déroulement des élections jusqu'à la proclamation des résultats.

Article 16 : Obligations de réserve et de neutralité

1. Les membres de la mission sont tenus à une obligation réserve et de neutralité et doivent s'abstenir de toute déclaration individuelle.

2. Toute déclaration est collective. Elle est faite au nom de la mission par le Chef de mission ou un porte-parole désigné à cet effet.

Article 17 : Rapport de la mission d'observation

1. La mission d'observation rend aussitôt compte au Comité régional interministériel

2. Ledit rapport doit obligatoirement comporter :

a) Les faits constatés par la mission ;
b) Les témoignages recueillis ;
c) L'appréciation sur le déroulement du vote par rapport aux lois nationales s'appliquant aux élections et aux principes universellement admis en matière électorale ;
d) Les recommandations aux fins d'amélioration des élections à venir et des missions d'observation.

Article 18 : Rédaction du rapport de mission

1. En vue de la rédaction de ce rapport, les membres de la mission tiennent obligatoirement une réunion de concertation si possible avant de quitter le pays d'accueil.

2. Tout membre de la mission ne pouvant prendre part à ladite réunion, remet un rapport écrit au chef de mission si possible avant de quitter le pays.

3. Le rapport de la mission d'observation doit être signé par tous les membres de la mission et soumis au Président en exercice par le Chef de mission dans un délai de quinze (15) jours au plus tard à compter de la date de la fin de la mission.

Article 19 : Transmission du rapport

Le rapport est transmis par le Président en exercice du Comité régional interministériel au Sommet des Chefs d'Etat et de Gouvernement qui décident des observations à faire à l'Etat membre concerné et des mesures à prendre, le cas échéant.

CHAPITRE IV : Rôle des forces de défense et de sécurité dans un Etat démocratique

Article 20 : Missions des forces de défense et de sécurité

1. Les forces de défense et de sécurité sont républicaines, elles sont au service du Pays membre auquel elles appartiennent.

2. Leur mission est de défendre l'indépendance, l'intégrité du territoire, de l'Etat et ses institutions démocratiques. Les forces armées peuvent être employées à des tâches de développement national.

3. Les forces de sécurité publique ont pour mission de veiller au respect de la loi, d'assurer le maintien de l'ordre et la protection des personnes et des biens.

Article 21 : Apolitisme et professionnalisme des forces de défense et de sécurité

1. Les forces de défense et de sécurité sont apolitiques et sont soumises aux autorités civiles régulièrement établies.

2. Les autorités civiles doivent respecter la neutralité des forces de défense et de sécurité. Toute activité ou propagande politique est interdite au sein des forces de défense et de sécurité.

Article 22 : Droits du personnel

Le personnel des forces de défense et de sécurité bénéficie de tous les droits reconnus aux citoyens par la constitution sous les réserves édictées par son statut spécial.

Article 23 : Usage de la force

1. L'usage de tout type d'armes pour dispersion de réunions ou de manifestations non violentes est interdit.

2. En cas de manifestation violente, le recours à l'usage de la force minimale et/ou proportionnée est uniquement autorisé pour le maintien de l'ordre public et de la sécurité.

Article 24 : Interdiction de la torture et de l'arbitraire

1. La torture et tous les autres traitements cruels, inhumains et dégradants sont absolument interdits.

2. Les forces de sécurité publique, lors des enquêtes de police, doivent s'interdire d'inquiéter ou d'arrêter arbitrairement un parent ou allié de la personne mise en cause.

Article 25 : Education civique des personnels

1. Les personnels des forces de défense et de sécurité doivent recevoir dans le cadre de leur formation, une éducation aux valeurs constitutionnelles de leur pays, aux droits de l'homme, au droit international humanitaire et aux principes de la démocratie.

2. A cet égard, des séminaires et des rencontres périodiques seront organisés entre les éléments de ces forces et les autres secteurs de la société.

3. De même, des formations communes seront organisées entre armées des Etats parties et entre les polices et les sociétés civiles.

CHAPITRE V : Lutte contre la pauvreté et promotion du dialogue social

Article 26 : Position des Etats parties

Les Etats membres reconnaissent que la lutte contre la pauvreté et la promotion du dialogue social sont des facteurs essentiels de paix et de stabilité dans la région.

Article 27 : Lutte contre la pauvreté

1. Les Etats membres s'engagent à lutter efficacement contre la pauvreté dans leurs pays respectifs, en vue de son éradication.

2. Les Etats membres s'engagent à cet égard à satisfaire les besoins et assurer les services essentiels de leurs populations notamment en :

a) Mettant en place les instruments juridiques et politiques nécessaires à la promotion de l'emploi et au développement prioritaire des secteurs sociaux ;

b) Assurant une répartition équitable des ressources et des revenus visant à renforcer la cohésion, la solidarité et la stabilité nationales ;
c) Favorisant l'intégration des activités économiques, financières et bancaires par l'harmonisation des législations commerciales et financières ;
d) Créant un environnement propice à l'investissement privé et au développement d'un secteur privé dynamique et compétitif ;
e) Mettant en place des cadres juridiques et des politiques d'investissement nécessaires pour la promotion du commerce intra-régional et international et des investissements ;
f) Mettant en place des mécanismes de promotion et de protection de la démocratie et d'intégration pour la participation des femmes dans les aspects cités ci-haut ;
g) Assurant la stabilité macro-économique pour la promotion de la croissance économique afin de lutter contre la pauvreté ;
h) Mettant en place des stratégies de réduction de la pauvreté qui constituent le cadre de partenariat ;
i) Assurant l'obligation de transparence et de rendre compte à tous les niveaux.

Article 28 : Promotion du dialogue social

1. Les Etats membres doivent promouvoir le dialogue social à travers tous les secteurs de la société ;

2. A cet égard, les organisations de la société civile, de femmes, de jeunes, de personnes vivant avec un handicap, de syndicats et d'employeurs ainsi que les chambres de commerce et autres organisations connexes doivent être encouragées et renforcées au niveau de chaque Etat membre.

3. Chaque Etat membre s'engage à mettre sur pied un environnement propice pour un dialogue régulier entre et parmi les syndicats des travailleurs, des employeurs, les Chambres de commerce et les autres organisations concertées de la société civile, les associations des femmes et les autorités gouvernementales.

4. Les Etats membres s'engagent à encourager le dialogue entre et parmi les différentes composantes du secteur informel en vue de leur permettre de s'organiser de façon à contribuer au développement de l'économie nationale.

Article 29 : Décentralisation et participation populaire

Les Etats membres s'engagent à adopter et à mettre en œuvre des politiques de décentralisation et régionalisation en vue d'une pleine participation des communautés locales, de la société civile et du secteur privé au processus d'élaboration et d'exécution des politiques et des programmes nationaux de développement économique et social.

Chapitre VI : Education, culture et religion

Article 30 : Reconnaissance du rôle de l'éducation, de la culture et de la religion

1. Les Etats membres reconnaissent que l'éducation, la culture et la religion sont des facteurs essentiels de paix, de stabilité et de développement dans chacun des Etats parties.

2. Les Etats membres s'engagent à promouvoir, respecter et protéger le droit à l'éducation, à la diversité culturelle et à la liberté de culte dans la Région des Grands Lacs.

Article 31 : Non discrimination en matière d'éducation

Les Etats membres d'engagent à formuler et à mettre en œuvre une politique de nature à promouvoir l'éducation à tous les niveaux et dans tous les secteurs de formation sans discrimination aucune fondée sur la race, la couleur, le sexe, la langue, la religion, l'opinion politique ou toute autre opinion, l'origine nationale ou sociale, la fortune, la naissance ou toute autre situation, une attention particulière devant être attachée à l'éducation de la jeune fille.

Article 32 : Discrimination positive

Les Etats membres s'engagent à mettre en place des politiques qui tiennent compte de la discrimination positive en vue de l'élimination des discriminations sociales, politiques, économiques, cultures, historiques, et autres, qui ont privé la femme du même traitement et des mêmes opportunités que l'homme.

Article 33 : Respect de la diversité culturelle

Les Etats membres reconnaissent l'existence de diverses communautés avec des cultures et langues différentes. A cette fin, les Etats membres s'engagent à respecter et à promouvoir cette diversité culturelle.

Article 34 : Tolérance religieuse

1. Les Etats membres s'engagent à prendre des mesures pour promouvoir la tolérance religieuse aux niveaux national et régional entre, d'une part, les représentants de chacune des religions, d'autre part, les différentes religions et les Etats membres.

Chapitre VII : Bonne gouvernance, Etat de droit et Droits de l'homme

Article 35 : Engagement des Etats

Les Etats membres s'engagent à promouvoir la bonne gouvernance, l'état de droit et les droits de l'homme qui sont les fondements de la démocratie.

Article 36 : Bonne gouvernance

1. Les Etats membres reconnaissent que la bonne gouvernance est essentielle pour la sauvegarde de la justice sociale, la prévention des conflits, la sauvegarde de la stabilité politique et de la paix et le renforcement de la démocratie.

2. Les Etats membres s'engagent à renforcer la protection de l'environnement par le renforcement des capacités institutionnelles en gestion et bonne gouvernance de l'environnement, à coordonner les activités environnementales relatives aux établissements humains dans la région par la sensibilisation tant au niveau gouvernemental qu'au niveau de la société.

Article 37 : Etat de droit

Les Etats membres reconnaissent que l'état de droit suppose non seulement l'égalité devant la loi et l'égale protection de la loi, mais aussi un système judiciaire indépendant et une administration publique efficace et transparente.

Article 38 : Droits de l'homme

Les Etats membres reconnaissent que le respect des droits de l'homme est la meilleure garantie contre les atteintes à la paix, à la stabilité politique et au développement.

Article 39 : Institutions et mécanismes nationaux et régionaux de protection des droits de l'homme

Les Etats membres s'engagent à mettre en place des institutions et des mécanismes nationaux et régionaux de protection des droits de l'homme et à leur fournir un appui nécessaire pour leur permettre de s'acquitter de leurs obligations.

Article 40 : Système de médiation

1. Les Etats membres s'engagent à mettre en place un système régional de médiation en vue de favoriser l'accès à la justice, la résolution des conflits et la réconciliation.

2. Les Etats membres s'engagent à fournir l'appui nécessaire à son fonctionnement.

Article 41 : Développement des médias

Les Etats membres reconnaissent l'importance du rôle des organisations de la société civile dans un Etat démocratique.

Article 42 : Rôle de la société civile

1. Les Etats membres reconnaissent l'importance du rôle des organisations de la société civile dans un Etat démocratique.

2. Ils s'engagent à faciliter leur participation à la réalisation des objectifs du présent Protocole.

Article 43 : Lutte contre la corruption

1. Les Etats membres reconnaissent que la corruption est une infraction et constitue un obstacle majeur au développement, à la paix et à la stabilité de la région.

2. Les Etats membres s'engagent, à cet égard, à lutter contre la corruption, à gérer les ressources nationales dans la transparence avec l'obligation de rendre compte, et à en assurer une équitable répartition.

3. Les Etats membres s'engagent, en outre, à renforcer et/ou à créer des institutions anti-corruption indépendantes et suffisamment dotées de ressources et à adopter des politiques et des lois efficaces pour combattre la corruption au niveau national et régional.

4. A cet effet, les Etats membres s'engagent à coopérer pour garantir le retour des biens et des fonds détournés au préjudice d'un Etat membre.

5. A cette fin, les Etats membres doivent s'assurer la coopération de l'Union africaine et des autres organisations compétentes.

Chapitre VIII : Des femmes, des enfants, de la jeunesse

Article 44 : Protection des droits de la femme

1. Les Etats membres reconnaissent que l'épanouissement de la femme et la promotion de ses droits sont un gage de développement, de progrès et de paix dans la société.

2. Les Etats membres s'engagent en conséquence à mettre en place un mécanisme approprié et une politique régionale basée sur l'approche genre pour promouvoir les droits des femmes et éliminer toutes formes de pratiques préjudiciables, dégradantes et discriminatoires à leur encontre, conformément aux normes nationales, régionales et internationales en vigueur.

Article 45 : Protection des droits de l'enfant

1. Les Etats membres s'engagent à protéger les droits des enfants et à assurer leur bien-être, conformément à la Convention des Nations Unies relative aux droits de l'enfant et à la Charte Africaine des Droits et du Bien-être de l'Enfant.

2. Les Etats membres doivent, à cet effet, garantir l'accès à l'éducation de tous les enfants et mettre en place un mécanisme et une législation au niveau national et régional de prévention et de répression du trafic des enfants.

3. Les Etats membres s'engagent, en outre, à adopter les dispositions de l'Organisation Internationale du Travail (OIT) sur le travail des enfants et à prendre les mesures nécessaires pour prévenir et réprimer l'enrôlement des enfants de moins de quinze (15) ans dans l'armée et/ou leur participation directe et/ou indirecte aux conflits armés.

Article 46 : La jeunesse

Les Etats membres s'engagent à adopter des règles pour l'encadrement et la promotion de la participation de la jeunesse dans tous les domaines du développement :

1. Les Etats membres s'engagent d'autre part à harmoniser leurs législations respectives en matière de prévention et de prise en charge de la délinquance juvénile aux niveaux national et régional.

2. Les Etats membres s'engagent par ailleurs à mettre en place des politiques et des législations pour s'assurer de l'autonomie et de l'emploi de la jeunesse, de la protection de ses droits et de sa participation aux processus politiques.

Chapitre IX : Droits des groupes vulnérables

Article 47 : Promotion et protection

Les Etats membres reconnaissent qu'étant donné les inégalités historiques, politiques et socio-économiques, certaines composantes de la société ont été défavorisées, et par conséquent ils s'engagent :

1. à mettre en place des politiques et des programmes visant à combattre ces inégalités et à prendre des mesures de discrimination positive pour s'assurer que les membres vulnérables de la société participent à la gouvernance et aux processus de développement.

2. à prendre des initiatives visant à protéger les intérêts et les droits des groupes vulnérables tels que les minorités, les déplacés internes, les réfugiés, les personnes âgées, les personnes handicapées, les malades et notamment les personnes vivant avec le VIH/SIDA.

Chapitre X : Mesures urgentes et sanctions en cas de menaces ou de rupture de la démocratie

Article 48 : Mesures urgentes

En cas de menaces ou de rupture de la démocratie par quelque procédé que ce soit et en cas de violations massives des Droits de l'homme et des peuples dans un Etat membre, le Sommet se réunit en session extraordinaire aux fins d'adopter les mesures urgentes et appropriées pour mettre fin à la situation, y compris la prise des mesures et des sanctions prescrites à l'article suivant.

Article 49 : Sanctions

1. La Conférence peut prendre une ou plusieurs des sanctions suivantes à l'encontre de l'Etat concerné :

a) Saisir l'Union Africaine et l'Organisation des Nations Unies pour des actions appropriées conformément aux procédures établies ;
b) Refus de soutenir les candidatures présentées par l'Etat membre concerné à des postes électifs dans les organisations internationales ;
c) Refus de tenir toute réunion de la Conférence internationale dans l'Etat membre concerné
d) Suspension de l'Etat membre concerné dans toutes les instances de la Conférence ; pendant la suspension, l'Etat concerné continuera d'être tenu au paiement des cotisations de la période de suspension ;

2. Le Comité régional interministériel continuera de suivre, d'encourager et de soutenir tout effort mené par l'Etat membre concerné en vue du retour à la vie institutionnelle normale et du respect des droits de l'homme.

Article 50 : Modalités pratiques d'application

1. Les Etats membres s'engagent à mettre en place aux plans national et régional des modalités pratiques en vue d'assurer l'effectivité de l'état de droit, des droits de l'homme et de la bonne gouvernance.

2. Les Etats membres s'engagent à assurer responsabilité, professionnalisme, compétence et transparence dans les secteurs public et privé.

Chapitre XI : Dispositions finales

1. Ce protocole fait partie intégrante du Pacte et ne doit pas être sujet à une signature et à une ratification séparées par les Etats membres.

2. A l'égard de tout Etat membre qui a ratifié le Pacte, conformément aux termes de l'article 30 dudit Pacte, ce Protocole entre en vigueur automatiquement, au même moment que le Pacte, conformément à l'article 33 dudit Pacte.

3. Aucune disposition de ce Protocole ne sera interprétée comme contraire à celles du Pacte, de l'Acte Constitutif de l'Union Africaine et de la Charte des Nations Unies.

Fait à Nairobi, au Kenya, le 15 décembre 2006

3 : Protocole sur la gestion de l'information et de la communication

Préambule

Nous, Chefs d'Etat et de Gouvernement des Etats membres de la Conférence Internationale sur la Région des Grands Lacs ;

Réaffirmant la Déclaration de Dar-es-Salaam adoptée sur la Paix, la Sécurité, la Démocratie et le Développement dans la Région des Grands Lacs adoptée et signée à Dar-es-Salaam (République Unie de Tanzanie) le 20 novembre 2004 ;

Réaffirmant notre engagement, au nom de nos peuples et en vertu de la dite Déclaration, de développer des politiques et programmes communs dans les domaines de la liberté d'opinion et d'expression, de la libre circulation des idées et des informations et en matière d'éducation civique ;

Réaffirmant notre engagement à respecter le droit de chacun à la liberté d'opinion et d'expression, et le droit de tout individu d'exprimer et de diffuser ses opinions, dans les limites de la loi, conformément à la Déclaration universelle des droits de l'homme de 1948, et la Charte africaine des Droits de l'Homme et des Peuples de 1981 ;

Conscients que la liberté d'opinion et d'expression comporte des obligations et des responsabilités spéciales, requises pour le respect de la personne humaine ou de la réputation d'autrui, de la protection de la sécurité nationale ou de l'ordre public, de la santé ou de la moralité publique ;

Reconnaissant l'importance du rôle de la liberté de la presse, des medias et de l'utilisation des systèmes de communication pour contribuer à la promotion de la paix, la démocratie, la stabilité, la sécurité, le développement et la reconstruction ;

Reconnaissant l'importance du rôle joué par des médias responsables pour contribuer à la résolution des conflits et au rétablissement de la paix et de la démocratie ;

Résolus à combattre, notamment à travers les medias ; toutes les idéologies, politiques et pratiques discriminatoires, tous actes d'ethnisme et d'exclusion, à élaborer des politiques et des programmes d'éducation civique et à promouvoir des politiques d'unité nationale basées sur le multiculturalisme, la tolérance, la culture de la paix et du dialogue ;

Résolus à sécuriser les professions des medias et à protéger la liberté des médias pour qu'ils ne soient pas manipulés comme moyen illégitime de propagande incitant à la haine ou à l'hostilité, à la guerre, à la violence, à la discrimination, au génocide, à l'épuration ethnique et aux crimes contre l'humanité dans la Région des Grands Lacs ;

Convenons de ce qui suit :

Article 1 : Définitions

Aux fins du présent Protocole, à moins que le contexte ne l'exige autrement, l'expression :

1. « Conseil » désigne le Conseil régional de l'information et de la communication établi en vertu de l'article 4 ;

2. « Liberté d'expression » fait référence à la liberté de chaque personne d'avoir ses propres opinions, d'exprimer ou de diffuser ces opinions ou pensées. Elle comprend la liberté de rechercher, de recevoir et de communiquer des informations et des idées de toute espèce, sans considérations de frontières, que ce soit par voie orale ou écrite, sous une forme imprimée ou artistique, ou par tout autre moyen de son choix, sous réserve des limitations spécifiées à l'article 3 (4) ;

3. 'Médias' comprend le journal, les médias électroniques (l'internet, la radiodiffusion, la télévision), les entreprises de cinéma ou les autres équipements utilisées dans la diffusion de l'information, ou tout autre moyen qui tend à faciliter la communication et la circulation d'idées et d'opinions ;

4. « Liberté et indépendance des medias » fait référence à l'exercice normal de la profession sans emprise politique ou économique par le pouvoir public ni contrôle du matériel et des équipements nécessaires à la production et à la diffusion de journaux, magazines et périodiques ;

5. « Pluralisme des medias », fait référence à l'absence de monopoles de tous genres et à l'existence d'un grand nombre de journaux, magazines et périodiques reflétant une grande variété de points de vue de la communauté ;

6. « Déclaration Solennelle », la Déclaration solennelle sur l'égalité entre les hommes et les femmes instituant la parité en Afrique, adoptée par les Chefs d'Etat et de gouvernement de l'Union africaine le 8 juillet 2004 ;

7. « Déclaration du Millénaire », la Déclaration portant sur les objectifs du millénaire pour le développement (OMD) ;

8. « Déclaration de Windhoek », Déclaration sur le développement d'une presse africaine indépendante et pluraliste, 1991 ;

9. « La résolution 1325 », la résolution sur l'implication des femmes dans les opérations de paix et de sécurité adoptée par le Conseil de sécurité des Nations Unies, le 31 octobre 2000 ;

10. « Le Pacte » : le Pacte sur la Sécurité, la Stabilité et le Développement dans la Région des Grands Lacs.

Article 2 : Objectifs

Les objectifs du présent Protocole sont les suivants :

1. Promouvoir la liberté d'opinion et d'expression ainsi que le libre échange d'idées dans la Région des Grands Lacs ;

2. Promouvoir la liberté des médias pour qu'ils puissent recevoir et communiquer des informations et des idées au sein de la Région des Grands Lacs ;

3. Promouvoir le pluralisme des medias et les nouvelles technologies de l'information et de la communication, et élargir l'accès à l'information dans la Région des Grands Lacs ;

4. Stimuler l'émergence de medias indépendants et responsables dans la région des Grands Lacs, et notamment à travers la promotion des instances de régulation et d'autorégulation des medias ;

5. Promouvoir le professionnalisme des medias, notamment à travers la mise en place de mécanismes adéquats d'assistance financière et des stratégies de renforcement des capacités des professionnels de la presse ;

6. Promouvoir, à travers les medias, l'éducation civique dans la Région des Grands Lacs ;

7. Promouvoir, à travers les medias, l'utilisation et la dissémination du kiswahili comme langue de travail ;

8. Promouvoir la coopération entre et parmi les professionnels des medias dans la région ;

9. Créer un Conseil Régional de l'information et de la Communication pour la Région des Grands Lacs.

Article 3 : Principes

1. Les Etats membres s'engagent à respecter le droit à la liberté d'expression et d'opinion, sous réserve des restrictions stipulées à l'article 3 (6) ;

2. Les Etats membres doivent promouvoir la liberté des medias et leur rôle dans la promotion des objectifs et des activités de la Conférence internationale sur la Région des Grands Lacs ;

3. Le respect de la liberté d'opinion et d'expression n'empêche pas les Etats membres de soumettre les entreprises de radiodiffusion, de télévision ou de cinéma à un régime d'autorisations ;

4. Les Etats s'engagent à favoriser l'émergence d'une presse indépendante et responsable à travers des mécanismes d'appui financier et des stratégies de renforcement des capacités du personnel des medias ;

5. Les Etats s'engagent à promouvoir le dialogue avec les medias à travers la promotion des instances de régulation et d'autorégulation ;

6. Les Etats membres reconnaissent que l'exercice de la liberté d'expression et d'opinion, qui comporte des obligations et des responsabilités spéciales,

peut être soumis à des formalités, conditions, restrictions ou sanctions prévues par la loi, à condition que cette dernière vise les objectifs suivants :

a) protéger la sécurité nationale, la sécurité publique et l'intégrité territoriale ;
b) la prévention de la santé, de la moralité et des croyances religieuses ;
c) la protection de la santé, de la moralité et des croyances religieuses ;
d) la protection de la réputation ou des droits d'autrui ;
e) empêcher la divulgation d'informations confidentielles ;
f) maintenir l'autorité et l'impartialité du pouvoir judiciaire.

7. Les Etats membres doivent interdire ou punir les actes de propagande qui incitent à la haine, à l'hostilité ou à la discrimination sur la base ethnique, ou à la guerre, à la violence, au génocide, à l'épuration ethnique et aux crimes contre l'humanité, et ce en coopération avec les autorités de régulation et d'auto-régulation.

Article 4 : Création et composition du Conseil

1. Les Etats membres s'engagent à créer un Conseil Régional de l'information et de la communication Indépendant afin de promouvoir et de suivre la liberté de presse, et de développer des activités de régulation et de promotion des medias par la formation professionnelle et déontologique et le développement d'activités d'interaction entre les medias de la Région.

2. Le Conseil est composé d'un membre par Etat partie. Celui-ci est élu par les membres de l'autorité de régulation des medias parmi trois candidats issus du métier et reconnus pour leur intégrité morale, leurs compétences professionnelles, leur connaissance de systèmes d'information et de communication. Les candidats doivent être représentatifs des deux sexes de façon équitable et provenir de toutes les catégories des partenaires de l'information et de la communication.

3. Le Secrétaire de la Conférence invite les Etats parties à procéder à la présentation des candidatures au poste de membre du Conseil, dans un délai de quatre-ving-dix (90) jours au moins avant les élections.

4. Les membres du Conseil sont désignés pour une période de cinq ans non renouvelable. Toutefois le premier mandat prend fin au bout de trois ans pour quatre membres afin d'assurer la continuité du fonctionnement du Conseil.

5. En cas de décès, d'incapacité mentale, de démission d'un membre du Conseil, le Président du Conseil en informe immédiatement le Secrétaire de la Conférence qui déclare le siège vacant à partir de la date du décès ou de celle à laquelle la démission prend effet.

6. Un membre ne peut être suspendu ou relevé de ses fonctions que si, de l'avis unanime des autres membres du Conseil, il a cessé de répondre aux conditions requises par le présent protocole et le règlement intérieur. La décision est prise par la Conférence lors de sa session suivante.

7. Le Conseil adopte son propre règlement intérieur en ce qui concerne ses méthodes de travail, la fréquence et le calendrier de ses réunions, l'élection de son président, le secrétariat du Conseil, le remplacement de ses membres en cas de démission, d'incapacité mentale ou de décès, en se référant au terme du mandat des quatre premiers membres après trois ans de service.

Article 5 : Missions du Conseil

Les missions du Conseil sont les suivantes :

1. Elaborer des politiques et programmes communs dans les domaines de l'éducation civique, de l'information et des communications pour la Région des Grands Lacs ;

2. Promouvoir l'utilisation des nouvelles technologies de l'information et de la communication dans la Région des Grands Lacs ;

3. Promouvoir, par l'usage des medias, des politiques et stratégies nationales et régionales visant la consolidation des valeurs, principes et normes de démocratie et de bonne gouvernance, le respect des droits de l'homme, la consolidation de l'état de droit, le renforcement des capacités de leadership, la transparence des processus électoraux, le renforcement de l'efficacité des services judiciaires et des services de sécurité.

4. Promouvoir l'usage des medias pour combattre toutes les idéologies, les politiques et pratiques discriminatoires et tous les actes de génocide, les massacres, les actes de terrorisme, de racisme, d'ethnicisme, d'exclusion, ainsi que toute autre forme de violence ou de crime ;

5. Promouvoir les valeurs de la paix et les politiques d'unité nationale à travers les medias par la réhabilitation et le renforcement des valeurs sociales et culturelles basées sur le multiculturalisme, le bon voisinage, la tolérance, la justice sociale et la culture du dialogue ;

6. Former et éduquer la population à travers les medias en vue d'assurer sa participation au développement économique et social du pays ;

7. Développer l'accès à l'information et à la communication de proximité par la multiplication des radios locales ou communautaires, des journaux à base communautaire non alphabétiques et l'utilisation des langues nationales et locales ;

8. Diffuser les politiques et mécanismes visant le développement d'une presse indépendante et pluraliste, et issus de la Déclaration de Windhoek ;

9. Concilier les partenaires de l'information et de la communication en cas de différends ;

10. Diffuser les politiques et mécanismes visant la promotion et l'intégration de l'égalité entre les sexes à tous les niveaux et dans tous les secteurs, aux niveaux national et régional, conformément à la Déclaration du Millénaire (2000), à la résolution 1325 (2000) du Conseil de sécurité des Nations Unies, la Convention sur l'Elimination de toutes les formes de discrimination à l'égard des femmes (1979), à la Charte africaine des droits de l'homme et des peuples (1981), au Protocole relatif aux droits de la femme en Afrique (2003) et à la Déclaration de l'Union africaine sur l'égalité entre les hommes et les femmes en Afrique (2004) ;

11. Mobiliser l'opinion internationale, en particulier l'ONU et toutes ses agences, l'UA et les communautés économiques régionales pertinentes, les institutions financières internationales, le Groupe des Amis de la Région des Grands Lacs et les autres partenaires au développement, pour soutenir l'effort visant à faire de la Région des Grands Lacs une « zone spécifique de reconstruction et de développement » ;

12. Informer la population de la région sur les stratégies de prévention et de lutte contre la propagation des maladies endémiques telles que le VIH/SIDA, la malaria et la tuberculose, dans le but de sensibiliser la population sur la réduction de l'impact desdites maladies grâce à la diffusion de l'information sur l'accès aux interventions médicales et de faciliter le partage de telles informations entre les Etats membres ;

13. Produire un rapport annuel sur l'état des medias dans la région

14. Assurer une large diffusion du Pacte.

Article 6 : Dispositions finales

1. Ce Protocole fait partie intégrante du Pacte et ne doit pas être sujet à une signature et à une ratification séparées par les Etats membres.

2. A l'égard de tout Etat membre qui a ratifié le Pacte, conformément aux termes de l'article 30 dudit Pacte, ce Protocole entre en vigueur automatiquement, au même moment que le Pacte, conformément à l'article 33 dudit Pacte.

3. Aucune disposition de ce Protocole ne sera interprétée comme contraire à celles du Pacte, de l'Acte Constitutif de l'Union Africaine et de la Charte des Nations Unies.

Fait à Nairobi, au Kenya, le 15 décembre 2006

4 : Protocole sur la zone Spécifique de Reconstruction et de Développement (SRDZ)

Préambule

Nous, Chefs d'Etat et de Gouvernement des Etats membres de la Conférence Internationale sur la Région des Grands Lacs ;

Réaffirmant la Déclaration de Dar-es-Salaam sur la Paix, la Sécurité, la Démocratie et le Développement dans la Région des Grands Lacs adoptée et signée en République unie de Tanzanie, le 20 novembre 2004 ;

Profondément préoccupés par les conflits endémiques et l'insécurité persistante provoqués ou aggravés, entre autres, par la stagnation économique et l'extrême pauvreté, les violations massives des droits de l'homme et autres pratiques d'exclusion et de marginalisation, l'inégalité entre les sexes, la mauvaise gestion de l'environnement, l'exploitation illégale des ressources naturelles ;

Reconnaissant les efforts entrepris au niveau national, régional et international pour apporter des solutions durables à l'ensemble de ces questions endémiques ;

Réaffirmant les obligations inscrites dans les principes et directives des Nations Unies, ainsi que dans l'Acte Constitutif de l'Union Africaine, comme l'intégrité territoriale, la souveraineté, la non-ingérence et la non-agression, l'interdiction pour tout Etat membre de permettre l'usage de son territoire comme base pour des actes d'agression et de subversion à l'encontre d'un autre Etat membre, ainsi que le besoin d'une volonté politique réelle et soutenue de rechercher ensemble des solutions pacifiques et particulièrement d'honorer nos engagements dans un esprit de confiance mutuelle ;

Reconnaissant le droit au développement tel qu'exprimé par la Résolution 41/128 du 4 décembre 1986 de l'Assemblée générale des Nations Unies, la Déclaration universelle des droits de l'homme, le Pacte international relatif aux droits économiques, sociaux et culturels, le Pacte international relatif aux droits civils et politiques et les deux Protocoles facultatifs qui s'y rapportent, la Charte africaine des droits de l'homme et des peuples, et les Objectifs du Millénaire pour le Développement, plus spécialement en matière de développement et d'éradication de la pauvreté ;

Réalisant pleinement le lien qui existe entre la paix et le développement et conscients des nombreuses initiatives et des efforts consentis aux niveaux national, régional et international, dans les domaines économiques, politique, de la reconstruction et du développement aux fins de relever les défis du développement économique et de l'intégration régionale ;

Convaincus du rôle central de la libre circulation des personnes, de la main d'œuvre, des biens et des services à l'intérieur de la région des Grands Lacs ;

Réaffirmant l'engagement de bâtir un espace économique intégré, de manière à renforcer la rentabilité économique, à éradiquer la pauvreté et à promouvoir la reconstruction régionale des secteurs et des infrastructures de production ;

Reconnaissant l'opportunité de constituer un front commun pour engager les partenaires internationaux dans des domaines tels que l'accès au marché et l'annulation de la dette ;

Déterminés à construire une région des Grands Lacs ouverte à d'autres régions du monde en articulant notre coopération autour des axes prioritaires que sont la Paix et la Sécurité, la Démocratie et la Bonne Gouvernance, le Développement Economique et l'Intégration Régionale, ainsi que les Questions Humanitaires et Sociales, au sein d'une Zone Spécifique de Reconstruction et de Développement (ZSRD) ;

Convenons de ce qui suit :

Chapitre 1 : Dispositions générales

Article 1 : Définitions

Aux fins du présent Protocole, sauf lorsque le contexte en décide autrement, on entend par :

a) « Zone Spécifique de Reconstruction et de Développement » : la Zone Spécifique de Reconstruction et de Développement prévue au paragraphe 53 de la Déclaration de Dar-es-Salaam ;
b) « Bassin Transfrontalier de développement » : une entité transfrontière créée de commun accord par des Etats membres, conformément au présent Protocole et constituant un des mécanismes de mise en valeur de la Zone Spécifique de Reconstruction et de Développement (ZSRD) ;
c) « Régionalisme local » : coopération entre les entités locales à l'intérieur de chaque bassin transfrontalier de développement ;

Article 2 : Buts et objectifs du Protocole

1. Les buts et objectifs du présent Protocole sont les suivants :

a) Concrétiser la vision exprimée dans la Déclaration de Dar-es-Salaam en engageant la région des Grands Lacs dans une véritable dynamique d'intégration régionale en vue d'atteindre un développement économique durable ;

b) Créer le cadre politique, juridique et institutionnel nécessaire et souhaitable pour rendre la Zone Spécifique de Reconstruction et de Développement (ZSRD) opérationnelle ;
c) Promouvoir la croissance et le développement par la revitalisation et l'harmonisation des Communautés Economiques Régionales (CERs) existantes et par la création de Bassins Transfrontaliers de Développement.

Article 3 : Champ d'application

1) Les dispositions du présent Protocole s'appliquent à :
a) la création et à la règlementation de la Zone Spécifique de Reconstruction et de Développement au sein des onze pays membres de la Conférence ;
b) l'ensemble des territoires qui constituent la Zone Spécifique de Reconstruction et de Développement.

Chapitre II : Zone Spécifique de Reconstruction et de Développement

Article 4 : Opérationnalisation de la ZSRD

1. Le présent Protocole rend opérationnelle la Zone Spécifique de Reconstruction et de Développement (ZSRD) que constituent les onze pays membres de la Conférence ;

2. La ZSRD doit se construire à travers la mise en œuvre du Pacte, des Protocoles, du Programme d'Action ainsi que par les Bassins Transfrontaliers de Développement, conformément au principe de régionalisme local.

Article 5 : Buts et objectifs de la ZSRD

1. La ZSRD sera conforme aux principes énoncés dans la Déclaration de Dar-es-Salaam et aux engagements des Etats membres de la région des grands Lacs en vue d'y assurer la paix et la sécurité durables, la démocratie et le développement.

2. Les objectifs spécifiques sont :

a) Consolider la paix et la sécurité et prévenir les conflits dans la région des Grands Lacs ;
b) Promouvoir l'harmonie et la solidarité sociales entre les populations des pays de la région des Grands Lacs, plus particulièrement, dans les Bassins Transfrontaliers de Développement ;
c) Renforcer les mécanismes de gestion démocratique à la base aux niveaux national et régional ;
d) Lancer des initiatives visant à encourager une croissance économique durable dans des secteurs impliquant la participation de larges couches de la population de la région, pour résoudre

rapidement les problèmes de pauvreté humaine, ainsi que dans les domaines permettant au processus d'intégration régionale locale de s'ouvrir à la région des Grands Lacs, en harmonie avec d'autres initiatives dans la région comme le NEPAD, entre autres ;

e) Apporter rapidement des réponses aux questions humanitaires qui caractérisent la région, notamment celles qui sont potentiellement à l'origine de l'instabilité sociale et politique.

3. Afin d'atteindre les objectifs ci-dessus, la ZSRD adopte les stratégies suivantes :

a) Au niveau local, promouvoir un régionalisme local qui présente suffisamment d'aspects multidimensionnels pour atteindre les objectifs de paix et de sécurité, et ceux de démocratie et de développement humain dans les régions transfrontalières de la ZSRD ;
b) Au niveau régional, poursuivre une politique de développement régional plus large et plus ouverte, accompagné de progrès sociaux et économiques, dans un contexte régional de paix et de sécurité ;
c) Au niveau international, assurer une interaction avec les programmes en cours tels que ceux des organisations économiques régionales et du Nouveau partenariat pour le développement en Afrique (NEPAD).

Chapitre III : Fonds Spécial pour la Reconstruction et le Développement

Article 6 : Etablissement d'un Fonds Spécial pour la Reconstruction et le Développement

1. Un Fonds Spécial pour la Reconstruction et le Développement (FSRD) est créé par le présent Protocole. Le statut du Fonds est défini dans un document séparé.

2. Le FSRD appuie les activités relevant des quatre axes prioritaires énoncés dans la Déclaration de Dar-es-Salaam, à savoir la Paix et la Sécurité ; la Démocratie et la Bonne Gouvernance ; le Développement Economique et l'Intégration Régionale ; et les questions humanitaires, sociales et environnementales.

Article 7 : Buts et objectifs du FSRD

1. Les buts et objectifs du FSRD sont compatibles avec l'article 5 du présent Protocole ;

2. Le FSRD appuiera, entre autres, les activités visant à la réhabilitation, à la reconstruction et au développement, ainsi qu'à la promotion des investissements publics et privés dans la région.

Article 8 : Organisation et gestion du FSRD

1. Le FSRD est administré et géré par une institution financière africaine existante ;

2. Les modalités de fonctionnement du Fonds sont définies dans un cadre légal spécial qui est convenu avec la Banque Africaine de Développement.

Chapitre IV : Bassins Transfrontaliers de Développement

Article 9 : Création de Bassins Transfrontalier de Développement (BTD)

1. La Zone Spécifique de Reconstruction et de Développement (ZSRD) se concrétisera, entre autres, par la création des Bassins Transfrontaliers de Développement (BTD).

2. Les BTD assureront l'intégration volontaire des territoires de deux ou plusieurs Etats membres sur la base d'une histoire commune, ou d'un intérêt partagé en matière de gestion ou d'exploitation de ressources naturelles, humaines ou financières, et motivée par le souhait de reconstruire et de développer le territoire que constitue la BTD.

3. Un BTD ne peut être établi qu'après un accord entre deux ou plusieurs Etats membres.

Article 10 : Objectifs des Bassins Transfrontaliers de Développement (BTD)

1. Conformément à la Déclaration de Dar-es-Salaam, un BTD aura pour objectifs de :

a) Parvenir au régionalisme local par le biais de la coopération et de l'intégration économique locales ;
b) Donner une impulsion au développement et assurer la paix et la sécurité, ainsi que le développement inclusif et participatif des communautés dans les régions concernées ;
c) Assurer le développement des infrastructures physiques et commerciales locales adéquates en vue de stimuler les investissements ;
d) Développer un secteur privé capable de créer de nouveaux marchés, d'étendre les exportations vers des marchés hors de la zone du BTD et de contribuer à la création de nouveaux centres de consommation au sein de la zone du BTD.

Article 11 : Autonomie et flexibilité

1. Les paramètres géographiques des BTD peuvent être précisés de commun accord par les Etats concernés, après leur création.

2. Chaque BTD restera autonome par rapport aux autres et par rapport aux autorités de centrales des Etats participants respectifs.

3. Cependant, en cas de conflit de juridiction, le principe de la souveraineté des Etats restera en tout temps la considération prépondérante.

Article 12 : Gouvernance du BTD

1. Chaque BTD sera régi par une Commission qui comprendra au moins trois représentants de chacun des Etats participants choisis des secteurs privé, public et de la société civile.

2. En déterminant la composition de leurs représentants à la Commission, les Etats membres devront les choisir du secteur privé, le moteur de la croissance économique, du Forum régional de la Société civile, du Forum régional des Jeunes et du Forum régional des Femmes de la région des Grands Lacs.

Chapitre V : Coopération et consultations

Article 13 : Relations avec le Forum de la Société Civile, le Forum des Jeunes, le Forum des Femmes, et ceux des autres organisations et associations socioprofessionnelles

1. La ZSRD, notamment à travers les BTD, coopèrera avec le secteur privé, les organisations et associations socio-économiques, et plus particulièrement, avec les Fora régionaux de la Société Civile, des Jeunes et des Femmes, ainsi qu'avec les associations des Transporteurs, des Travailleurs, des Artisans, des Universités, des Media et leurs organisations professionnelles, en vue d'assurer leur implication dans la reconstruction et le développement de la région aux niveaux national et régional.

2. A cette, la ZSRD mettra en place, à travers les BTD, des mécanismes de consultation avec les organisations et associations socioprofessionnelles, le secteur privé et la société civile.

Article 14 : Dispositions finales

1. Ce Protocole fait partie intégrante du Pacte et ne doit pas être sujet à une signature et à une ratification séparée par les Etats membres.

2. A l'égard de tout Etat membre qui a ratifié le Pacte, conformément aux termes de l'article 30 dudit Pacte, ce Protocole entre en vigueur automatiquement, au même moment que le Pacte, conformément à l'article 33 dudit Pacte.

3. Aucune disposition de ce Protocole ne sera interprétée comme contraire à celles du Pacte, de l'Acte Constitutif de l'Union Africaine et de la Charte des Nations Unies.

5 : Protocole sur la lutte contre l'exploitation illégale des ressources naturelles

Préambule

Nous, Chefs d'Etats et de Gouvernement des Etats membres de la Conférence Internationale sur la Région des Grands Lacs ;

Réaffirmant la Déclaration de Dar-es-Salaam sur la Paix, la Sécurité, la Démocratie et le Développement dans la Région des Grands Lacs adoptée et signée à Dar-es-Salaam (République unie de Tanzanie) le 20 novembre 2004 ;

Réaffirmant les principes fondamentaux inscrits dans la Charte de l'Organisation des Nations Unies et dans l'Acte Constitutif de l'Union Africaine, notamment le respect de l'intégrité territoriale, de la souveraineté, de la non-ingérence, de la non-agression et de l'interdiction à tout Etat membre d'autoriser l'usage de son territoire par des groupes armés comme base d'agression et de subversion contre un autre Etat membre ;

Considérant que le respect des droits de l'homme constitue une garantie fondamentale contre les menaces à la paix et à la sécurité interne des Etats ;

Déterminés à construire une Région des Grands Lacs ouverte à d'autres régions du continent en bâtissant la coopération autour des axes prioritaires que sont : la paix et la sécurité, la démocratie et la bonne gouvernance, le développement économique et l'intégration régionale, les questions humanitaires et sociales ;

Considérant que la souveraineté permanente sur les ressources naturelles est un droit inaliénable des peuples, qu'il doit s'exercer dans l'intérêt du développement national et du bien-être de la population de l'Etat intéressé, sans préjudice des obligations qui découlent de la coopération économique internationale fondée sur le principe de l'intérêt mutuel et du droit international ;

Considérant que l'exploitation illégale des ressources naturelles dans la région des Grands Lacs est l'un des facteurs responsables ou aggravants des conflits endémiques et de la persistance de l'insécurité dans la Région en même temps qu'elle constitue un handicap majeur à la réalisation des Objectifs du Millénaire pour le Développement ;

Profondément préoccupés par l'impact négatif de l'exploitation illégale des ressources naturelles et régional afin de trouver une solution durable au problème de l'exploitation illégale des ressources naturelles dans la Région des Grands Lacs ;

Conscients de l'importance à promouvoir des politiques et des stratégies régionales pour l'évaluation, la restauration et la protection de l'environnement ainsi que pour la réhabilitation des établissements humains ;

Considérant les instruments régionaux et internationaux qui ont trait à la lutte contre l'exploitation illégale des ressources notamment, l'Acte Constitutif de l'Union Africaine, 2000 ; le Pacte international relatif aux droits économiques, sociaux et culturels, 1966 ; le Pacte international relatif aux droits civils et politiques, 1966 ; la Charte Africaine des Droits de l'Homme et des Peuples, 1981 ; la Convention africaine sur la conservation de la nature et des ressources naturelles, 1968 ; la Convention de Washington sur le commerce international des espèces de faune et de flore sauvages menacées d'extinction, 1973 ; la Convention de Bamako sur l'interdiction d'importer des déchets dangereux et le contrôle de leurs mouvements transfrontaliers en Afrique, 1991 ; la Convention sur la diversité biologique, 1992 ; l'Accord de Lusaka sur les opérations concertées de coercition visant le commerce illicite de la faune et de la flore sauvages, 1994 ; la Déclaration sur l'octroi de l'indépendance aux pays et aux peuples coloniaux, 1960 ; la Résolution 1803 (XVII) de l'Assemblée Générale des Nations Unies sur la souveraineté permanente sur les ressources naturelles, 1962 ; la Déclaration de l'Assemblée générale des Nations Unies sur le droit au développement, 1986 ; le Système de certification du processus de Kimberley sur les diamants bruts ;

Résolus à mettre en place un cadre légal pour combattre l'exploitation illégale des ressources naturelles dans la Région des Grands Lacs et à prendre des mesures efficaces afin que les auteurs soient poursuivis et punis ;

Convenons de ce qui suit :

Chapitre I : Dispositions générales

Article 1 : Définitions

Aux fins du présent Protocole, sauf lorsque le contexte en décide autrement, on entend par :

Comité : Comité de lutte contre l'exploitation illégale des ressources naturelles composé d'un membre par Etat partie, désigné par son Gouvernement parmi des personnalités des deux sexes connues pour leur haute moralité, leur impartialité et leur compétence ;

Exploitation illégale : toute exploitation, développement, acquisition, utilisation de ressources naturelles contraires à la loi, à la coutume, au principe de souveraineté permanente des Etats sur les ressources naturelles ainsi qu'aux dispositions du présent Protocole ;

Extradition : le fait pour un Etat de livrer ou d'expulser du territoire d'un Etat requis vers l'Etat requérant, un fugitif ou une personne présumée coupable d'infractions en application du présent Protocole ou d'autres traités, de conventions ou de la législation nationale en vigueur ;

Mécanisme régional de certification des ressources naturelles : l'ensemble des politiques, des législations et des réglementations régissant les opérations d'exploitation, de commercialisation et d'utilisation desdites ressources ;

Processus de Kimberley : le système international de certification de diamants bruts en vue de briser le lien entre les conflits armés et le commerce illégal des diamants bruts ;

Protocole : le Protocole sur la lutte contre l'exploitation illégale des ressources naturelles ;

Ressources naturelles : les substances fournies par la nature, utiles aux personnes humaines, ayant une valeur économique, qui sont trouvées dans la Région des Grands Lacs et qui appartiennent aux Etats membres. Les principaux types de ressources naturelles comprennent notamment, les minerais, la flore et la faune, les produits halieutiques et l'eau ;

Souveraineté permanente sur les ressources naturelles : l'autorité permanente et la compétence exercées par un Etat sur les ressources naturelles sur son territoire en vertu du principe du droit international tel qu'inscrit dans la Résolution 1803 (XVII) de l'Assemblée générale des Nations Unies de 1962 ;

Article 2 : Buts et objectifs

Les buts et objectifs du présent Protocole sont les suivants :

1. Promouvoir et renforcer dans chacun des Etats membres le développement des mécanismes efficaces pour prévenir, réprimer et éradiquer l'exploitation illégale des ressources naturelles ;

2. Intensifier et rendre plus dynamique la coopération entre les Etats membres en vue de rendre plus efficace et durables les mesures de lutte contre l'exploitation illégale des ressources naturelles ;

3. Promouvoir l'harmonisation par les Etats membres de leurs législations, politiques et procédures nationales de lutte contre l'exploitation illégale des ressources naturelles.

Article 3 : Souveraineté permanente des Etats sur les ressources naturelles

1. Les Etats membres disposent librement de leurs ressources naturelles. Chaque Etat exerce ce droit dans l'intérêt exclusif des populations. En aucun cas, elles ne peuvent en être privées.

2. En cas de spoliation, l'Etat membre spolié a droit à la légitime récupération de ses biens ainsi qu'à une indemnisation adéquate.

3. La libre disposition des richesses et des ressources naturelles s'exerce sans préjudice de l'obligation de promouvoir une coopération économique internationale fondée sur le respect mutuel, l'échange équitable et les principes du droit international.

4. Les Etats membres élaborent et mettent en œuvre un mécanisme participatif et transparent dans la détermination des systèmes économiques et social appropriés au pays en matière d'exploitation illégale des ressources naturelles.

Article 4 : Violation du droit de souveraineté permanente des Etats sur les ressources naturelles

L'exploitation illégale des ressources naturelles constitue une violation du droit de souveraineté permanente des Etats sur leurs ressources naturelles et est contraire à l'esprit et aux principes de la Charte des Nations Unies, de la Déclaration de l'Assemblée générale des Nations Unies sur le droit au développement, de l'Acte Constitutif de l'Union Africaine, de la Charte des droits de l'homme et des peuples.

Article 5 : Respect du principe de souveraineté par les investisseurs

1. Tout contrat d'investissement portant sur les ressources naturelles doit respecter scrupuleusement le principe de souveraineté permanente de chaque Etat membre sur ses ressources naturelles, conformément aux lois nationales, aux dispositions du présent Protocole, à l'Acte constitutif de l'Union Africaine, à la Charte des Nations Unies et aux autres instruments juridiques régionaux et internationaux pertinents.

2. La prospection, la mise en valeur et la disposition des ressources naturelles, ainsi que l'importation des capitaux étrangers nécessaires à ces fins doivent être conformes aux règles et conditions que les Etats membres considèrent en toute liberté comme nécessaire ou souhaitables pour ce qui est d'autoriser, de limiter ou d'interdire ces activités.

3. Dans les cas où un Etat membre autorise la prospection, la mise en valeur et la disposition de ses ressources par un pays membre, le capital importé et les gains qui en proviennent seront régis par les termes de cette autorisation, par la législation nationale en vigueur et par le droit international applicable en la matière. Les bénéfices dégagés doivent être partagés équitablement entre les investisseurs et l'Etat membre concerné, en veillant soigneusement

à ne pas porter atteinte, pour quelque raison que se soit, au droit souverain des Etats membres de disposer de leurs ressources naturelles.

Article 6 : Nationalisation, Expropriation et Réquisition

1. Les décisions de nationalisation, d'expropriation ou de réquisition doivent être fondées sur des raisons d'utilité publique ou de sécurité publique, raisons réputées pour dépasser les intérêts purement individuels ou privés, qu'ils soient nationaux ou étrangers.

2. Dans ces cas, l'investisseur est en droit de recevoir une compensation prompte et adéquate de la part de l'Etat membre concerné, conformément aux règles en vigueur dans l'Etat membre et au droit international applicable.

Article 7 : Coopération internationale dans la lutte contre l'exploitation illégale des ressources naturelles

La coopération internationale pour le développement économique des pays de la Région des Grands Lacs, qu'elle prenne la forme d'investissements publics ou privés, d'échanges de biens et de services, d'assistance technique ou d'échanges d'informations scientifiques, doit promouvoir leur développement national et régional et tout en participant à la lutte contre l'exploitation illégale des ressources naturelles.

Article 8 : Protection des droits de l'homme

1. Les Etats membres ont l'obligation de protéger les droits de l'homme en tout temps y compris lors de l'exploitation des ressources naturelles, ils doivent aussi s'assurer que les tierces parties ne violent pas les droits de l'homme, ni la souveraineté permanente sur les ressources naturelles de leur territoire.

2. Les Etats membres doivent utiliser tous les mécanismes politiques, diplomatiques et autres à leur disposition pour obtenir la coopération de tous les gouvernements étrangers pour s'assurer que les sociétés multinationales et les tierces parties respectent les droits de l'homme, conformément aux normes des Nations Unies sur les responsabilités des entreprises multinationales et autres sociétés commerciales en matière de droits de l'homme.

3. Les Etats membres s'engagent à établir des mécanismes nécessaires en vue de prévenir l'exploitation illégale des ressources naturelles et d'atténuer les effets néfastes de l'exploitation légale des ressources naturelles sur l'environnement et les établissements humains.

Chapitre II : Obligations des Etats

Article 9 : Combattre l'impunité

Les Etats membres s'engagent à mettre fin à l'impunité des personnes physiques et morales impliquées dans l'exploitation illégales des ressources naturelles.

Article 10 : mesures préventives

Afin de réaliser les objectifs définis à l'article 2 ci-dessus, chaque Etat membre s'engage à :

(a) Formuler et mettre en œuvre des lois et autres mesures visant à assurer une protection effective et adéquate des personnes qui agissent de bonne foi, fournissent des informations sur des actes illégaux, des mesures ou autres moyens d'exploitation illégale des ressources naturelles ;
(b) Mettre en place des organismes spéciales indépendants chargés de lutte contre l'exploitation illégale des ressources naturelles et de renforcer leurs capacités pour leur permettre d'accomplir efficacement leurs missions ;
(c) Promouvoir la participation de la société civile et des organisations non-gouvernementales aux efforts de prévention et de détection des actes illégaux et autres moyens d'exploitation illégale des ressources naturelles ;
(d) Respecter et renforcer la liberté de presse pour informer et sensibiliser le public sur les conséquences économiques et sociales de l'exploitation illégale des ressources naturelles, mobiliser l'opinion publique sur les mesures prises par l'Etat membre pour prévenir et combattre l'exploitation illégale des ressources.

Article 11 : Mécanisme de certification des ressources naturelles

Les Etats membres s'engagent à mettre en place un mécanisme régional dont le but est de servir d'outil contre l'exploitation illégale des ressources naturelles. Ce mécanisme institue les normes agréés en matière d'exploitation des ressources naturelles et doit comprendre des dispositions relatives à la certification d'origine y compris l'étiquetage, le suivi, la surveillance, la vérification, et à la mise en œuvre, et le cas échéant, le développement et le renforcement des capacités en vue d'assurer l'efficacité de ce mécanisme.

Article 12 : Criminalisation

Chaque Etat membre s'assure que tous les actes d'exploitation illégale des ressources naturelles sont érigés en infractions punissables pénalement.

De tels actes comprennent :

(a) la conclusion par corruption d'un contrat d'exploitation des ressources naturelles ;

(b) la conclusion d'un contrat d'exploitation des ressources naturelles avec les autorités étatiques en violation des procédures légales et réglementaires de l'Etat membre concerné ;
(c) la conclusion par corruption d'un contrat d'exploitation des ressources naturelles ;
(d) la conclusion par fraude ou par tromperie d'un contrat d'exploitation des ressources naturelles ;
(e) l'exploitation des ressources naturelles en dehors de tout contrat avec l'Etat membre concerné ;
(f) l'exploitation des ressources naturelles sans respect des normes en matière de protection de l'environnement et de sécurité des populations et du personnel ; et
(g) le non respect des normes et standards fixés par le mécanisme de certification de la ressource naturelle concernée.

Article 13 : Blanchiment des produits de l'exploitation illégale des ressources naturelles

Chaque Etat membre adopte, conformément aux principes fondamentaux de son droit interne, les mesures législatives ou autres nécessaires pour conférer le caractère d'infraction pénale à :

(a) la conservation ou au transfert de biens dont celui qui s'y livre sait qu'ils sont le produit d'une exploitation illégale de ressources naturelles, dans le but de dissimuler ou de déguiser l'origine desdits biens ou d'aider toute personne qui est impliquée dans l'exploitation illégale des ressources naturelles à échapper aux conséquences juridiques de ses actes ;
(b) la dissimulation ou au déguisement de la nature véritable, de l'origine, de l'emplacement, de la disposition, du mouvement ou de la propriété de biens qui y sont relatifs dont l'auteur sait qu'ils sont le produit d'une exploitation illégale des ressources naturelles ;
(c) l'acquisition, la détention ou l'utilisation de biens dont celui qui les acquiert, les détient ou les utilise sait, au moment où il les reçoit, qu'ils sont le produit d'une exploitation illégale des ressources naturelles.

Article 14 : Protection des témoins

1. Chaque Etat membre prend les mesures appropriées pour assurer la protection effective des témoins et, le cas échéant, des membres de leurs familles et d'autres proches contre d'éventuelles représailles ou intimidations provoquées par les témoignages contre les personnes poursuivies, accusées ou acquittées, ou un autre crime impliquant des faits d'exploitation illégale des ressources.

2. Les mesures envisagées dans le présent article peuvent inclure :

(a) l'établissement de procédures pour la protection physique de ces personnes, autant qu'il est nécessaire, leur installation dans un autre domicile et l'autorisation, si besoin est, de la non divulgation ou de la divulgation limitée de renseignement sur l'identité de ces personnes et de l'endroit où elles se trouvent ;
(b) l'élaboration de règles de procédure pour permettre au témoin, de déposer en toute sécurité, en lui permettant de témoigner en utilisant des techniques de communication telles que les liaisons vidéo et autres moyens adéquats.

3. Les dispositions du présent article s'appliquent aussi aux victimes dans la mesure où elles sont des témoins.

Article 15 : Sanctions

1. Chaque Etat membre prévoit des sanctions efficaces et dissuasives proportionnées à l'infraction commise par l'exploitation illégale des ressources naturelles, incluant des sanctions privatives de liberté, lorsqu'elles sont commises par des personnes physiques.

2. Chaque Etat membre s'assure qu'en cas de responsabilité établie en vertu de l'article 17 ci-dessous, les personnes morales sont passibles de sanctions efficaces, dissuasives, proportionnées à l'infraction, de nature pénale ou non pénale, y compris des sanctions pécuniaires.

Article 16 : Saisies et confiscations

1. Chaque Etat membre adopte les mesures législatives ou autres pour lui permettre d'identifier, de retrouver, de saisir et de confisquer les instruments et les produits de l'exploitation illégale des ressources naturelles ou les biens dont la valeur correspond à ces produits.

2. Afin de mettre en œuvre les mesures auxquelles il est fait références dans le présent article, chaque Etat membre habilite ses juridictions à ordonner la mise à disposition ou la saisie des documents bancaires, commerciaux ou financiers et n'invoquera pas le secret bancaire pour refuser l'assistance requise par un autre Etat membre.

3. L'Etat membre requérant s'engage à ne pas utiliser les informations reçues à des fins autres que celles pour lesquelles elles ont été requises.

4. Conformément à leurs lois nationales, aux traités et autres accords appropriés, les Etats membres se doivent une assistance mutuelle dans l'identification et la saisie des biens ou éléments obtenus et qui sont tirés de l'exploitation illégale des ressources naturelles ou utilisés à cette fin.

5. Les Etats membres qui opèrent des saisies ou des confiscations s'engagent à renvoyer les objets saisis ou confisqués à l'Etat victime de l'exploitation illégale des ressources naturelles.

Article 17 : Responsabilité des personnes morales

1. Chaque Etat membre adopte des mesures en vue d'établir la responsabilité des personnes morales, pour leur participation à l'exploitation illégale des ressources naturelles.

2. Selon les principes juridiques de chaque Etat membre, la responsabilité des personnes morales peut être pénale, civile et administrative.

3. Cette responsabilité est admise sans préjudice de la responsabilité pénale des personnes physiques qui ont commis les infractions.

4. Chaque Etat membre s'assure, en particulier, que les personnes tenues responsables d'infractions conformément au présent article sont passibles de sanctions pénales ou non pénales effectives, dissuasives et proportionnées à l'infraction, telles que des sanctions pécuniaires, l'interdiction d'exercer des activités commerciales, l'ordre de liquidation judiciaire, et le placement sous surveillance judiciaire.

5. Les Etats membres s'engagent à amener les Gouvernements étranger à procéder aux investigations nécessaires et à prendre les mesures appropriées contre les sociétés enregistrées chez ceux qui seraient impliquées dans l'exploitation illégale des ressources naturelles.

Article 18 : Extradition

1. Les infractions pénales relevant du champ d'application du présent Protocole sont considérées comme des infractions donnant lieu à extradition, et comme étant incluses dans tout traité d'extradition en vigueur entre les Etats membres. Les Etats membres s'engagent à inclure ces infractions dans tout traité d'extradition.

2. Un Etat membre qui reçoit une requête d'extradition d'un autre Etat membre, avec lequel il n'a pas conclu un traité d'extradition, peut considérer le présent Protocole comme base légale de cette extradition, si les infractions entrent dans le champ d'application du présent Protocole.

3. Les Etats membres qui ne subordonnent pas l'exécution d'une mesure d'extradition à l'existence d'un traité reconnaissent les infractions établies conformément aux dispositions du présent Protocole comme des infractions donnant lieu à l'extradition.

4. L'extradition est soumise aux conditions prévues par les lois de l'Etat membre requis ou par les traités d'extradition en vigueur, y compris les motifs qui fondent l'Etat membre à rejeter la demande d'extradition.

5. Si l'extradition demandée conformément au présent protocole est refusée sur la base de la nationalité de la personne poursuivie ou parce que l'Etat requis s'estime compétent en l'espèce, ledit Etat devra dans les meilleurs

délais soumettre le cas à ses autorités compétentes aux fins de poursuites, sauf si d'autres dispositions ont été convenues avec la partie requérante, et l'informe en temps utile du résultat définitif.

Article 19 : Coopération des services chargés des enquêtes et des poursuites

1. Conformément aux dispositions de leur législation nationale et aux traités en vigueur, les Etats membres s'engagent à s'assister mutuellement par le traitement des demandes venant des autorités compétentes et à appliquer des mesures nécessaires pour faciliter les procédures et formalités relatives aux enquêtes et poursuites des actes d'exploitation illégale des ressources naturelles.

2. Les Etats membres s'engagent mutuellement dans le domaine de la coopération des services chargés de l'application de la loi, en vue de renforcer les mesures nécessaires pour prévenir, détecter les actes d'exploitation illégale des ressources naturelles.

3. Les Etats membres ne doivent pas se refuser l'entraide judiciaire sur la base du secret bancaire.

Article 20 : Autorités centrales

1. Dans le cadre de la coopération et de l'assistance mutuelle préconisées par le présent Protocole, chaque Etat membre désigne une autorité centrale.

2. Les autorités centrales sont chargées de la formulation et de la réception des requêtes de coopération et d'assistance prévue par le présent Protocole. Elles peuvent directement communiquer entre elles.

Article 21 : Application dans le temps

Les actes d'exploitation illégale des ressources naturelles commis avant l'entrée en vigueur du présent Protocole peuvent, avec des Etats membres, faire l'objet d'une coopération judiciaire mutuelle, conformément aux normes juridiques nationales et internationales en vigueur en matière d'extradition.

Article 22 : Harmonisation des législations nationales

1. Chaque Etat membre s'engage à réviser ses lois en matière d'exploitation illégale des ressources naturelles pour les rendre conformes aux dispositions du présent Protocole et aux instruments et normes juridiques internationaux pertinents.

2. Les Etats membres s'engagent à harmoniser leurs législations nationales en vue de réaliser les dispositions du présent Protocole.

Article 23 : Relations avec d'autres instruments juridiques internationaux

Aucun Etat membre ne peut opposer à un autre Etat membre des dispositions antérieures contenues dans d'autres instruments juridiques et qui sont contraires aux dispositions du présent Protocole.

Chapitre III : Mesures de Mise en œuvre

Article 24 : Création d'un Comité de lutte contre l'exploitation illégale des ressources naturelles

1. Il est créé par le présent Protocole un Comité de lutte contre l'exploitation illégale des ressources naturelles ;

2. Les Etats membres mettent à la disposition du Comité des ressources nécessaires afin qu'il puisse s'acquitter efficacement de sa mission.

Article 25 : Missions du Comité

1. Le Comité a pour mission de prévenir l'exploitation illégale des ressources naturelles ;

A cette fin, il est chargé de :

(a) examiner régulièrement la situation de chaque Etat membre de la Région des Grands Lacs du point de vue de la prévention de l'exploitation illégale des ressources naturelles ;
(b) Rassembler et analyser les informations en rapport avec ces questions ;
(c) Alerter, en temps utile, le secrétariat de la Conférence, afin que des mesures urgentes soient prises pour prévenir et arrêter des cas d'exploitation illégale des ressources naturelles qui se préparent ;
(d) Proposer des mesures spécifiques pour lutter efficacement contre l'impunité dans les cas d'exploitation illégale des ressources naturelles ;
(e) Promouvoir des stratégies de sensibilisation pour amener tous les acteurs sociaux, y compris les populations, à s'impliquer de façon active dans la lutte contre l'exploitation illégale des ressources naturelles ;
(f) Collecter et diffuser l'information pertinente entre les Etats membres ;
(g) Organiser régulièrement des programmes de formation pertinents à l'intention des acteurs intéressés par la question de l'exploitation illégale de ressources naturelles ;
(h) Exercer toute autre tâche que le secrétariat de la Conférence peut lui confier ;

2. Le Comité accomplit ces différentes missions selon les modalités qu'il fixe dans son règlement intérieur.

Article 26 : Composition du Comité

1. Le Comité est composé d'une personne par Etat membre, désigné par son Gouvernement parmi des personnalités des deux sexes connues pour leur haute moralité, leur impartialité et leur compétence en matière de lutte contre l'exploitation illégale des ressources naturelles.

2. Les membres du Comité siègent à titre personnel.

Article 27 : Mandat des membres

1. Les membres du Comité sont désignés pour une période de quatre (4) ans, renouvelable une fois.

2. Lorsqu'un membre n'achève pas son mandat, un remplaçant de même nationalité est désigné par son Gouvernement pour la durée du mandat restant à courir.

3. Les membres du Comité conservent leur mandat jusqu'à l'entrée en fonctions de leurs successeurs, à l'exception du cas de décès survenu en cours de mandat.

4. Le Comité désigne son Secrétaire.

Article 28 : Vacances de siège

En cas de décès, de démission ou de toute autre cause de cessation de fonctions d'un membre du Comité, le Président du Comité en informe immédiatement le secrétariat de la Conférence qui déclare le siège vacant à compter de la date du décès ou de la date à laquelle la démission prend effet.

Article 29 : Suspension ou cessation du mandat

1. Un membre ne peut être suspendu ou relevé de ses fonctions que si, de l'avis unanime des autres membres du Comité, il ne remplit plus les conditions requises.

2. Dans ce cas, la décision de suspendre le mandat ou d'y mettre fin est prise par le Comité Régional Interministériel de la Conférence.

Article 30 : Présidence du Comité

1. Le Comité élit son Président, son Vice-président et son Rapporteur pour une période de deux ans renouvelable une fois.

2. Les fonctions du Président, du Vice-président et Rapporteur sont définies dans le règlement intérieur du Comité.

Article 31 : Réunions du Comité

1. Le Comité se réunit autant de fois que de besoin et au moins deux fois par an sur convocation de son Président. Le quorum est fixé à deux tiers des membres.

2. Le Comité prend ses décisions à la majorité absolue des membres présents. En cas de partage des voix, la voix du Président est prépondérante.

Article 32 : Collaboration

Dans l'accomplissement de sa mission, le Comité collabore avec les Etats membres, la Commission africaine des droits de l'homme et des peuples, les organisations de la société civile, les institutions des Nations Unies et tout organe susceptible de lui fournir des informations pertinentes.

Article 33 : Droit applicable

Le Comité applique les dispositions du présent Protocole ainsi que tout autre instrument pertinent ratifié par l'Etat membre concerné.

Article 34 : Méthode d'enquête

Le Comité peut recourir à toute méthode d'enquête appropriée ; en particulier, il peut entendre toute personne susceptible de l'éclairer.

Article 35 : Rapport sur les activités du Comité

Le Comité présente un rapport sur ses activités et propose des recommandations à chaque session ordinaire du Comité Interministériel Régional qui fait rapport à la session ordinaire du Sommet de la Conférence.

Article 36 : Mise en place du premier Comité

1. Dès l'entré en vigueur du présent Protocole, les membres du Comité sont désignés selon les conditions établies dans les articles pertinents.

2. Le Secrétariat de la Conférence convoque la première réunion du Comité.

Chapitre IV :

Article 37 : Dispositions finales

1. Ce Protocole fait partie intégrante du Pacte et ne doit pas être sujet à une signature et à une ratification séparées par les Etats membres.

2. A l'égard de tout Etat membre qui a ratifié le Pacte, conformément aux termes de l'article 30 dudit Pacte, ce Protocole entre en vigueur automatiquement, au même moment que le Pacte, conformément à l'article 33 dudit Pacte.

3. Aucune disposition de ce Protocole ne sera interprétée comme contraire à celles du Pacte, de l'Acte Constitutif de l'Union Africaine et de la Charte des Nations Unies.

30 Novembre 2006 *

§ II : Les Protocoles relatifs à la situation des personnes

Il s'agit du Protocole sur la coopération judiciaire (art. 7) ; le Protocole sur la prévention et la répression du crime de génocide, des crimes de guerre et des crimes contre l'humanité et de toute forme de discrimination (art. 8) ; le Protocole sur la prévention et la répression de la violence sexuelle à l'égard des femmes et des enfants (art.11) ; le Protocole sur la protection et l'assistance aux personnes déplacées (art. 12) ; le Protocole sur les droits à la propriété des rapatriés (art. 13).

1 : Protocole sur la Prévention et la répression de la violence sexuelle contre les femmes et les enfants

Préambule

Nous, Chefs d'Etat et de Gouvernement des Etats membres de la Conférence Internationale sur la Région des Grands Lacs,

Considérant notre Déclaration sur la Paix, la Sécurité, la Démocratie et le Développement dans la région des Grands Lacs adoptée et signée le 20 novembre 2004 à Dar-es-Salaam, et plus particulièrement son article 6 aux termes duquel les Etats membres se disent profondément préoccupés par la violence sexuelle, l'exploitation des femmes et des jeunes filles et leur utilisation comme esclaves sexuelles ;

Réaffirmant notre engagement à mettre en œuvre les dispositions de la Déclaration de Dar-es-Salaam au nom de nos peuples, et plus particulièrement son article 67 aux termes duquel les Etats membres se sont engagés à mettre en place notamment des mécanismes régionaux pour offrir une assistance juridique aux femmes et aux jeunes filles victimes et rescapées de viol et de tout autre acte de violence et d'exploitation sexuelles ;

Exprimant notre engagement à appliquer la résolution 1325 du Conseil de sécurité des Nations Unies relative à la protection des femmes et des enfants en période de conflit armé ;

Conscients de la fréquence élevée et de la recrudescence des actes de violence sexuelle dans la région des Grands Lacs et de leur effet destructeur sur la vie, la santé et le bien-être physique, sexuel, psychologique, social et économique des femmes et des enfants ;

Profondément préoccupés par le fait que la violence sexuelle telle qu'elle est perpétrée dans la région des Grands Lacs vise délibérément les filles et les enfants comme un moyen de réaliser les objectifs des conflits armés qui ont un effet d'entraînement dans la région ;

Conscients que la violence sexuelle est une forme de violence sexiste qui empêche sérieusement les femmes de contribuer au développement et d'en bénéficier, ainsi que de jouir des droits de l'homme et des peuples et des libertés fondamentales, tant dans la vie privée que dans la vie publique, en temps de paix comme en période de conflit armé, ce qui est contraire, sans que cette énumération soit limitative, aux dispositions de la Charte des Nations Unies de 1945, de la Résolution 1325 du Conseil de sécurité, de la Déclaration universelle des droits de l'homme de 1948, de la Convention pour la prévention et la répression du crime de génocide de 1948, de la Convention sur l'élimination de toutes formes de discrimination à l'égard des femmes, de la Convention relative aux droits de l'enfant de 1989, du Protocole visant à prévenir, réprimer et punir la traite des personnes, en particulier des femmes et des enfants de 2000, de la Charte africaine des droits de l'homme et des peuples de 1981 ainsi que du Protocole à la Charte africaine sur les droits de l'homme et des peuples, relatif aux droits de la femme en Afrique de 2003 ;

Convenons de ce qui suit :

Article premier : Définitions

Aux fins du présent Protocole, sauf lorsque le contexte en décide autrement, on entend par :

1. Enfant : tout être humain âgé de moins de dix-huit ans sauf si la majorité est atteinte plus tôt en vertu de la législation qui lui est applicable ;

2. Crimes contre l'humanité : l'un quelconque des actes ci-après commis dans le cadre d'une attaque généralisée ou systématique dirigée contre une population civile quelle qu'elle soit, en ayant connaissance de l'attaque :

a. Meurtre :
b. Extermination ;
c. Réduction en esclavage ;
d. Déportation ou transfert forcé de population ;
e. Emprisonnement ou autre forme de privation grave de liberté physique en violation des dispositions fondamentales du droit international ;
f. Torture ;
g. Viol, esclavage sexuel, prostitution forcée, grossesse forcée, stérilisation forcée ou toute autre forme de violence sexuelle de gravité comparable ;

h. Persécution de tout groupe ou de toute collectivité identifiable, pour des motifs d'ordre politique, racial, national, ethnique, culturel, religieux ou sexiste ou en fonction d'autres critères universellement reconnus comme inadmissibles en droit international, en corrélation avec tout acte visé dans le présent paragraphe ou tout crime relevant de la compétence du droit pénal international ;
i. Disparition forcée de femmes et d'enfants ;
j. Le crime d'apartheid commis à l'encontre de femmes et d'enfants ;
k. Autres actes inhumains de caractère analogue causant intentionnellement de grandes souffrances ou portant atteinte grave à l'intégrité physique ou à la santé physique ou mentale des femmes et des enfants ;

3. Genre et ses formes dérivées : visent les relations sociales entre les hommes et les femmes, suivant le contexte de la société ;

4. Génocide : l'un quelconque des actes ci-après, commis dans l'intention de détruire, en tout ou en partie, un groupe national, ethnique, racial ou religieux comme tel :

a. Meurtre de membres du groupe ;
b. Atteinte grave à l'intégrité physique ou mentale de membres du groupe ;
c. Soumission intentionnelle du groupe à des conditions d'existence devant entraîner sa destruction physique totale ou partielle ;
d. Mesures visant à entraver les naissances au sein du groupe ;
e. Transfert forcé d'enfants du groupe à un autre groupe ;

5. Violence sexuelle : tout acte qui viole la liberté du consentement à l'acte sexuel et l'intégrité physique des femmes et des enfants au regard du droit international notamment, sans que cette énumération soit limitative :

a) le viol ;
b) les agressions sexuelles ;
c) les agressions graves à l'intégrité physique ;
d) les atteintes portées aux organes reproductifs féminins ou la mutilation de ceux-ci ;
e) l'esclavage sexuel ;
f) la prostitution forcée ;
g) la grossesse forcée ;
h) la stérilisation forcée ;
i) les pratiques néfastes, notamment tout comportement, attitude et/ou pratique qui affecte négativement les droits fondamentaux des femmes et des enfants, tels que leur droit à la vie, à la santé, à la dignité, à l'éducation et à l'intégrité physique, ainsi que définie dans

le Protocole à la Charte africaine des droits de l'homme et des peuples relatif aux droits de la femme en Afrique ;

j) l'exploitation sexuelle des femmes et des enfants ou le fait de les contraindre à effectuer des travaux domestiques ou à servir de réconfort sexuel ;
k) la traite et l'introduction clandestine des femmes et des enfants à des fins d'esclavage ou d'exploitation sexuels ;
l) la réduction en esclavage par l'exercice de l'un quelconque ou de l'ensemble des pouvoirs liés au droit de propriété sur la femme, y compris dans le cadre de la traite des femmes et des enfants ;
m) les avortements ou les grossesses forcés, résultant de la détention illégale d'une femme ou d'une jeune fille mise enceinte de force, dans l'intention de modifier la composition de l'identité d'une population ou de commettre d'autres violations graves du droit international, et dans le but de causer des humiliations, des douleurs et des souffrances d'ordre physique, social et psychologique aux femmes et aux jeunes filles, et de les asservir ;
n) le fait d'infecter des femmes et des enfants par des maladies sexuellement transmissibles, notamment le VIH/SIDA ; et
o) tout autre acte ou forme de violence sexuelle de gravité comparable ;

6. Violence sexuelle : signifie également la violence fondée sur le sexe qui est exercée contre une femme parce qu'elle est une femme ou qui touche spécialement la femme, notamment tous les actes qui infligent des souffrances d'ordre physique, mental ou sexuel, la menace de tels actes, la contrainte et autres privations de liberté, selon la définition qu'en donne la Recommandation générale 19 du Comité des Nations Unies pour l'élimination de toutes les formes de discrimination à l'égard des femmes ;

7. Traite des êtres humains : le recrutement, le transport, le transfert, l'hébergement ou l'accueil de personnes, par la menace de recours ou le recours à la force ou à d'autres formes de contrainte, par enlèvement, fraude, tromperie, abus d'autorité ou d'une situation de vulnérabilité, par l'offre ou l'acceptation de paiement ou d'avantages pour obtenir le consentement d'une personne ayant autorité sur une autre aux fins d'exploitation. L'exploitation comprend, au minimum, l'exploitation de la prostitution d'autrui ou d'autres formes d'exploitation sexuelle, le travail ou les services forcés, l'esclavage ou les pratiques similaires à l'esclavage, la servitude ou le prélèvement d'organes ;

8. Crimes de guerre : les infractions graves aux Conventions de Genève du 12 aout 1949, à savoir l'un quelconque des actes ci-après lorsqu'ils visent des personnes ou des biens protégés par les dispositions des Conventions de Genève :

a) l'homicide volontaire

b) la torture ou les traitements inhumains, y compris les expériences biologiques ;
c) le fait de causer intentionnellement de grandes souffrances ou porter gravement atteinte à l'intégrité physique ou à la santé ;
d) la destruction et l'appropriation de biens, non justifiées par des nécessités militaires et exécutées sur une grande échelle de façon illicite et arbitraire ;
e) le fait de contraindre un prisonnier de guerre ou une personne protégée à servir dans les forces d'une puissance ennemie ;
f) le fait de priver intentionnellement un prisonnier de guerre ou une personne protégée de son droit d'être jugé régulièrement et impartialement ;
g) la déportation ou le transfert illégal ou la détention illégale ;
h) la prise d'otages ;

9. Femmes : les personnes de sexe féminin.

Article 2 : Objectifs

Les objectifs du présent Protocole sont les suivants :

1. Offrir une protection aux femmes et aux enfants contre l'impunité dont fait l'objet la violence sexuelle dans le contexte spécifique de la Région des Grands Lacs ;

2. Instituer un cadre juridique en vertu duquel les Etats membres s'engagent à poursuivre et à punir les auteurs de crimes de violence sexuelle dans la région des Grands Lacs ;

3. Etablir une base légale pour la remise des personnes et des fugitifs accusés d'avoir commis des infractions de violence sexuelle, sans préjudice du Protocole sur la coopération judiciaire ;

4. Prévoir la mise en place d'un mécanisme régional visant à offrir une assistance juridique, médicale, matérielle et sociale, notamment des services de conseils et une indemnisation, aux femmes et aux enfants victimes et rescapés de violence sexuelle dans la Région des Grands Lacs.

Article 3 : Principes en matière de lutte contre la violence sexuelle

1. Les Etats membres conviennent que les principes applicables en matière de lutte contre la violence sexuelle dans le cadre du présent Protocole découlent de l'évolution contemporaine en matière de criminalisation de la violence sexuelle et de répression des auteurs de violence sexuelles, conformément au droit pénal international.

2. Les Etats membres garantissent que la violence sexuelle est punissable en temps de paix et en période de conflit armé.

3. Les Etats membres conviennent que les mesures qu'ils ont prises pour protéger les femmes et les enfants de la violence sexuelle reposent sur les principes énoncés dans les instruments mentionnés dans le préambule du présent Protocole.

4. Les Etats membres sont encouragés à ratifier et à transposer dans leur droit interne la Convention sur l'élimination de toutes les formes de discrimination à l'égard des femmes, le Protocole visant à prévenir, réprimer et punir la traite des personnes, en particulier des femmes et des enfants, ainsi que le Protocole à la Charte africaine sur les droits de l'homme et des peuples, relatif aux droits de la femme en Afrique.

5. Les Etats membres s'engagent à respecter et à mettre en œuvre la Convention relative aux droits de l'enfant.

Article 4 : Catégories des crimes de violence sexuelle et éléments constitutifs

I. Le crime de violence sexuelle

Les Etats membres punissent toute personne qui, intentionnellement, en connaissance de cause, par imprudence ou par négligence, viole l'autonomie sexuelle et l'intégrité corporelle de toute femme ou de tout enfant en commettant, en aidant ou en encourageant à commettre l'un quelconque des actes de violence sexuelle visés aux alinéas 5 et 6 de l'article 1 du présent Protocole, sans le consentement éclairé ou la libre volonté de la femme concernée.

II. Violence sexuelle en corrélation avec la traite des femmes et des enfants

Les Etats membres punissent toute personne qui, intentionnellement, en connaissance de cause, par imprudence ou par négligence, commet ou aide à commettre l'un quelconque des actes de traite visant une femme ou un enfant, tels qu'ils sont définis à l'alinéa 7 de l'article 1 du présent Protocole.

III. Violence sexuelle en corrélation avec le crime de génocide

Les Etats membres punissent toute personne qui viole l'autonomie sexuelle et l'intégrité corporelle de toute femme ou de tout enfant en commettant, en aidant ou en encourageant à commettre l'un quelconque des actes de violence sexuelle visés aux alinéas 5 et 6 de l'article 1 en corrélation avec la commission de crimes contre l'humanité tels que définis à l'alinéa 2 de l'article 1 du présent Protocole et dans les Conventions de Genève du 12 août 1949.

Article 5 : Peine maximale

1. Les Etats membres encouragent le prononcé d'une peine maximale d'emprisonnement conformément à ce que prévoit la législation nationale à l'encontre de toute personne reconnue coupable d'un crime de violence sexuelle contre une femme ou un enfant, sans préjudice de l'imposition d'une peine d'emprisonnement plus forte ou de toute autre sanction plus sévère prévue pour un tel crime.
2. Les Etats membres veillent à ce que les personnes reconnues coupables de violence sexuelle fassent l'objet de mesures de rééducation et de réadaptation sociales pendant qu'elles purgent leur peine.

Article 6 : Mesures régionales contre la violence sexuelle

1. En application du présent Protocole, les Etats membres conviennent que chacun d'entre eux peut transmettre à un autre Etat membre une demande écrite, accompagnée de pièces justificatives, le priant d'arrêter et de lui remettre une personne accusée d'un crime de violence sexuelle.
2. La demande est transmise par voie diplomatique entre les Etats membres.
3. Les Etats membres conviennent que l'Etat requis devra coopérer avec l'Etat requérant et se conformer sans délai à la demande tendant à l'arrestation d'une personne accusée d'un crime de violence sexuelle et à sa remise à l'Etat requérant.
4. Les Etats membres conviennent de simplifier les procédures permettant aux femmes, aux enfants et aux autres parties intéressées de porter plainte pour violence sexuelle.
5. Les Etats membres conviennent que les procédures pour engager des poursuites pénales contre des personnes accusées de crimes de violence sexuelle doivent tenir compte de l'état émotionnel des victimes et rescapés de tels crimes. Dans le cadre de ces procédures, les victimes et rescapés déposent en audience à huis clos ou par vidéoconférence et ne sont ni tenus ni forcés de témoigner en audience publique ; dans le cadre de la défense d'une personne accusée d'un crime de violence sexuelle, il est interdit de dénigrer leur réputation ou leur intégrité.
6. Les Etats membres reconnaissent que les crimes de violence sexuelle dans le Région des Grands Lacs sont imprescriptibles et assument dès lors la responsabilité de veiller à ce que les victimes et rescapés de violence sexuelle obtiennent réparation des auteurs de ces crimes.
7. Les Etats membres mettent en place les moyens juridiques et médicaux voulus pour aider les victimes et rescapés d'actes de violence sexuelle ainsi qu'un fonds national pour sensibiliser les

auteurs de ces crimes au caractère répréhensible de leur comportement sexuel.

8. Les Etats membres peuvent, aux termes de leur responsabilité énoncée à l'alinéa 6 du présent article créer, dans le cadre du fonds régional de reconstruction et de développement, un centre spécial destiné à offrir une assistance sociale et juridique, des soins médicaux, des conseils et une formation aux victimes et rescapés de violence sexuelle, et notamment à ceux qui s'avéreraient incapables d'identifier les auteurs des actes commis contre eux ainsi qu'à assurer leur réadaptation et réinsertion.
9. Les Etats membres conviennent de créer un centre régional spécial destiné à former et à sensibiliser le personnel judiciaire, les forces de police, les assistants sociaux, le personnel médical et d'autres catégories de personnes qui s'occupent des cas de violence sexuelle dans la Région des Grands Lacs.
10. Les Etats membres conviennent d'harmoniser l'ensemble de leur législation interne et de leurs procédures pénales applicables conformément aux dispositions du présent Protocole.

Article 7 : Dispositions finales

1. Ce Protocole fait partie intégrante du Pacte et ne doit pas être sujet à une signature et à une ratification séparée par les Etats membres.

2. A l'égard de tout Etat membre qui a ratifié le Pacte, conformément aux termes de l'article 30 dudit Pacte, ce Protocole entre en vigueur automatiquement.

3. Aucune disposition de ce Protocole ne sera interprétée comme contraire à celles du Pacte, l'Acte Constitutif de l'Union Africaine et de la Charte des Nations Unies.

2 : Protocole sur la protection et l'assistance à apporter aux personnes déplacées à l'intérieur de leur propre pays

Préambule

Nous, Chefs d'Etat et de Gouvernement des Etats membres de la Conférence Internationale sur la Région des Grands Lacs,

Considérant notre Déclaration sur la paix, la Sécurité, la Défense et le Développement dans la Région des Grands Lacs adopté et signé le 20 novembre 2004 à Dar-es-Salaam ;

Réaffirmant notre engagement à mettre en œuvre les dispositions de ladite Déclaration de Dar-es-Salaam au nom de nos peuples ;

Rappelant en particulier son article 58 dans lequel nous nous sommes engagés à « respecter et faire usage des Principes directeurs relatifs au déplacement de personnes à l'intérieur de leur propre pays, tels que proposés par le Secrétariat des Nations Unies, à harmoniser toutes les législations pertinentes et à définir un cadre national et régional pour le contrôle et le suivi des normes qui y sont inscrites et qui ont trait à l'accès et à la protection des populations sinistrées, des déplacés internes, des femmes et des enfants victimes des conflits » ;

Conscients de l'appel lancé en 2005 par le Secrétaire général de l'Organisation des Nations Unies dans lequel celui-ci engageait les Etats membres de l'Organisation à adopter les Principes directeurs relatifs au déplacement des personnes à l'intérieur de leur propre pays comme norme fondamentale internationale pour la protection de ces personnes et à prendre l'engagement de promouvoir l'adoption de ces principes dans le cadre de leur législation nationale ;

Notant la reconnaissance des Principes directeurs sur le déplacement de personnes à l'intérieur de leur propre pays comme cadre international important pour la protection de ces personnes par les Etats membres de l'Organisation des Nations Unies à l'issue du Sommet des Nations Unies en septembre 2005 ;

Profondément préoccupés par le fait que le phénomène du déplacement de personnes à l'intérieur de leur propre pays continue de s'amplifier à un point tel qu'il est nécessaire de s'occuper du sort de ces personnes et d'éliminer les causes profondes de leur déplacement dans la région des Grands Lacs ;

Conscients du fait qu'il n'existe pas au niveau international ou régional de régime juridique cohérent ni d'institution mandatée pour apporter une protection et une assistance aux personnes déplacées à l'intérieur de leur propre pays ;

Convenons de ce qui suit :

Article 1 : Définitions

Aux fins du présent Protocole, sauf lorsque le contexte en décide autrement, en entend par :

1. Autorités : les autorités nationales et gouvernementales de la région des Grands Lacs ;
2. Groupes : dans les Principes directeurs, s'entend des groupes armés dans la région des Grands Lacs ;
3. Principes directeurs : les Principes directeurs relatifs au déplacement de personnes à l'intérieur de leur propre pays, tels que proposés par le Secrétaire général des Nations Unies ;
4. Personnes déplacées à l'intérieur de leur propre pays : des personnes ou groupes de personnes forcés ou contraints à fuir ou à quitter leur foyer ou leur lieu de résidence habituel, notamment en raison d'un

conflit armé, de situations de violence généralisée, de violations des droits de l'homme ou de catastrophes naturelles ou provoquées par l'homme ou pour en éviter les effets, et n'ayant pas franchi les frontières internationalement reconnues d'un Etat ;

5. Personnes déplacées à l'intérieur de leur propre pays : s'entend également des personnes ou groupes de personnes forcés ou contraints à fuir ou à quitter leur foyer ou leur lieu de résidence habituel, notamment en raison de projets de développement de vaste envergure ou pour en éviter les effets, et qui n'ayant pas franchi les frontières internationalement reconnues d'un Etat.

Article 2 : Objectifs

Les objectifs du présent Protocole sont les suivants :

1. Etablir un cadre juridique dans la Région des Grands Lacs pour faire en sorte que les Etats membres adoptent et mettent en œuvre les Principes directeurs relatifs au déplacement de personnes à l'intérieur de leur propre pays ;

2. Veiller à ce que les Etats membres prennent les dispositions juridiques nécessaires pour assurer la sécurité physique des personnes déplacées à l'intérieur de leur propre pays et répondent à leurs besoins matériels conformément aux Principes directeurs ;

3. Fournir aux Etats membres une base juridique leur permettant de transposer les Principes directeurs en droit interne ;

4. Engager les Etats membres à prévenir et à éliminer les causes profondes des déplacements de populations ;

Article 3 : Responsabilité de la protection des personnes déplacées à l'intérieur de leur propre pays

1. Les Etats membres s'engagent à prévenir les déplacements arbitraires et à en éliminer les causes profondes.

2. Les Etats membres atténuent dans toute la mesure du possible les conséquences des déplacements provoqués par des catastrophes ;

3. Les Etats membres reconnaissent que c'est à eux qu'incombe en premier lieu la responsabilité de garantir la sécurité physique et matérielle des personnes déplacées à l'intérieur de leur propre pays au cours de leur fuite, dans les lieux où elles ont été déplacées et lors de leur retour, ou de leur réinstallation, ailleurs sur le territoire de l'Etat.

4. Il incombe aux Etats membres d'évaluer les besoins des personnes déplacées à l'intérieur de leur propre pays et de les aider, dans la mesure nécessaire, à se faire inscrire sur les registres prévus à cet effet. Dans de tels

cas, les Etats membres tiennent une base nationale de données pour l'inscription de ces personnes.

5. Les Etats membres créent et désignent les organes de l'Etat chargés des plans d'intervention d'urgence en cas de catastrophes et de la coordination de la protection et de l'assistance à apporter aux personnes déplacées à l'intérieur de leur propre pays, ainsi que les services de liaison chargés de la coopération avec les organismes internationaux et les éléments de la société civile qui s'occupent de ces personnes.

6. Les Etats membres prennent les dispositions voulues pour que le personnel humanitaire puisse avoir accès rapidement et librement aux personnes déplacées à l'intérieur de leur propre pays et leur apporter de l'aide.

7. Les Etats membres assurent la sûreté et la sécurité du personnel humanitaire dans les zones de déplacement.

8. Les Etats membres prennent acte de l'obligation qu'a le personnel humanitaire d'observer et de respecter les lois du pays où il intervient.

9. Les Etats membres sauvegardent et maintiennent le caractère civil et humanitaire de la protection des personnes déplacées à l'intérieur de leur propre pays ; acceptent et respectent l'obligation qu'ont les organes de la communauté internationale d'apporter une protection et une assistance à ces personnes.

Article 4 : Portée de la protection

1. Les Etats membres s'engagent à :

a. Respecter les principes du droit international humanitaire et des droits de l'homme applicables à la protection des personnes déplacées à l'intérieur de leur propre pays en général et ceux qui figurent dans les Principes directeurs en particulier ;
b. Respecter et appliquer la Résolution 1296 du Conseil de sécurité relative à la protection des civils en période de conflit armé et la Résolution 1325 du Conseil de Sécurité relative à la protection des femmes et à leur rôle en période de conflit armé, notamment à leur participation à la prise de décisions et à la gestion des programmes en ce qui concerne leur sécurité, leur bien-être, leurs besoins en matière de santé, leur prise en charge sanitaire, leurs droits en matière de procréation, la distribution de vivres et le processus de retour ;
c. Offrir une protection spéciale aux populations déplacées, notamment aux communautés rurales, aux éleveurs et aux autres groupes qui ont vis-à-vis de leurs terres un lien de dépendance ou un attachement particuliers, conformément aux dispositions du Pacte international

relatif aux droits civils et politiques de 1966, de la Charte africaine des droits de l'homme et des peuples de 1981 et des Principes directeurs sur le déplacement des personnes à l'intérieur de leur propre pays ;

d. Offrir une protection spéciale aux femmes, aux enfants, aux personnes vulnérables et aux personnes déplacées souffrant d'incapacités ;

e. Accordent une protection et une assistance aux communautés résidant dans les régions accueillant des personnes déplacées à l'intérieur de leur propre pays, selon les besoins de ces communautés ;

f. Veiller à ce que les personnes déplacées à l'intérieur de leur propre pays puissent s'établir dans des zones sûres et dans des conditions satisfaisantes sur le plan de la dignité, de l'hygiène, de l'approvisionnement en eau et en vivres et du logement, loin des zones de conflits armés et de danger, en tenant compte des besoins particuliers des femmes, des enfants, des personnes vulnérables et des personnes souffrant d'incapacités ;

g. Garantir le droit de circuler librement et de choisir sa résidence dans les zones d'installation désignées, sauf lorsque des restrictions justifiées et proportionnelles aux exigences de la situation doivent être imposées pour maintenir la sécurité publique, l'ordre public et la santé publique ;

h. Faciliter la réunification des familles et offrir, le cas échéant, une protection spéciale aux familles formées de personnes appartenant à des ethnies différentes ;

i. Respecter les principes humanitaires et les normes déontologiques régissant l'octroi d'une assistance aux personnes déplacées à l'intérieur de leur propre pays qui en ont besoin ;

j. Créer dans la région des Grands Lacs un mécanisme régional pour assurer le suivi de la protection des personnes déplacées à l'intérieur de leur propre pays dans le cadre du présent Protocole à condition que ce mécanisme ne porte atteinte ni au contrôle qu'exercent la Commission des droits l'homme des Nations Unies, les organismes conventionnels ainsi que la Commission africaine et la Cour africaine des droits de l'homme et des peuples, ni au droit de ces personnes à saisir ces organismes de leurs griefs ;

k. Veiller à ce que le présent Protocole ne supprime pas le droit des personnes déplacées à l'intérieur de leur propre pays de demander l'asile et d'en bénéficier dans d'autres Etats, conformément aux dispositions de la Déclaration universelle des droits de l'homme de 1948 et de la Charte africaine des droits de l'homme et des peuples, ni ne déroge au principe fondamental de non-refoulement énoncé dans la Convention des Nations Unies relative au statut des réfugiés de 1951 et la Convention de l'Organisation de l'Unité africaine régissant les aspects propres aux problèmes des réfugiés en Afrique de 1969.

Article 5 : Déplacement dus à des projets de développement

1. Les Etats membres s'engagent, veillent à ce que les déplacements dus à des projets de développement de vaste envergure soient justifiés par des considérations impérieuses liées à l'intérêt supérieur du public et au développement. Les Etats veillent par conséquent à ce que toutes les autres possibilités de développement soient étudiées pour éviter tout déplacement dû à des projets de développement.

2. Les Etats membres s'engagent, en l'absence de toute autre solution, à éviter les déplacements arbitraires et prennent toutes les mesures nécessaires pour limiter les déplacements et atténuer les effets néfastes des déplacements dus à des projets de développement.

3. Dans tous les cas, les Etats membres obtiennent autant que possible le consentement libre et éclairé des personnes devant être déplacées avant de procéder à un déplacement justifié par des considérations impérieuses liées à l'intérêt supérieur public et au développement.

4. Les Etats membres informent pleinement les personnes déplacées des raisons et des modalités des déplacements dus à des projets de développement et, le cas échéant, des mesures d'indemnisation et de réinstallation.

5. Les Etats membres fournissent des lieux de réinstallation adéquats et habitables et veillent, dans toute la mesure du possible, à ce que les personnes déplacées par des projets de développement de vaste envergure soient convenablement logées et que leur déplacement se fasse dans des conditions satisfaisantes sur le plan de la sécurité, de l'alimentation, de la santé et de l'hygiène.

6. Les Etats membres veillent à la participation effective des personnes déplacées à l'intérieur de leur propre pays, en particulier les femmes, à la planification et à la gestion de leur réinstallation, ainsi que de leur retour, de leur réintégration et de leur réinstallation.

7. Les Etats membres s'engagent à assurer le retour et la réintégration ou réinstallation des personnes et populations déplacées, conformément au titre V des Principes directeurs.

Article 6 : Adoption et mise en œuvre des Principes directeurs

1. Les Etats membres s'engagent à adopter et à mettre en œuvre les Principes directeurs comme cadre régional permettant d'offrir une protection et une

assistance aux personnes déplacées à l'intérieur de leur propre pays dans la Région des Grands Lacs.

2. Les Etats membres acceptent d'utiliser l'ouvrage intitulé « Annotations aux Principes Directeurs Relatifs au Déplacement des Personnes à l'Intérieur de leur Propre Pays » comme source autorisée pour interpréter l'application des Principes directeurs.

3. Les Etats membres adoptent les lois nationales nécessaires pour transposer pleinement les Principes directeurs en droit interne et créeront dans leurs systèmes juridiques respectifs un cadre juridique permettant de les mettre en œuvre.

4. Les Etats membres s'engagent à veiller à ce que ces lois :

a. Adoptent la définition de « personnes déplacées à l'intérieur de leur propre pays » figurant aux paragraphes 4 et 5 de l'article 1 du présent Protocole ;
b. Fixent les modalités de réalisation des déplacements dus à des projets de développement ;
c. Désignent les organes de l'Etat chargés d'apporter une protection et une assistance aux personnes déplacées à l'intérieur de leur propre pays, des plans d'intervention en cas de catastrophes et de la mise en œuvre des lois transposant les Principes directeurs en droit interne ;
d. Mettent en place des mécanismes de dialogue et de coopération entre les organes de l'Etat, ceux de l'Organisation des Nations Unies et de l'Union africaine ainsi que la société civile ;
e. Facilitent la transposition de l'ensemble des Principes directeurs en droit interne.

5. Les Etats membres veillent à ce que les personnes déplacées à l'intérieur de leur propre pays participent effectivement à l'élaboration desdites lois.

Article 7 : Dispositions finales

1. Ce Protocole fait Partie intégrante du Pacte et ne doit pas être sujet à une signature et à une ratification séparée par les Etats membres.

2. A l'égard de tout Etat membre qui a ratifié le Pacte, conformément aux termes de l'article 30 dudit Pacte, ce Protocole entre en vigueur automatiquement.

3. Aucune disposition de ce Protocole ne sera interprétée comme contraire à celles du Pacte, de l'Acte Constitutif de l'Union Africaine et de la Charte des Nations Unies.

Annexes au Protocole

a : Principes directeurs relatifs au déplacement de personnes à l'intérieur de leur propre pays

Introduction, portée et objet

1. Les présents Principes directeurs visent à répondre aux besoins particuliers des personnes déplacées à l'intérieur de leur propre pays à travers le monde. Y sont identifiés les droits et les garanties concernant la protection des personnes contre les déplacements forcés et la protection et l'aide qu'il convient de leur apporter au cours du processus de déplacement, ainsi que pendant leur retour ou leur réinstallation et leur réintégration.

2. Aux fins des présents Principes directeurs, les personnes déplacées à l'intérieur de leur propre pays des personnes ou des groupes de personnes qui ont été forcés ou contraints à fuir ou à quitter leur foyer ou leur lieu de résidence habituel, notamment en raison d'un conflit armé, de situations de violence généralisée, de violations des droits de l'homme ou de catastrophes naturelles ou provoquées par l'Homme ou pour en éviter les effets, et qui n'ont pas franchi les frontières internationalement reconnues d'un Etat.

3. Les présents Principes s'inspirent du droit international relatif aux droits de l'Homme et le droit international humanitaire et sont compatibles avec eux. Ils visent à guider :

(a) le Représentant du Secrétaire général chargé de la question des personnes déplacées à l'intérieur de leur propre pays dans l'exercice de son mandat ;
(b) les Etats qui ont à faire face au phénomène des déplacements internes ;
(c) tous les autres groupes, autorités et individus concernés dans leurs relations avec les personnes déplacées à l'intérieur de leur propre pays ; et
(d) les organisations intergouvernementales et non gouvernementales dans les activités qu'elles consacrent au problème du déplacement interne.

4. Les présents Principes directeurs doivent être diffusés et appliqués sur une échelle aussi vaste que possible.

Titre premier : Principes généraux

Principe 1

1. Les personnes déplacées à l'intérieur de leur propre pays jouissent, sur un pied d'égalité, en vertu du droit international et du droit interne, des mêmes droits et libertés que le reste de la population du pays. Elles ne font, dans l'exercice des différents droits et libertés, d'aucune discrimination fondée

sur leur situation en tant que personnes déplacées à l'intérieur de leur propre pays.

2. Les présents Principes ne préjugent en rien de la responsabilité pénale des personnes en vertu du droit international, notamment en cas de génocide, de crime contre l'humanité et de crime de guerre.

Principe 2

1. Indépendamment de leur statut juridique, tous les groupes, autorités et personnes observent les présents Principes directeurs et les appliquent sans discrimination. L'observation des présents Principes n'a aucune incidence juridique sur le statut des autorités, des groupes ou des personnes concernées.

2. Les présents Principes ne seront pas interprétés comme restreignant, modifiant ou affaiblissant les dispositions d'un des instruments internationaux relatifs aux droits de l'homme ou au droit international humanitaire, ou les droits accordés aux personnes en vertu de la législation interne. En particulier, les présents Principes ne préjugent en rien du droit de chercher l'asile et d'en bénéficier en d'autres pays.

Principes 3

1. C'est aux autorités nationales qu'incombent en premier lieu le devoir et la responsabilité de fournir une protection et une aide aux personnes déplacées à l'intérieur de leur propre pays qui relèvent de leur juridiction.

2. Les personnes déplacées à l'intérieur de leur propre pays ont le droit de demander et de recevoir une protection et une aide humanitaire desdites autorités. Elles ne seront soumises à aucune persécution ou punition pour avoir formulée une telle demande.

Principe 4

1. Les présents Principes sont appliqués sans discrimination aucune fondée notamment sur la race, la couleur, le sexe, la langue, la religion ou la croyance, l'opinion politique ou autre, l'origine nationale, ethnique ou sociale, le statut juridique ou social, l'âge, l'incapacité, la propriété, la naissance ou tout autre critère similaire.

2. Certaines personnes déplacées à l'intérieur de leur propre pays, telles que les enfants, en particulier les mineurs non accompagnés, les femmes enceintes, les mères d'enfants en bas âge, les femmes chefs de famille, les personnes souffrant d'incapacités et les personnes âgées, ont droit à la protection et à la l'aide que nécessite leur condition et à un traitement qui tienne compte de leurs besoins particuliers.

Titre II : Principes relatifs à la protection contre le déplacement

Principe 5

Toutes les autorités et les membres concernés de la communauté internationale respectent les obligations qui leur incombent en vertu du droit international, notamment les droits de l'Homme et le droit humanitaire, et assurent leur respect en toutes circonstances de façon à prévenir et éviter les situations de nature à entrainer des déplacements de personnes.

Principe 6

1. Chaque être humain a le droit d'être protégé contre un déplacement arbitraire de son foyer ou de son lieu de résidence habituel.

2. L'interdiction des déplacements arbitraires s'applique aux déplacements :

(a) qui sont la conséquence de politiques d'apartheid, de politiques de ''nettoyage ethnique'' ou de pratiques similaires dont l'objectif ou la résultante est la modification de la composition ethnique, religieuse ou raciale de la population touchée ;
(b) qui interviennent dans des situations de conflit armé, à moins que la sécurité des personnes civiles concernées ou des raisons militaires ne les aient rendus nécessaires ;
(c) qui se produisent dans le contexte de projets de développement de vaste envergure qui ne sont pas justifiés par des considérations impérieuses liées à l'intérêt supérieur du public ;
(d) qui sont opérés en cas de catastrophe, à moins que la sécurité et la santé des personnes concernées n'exigent leur évacuation ; et
(e) qui sont utilisés comme un moyen de châtiment collectif.

3. Le déplacement ne doit pas durer plus longtemps que ne l'exigent les circonstances.

Principes 7

1. Avant toute décision tendant à déplacer des personnes, les autorités concernées font en sorte que toutes les autres possibilités soient étudiées afin d'éviter le recours à une telle mesure. Lorsqu'il n'y a pas d'autre choix, tout doit être fait pour que le nombre des personnes déplacées soit aussi restreint que possible et que les effets néfastes de l'opération soient limités.

2. Les autorités qui procèdent à un tel déplacement de population veillent, dans toute la mesure du possible, à ce que les personnes déplacées soient convenablement logées, à ce que l'opération se déroule dans des conditions satisfaisantes sur le plan de la sécurité, de l'alimentation, de la santé et de l'hygiène, et que les membres d'une même famille ne soient pas séparés.

3. Lorsque le déplacement a lieu dans des circonstances autres que la phase d'urgence d'un conflit armé ou d'une catastrophe, les garanties suivantes doivent être observées :

(a) toute décision sera prise par l'autorité étatique habilitée par la loi ;
(b) les dispositions nécessaires seront prises pour que les personnes déplacées soient pleinement informées des raisons et des modalités de leur déplacement et, le cas échéant, des mesures d'indemnisation et de réinstallation ;
(c) on s'efforcera d'obtenir le consentement libre et en connaissance de cause des personnes déplacées ;
(d) les autorités compétentes s'efforceront d'associer les personnes concernées, en particulier les femmes, à la planification et à la gestion de leur réinstallation ;
(e) des mesures de maintien de l'ordre seront, au besoin, prises par les autorités judiciaires compétentes, et
(f) le droit à un recours utile, y compris à un réexamen des décisions prises par les autorités judiciaires compétentes, sera respecté.

Principe 8

Il ne sera procédé à aucun déplacement de population en violation des droits à la vie, à la dignité, à la liberté et à la sécurité des personnes concernées

Principes 9

Les Etats ont l'obligation particulière de protéger contre le déplacement les populations indigènes, les minorités, les paysans, les éleveurs et autres groupes qui ont vis-à-vis de leurs terres un lien de dépendance et un attachement particuliers.

Titre III : Principes relatifs à la protection au cours du déplacement

Principe 10

1. Chaque être humain a un droit inhérent à la vie qui est protégé par la loi. Nul ne peut être arbitrairement privé de la vie. Les personnes déplacées à l'intérieur de leur propre pays seront protégées en particulier contre :

(a) le génocide ;
(b) l'assassinat ;
(c) les exécutions sommaires ou arbitraires ; et
(d) les disparitions forcées, y compris l'enlèvement ou la détention non reconnue, quand il y a menace de mort ou mort d'Homme.

La menace du recours ou l'incitation à un des actes susmentionnés sont interdites.

2. Les attaques ou autres actes de violence contre des personnes déplacées à l'intérieur de leur propre pays qui ne participent pas ou ne participent plus aux hostilités sont interdits en toutes circonstances. Les personnes déplacées seront protégées en particulier contre :

(a) les attaques directes ou aveugles ou d'autres actes de violence, y compris la délimitation de zones dans lesquelles les attaques contre les civils sont autorisées ;
(b) l'utilisation de la faim comme méthode de combat,
(c) l'utilisation des personnes déplacées comme bouclier pour protéger des objectifs militaires contre des attaques ou pour couvrir, favoriser ou empêcher des opérations militaires ;
(d) les attaques visant les camps ou les zones d'installation des personnes déplacées ; et
(e) l'utilisation de mines terrestres antipersonnel.

Principes 11 :

1. Chacun a droit à la dignité et à l'intégrité physique, mentale et morale.

2. Les personnes déplacées à l'intérieur de leur propre pays, que leur liberté ait fait l'objet de restrictions ou non, seront protégées en particulier contre :

(a) le viol, la mutilation, la torture, les traitements ou peines cruels, inhumains ou dégradants et autres atteintes à leur dignité telles que les actes de violence visant spécifiquement les femmes, la prostitution forcé et toute forme d'atteinte à la pudeur ;
(b) l'esclavage ou toute forme contemporaine d'esclavage (vente à des fins de mariage, exploitation sexuelle, travail forcé des enfants, etc.) ; et
(c) les actes de violence visant à semer la terreur parmi les personnes déplacées à l'intérieur de leur propre pays.

La menace du recours ou l'incitation à un des actes susmentionnés sont interdites.

Principe 12 :

1. Tout individu a droit à la liberté et à la sécurité de sa personne. Nul ne peut faire l'objet d'une arrestation ou d'une détention arbitraire.

2. Pour donner effet à ce droit reconnu aux personnes déplacées à l'intérieur de leur propre pays, il est interdit de les enfermer ou de les confiner dans un camp. Si, dans des circonstances exceptionnelles, de telles mesures s'avèrent absolument nécessaires, elles ne doivent pas durer plus longtemps que ne l'exigent ces circonstances.

3. Les personnes déplacées à l'intérieur de leur propre pays seront protégées contre toute arrestation et détention discriminatoires du fait de leur déplacement.

4. En aucun cas les personnes déplacées à l'intérieur de leur propre pays ne seront prises comme otages.

Principe 13

1. En aucune circonstance les enfants déplacés ne seront enrôlés dans une force armée ou, obligés ou autorisés à participer à des combats.

2. Les personnes déplacées à l'intérieur de leur propre pays seront protégées contre les pratiques discriminatoires consistant à tirer parti de leur situation pour les enrôler dans des forces ou des groupes armés. En particulier, toute pratique cruelle, inhumaine ou dégradante visant à contraindre une personne déplacée à accepter d'être enrôlée dans un groupe armé ou à la punir en cas de refus est interdite quelque soit les circonstances.

Principe 14

1. Chaque personne déplacée à l'intérieur de son propre pays a le droit de circuler librement et de choisir librement son lieu de résidence ;

2. Les personnes déplacées à l'intérieur de leur propre pays ont, en particulier, le droit d'entrer et de sortir librement des camps ou d'autres zones d'installation.

Principe 15

Les personnes déplacées à l'intérieur de leur propre pays ont :

(a) le droit de rechercher la sécurité dans une autre partie du pays ;
(b) le droit de quitter leur pays ;
(c) le droit de demander l'asile dans un autre pays ; et
(d) le droit d'être protégées contre le retour ou la réinstallation forcés dans tout lieu où leur vie, leur sécurité, leur liberté et/ou leur santé seraient en danger.

Principe 16

1. Toutes les personnes déplacées à l'intérieur de leur propre pays ont le droit d'être informées du sort de leurs proches portés disparus et du lieu où ils se trouvent.

2. Les autorités concernées s'efforceront de déterminer le sort et le lieu des personnes déplacées à l'intérieur de leur propre pays portées disparues et coopèrent avec les organisations internationales qui se consacrent à cette tâche. Elles tiennent les proches au courant des progrès de leurs recherches et les informent de tout élément nouveau.

3. Les autorités concernées s'efforceront de récupérer et d'identifier les restes des personnes décédées, d'empêcher leur profanation ou mutilation, de faciliter leur restitution aux proches ou d'en disposer d'une manière respectueuse.

4. Les sépultures des personnes déplacées à l'intérieur de leur propre pays sont protégées en toutes circonstances. Les personnes déplacées à l'intérieur de leur propre pays ont le droit d'accéder aux sépultures de leurs proches décédés.

Article 17

1. Chacun a droit au respect de sa vie familiale.

2. Afin de donner effet à ce droit reconnu aux personnes déplacées à l'intérieur de leur propre pays, les membres d'une famille qui souhaitent rester ensemble seront autorisés à le faire.

3. Les familles séparées par suite de leur déplacement doivent être réunifiées aussi rapidement que possible. Toutes les mesures requises seront prises pour accélérer la réunification de ces familles, notamment lorsqu'il y a des enfants. Les autorités responsables faciliteront les recherches faites par les membres d'une famille, encourageront l'action des organisations humanitaires qui œuvrent pour la réunification des familles et coopéreront avec elles.

4. Les membres des familles déplacées à l'intérieur de leur propre pays, dont on a restreint la liberté en les enfermant ou en les confinant dans des camps, ont le droit de rester ensemble.

Principe 18

1. Toutes les personnes déplacées à l'intérieur de leur propre pays ont droit à un niveau de vie suffisant.

2. Au minimum, quelles que soient les circonstances et sans discrimination aucune, les autorités compétentes assurent aux personnes déplacées à l'intérieur de leur propre pays les services suivants et leur permettant d'y accéder en toute sécurité :

(a) aliments de base et eau potable ;
(b) abri et logement ;
(c) vêtements décents ; et
(d) services médicaux et installations sanitaires essentiels.

3. Des efforts particuliers seront faits pour assurer la pleine participation des femmes à la planification et à la distribution des fournitures de première nécessité.

Principe 19

1. Toutes les personnes déplacées à l'intérieur de leur pays qui sont blessées ou malades, ainsi que celles qui sont handicapées, recevront, dans toute la mesure du possible et dans les meilleurs délais, les soins médicaux et l'attention dont elles ont besoin, sans distinction aucune fondée sur des motifs extra-médicaux. Au besoin, les personnes déplacées à l'intérieur de leur propre pays auront accès à des services d'assistance psychologique et sociale.

2. Une attention particulière doit être accordée aux besoins des femmes dans le domaine de la santé, notamment à leur accès aux prestataires et aux services de soins de santé, tels que les soins de santé en matière de reproduction, ainsi qu'aux services de consultation requis dans le cas des victimes de sévices sexuels et autres.

3. Une attention particulière doit être accordée en outre à la prévention des maladies contagieuses et infectieuses, y compris le SIDA, parmi les personnes déplacées à l'intérieur de leur propre pays.

Principe 20

1. Chacun a le droit à la reconnaissance en tous lieux de sa personnalité juridique.

2. Pour donner effet à ce droit reconnu aux personnes déplacées à l'intérieur de leur propre pays, les autorités concernées leur délivreront les documents dont elles ont besoin (passeport, papiers d'identité, attestation de naissance, attestation de mariage, etc.) pour qu'elles puissent jouir de leurs droits. Elles leur faciliteront en particulier l'obtention de nouveaux documents ou le remplacement des documents perdus durant le processus de déplacement sans leur imposer des conditions excessives, telles que le retour dans le lieu de résidence habituel pour se faire délivrer ces documents ou d'autres papiers nécessaires.

3. Les femmes et les hommes pourront obtenir de tels documents sur un pied d'égalité et auront le droit de se les faire délivrer à leur propre nom.

Principe 21 :

1. Nul ne peut être arbitrairement privé de sa propriété et de ses possessions.

2. La propriété et les possessions des personnes déplacées à l'intérieur de leur propre pays seront en toutes circonstances protégées, en particulier contre les actes suivants :

(a) le pillage ;
(b) les attaques directes ou aveugles ou d'autres actes de violence ;

(c) l'utilisation en guise de bouclier pour des opérations ou des objectifs militaires ;
(d) l'utilisation comme objets de représailles ; et
(e) la destruction ou l'appropriation en tant que mesure de châtiment collectif.

3. La propriété et les possessions laissées par les personnes déplacées à l'intérieur de leur propre pays au moment de leur départ doivent être protégées contre la destruction, ainsi que l'appropriation, l'occupation ou l'utilisation arbitraires et illégales.

Principes 22

1. L'exercice des droits suivants par les personnes déplacées à l'intérieur de leur propre pays qu'elles vivent dans des camps ou ailleurs, ne doit faire l'objet d'aucune discrimination fondée sur leur situation de personnes déplacées internes :

(a) droits à la liberté de pensée, de conscience, de religion ou de conviction, d'opinion et d'expression ;
(b) droit de rechercher librement un emploi et de participer aux activités économiques ;
(c) droit à la liberté d'association et de participation sur un pied d'égalité aux affaires de la communauté ;
(d) droit de voter et de prendre part aux affaires gouvernementales et publiques, y compris le droit d'accéder aux moyens nécessaires pour exercer ce droit ; et
(e) droit de communiquer dans une langue qu'elles comprennent.

Principe 23

1. Toute personne a droit à l'éducation.

2. Pour donner effet à ce droit, les autorités concernées veilleront à ce que les personnes déplacées à l'intérieur de leur propre pays, en particulier les enfants déplacés, reçoivent gratuitement un enseignement qui revêtira un caractère obligatoire au niveau primaire. Cet enseignement respectera leur identité culturelle, leur langue et leur religion.

3. Des efforts particuliers seront faits pour assurer la pleine et égale participation des femmes et des filles dans le cadre des programmes d'enseignement.

4. Des services d'enseignement et de formation seront offerts, dès que les conditions le permettront, aux personnes déplacées à l'intérieur de leur propre pays, en particulier aux adolescents et aux femmes, qu'ils vivent dans un camp ou ailleurs.

Titre IV : Principes relatifs à l'aide humanitaire

Principes 24

1. Toute aide humanitaire sera fournie dans le respect des principes d'humanité et d'impartialité, et à l'abri de toute discrimination.

2. L'aide humanitaire aux personnes déplacées à l'intérieur de leur propre pays ne sera pas détournée, notamment pour des raisons politiques ou militaires.

Principe 25

1. C'est en premier lieu aux autorités nationales d'incombent le devoir et la responsabilité d'apporter une aide humanitaire aux personnes déplacées à l'intérieur de leur propre pays.

2. Les organisations humanitaires internationales et d'autres parties concernées ont le droit de proposer leurs services pour venir en aide aux personnes déplacées à l'intérieur de leur propre pays. Une telle proposition ne doit pas être considérée comme inamicale ou comme un acte d'ingérence dans les affaires intérieures de l'Etat et sera accueillie de bonne foi. Ces services ne seront pas refusés arbitrairement, surtout si les autorités concernées ne sont pas en mesure de fournir aux personnes déplacées à l'intérieur de leur propre pays.

Principes 26

Les personnes chargées de l'aide humanitaire, leurs moyens de transport et leurs stocks seront protégés. Ils ne feront l'objet d'aucune attaque ou autre acte de violence.

Principe 27

1. Les organisations internationales humanitaires et les autres parties concernées accorderont, dans le cadre de l'aide qu'ils apportent, l'attention voulue au besoin de protection et aux droits fondamentaux des personnes déplacées à l'intérieur de leur propre pays et prendront les mesures nécessaires à cet effet. Ce faisant, ces organisations et parties respecteront les normes et les codes de conduite internationaux.

2. Le précédent paragraphe ne préjuge en rien des responsabilités en matière de protection des organisations internationales mandatées dont les services peuvent être offerts ou demandés par les Etats.

Titre V : Principes relatifs au retour, à la réinstallation et à la réintégration

Principe 28

1. C'est aux autorités compétentes qu'incombent en premier lieu le devoir et la responsabilité de créer des conditions propices au retour librement consenti, dans la sécurité et la dignité, des personnes déplacées à l'intérieur de leur propre pays dans leur foyer ou leur lieu de résidence habituel, ou à leur réinstallation volontaire dans une autre partie du pays, ou de leur fournir les moyens nécessaires à cet effet. Lesdites autorités s'efforceront de faciliter la réintégration des personnes déplacées à l'intérieur de leur propre pays qui sont retournées dans leur lieu d'origine ou qui ont été réinstallées.

2. Des efforts particuliers seront faits pour assurer la pleine participation des personnes déplacées à l'intérieur de leur propre pays à la planification et à la gestion de leur retour ou réinstallation et leur réintégration.

Principe 29

1. Les personnes déplacées à l'intérieur de leur propre pays qui ont regagné leur foyer ou leur lieu de résidence habituel ou se sont réinstallées dans d'autres régions du pays ne feront l'objet d'aucune discrimination en raison de leur déplacement. Elles ont le droit de participer pleinement et sur un pied d'égalité aux affaires publiques à tous les niveaux et d'accéder dans des conditions d'égalité aux services publics.

2. Les autorités compétentes ont le devoir et la responsabilité d'aider les personnes déplacées à l'intérieur de leur propre pays qui ont regagné leur lieu d'origine ou ont été réinstallées à recouvrer, dans la mesure du possible, la propriété et les possessions qu'elles avaient laissées ou dont elles avaient été dépossédées au moment de leur départ. Lorsque leur recouvrement n'est pas possible, les autorités compétentes accorderont à ces personnes une indemnisation équitable ou une autre forme de dédommagement ou les aideront à les obtenir.

Principe 30

Toutes les autorités concernées autoriseront et aideront les organisations humanitaires internationales et les autres parties concernées à accéder librement et rapidement, dans l'exercice de leurs mandats respectifs, aux personnes déplacées à l'intérieur de leur propre pays pour les aider dans le cadre de leur retour ou réinstallation et de leur réintégration.

b : Modèle de Projet de Loi Cadre portant mise en œuvre du Protocole sur la Protection et l'assistance à apporter aux Personnes Déplacées Internes

Un projet de Loi visant à mettre en application le Protocole sur la protection et l'assistance à apporter aux personnes déplacées internes et les Principes directeurs sur les déplacés internes, et à prévoir un cadre administratif pour la mise en œuvre dudit Protocole et des Principes directeurs, et toutes autres questions y relatives.

Il est promulgué par l'Assemblée Nationale de la République ce qui suit :

Dispositions des sections

Section

1. Titre
2. Définitions
3. Force légale
4. Pouvoir du Ministre
5. Mise en place du Comité
6. Fonctions du Comité
7. Procédures du Comité
8. Dispositions Finales

Titre

S. 1 : Le présent Projet de Loi peut être cité comme 'Modèle de Projet de Loi Cadre Portant Mise en Application du Protocole sur la Protection et l'Assistance à apporter aux personnes déplacées internes'.

Définitions

S.2 : Dans ce Projet de loi, à moins que le contexte n'en dispose autrement :

1) le terme « Comité » désigne le Comité sur la Protection et l'assistance à apporter aux déplacés internes, auquel il est fait référence aux alinéas S.5 et S.6 du présent Projet de Loi ;

2) l'expression « Personnel humanitaire » signifie le personnel humanitaire auquel il est fait référence à l'alinéa S.4(6) (7) du présent Projet de loi ;

3) l'expression « Personnes déplacées Internes » signifie 'les personnes ou groupes de personnes qui ont été forcés ou obligés de fuir ou de quitter leurs résidences ou lieux de résidence habituelle, en particulier à la suite d'un conflit armé, des situations de violence généralisée, des violations des droits de l'homme ou des catastrophes naturelles ou de source humanitaire, ou pour éviter les effets de ces derniers, et qui n'ont pas traversé une frontière nationale internationalement reconnue' ;

4) l'expression « Personnes Déplacées Internes » signifie également 'les personnes ou groupes de personnes qui ont été forcés ou obligés de fuir ou de quitter leurs résidences ou lieux de résidence habituelle, en particulier à la suite des projets de développement à large échelle ou pour éviter les effets de ces derniers, et qui n'ont pas traversé une frontière internationalement reconnue' ;

5) le terme « Ministre » signifie le Ministre en charge des Personnes Déplacées Internes, auquel il est fait référence à l'alinéa S. 4 du présent Projet de Loi ;

6) l'expression « Secteur privé » signifie le Secteur privé auquel il est fait référence à l'alinéa S. 3(5), y compris les acteurs privés auxquels il est fait référence à l'alinéa S.3(3) du présent Projet de Loi ;

7) l'expression « Intérêts publics » à laquelle il est fait référence à l'alinéa S.3(4)(5) du présent Projet de Loi signifie, en référence aux projets de développement à large échelle, les intérêts et les avantages en termes de développement, des populations de la République tout entière, y compris les personnes déplacées par ces projets ;

8) l'expression « Haut responsable public » désigne un haut responsable public mentionné à l'alinéa S.4(5) du présent Projet de Loi ;

9) l'expression « Agences des Nations Unies » signifie le Haut Commissaire des Nations Unies pour les Réfugiés et les Agences, Fonds, Bureaux et Programmes mandatés des Nations Unies mentionnés à l'alinéa S.6(4)(a)-(b) du présent Projet de Loi ;

10) l'expression « Société civile » signifie les organisations non gouvernementales nationales et internationales mentionnées à l'alinéa S.6(5) du présent Projet de Loi ;

11) le terme « Projet de Protocole » signifie le Protocole sur la Protection et l'Assistance à apporter aux Personnes Déplacées Internes auxquelles il est fait référence à l'alinéa S.3(1) et qui est applicable dans la République et qui fait l'objet de l'Annexe 1 au présent Projet de loi ; et

12) l'expression « Principes Directeurs » signifie les principes de base relatifs aux Personnes Déplacées Internes auxquels il est fait référence à l'article 1(3) du Protocole et qui est applicable dans la République et fait l'objet de l'Annexe 2 au présent Projet de Loi.

Force légale

S.3 : Sous réserve des dispositions du présent Projet de loi :

1) Le Protocole et les Principes Directeurs joints en annexe, ont force de loi et s'appliquent à l'intérieur et à travers toute la République.

2) Sans préjudice à toutes les lois en vigueur, le Protocole et les Principes Directeurs s'appliquent au traitement, aux droits humains, à la protection et à l'assistance de tous les déplacés internes dans la République.

3) Nonobstant le fait que le devoir et la responsabilité incombent au Ministre d'assurer la protection et l'assistance aux déplacés internes visés à l'alinéa S.4(1) du présent Projet de Loi, tous les responsables publics, les organes ou personnes, les acteurs publics ou privés concernés par la protection et l'assistance aux déplacés internes dans la République, agissent conformément au Protocole et aux Principes directeurs.

4) Le déplacement arbitraire des personnes est interdit aux termes du présent Projet de loi. Aucune personne ni groupe de personnes ne sera déplacé en vertu des projets de développement de grande envergure qui ne sont pas justifiés par des intérêts publics primordiaux et prépondérants conformément aux dispositions de l'article 5 du Projet de Protocole, lues conjointement en particulier avec les articles 6 et 7 des Principes Directeurs.

5) Les secteurs public et privé engagés dans des projets de développement de grande envergure qui sont justifiés par des intérêts publics primordiaux et prépondérants, doivent prendre en charge les coûts de déménagement et/ou de compensation aux personnes déplacées par de tels projets.

6) Est coupable de délit criminel aux termes du présent Projet de loi, toute personne qui, délibérément :

a. cause le déplacement arbitraire des personnes, aide ou encourage un tel déplacement ;

b. entrave l'accès aux déplacés internes, ou aide ou encourage l'empêchement d'un tel accès ;

c. fait du mal aux personnes déplacées, ou aide ou encourage un tel mal ;

e. entrave le travail du personnel humanitaire, ou aide ou encourage un tel empêchement ;

f. entrave la prestation de l'assistance humanitaire aux déplacés internes, ou aide ou encourage un tel empêchement ;

g. vole ou pille, ou détruit les vivres humanitaires destinés aux déplacés internes, ou aide ou encourage un tel vol, ou pillage ou destruction ; et

h. emploie mal ou détourne l'aide humanitaire destinée aux déplacés internes.

7) Toute personne coupable d'un délit aux termes du présent article, est condamnée à cinq ans de prison au moins.

Pouvoirs du Ministre

S.4 Le Ministre en charge des Personnes déplacées Internes, a l'ultime responsabilité pour la mise en œuvre administrative du présent projet de Loi. A cette fin, le Ministre :

1) assume le devoir et la responsabilité primaire pour la protection et l'assistance aux déplacés internes à travers toute la République.

2) sollicite l'aide internationale pour la protection et l'assistance à apporter aux déplacés internes si la capacité du gouvernement à assurer de telles protection et assistance, est inadéquate ou fait défaut.

3) prescrit par voie réglementaire des mesures pour la mise en œuvre opérationnelle du présent Projet de loi, conformément au Protocole et aux Principes Directeurs.

4) désigne ou nomme selon les cas, un haut responsable public en qualité de Président du Comité sur la Protection et l'Assistance à apporter aux Personnes Déplacées Internes.

5) sollicite des propositions pour la désignation des membres du Comité sur la protection et l'assistance aux déplacés internes conformément aux dispositions de l'article S.6 du présent Projet de Loi, sous réserve que le Ministre s'assure de la représentation égale des femmes et des hommes au sein du Comité.

6) veille à l'accès rapide et sans entrave du personnel humanitaire à tous les déplacés internes.

7) assure la protection dudit personnel humanitaire.

8) désigne, le cas échéant, des zones officielles pour l'installation des déplacés internes dans la République.

9) facilite l'administration des zones d'installation des déplacés internes.

10) assure la prestation adéquate des services sociaux et sanitaires de base dans les zones d'installation des déplacés internes, et

11) assure, là où cela est nécessaire, le maintien de l'ordre public, de la sécurité publique et de la santé publique dans les zones d'installation des déplacés internes.

Sous réserve que les pouvoirs prévus aux alinéas S.4 (6) à (11) sont exercés au nom du Ministre par le Comité sur la protection et l'assistance aux déplacés internes.

Mise en place du Comité sur la Protection et l'Assistance aux Déplacés Internes

S.5 Dans le cadre du présent Projet de Loi, il est mis en place un organe statutaire impartial connu comme le Comité sur la Protection et l'Assistance aux Déplacés Internes. Ce Comité est composé comme suit :

1) Un Président du Comité, qui est désigné ou nommé, selon le cas, par le Ministre conformément à l'article 4 (4) du présent Projet de Loi.

2) Un Secrétaire élu par le Comité et appuyé par un Secrétariat, et qui assure la garde des registres officiels des délibérations du Comité ;

3) Des représentants désignés par les ministres de tutelle en charge :

a) des forces Armées ;

b) des Services de Renseignement et de Sécurité ;

c) de la Police ;

d) de l'Intérieur ;

e) des Affaires Sociales ;

f) de la Réhabilitation sociale, ou des Préparatifs ou de la Gestion des catastrophes ;

g) du Genre et de la Jeunesse ;

h) du Plan ;

i) des Finances et de l'Economie ;

j) des Domaines fonciers ;

k) de la Santé ;

l) de l'Education ; et

m) de la Commission nationale des droits de l'homme.

4. Un représentant désigné par :

a) le Haut Commissaire des Nations Unies aux réfugiés ;

b) chacun des Agences, Fonds, Bureaux et Programmes des Nations Unies impliqués dans l'Approche de collaboration inter agence aux déplacés internes ;

c) Le Bureau de l'Union Africaine pour les affaires humanitaires ;

d) Les Sociétés Nationales de la Croix Rouge ;

5. Un représentant désigné par les organisations non gouvernementales nationales et internationales impliquées dans la protection et l'assistance aux déplacés internes dans la République ; et

6. Des représentants désignés par les déplacés internes parmi de telles personnes, avec la représentation égale des femmes et des hommes, sous réserve que le nombre maximum de ces représentants soit fixé par le Ministre conformément à l'article S. 4 (5) du présent Projet de Loi, en consultation avec les déplacés internes.

Fonctions du Comité

S.6 Le Comité fonctionne sous le Ministère en charge des déplacés internes. Les fonctions du Comité sont les suivantes :

1) Exercer les fonctions du Ministre tel qu'il est prévu à l'article S.5 du présent Projet de Loi.

2) Coordonner la protection, l'aide et l'assistance aux déplacés internes et aux communautés d'accueil selon les besoins, conformément au Protocole et aux Principes Directeurs.

3) Coordonner la protection et la promotion des droits humains des déplacés internes, et coordonner l'aide et l'assistance aux déplacés internes parmi les ministères de l'Etat, le Haut Commissariat des Nations Unies aux Réfugiés et l'Approche de collaboration inter agences des Nations Unies aux déplacés internes, l'Union Africaine et les organisations non gouvernementales nationales et internationales, à travers toute la République ;

4) Faire office d'organe focal officiel impartial et humanitaire assurant la liaison entre les ministères de l'Etat, le Haut Commissariat des Nations Unies aux Réfugiés et l'Approche de collaboration inter agences des Nations Unies aux déplacés internes, l'Union Africaine, et les organisations non gouvernementales nationales et internationales. Par ailleurs, le Comité a le pouvoir d'assurer la protection et l'assistance aux déplacés internes, de coordonner les préparatifs aux catastrophes, et de mettre en œuvre et mettre en application le Projet de Protocole et les Principes directeurs ;

5) Déterminer et établir des procédures et des canaux d'engagement et de coopération entre les ministères de l'Etat, le Haut Commissariat des Nations Unies aux Réfugiés et l'Approche de collaboration inter agences des Nations Unies aux déplacés internes, l'Union africaine, et les organisations non gouvernementales nationales et internationales, en vue d'accroître l'efficacité de la protection et de l'assistance accordées aux déplacés internes ;

6) Assurer la protection des déplacés internes à travers tout le cycle de déplacement, y compris la facilitation de leur retour et réinsertion durables ou réinstallation dans la République ;

7) Estimer les besoins en matière de protection et d'assistance des déplacés internes tout en formulant des stratégies afférentes, et mobiliser les ressources nécessaires pour leur protection et assistance durant toutes les phases de déplacement, y compris l'assistance aux communautés d'accueil, selon les besoins de celles-ci.

8) Assurer l'enregistrement de tous les déplacés internes afin de maintenir une banque de données nationales de ces personnes, sous réserve qu'un tel enregistrement soit effectué en vue d'établir l'identité, le profil, les conditions et les effectifs des déplacés internes dans l'unique objectif d'assurer leur protection et assistance.

9) Garantir le caractère civil et humanitaire des installations des déplacés internes, là où de telles installations existent.

10) Sensibiliser l'opinion publique sur la situation des déplacés internes ;

11) Faciliter la formation sur les droits humains des déplacés internes ;

12) Elaborer un Rapport annuel sur la situation des déplacés internes ; et

13) Surveiller et superviser la mise en œuvre opérationnelle du Projet de Protocole et des Principes Directeurs conformément au présent Projet de Loi.

Procédure du Comité

S.7 1) Le Comité est l'organe permanent, qui se réunit chaque mois et aussi fréquemment que l'exigent des situations d'urgences humanitaires complexes affectant les déplacés internes dans la République ;

2) Le Président convoque et préside les réunions du Comité ;

3) Le Comité élabore et adopte de telles procédures qu'il juge appropriées, sous réserve que lesdites procédures soient appropriées pour la protection et l'assistance des déplacés internes, conformément aux dispositions du Projet de Protocole et des Principes Directeurs ; et

4) Le Comité peut créer des sous-comités internes ainsi que des sous-comités aux niveaux des provinces, des préfectures et des villages, pour l'exercice de ses fonctions. Dans la mesure du possible, la composition des sous-comités des provinces, des préfectures et des villages, devrait refléter celle du Comité.

Dispositions finales

S. 9 Le présent Projet de Loi entre en vigueur dès sa promulgation.

3 : Protocole sur les droits de propriété des personnes de retour

Préambule

Nous, Chefs d'Etat et de Gouvernement des pays membres de la Conférence Internationale sur la Région des Grands Lacs ;

Considérant notre Déclaration sur la Paix, la Sécurité, la Démocratie et le Développement dans la région des Grands Lacs adoptée et signé le 20 novembre 2004 à Dar-es-Salaam ;

Réaffirmant notre engagement à la mettre en œuvre au nom de nos peuples, particulièrement l'article 69 aux termes duquel les Etats membres se sont engagés à assurer que les réfugiés et les personnes déplacées qui retournent dans leurs région d'origine, rentrent en possession de leurs biens avec l'aide des autorités locales, traditionnelles et administratives ;

Exprimant notre engagement à respecter le droit de chacun à posséder un bien, droit inscrit dans la Déclaration universelle des Droits de l'Homme de 1948, ainsi que le droit à la propriété, garantis par la Charte africaine sur les Droits de l'homme et des peuples de 1981 ;

Conscients du fait que les litiges portant sur les biens et découlant des demandes faites par les personnes déplacées à l'intérieur de leur propre pays et les réfugiés à leur retour dans leur contrée d'origine, peuvent constituer un obstacle à la mise en place d'un cadre de solutions durables eu égard au rapatriement et à la réinsertion volontaire ;

Profondément préoccupés par le fait que l'impossibilité de résoudre de tels litiges peut constituer une source de conflits répétés dans la Région des Grands Lacs ;

Convenons de ce qui suit :

Article 1 : Définitions

Aux fins du présent Protocole, sauf lorsque le contexte en décide autrement, on entend par :

1. Enfants : tout être humain âgé de moins de 18 ans, à moins que dans le cadre de la loi applicable aux enfants, la majorité ne soit atteinte à un âge inférieur à celui prévu par la Convention sur les droits de l'enfant ;

2. Communautés : communautés, éleveurs et autres groupes, présentant une dépendance et un attachement particuliers à leurs terres, conformément aux clauses de la Charte internationale sur les Droits civils et politiques de 1966, la Charte africaine des droits de l'homme et des peuples ;

3. Personnes déplacées à l'intérieur de leur propre pays : des personnes ou groupes de personnes forcés ou contraints à fuir ou à quitter leur foyer ou leur lieu de résidence habituel, notamment en raison d'un conflit armé, de situations de violence généralisée, de violations des droits de l'homme ou de catastrophes naturelles ou du fait de l'homme ou pour en éviter les effets, et n'ayant pas franchi les frontières internationalement reconnues d'un Etat ;

4. Personnes déplacées à l'intérieur de leur propre pays : s'entend également des personnes ou groupes de personnes forcés ou contraints à fuir ou à quitter leur foyer ou leur lieu de résidence habituel, notamment en raison de ou pour éviter les effets d'un déplacement de populations lié à un projet de développement de grande envergure, et n'ayant pas franchi les frontières internationalement reconnues d'un Etat ;

5. Biens : les possessions autonomes ayant une valeur économique tels que des biens meubles et immeubles, terres y compris, des biens corporels et incorporels comme la propriété intellectuelle ou les droits d'auteur, l'argent, les bénéfices en espèces, les dettes et les droits contractuels ;

6. **Réfugié** : toute personne ayant de bonnes raisons de craindre d'être persécutée en raison de sa race, de ses croyances religieuses, de sa nationalité, de son appartenance à un groupe social ou de ses opinions politiques, et vit hors de son pays d'origine et n'est en mesure, ou bien en

raison de ses appréhensions, ne souhaite pas se placer sous la protection dudit pays ; ou encore toute personne ne justifiant d'aucune nationalité et se trouvant hors du pays où il résidait habituellement en raison de tels événements, ne peut ou, par crainte, ne souhaite pas y retourner, tel que le définit la Convention des Nations Unies relative au statut des réfugiés de 1951, et modifié par le Protocole des Nations Unies sur le statut des réfugiés de 1967 ;

7. **Réfugié** : signifie également toute personne qui, en raison d'une agression extérieure, d'une occupation, d'une domination étrangère ou d'événements susceptibles de troubler sérieusement l'ordre public dans une région ou dans l'ensemble de son pays d'origine, est forcée de quitter son lieu de résidence habituel en vue de chercher refuge, hors de son pays d'origine ou de nationalité, ainsi que le définit la Convention de l'Union Africaine de 1969 régissant les aspects spécifiques des problèmes liés aux réfugiés en Afrique ;

8. Personnes de retour : les personnes déplacées à l'intérieur de leur propre pays et les réfugiés qui retournent vers leur lieu de résidence habituel dans leur pays d'origine ;

9. **Sous-comité d'experts** : le sous-comité d'experts placé sous l'égide du Comité de Coordination établi dans le cadre du programme d'action sur les questions humanitaires et sociales.

Article 2 : Objectifs

Le présent Protocole a pour objectif :

1. d'encourager les Etats membres à assurer la protection légale des biens des personnes déplacées à l'intérieur de leur propre pays et des réfugiés dans les pays de leur origine dans la Région des Grands Lacs ;

2. d'établir des principes de droit en fonction desquels les Etats membres garantiront que les réfugiés et les personnes déplacées à l'intérieur de leur propre pays récupèreront leurs biens à leur retour avec l'aide des autorités traditionnelles et administratives locales ;

3. de créer un cadre juridique pour résoudre les litiges soulevés par la récupération des biens occupés ou détenus auparavant par des rapatriés dans la Région des Grands Lacs ;

4. d'assurer une protection spéciale pour les biens des femmes, enfants et communautés rapatriés qui témoignent d'un attachement particulier aux terres dans la Région des Grands Lacs ;

5. de garantir un dédommagement légal pour la perte ou la destruction des biens des réfugiés, et des personnes réinstallées ou relocalisées en raison de projets de construction ou de développement de grande envergure dans les territoires des Etats membres.

Article 3 : Principes généraux de la protection

1. Les Etats membres conviennent que les principes généraux énoncés ci-après, serviront de base à la protection légale des biens des rapatriés et des personnes réinstallées ou relocalisées par des projets de développement aux termes des dispositions du présent Protocole :

a. Le droit de toute personne, y compris les rapatriés, de posséder des biens, conformément aux dispositions de la Déclaration universelle des Droits de l'Homme, la pertinence de la Convention internationale sur les droits civiques et politiques ainsi que la Convention internationale des droits économiques, sociaux et culturels de 1966, et la garantie du droit à la propriété aux termes de la Charte africaine sur les Droits de l'Homme et des Peuples ;
b. la garantie d'une protection équitable devant la loi, pour toute personne, y compris les personnes déplacées internes et les réfugiées, conformément aux dispositions de la Convention internationale de 1966 sur les droits civiques et politiques, ainsi que celles de la Charte africaine sur les Droits de l'Homme et des Peuples.
c. la non-discrimination en vertu des dispositions de la Convention internationale de 1965 sur l'élimination de toutes formes de discrimination raciale ;
d. la non-discrimination à l'égard des femmes, en vertu des dispositions de la Convention internationale de 1979 sur l'élimination de toutes formes de discrimination à l'égard des femmes, du Protocole à la Charte africaine des droits de l'homme et des peuples, sur les droits des femmes en Afrique de 2003, eu égard à la protection des biens des femmes déplacées internes et réfugiées ;
e. la ratification et le respect de la Convention internationale de 1979 sur l'élimination de toutes formes de discrimination à l'égard des femmes, le Protocole à la Charte africaine des droits de l'homme et des peuples sur les droits des femmes en Afrique de 2003 et la Charte africaine des droits et du bien-être de l'enfant de 1990 ;
f. la mise en œuvre de la Convention des droits de l'enfant de 1989.

2. Les Etats membres s'engagent, sous réserve des lois applicables en cas de conflit armé, à protéger les biens appartenant aux personnes déplacées à l'intérieur de leur propre pays et aux réfugiés en toutes circonstances et en particulier contre les actes suivants :

a. Pillage ;
b. Attaques directes, discrimination, ou tout autre acte de violence ;
c. Utilisation des biens pour abriter des opérations ou objectifs militaires ;
d. Utilisation des biens pour des représailles ;

e. Destruction ou confiscation des biens comme punition collective.

3. Les Etats membres assureront la protection des biens des personnes déplacées à l'intérieur de leur propre pays et des réfugiés en toutes circonstances contre tout acte arbitraire et illégal de confiscation, d'occupation ou d'utilisation, en tenant compte des principes des Nations unies sur la restitution des habitations et des propriétés.

4. Aucune disposition du présent Protocole n'aliène le droit des personnes de retour à engager une action en justice en vue du recouvrement des biens perdus devant les tribunaux nationaux et/ou la Commission africaine ou la Cour africaine des droits de l'homme et des peuples.

5. La loi de prescription des Etats membres doit s'appliquer, le cas échéant, sans préjudice des dispositions du présent Protocole.

Article 4 : Récupération et restitution des biens des personnes déplacées internes, des réfugiés et des personnes réinstallées

1. Les Etats membres sont tenus d'assister les personnes déplacées internes, les réfugiés et personnes réinstallées, dans la mesure du possible, à récupérer les biens et les possessions abandonnés ou confisqués lors de leur déplacement.

2. En cas d'impossibilité de récupération desdits biens et possessions, les Etats membres sont tenus de dédommager ou d'aider ces personnes à obtenir le dédommagement tel que prévu par l'article 8.

3. En particulier, les Etats membres devront :

a. Elaborer des procédures législatives en vertu desquelles les autorités traditionnelles locales et administratives, eu égard à l'article 69 de la Déclaration de Dar es Salaam, peuvent aider des refugiés rapatriés et des personnes déplacées à rentrer en possession de leurs biens ;
b. Etablir des procédures judiciaires simplifiées dans leur forme permettant aux rapatriés de déposer des plaintes officielles relatives à la perte ou à la récupération de leurs biens ;
c. Mettre en place d'autres mécanismes et processus communautaires informels de règlement des litiges en matière de propriété, dans le cadre desquels suffit la preuve de propriété basée sur un témoignage vérifiable et digne de confiance ;
d. Etablir un programme adéquat d'enregistrement des biens selon lequel le titre de propriété, y compris la terre, acquis en vertu des systèmes et de droit coutumier et de la loi soit reconnu.

4. L'obligation des Etats membres de placer sous protection juridique, les biens abandonnés par les personnes déplacées à l'intérieur de leur propre

pays et les réfugiés, incombe à tous les gouvernements successifs dans chaque Etat membre.

5. En cas de circonstances contraignantes et exceptionnelles justifiées dans l'intérêt public ou communautaire, les Etats membres peuvent exercer l'autorité de l'Etat pour acquérir les biens abandonnés par des personnes déplacées à l'intérieur de leur propre pays ou par des réfugiés ou d'exproprier ces personnes, à condition de se conformer aux procédures prévues par loi.

6. Tout Etat membre qui acquiert les biens d'un réfugié ou d'une personne déplacée à l'intérieur de son propre pays, ou exproprie un réfugié ou une personne déplacée à l'intérieur de son propre pays, s'engage à maintenir un équilibre entre le droit de la personne à être propriétaire du bien et l'acquisition ou l'annexion du bien pour des raisons d'intérêt public en s'assurant que :

a. les personnes déplacées internes ou les refugiés ne subissent pas de manière disproportionnée la perte de leurs biens sans obtenir une compensation ou restitution en dédommagement d'une telle perte ;
b. la perte des biens des personnes déplacées à l'intérieur de leur propre pays ou des réfugiés ne viole pas d'autres droits connexes, tels que leurs droits à la vie familiale, à un foyer et à un logement adéquat.

Article 5 : Protection des biens des conjoints de retour

1. Les Etats membres s'engagent à résoudre les problèmes spécifiques relatifs à la protection des conjoints, des familles monoparentales et des femmes célibataires de retour, eu égard aux litiges portant sur la propriété de la famille ou d'autres propriétés lorsqu'un conjoint déplacé est décédé.

2. Les Etats membres s'engagent à mettre fin aux pratiques discriminatoires à l'encontre des femmes en mettant en œuvre la Convention internationale sur l'élimination de toutes formes de discrimination à l'égard des femmes, la Charte africaine des droits de l'homme et des peuples et le Protocole à la Charte africaine des droits de l'homme et des peuples relatif aux droits de la femme en Afrique.

3. Les Etats membres devront reconnaitre la capacité légale des femmes retournées, ainsi que celle des femmes en général, y compris les femmes célibataires, à posséder les terres et autres biens en leur nom propre, sans discrimination d'aucune sorte.

4. Tout programme d'enregistrement de terres ou de biens établi en vertu des dispositions de l'article 4(1)(d), devra reconnaitre spécifiquement la capacité des femmes à détenir un titre foncier et de propriété en vertu de la coutume et des lois régissant la propriété foncière dans le but d'éviter des revendications conflictuelles portant sur le droit de propriété.

5. Les Etats membres s'engagent à mettre en place des mécanismes législatifs, administratifs, juridiques et autres pour garantir que les conjoints de retour héritent des biens de leur conjoint défunt.

Article 6 : Protection des biens des enfants et orphelins de retour

1. Les Etats membres devront prendre des dispositions pour lutter contre la situation précaire de tous les enfants de retour, sans discrimination entre filles et garçons, orphelins, enfants nés hors des liens du mariage, et enfants adoptés, lorsque ces enfants risquent d'être déshérités ou dépossédés de leurs biens familiaux. En particulier, les Etats membres devront garantir :

a. La protection des droits de ces enfants à hériter des biens familiaux lorsque l'un ou l'autre des parents est décédé au cours du déplacement ou de l'asile ;
b. Des dispositions juridiques pour faire administrer l'héritage des biens de ces enfants en fidéicommis jusqu'à ce qu'ils atteignent la capacité juridique requise ;
c. La protection des biens des enfants dans la législation nationale sur l'héritage et la succession, basée sur le principe du meilleur intérêt de l'enfant ;
d. L'harmonisation des lois nationales sur l'héritage et la succession, en tenant compte du plus grand intérêt de l'enfant ;
e. L'harmonisation des lois nationales sur l'héritage et la succession, en tenant compte du plus grand intérêt de l'enfant ;
f. L'adhésion au meilleur intérêt de l'enfant en tant que principe primordial applicable à tous les enfants rapatriés, orphelins ou ayant perdu un de leur parent pendant le déplacement ou l'asile.
g. L'accès rapide par les enfants à la jouissance ou l'utilisation de la propriété de leurs parents défunts.

Article 7 : Protection des biens des communautés de retour

1. Les Etats membres reconnaissent une protection spéciale des biens des communautés, des éleveurs et autres groupes de retour dont le mode de vie est caractérisé par leur dépendance spécifique et leur attachement à leurs terres, là où de tels groupes ou communautés existent.

2. Les Etats membres devront veiller à la réintégration des communautés, des éleveurs ou autres groupes dans les contrées qu'ils occupaient auparavant.

3. Lorsqu'une telle réintégration ou un tel retour s'avère impossible, on donnera à ces communautés, dans tous les cas possibles, des terres de valeur au moins égale à celles qu'ils occupaient auparavant.

4. Lorsqu'il n'est pas possible de leur allouer des terres d'égale valeur, on leur accordera une juste compensation conformément aux dispositions de la législation nationale des Etats membres.

Article 8 : Indemnisation

1. Les Etats membres s'engagent à dédommager la perte des biens des personnes de retour dans les cas où ils sont directement responsables de la perte de ces biens.

2. Les Etats membres s'engagent à mettre en place un cadre permettant de faciliter le dédommagement des personnes de retour par les responsables de la perte des biens des personnes de retour dans les cas où les Etats membres ne sont pas directement responsables d'une telle perte.

3. Les Etats membres doivent déterminer un système d'indemnisation approprié pour la perte des biens des personnes de retour sur la base des législations nationales qui doivent établir les termes d'un tel système d'indemnisation.

Article 9 : Suivi

1. Un sous-Comité d'experts placé sous l'égide du Comité de Coordination du programme d'action sur les questions humanitaires et sociales et ayant pour responsabilité de traiter des questions relatives aux terres et aux biens s'assurera de la mise en œuvre du présent Protocole dans les Etats membres.

Article 10 : Dispositions finales

1. Ce Protocole fait partie intégrante du Pacte et ne doit pas être sujet à une signature et à une ratification séparée par les Etats membres.

2. A l'égard de tout Etat membre qui a ratifié le Pacte, conformément aux termes de l'article 30 dudit Pacte, ce Protocole entre en vigueur automatiquement.

3. Aucune disposition de ce protocole ne sera interprétée comme contraire à celles du Pacte, de l'Acte Constitutif de l'Union Africaine et de la Charte des Nations Unies.

Nairobi, Kenya, 5-7 Septembre 2006

Annexe au Protocole sur les droits de propriété des personnes de retour

Projet de Loi Cadre sur les Droits de Propriété des Personnes de Retour

Chapitre …des Lois de la République…

Un projet de loi pour la mise ne application du Protocole sur le Droit de Propriété des Personnes de Retour et de mise en place d'un cadre administratif pour l'opérationnalisation dudit Protocole et autres matière y relatives.

Présentation des différentes parties

Section

1. Titre

Première Partie

2. Définitions

Deuxième Partie

3. Force légale

Troisième Partie : Mesure de sauvegarde et de suivi

4. Pouvoirs des Ministres
5. Panels Traditionnels
6. Fonctions des Panels traditionnels
7. Mise en place de la commission de réclamation et d'indemnisation des personnes de retour
8. Fonctions de la Commission
9. Indemnisation

Quatrième Partie

10. Dispositions diverses

Annexe 1

Les principes des Nations Unies concernant la Restitution des logements et des biens dans le cas des réfugiés et des personnes déplacées internes E/CN.4/Sub.2/2005/17/Add.1, du 11 juillet 2005

Titre

Art. 1 : Ce projet de Loi peut être intitulé « Loi Cadre portant sur le Droit de Propriété des Personnes de Retour »

Première Partie : Définitions

Art. 2 : Aux fins de la présente Loi Cadre, à moins que le contexte n'en décide autrement, on entend par :

1) Enfants : tout être humain âgé de moins de 18 ans, à moins que dans le cadre de la loi applicable aux enfants, la majorité ne soit atteinte à un âge inférieur à celui prévu par la Convention sur les droits de l'enfant ;
2) Commission : Commission de Réclamation des Biens des Personnes de Retour aux termes de l'article 7 ;

3) Communautés : communautés, éleveurs et autres groupes, présentant une dépendance et un attachement particulier à leurs terres ;
4) Personnes déplacées à l'intérieur de leur propre pays : des personnes ou groupes de personnes qui ont été forcés ou contraints à fuir ou à quitter leur foyer ou leur lieu de résidence habituelle, notamment en raison d'un conflit armé, de situations de violence généralisée, de violations des droits de l'homme ou de catastrophes naturelles ou du fait de l'homme ou pour en éviter les effets, et qui n'ont pas franchi les frontières internationalement reconnues d'un Etat ;
5) Personnes déplacées à l'intérieur de leur propre pays : s'entend également des personnes ou groupes de personnes qui ont été forcés ou contraints à fuir ou à quitter leur foyer ou leur lieu de résidence habituelle, notamment en raison de ou pour éviter les effets d'un déplacement de populations lié à un projet de développement de grande envergure, et qui n'ont pas franchis les frontières internationalement reconnues d'un Etat ;
6) Biens : les possessions autonomes ayant une valeur économique telles que des biens meubles et immeubles, terres y compris, des biens corporels et incorporels comme la propriété intellectuelle ou les droits de l'auteur, l'argent, les bénéfices en espèces, les dettes et les droits contractuels ;
7) Réfugié : toute personne qui a de bonnes raisons de craindre d'être persécuté en raison de sa race, de ses croyances religieuses, de sa nationalité, de son appartenance à un groupe social ou de ses opinions politiques, qui vit hors de son pays d'origine et n'est en mesure ou bien en raison de ces appréhensions, ne souhaite pas se placer sous la protection dudit pays ; ou encore toute personne ne justifiant d'aucune nationalité et se trouvant hors du pays où il résidait habituellement en raison de tels événements, ne peut ou, par crainte, ne souhaite pas y retourner, tel que le définit la Convention des Nations Unies relative au statut des réfugiés de 1951, et complété par le Protocole des Nations Unies relatif au statut des réfugiés de 1967 ;
8) Réfugié : toute personne qui, en raison d'une agression extérieure, d'une occupation, d'une domination étrangère ou d'événements susceptibles de troubler sérieusement l'ordre public dans une région ou dans l'ensemble de son pays d'origine, est forcée de quitter son lieu de résidence habituelle en vue de chercher refuge ailleurs, hors de son pays d'origine ou de nationalité, ainsi que le définit la Convention de l'Union Africaine de 1967, régissant les aspects spécifiques des problèmes liés aux réfugiés en Afrique ;
9) Personne de retour : les personnes déplacées à l'intérieur de leur propre pays et les réfugiés qui retournent vers leur lieu de résidence habituelle dans leurs pays d'origine ;

10) Rapatrié : tout réfugié qui retourne dans son foyer ou son lieu de résidence habituelle dans son propre pays ;
11) Panels traditionnels : Panels Traditionnels de Recouvrement des Biens prévus à l'art 5 de la Présente Loi cadre.

Deuxième partie : Force légale

Art. 3 : Sans préjudice des dispositions de cette Loi :

(1) Le Protocole a une force légale sur tout le territoire de la République ;
(2) Le Protocole fournit une base légale pour garantir le droit de propriété des biens abandonnés par les personnes déplacées internes et toute autre personne qui a fui le pays vers d'autres Etats comme réfugiés ;
(3) Les biens appartenant aux personnes déplacées internes et aux réfugiés sont, dans toutes les circonstances possibles et dans des situations prévues par les lois applicables au cours des conflits armés, protégés contre les actes suivants :
a. Pillage ;
b. Attaques directes et sans discrimination ou tout autre acte de violence ;
c. Utilisation des biens pour abriter des opérations ou objectifs militaires ;
d. Utilisation des biens pour des représailles ;
e. Destruction ou confiscation des biens comme punition collective ;
(4) Aucun acte administratif ne sera pris pour autoriser l'acquisition ou l'expropriation des biens abandonnés par les personnes déplacées ou les réfugiés sauf dans des circonstances exceptionnelles dictées par l'intérêt public ou collectif à moins que les procédures de prendre tel acte soient dûment prescrites par un instrument juridique relevant de ce Projet de Loi ;
(5) Des dispositions particulières sont prévues concernant les droits de propriété des communautés ayant un attachement particulier à la terre en conformité avec les dispositions du protocole ;
(6) Toutes les femmes, y compris les femmes non mariées auront la pleine capacité de posséder des propriétés foncières et autres biens, sans discrimination aucune tel que prévu dans le Protocole ;
(7) Nonobstant toute autre loi de la République, les enfants atteignent l'âge de la majorité à dix huit ans ;
(8) Les biens auxquels les orphelins ont droit de succession sont gérés en *fidéicomis* jusqu'à la majorité légale de l'enfant ;
(9) L'intérêt supérieur de l'enfant est considéré comme un principe inviolable prévalant dans toutes les affaires où le droit de propriété,

le droit à l'héritage et le droit à la succession de l'enfant sont en cause ;

(10) Les biens appartenant aux communautés de retour, leur seront resitués dès qu'ils arrivent dans le pays sauf dispositions expresses prévues à l'article (8)9 ;

(11) Toutes les lois, procédures et règlements de la République qui gouvernent l'appropriation des biens, l'héritage, la succession, seront interprétées comme étant conformes au Protocole ;

(12) Toute loi relative à la prescription, en vigueur dans la République est appliquée sans préjudice des dispositions pertinentes de la présente Loi.

Troisième partie : Mesures de sauvegarde et de mise en œuvre

Pouvoirs du Ministre

Art. 4 : Le Ministre est chargé de prendre des mesures légales et administratives pour la mise en œuvre de la présente Loi. A ce titre, il a pour attribution de :

(1) Mettre en place des instruments juridiques nécessaires pour la mise en œuvre de la présente loi et conformes au présent protocole ;
(2) S'assurer que les biens des personnes déplacées internes et des réfugiés sont protégés en toutes circonstances, contre toute appropriation, occupation ou utilisation illégale et arbitraire ;
(3) S'assurer de la mise en place des panels traditionnels de recouvrement des terres prévus à l'article 5 ;
(4) Nommer les membres de la Commission tel que prévu à l'article 7 ;
(5) S'assurer de la disponibilisation des terres aux prix abordables et de la mise en place d'un système d'enregistrement simplifié ainsi que d'une base de données de titres de propriété des terres coutumières et de celles tenues suivant le système de tenure foncière légale en vue d'éviter des conflits de réclamations relatives à l'appropriation de ces terres ou de ces propriétés ;
(6) S'assurer que le système d'enregistrement de ces terres ou de ces propriétés s'opère en tenant compte de la capacité légale de la femme d'enregistrer le titre de propriété qu'elle tient sous tenure foncière coutumière ou sous le système légal ;
(7) S'assurer que l'enregistrement de ces terres ou propriétés tient compte de la capacité légale des enfants leur permettant d'enregistrer les terres qui leur reviennent dès qu'ils atteignent l'âge de la majorité sous le système de tenure foncière coutumière ou légale.

Panels Traditionnels

Art. 5 : Conformément à l'article 4 (3), les dispositions de mise en place des panels pour le recouvrement des terres coutumières dans chaque district ou autre entité administrative de la République se présentent comme suit :

(1) Le panel traditionnel de recouvrement des terres comprend :
   (a) Une autorité administrative locale qui agit comme Président ;
   (b) Un conseiller local qui sert de Secrétaire ;
   (c) Une autorité traditionnelle qui est membre ordinaire ;
   (d) Quatre femme dont deux résident dans la localité et deux choisies parmi les personnes de retour, qui sont des membres ordinaires ;

Fonctions des Panels traditionnels

Art. 6 : Les fonctions des Panels Traditionnels consistent à :

(1) Fournir une alternative et une communauté informelle basée sur le mécanisme de recouvrement des propriétés coutumières appartenant aux personnes de retour ;
(2) Assister les personnes de retour à récupérer leurs propriétés ;
(3) Régler toute contestation relative à la récupération des biens, à l'administration de preuves eu égard aux problèmes d'appropriation, de possession ou d'occupation sur la base de témoignages fiables et vérifiables. Toutefois, la personne de retour qui n'est pas satisfaite de la décision prise par le Panel Traditionnel a un droit de recours devant la Commission conformément à l'article 8 (3) ;
(4) Conserver des procès verbaux de toute décision prise ;
(5) Communiquer ces décisions par écrit à l'autorité administrative locale qui en garde des minutes ;

Mise en place de la Commission de Réclamation et d'indemnisation des personnes de retour

Art. 7 : Il est institué aux termes de la Présente Loi cadre une commission de Réclamation et d'indemnisation des personnes de retour ayant pleins pouvoirs d'investigations et de pouvoirs quasi judiciaires ;

(1) La Commission est composée de cinq personnes, dont deux hommes et trois femmes, choisis à cause de leur intégrité et possédant des qualifications dans les domaines du droit des biens, en topographie et arpentage ou dans l'aménagement du territoire nommées par le Ministre sur base de l'art. 4(4) ;
(2) Le Ministre nomme le président de la Commission parmi ses membres ;
(3) Les membres de la Commission jouissent de toutes les garanties de l'emploi.

Fonctions de la Commission

Art. 8 : Les fonctions de la Commission consistent à :

(1) Donner des avis au Ministre pour s'assurer qu'en toute circonstance les biens des déplacés internes sont légalement protégés contre toute usurpation ;

(2) Examiner et régler les litiges résultant de la récupération ou de la perte de propriétés précédemment occupées, exploitées ou possédées par les personnes de retour ;

(3) Recevoir des réclamations faites par les personnes de retour, leurs ayants-droit ou leurs représentant concernant l'usurpation ou le recouvrement des biens qu'ils ont laissés à leur départ et dont ils ont été dépossédés au moment de leur déplacement ;

(4) Résoudre des litiges spéciaux intentés par les épouses des personnes de retour, les parents célibataires et autres femmes concernant des réclamations ayant trait au patrimoine familial ou autres propriétés, à la suite du décès d'un conjoint ou des parents ;

(5) Garantir que les épouses des personnes de retour puissent succéder aux biens de leurs époux décédés ;

(6) S'assurer que, les enfants ont un accès rapide et sans entrave à la jouissance et à l'exploitation des biens de leurs parents décédés ;

(7) Garantir aux enfants orphelins le droit à la succession des biens de la famille si les parents sont décédés pendant le déplacement ou pendant la fuite sans discrimination aucune entre les filles et les garçons, les enfants nés hors mariage et les enfants adoptifs ;

(8) Veiller à l'application et à la restitution des biens meubles et immeubles perdus par les personnes de retour, et à la réintégration, si possible, des salariés ;

(9) S'assurer que les communautés de retour, des éleveurs et autres groupes sont intégrés dans les contrées qu'ils occupaient auparavant pour préserver la dépendance de leur subsistance à leur attachement spécial aux terres qu'ils possédaient avant leur fuite ou déplacement ;

(10) Garantir, là où cette intégration ou retour n'est pas possible, que ces communautés vont obtenir, dans tous les cas, les terres au moins d'une même valeur équivalent à celle des propriétés précédemment occupées par elles ;

(11) S'assurer, là où les terres de remplacement de même valeur ne peuvent être allouées, que des mesures appropriées d'indemnisation sont mises en place et sont accessibles à ces communautés ;

Indemnisation

Art. 9 : La Commission détermine un ensemble de modalités d'indemnisation appropriées en ce qui concerne la perte des biens des personnes de retour là où de telles propriétés ne peuvent pas être récupérées ou remises à leur disposition :

(1) Pour ce faire, la commission détermine la personne ou l'organe chargé dans le pays à procéder au paiement de ces compensations en totalité ou partiellement ;

(2) La commission détermine les modalités d'indemnisation basées sur les principes suivants :

   (a) La perte réelle de la valeur de la propriété ;

   (b) L'examen des possibilités de choisir entre le droit de posséder une propriété et la perte ou l'acquisition ou l'expropriation d'une telle propriété tel que prévu à l'article 3(4) ;

   (c) Le refus de jouissance des droits, tels que la vie familiale, d'avoir un foyer et de posséder un logement décent dont la pleine jouissance dépend de cette propriété ;

   (d) La non-discrimination à l'égard des femmes et l'application du principe de l'égale protection par la loi concernant toute réclamation impliquant les femmes ;

   (e) La prise en compte du meilleur intérêt de l'enfant dans toute réclamation impliquant l'enfant ;

   (f) La prise en compte des principes des Nations Unies concernant la Restitution des logements et des biens dans le cas des réfugiés et des personnes déplacées internes comme cela est prévu en annexe de cette présente loi ;

(3) Ces principes s'appliquent également à l'indemnisation des personnes dont il est question à l'art. 2/3 de cette loi cadre, et à tous les cas où la question de l'indemnisation se pose aux termes de l'art. 3/5 de la loi cadre sur les personnes déplacées internes.

Quatrième partie

Dispositions diverses

Art. 10 : Aucune disposition contenue dans cette loi ne porte préjudice aux obligations internationales relatives au droit de posséder une propriété en vertu d'un traité en vigueur auquel le pays est partie.

Art. 11 : Aucune disposition contenue dans la présente loi ne porte préjudice aux obligations internationales relatives aux réfugiés aux termes de la Convention des Nations Unies de 1951 relative au statut des réfugiés et de la Convention de l'OUA relative aux aspects spécifiques des problèmes des réfugiés en Afrique ;

Art. 12 : Aucune disposition de la présente loi ne peut porter préjudice aux obligations internationales relatives aux personnes déplacées aux termes du Protocole sur la protection et l'assistance aux personnes déplacées internes ;

Art. 13 : Aucune disposition de la présente loi cadre ne porte préjudice au droit des personnes de retour d'intenter une action en recouvrement de leurs biens et réclamer l'indemnisation pour la perte de leurs biens, devant les organes judiciaires ou devant la Commission Africaine des Droits de l'Homme et des Peuples ou tout autre organisme chargé de la protection des droits de l'Homme mis en place par les traités auxquels la République est partie, après épuisement des recours internes ;

Art. 14 : La présente loi entrera en vigueur dès sa promulgation.

Nairobi, 5-7 Septembre 2006.

4 : Protocole pour la Prévention et la Répression du Crime de Génocide, des Crimes de Guerre et des Crimes contre l'Humanité ainsi que de toute forme de Discrimination

Préambule

Nous, Chefs d'Etat et de Gouvernement des pays membres de la Conférence Internationale sur la Région des Grands Lacs ;

Réaffirmant la Déclaration de Dar-es-Salaam sur la Paix, la Sécurité, la Démocratie et le Développement dans la Région des Grands Lacs adoptée et signée à Dar-es-Salaam (République unie de Tanzanie) le 20 novembre 2004 ;

Profondément préoccupés par les conflits endémiques et la persistance de l'insécurité dans la région des Grands Lacs, aggravés par les violations massives des droits de l'homme, les politiques d'exclusion et de marginalisation, l'impunité du crime de génocide, les crimes de guerre et les crimes contre l'humanité ;

Conscients des obligations qui découlent de la Convention pour la prévention et la répression du crime de génocide, et rappelant que l'Assemblée Générale de l'Organisation des Nations Unies, par sa résolution 95 (I) en date du 11 décembre 1946, a décidé que le génocide est un crime contre les droits des peuples, en contradiction avec l'esprit et les fins des Nations Unies et que le monde civilisé condamne, qu'à toutes les périodes de l'histoire le génocide a infligé de grandes pertes à l'humanité et que, pour libérer celle-ci d'un fléau aussi odieux, la coopération internationale est nécessaire ;

Réaffirmant les obligations qui découlent des principes et directives élaborés par l'Organisation des Nations Unies, en vertu desquels il est demandé à toutes les parties à un conflit armé de respecter scrupuleusement le droit international relatif aux droits et à la protection des femmes et des jeunes filles, en particulier en tant que civils, notamment les obligations qui leur incombent en vertu des Conventions de Genève de 1949 et des Protocoles additionnels y afférents de 1977, de la Convention de 1951 relative au statut des réfugiés et de son Protocole de 1977, Convention internationale sur toutes les formes de discrimination à l'égard des femmes de 1979 et de son Protocole facultatif de 1999, de la Convention des Nations Unies relative aux droits de l'enfant de 1989 et de ses deux Protocoles facultatifs du 25 mai 2000, ainsi que de la Charte africaine des droits et du bien-être de l'enfant du 11 juillet 1990, et de tenir compte des dispositions pertinentes du Statut de Rome de la Cour pénale internationale ;

Réaffirmant, conformément au Statut de la Cour Pénale Internationale, que les crimes les plus graves qui touchent l'ensemble de la Communauté internationale ne sauraient rester impunis et que leur répression doit être effectivement assurée par des mesures constitutionnelles et législatives prises au niveau national et par le renforcement de la coopération régionale et internationale ;

Rappelant qu'il est du devoir de chaque Etat membre de soumettre à sa juridiction pénale les auteurs du crime de génocide, de crimes de guerre et de crimes contre l'humanité ;

Considérant que l'article 3 des statuts du Tribunal Pénal International pour le Rwanda affirme que le viol est un crime contre l'humanité lorsqu'il est commis dans le cadre d'une attaque généralisée ou systématique contre toute population civile sur des bases nationales, politiques, ethniques, raciales ou religieuses ;

Nous référant à la Déclaration et à la Plateforme d'action de Beijing, à la résolution 1325 du Conseil de Sécurité des Nations Unies, au Protocole à la Charte africaine des droits de l'homme et des peuples relatif aux droits de la femme, à la Déclaration solennelle des chefs d'Etat de l'Union africaine sur l'égalité entre les hommes et les femmes en Afrique qui condamne le viol et toute autre forme de violence sexuelle ;

Résolus à mettre un terme à l'enrôlement des enfants dans les forces armées nationales ou tout autre groupe armé ou à leur participation aux hostilités sous quelque forme que ce soit, en particulier comme renforts et à lutter contre le travail illégal, la traite et la prostitution des enfants dans les zones de conflits dans la Région des Grands Lacs ;

Résolus à promouvoir et à consacrer la bonne gouvernance et l'état de droit, à renforcer la protection des droits de l'homme et des peuples, à consolider les institutions et la culture démocratique, afin de lutter contre toutes les formes de discrimination ;

Résolus à mettre fin à de tels crimes dans la Région des Grands Lacs et à prendre des mesures efficaces pour que les auteurs soient poursuivis en justice.

Résolus à mettre fin à de tels crimes dans la Région des Grands Lacs et prendre des mesures efficaces pour que les auteurs soient poursuivis en justice.

Convenons de ce qui suit :

Chapitre I : Dispositions générales

Article premier : Définitions

Aux fins du présent Protocole, sauf lorsque le contexte en décide autrement, on entend par :

a) Crime de génocide : l'un quelconque des actes énoncés à l'article 6 du Statut de la Cour pénale internationale, commis dans l'intention de détruire, en tout ou en partie, un groupe national, ethnique, racial ou religieux, comme tel ;
b) La Charte africaine des droits et du bien-être de l'enfant : la charte relative à la promotion et à la protection des droits et du bien-être de l'enfant adoptée par les Chefs d'Etat et de gouvernement de l'Organisation de l'Unité Africaine le 11 juillet 1990 ;
c) Convention relative aux droits de l'enfant : la Convention relative à la promotion et à la protection des droits de l'enfant adoptée par l'Assemblée générale des Nations Unies le 20 novembre 1989 ;
d) Convention internationale sur l'élimination de toutes les formes de discrimination raciale : la Convention des Nations Unies adoptée par l'Assemblée générale le 21 décembre 1965 ;
e) Convention sur l'élimination de toutes les formes de discrimination à l'égard des femmes : la Convention sur l'élimination de toutes les formes de discrimination à l'égard des femmes adoptée par l'Assemblée générale des Nations Unies le 18 décembre 1979 ;
f) Conventions de Genève : les quatre conventions relatives au droit humanitaire adoptées le 12 août 1949 par la Conférence diplomatique pour l'élaboration de conventions internationales, et leurs Protocoles additionnels adoptés le 8 juin 1977 ;
g) Convention sur le génocide : la Convention pour la prévention et la répression du crime de génocide adoptée le 9 décembre 1948 ;
h) Crime contre l'humanité : l'un quelconque des actes énoncés à l'article 7 du Statut de la Cour pénale internationale, commis dans le

cadre d'une attaque généralisée et systématique lancée contre toute population civile et en connaissance de cette attaque ;

i) Crime de guerre : l'un quelconque des actes énoncés à l'article 8 du Statut de la Cour pénale internationale ;
j) Déclaration solennelle : la déclaration solennelle sur l'égalité entre les hommes et les femmes en Afrique, adoptée par les chefs d'Etat et de gouvernement de l'Union Africaine le 8 juillet 2004 ;
k) Discrimination : toute distinction, exclusion, restriction ou préférence fondée sur la race, la religion, le sexe, la couleur, l'ascendance ou l'origine nationale ou ethnique, qui a pour but ou pour effet de détruire ou de compromettre la reconnaissance, la jouissance ou l'exercice, dans des conditions d'égalité, des droits de l'homme et des libertés fondamentales dans les domaines politiques, économique, social et culturel ou dans tout autre domaine de la vie ;
l) Etat requérant : Etat qui demande l'extradition ;
m) Etat requis : Etat auquel est adressée la demande d'extradition ;
n) Extradition : le fait pour un Etat de livrer ou d'expulser du territoire d'un Etat requis vers l'Etat requérant, un fugitif ou une personne présumée coupable d'infractions en application du présent Protocole ou d'autres traités, de conventions ou de la législation nationale en vigueur ;
o) Déclaration et Plateforme d'action de Beijing : la Déclaration et la Plateforme d'action adoptée au quatrième sommet mondial sur les femmes organisé par l'Organisation des Nations Unies en septembre 1995 ;
p) Remise : le fait pour un Etat de livrer une personne à la Cour Pénale Internationale ;
q) Résolution 1325 : la résolution sur la participation des femmes à la promotion de la paix et de la sécurité adoptée par le Conseil de sécurité des Nations Unies le 31 octobre 2000.

Chapitre II : Lutte contre les idéologies et les pratiques discriminatoires

Article 2 : Principe de non-discrimination

Tous les êtres humains naissent libres et égaux en dignité et en droit. Chacun peut se prévaloir des droits et libertés énoncés dans les instruments régionaux et internationaux relatifs aux droits de l'homme pertinents sans aucune discrimination.

Article 3 : Egalité devant la loi

Chacun est égal devant la loi et a droit, sans discrimination, à une égale protection de la loi et à une égale protection contre toute discrimination ou toute incitation à la discrimination.

Article 4 : Droit à une justice équitable

Les Etats membres assurent à toute personne relevant de leur juridiction une protection et des voies de recours effectives devant les tribunaux nationaux et autres autorités compétentes de l'Etat contre tout acte de discrimination qui, contrairement au présent Protocole, aurait violé ses droits individuels et ses libertés fondamentales, ainsi que le droit de demander auxdits tribunaux satisfaction ou réparation juste et adéquate pour tout dommage dont elle a pu être victime par suite d'une telle discrimination.

Article 5 : Engagement des Etats

Les Etats membres condamnent la discrimination sous toutes ses formes et s'engagent à adopter immédiatement des mesures tendant à éliminer toute forme de discrimination et à favoriser l'entente entre toutes les composantes de la nation et, à cette fin :

a) Chaque Etat membre s'engage à ne se livrer à aucun acte ou pratique discriminatoire contre des personnes, des groupes ou des institutions, et à faire en sorte que toutes les autorités publiques et les institutions nationales et locales se conforment à cette obligation ;
b) Chaque Etat membre doit interdire, par tous les moyens appropriés, y compris des mesures législatives si les circonstances l'exigent, la discrimination pratiquée par des groupes ou des organisations et y mettre un terme ;
c) Chaque Etat membre prend des mesures efficaces pour examiner les politiques gouvernementales aux plans national et local et pour amender ou abroger toute disposition législative ou réglementaire ayant pour effet de faire naître la discrimination ou de la perpétuer là où elle existe ;
d) Les Etats membres prennent, si les circonstances l'exigent, des mesures spéciales et concrètes dans les domaines social, économique, culturel et autres pour assurer de façon satisfaisante le développement ou la protection de certains groupes ou individus appartenant à ces groupes en vue de leur garantir le plein exercice des droits de l'homme et des libertés fondamentales. Ces mesures devront être maintenues jusqu'à ce que les objectifs recherchés soient atteints.

Article 6 : Condamnation des idéologies discriminatoires

Les Etats membres condamnent toute propagande et toutes organisations qui s'inspirent d'idées ou de théories sur la supériorité d'une race ou d'un groupe de personnes ayant une certaine origine ethnique, ou qui prétendent justifier ou encourager toute forme de haine ou de discrimination raciale.

Ils s'engagent à adopter immédiatement des mesures concrètes destinées à éliminer toute incitation à la discrimination ou tout acte discriminatoire et, à cette fin, tenant dûment compte des principes formulés dans la Déclaration universelles des droits de l'homme, dans la Convention internationale sur l'élimination de toutes les formes de discrimination raciale et Convention internationale sur l'élimination de toutes les formes de discrimination raciale et dans la Charte africaine des droits de l'homme et des peuples, ils s'engagent en particulier à :

a) Déclarer que toute diffusion d'idées ayant pour fondement la supériorité d'un groupe sur un autre, toute incitation à la haine ou à la discrimination ainsi que tout acte de violence, ou provocation en ce sens, dirigée contre toute race ou tout groupe de personnes d'une autre origine ethnique, de même que toute assistance apportée à de telles activités, notamment leur financement, est une infraction punissable conformément à la loi ;
b) Déclarer illégale et interdire les organisations ainsi que les activités de propagande organisée et tout autre type d'activité de propagande qui incitent à la discrimination et qui l'encouragent, et déclarer que la participation à ces organisations ou à ces activités est une infraction punissable conformément à la loi ;
c) Ne pas autoriser les autorités publiques, nationales ou locales, à inciter à la discrimination ou à l'encourager.

Article 7 : Lutte contre les préjugés

Les Etats membres s'engagent à prendre des mesures immédiates et efficaces dans les domaines de l'enseignement, de l'éducation, de la culture et de l'information pour lutter contre les préjugés conduisant à la discrimination raciale, et à encourager la compréhension, la tolérance et l'amitié entre nations et entre groupes raciaux et ethniques, ainsi qu'à promouvoir les buts et les principes de la Charte des Nations Unies, de l'Acte constitutif de l'Union africaine, de la Déclaration universelle des droits de l'homme et de la Charte africaine des droits de l'homme et des peuples.

Chapitre III : Lutte contre le crime de génocide, les crimes de guerre et les crimes contre l'humanité

Article 8 : Engagement des Etats

1. Les Etats membres reconnaissent que le crime de génocide, les crimes de guerre et les crimes contre l'humanité sont des crimes de droit des gens et des crimes contre les droits des peuples qu'ils s'engagent à prévenir et à punir.

2. A cet égard, les actes énoncés aux articles 2 et 3 de la Convention pour la prévention et la répression du crime de génocide ainsi qu'à l'article 6 du Statut de la Cour pénale internationale sont punis comme crime de génocide.

3. Les actes énoncés aux articles 7 et 8 du Statut de la Cour pénale internationale sont punis comme crimes de guerre et crimes contre l'humanité.

Article 9 : Lutte contre l'impunité

1. Les Etats membres s'engagent à prendre, conformément à leurs constitutions respectives, les mesures nécessaires pour traduire dans la législation nationale les dispositions du présent Protocole et pour assurer leur application et en particulier à prévoir des sanctions efficaces contre les personnes coupables du crime de génocide, de crimes de guerre et de crimes contre l'humanité.

2. Les personnes accusées de génocide, de crimes de guerre ou de crimes contre l'humanité sont traduites devant les tribunaux compétents de l'Etat sur le territoire duquel l'acte a été commis ou devant l'instance judiciaire internationale compétente.

3. Les Etats membres s'engagent en particulier à prendre des mesures appropriées pour neutraliser, désarmer, arrêter et déférer devant les juridictions compétentes les auteurs de génocide, conformément à la Convention sur le génocide, et les auteurs des autres crimes, conformément aux dispositions du Statut de la Cour pénale internationale et aux résolutions pertinentes du Conseil de Sécurité des Nations Unies.

Article 10 : Compétence de l'Etat partie

Chaque Etat membre prend les mesures nécessaires pour établir sa compétence aux fins de connaître des crimes de génocide, des crimes de guerre et des crimes contre l'humanité dans les cas suivants :

a) Lorsque ces crimes ont été commis sur son territoire ;
b) Lorsque l'auteur présumé du crime est un ressortissant dudit Etat ou a sa résidence habituelle sur le territoire de celui-ci ;
c) Lorsque la victime est un ressortissant dudit Etat.

Article 11 : Imprescriptibilité

Le crime de génocide, les crimes de guerre et les crimes contre l'humanité sont imprescriptibles.

Article 12 : Application aux autorités officielles

Les dispositions du présent chapitre s'appliquent à tous de manière égale, sans aucune distinction fondée sur la qualité officielle. En particulier, la qualité officielle de Chef d'Etat ou de gouvernement, de membre d'un gouvernement ou d'un parlement, de représentant élu ou d'agent d'un Etat n'exonère en aucun cas de la responsabilité pénale.

Chapitre IV : Coopération judiciaire

Article 13 : Engagement des Etats

Les Etats membres s'engagent à apporter une assistance mutuelle moyennant la coopération de leurs institutions respectives en vue de prévenir et de détecter le crime de génocide, les crimes de guerre et les crimes contre l'humanité, et d'en punir les auteurs.

Article 14 : Base légale de l'extradition

1. Les crimes qui relèvent du champ d'application du présent Protocole sont considérés comme des crimes donnant lieu à l'extradition et comme étant inclus dans tout traité d'extradition en vigueur entre les Etats membres. Ceux-ci s'engagent à inclure ces crimes dans tout traité d'extradition.

2. Un Etat membre qui reçoit une demande d'extradition d'un autre Etat membre avec lequel il n'a pas conclu de traité d'extradition peut considérer le présent Protocole comme base légale de cette extradition, si les crimes considérés relèvent du champ d'application du présent Protocole.

3. Les Etats membres qui ne subordonnent pas l'exécution d'une mesure d'extradition à l'existence d'un traité reconnaissent que les crimes établis conformément au présent Protocole sont des crimes donnant lieu à extradition.

4. Le crime de génocide, les crimes de guerre et les crimes contre l'humanité ne sont pas considérés comme des crimes politiques pour ce qui est de l'extradition.

Article 15 : Conditions de l'extradition

1. Dans le cas d'une personne inculpée, l'extradition sera accordée si la perpétration du crime est établie de telle façon que les lois du pays où la personne poursuivie sera trouvée, justifieraient son arrestation et son emprisonnement si le crime avait été commis dans ce pays.

2. Dans le cas d'une personne condamnée, l'extradition est accordée sur production par l'Etat requérant d'un moyen de preuve qui, au regard de la législation du pays dans lequel se trouve l'intéressé, établit suffisamment qu'elle a été condamnée.

3. Les Etats membres ne sont pas tenus de livrer leurs nationaux. Dans ce cas, l'Etat membre requis doit soumettre l'affaire à ses autorités compétentes aux fins des poursuites. A cet effet, les dossiers, informations et objets relatifs au crime sont adressés aux autorités compétentes de la partie requise. La partie requérante est informée en temps utile du résultat définitif.

4. La même procédure est valable lorsque l'Etat requis s'estime compétent en l'espèce.

Article 16 : Demandes concurrentes

1. Si, pour une infraction unique, l'extradition est demandée concurremment par plusieurs Etats, elle est accordée par préférence à l'Etat sur le territoire duquel le crime a été commis.

2. Si les demandes concurrentes ont pour cause des infractions différentes, l'extradition est accordée à l'Etat dont est ressortissant l'auteur des infractions ou, à défaut, à l'Etat qui réclame son extradition pour le crime le plus grave.

Article 17 : Commissions d'enquête mixtes

1. Les Etats membres s'engagent à coopérer en matière de commissions d'enquête mixtes et à prendre les mesures nécessaires pour faciliter les procédures et les formalités y relatives.

2. La création d'une commission d'enquête mixte ne peut être refusée que si l'Etat requis la considère comme une menace possible pour sa souveraineté ou sa sécurité intérieure.

3. En cas de refus, une décision motivée prise par l'autorité compétente de l'Etat requis est notifiée à l'Etat requérant dans le plus bref délai.

Article 18 : Transmission de la requête

Une requête pour la mise sur pied d'une commission d'enquête mixte est transmise, par la voie diplomatique, par le Ministre de la Justice de l'Etat requérant à son homologue de l'Etat requis.

Dès réception de la requête, le Ministre de la Justice la transmet à l'autorité territorialement compétente.

Article 19 : Rapports de la Commission d'enquête mixte

Les procès-verbaux, les rapports et tous autres documents fournis par la commission d'enquête mixte font foi devant les autorités de l'Etat requérant, au même titre que les procès-verbaux, les rapports et les documents dressés directement par lesdites autorités.

Article 20 : Echange d'informations

En vue de prévenir et de combattre efficacement les crimes de génocide, les crimes contre l'humanité et les crimes de guerre dans la Région des Grands Lacs, les forces de police des Etats membres doivent, dans le cadre du présent Protocole, échanger des renseignements relatifs aux :

a) Auteurs, coauteurs et complices de crime de génocide, de crimes de guerre et de crimes contre l'humanité ;

b) Objets ayant un rapport quelconque avec l'un des crimes cités ci-dessus, commis ou tenté ;
c) Eléments nécessaires à l'établissement de la preuve de ces crimes ;
d) Arrestations et enquêtes de police menées par les services compétents au sujet de nationaux des autres Etats membres et de personnes résidents sur leur territoire.

Article 21 : Coopération avec la Cour pénale internationale

Les Etats membres s'efforceront de ratifier le Statut de la Cour pénale internationale conformément à leurs dispositions constitutionnelles en vigueur.

Article 22 : Mesures législatives

Les Etats membres veillent à inscrire dans leur législation nationale des procédures permettant de mettre en œuvre toutes les formes de coopération avec la Cour pénale internationale.

Article 23 : Engagement des Etats parties

Les Etats membres s'engagent à coopérer activement avec la Cour pénale internationale, spécialement en cas de :

a) Demande d'arrestation et de remise de personnes dont la responsabilité pourrait être mise en cause dans la commission des crimes relevant de la compétence de la Cour ;
b) Demande de transit par le territoire d'un Etat membre ;
c) Demande portant sur d'autres formes de coopération visées à l'article 93 du Statut de la Cour pénale internationale ;
d) Demande de coopération en relation avec la renonciation à l'immunité et le consentement à la remise ;
e) Exécution des peines d'emprisonnement ou d'amende et des mesures de confiscation.

Article 24 : Demandes émanant de la Cour pénale internationale

Lorsqu'un Etat membre reçoit de la Cour pénale internationale une demande de remise et reçoit de tout autre Etat une demande d'extradition portant sur la même personne et le même crime, l'Etat requis accorde la priorité à la demande de la Cour.

La qualité de ressortissant de l'Etat requis ne constitue pas un obstacle à la remise de l'intéressé.

Article 25 : Applicabilité des articles 22, 23 et 24

Les articles 22, 23 et 24 s'appliquent uniquement aux Etats qui ont ratifié le Statut de la Cour pénale internationale au moment de l'entrée en vigueur du présent Protocole.

Chapitre V : Mesures de Sauvegarde

Article 26 : Comité

1. Il est créé un Comité pour la prévention et la répression du crime de génocide, des crimes de guerre et des crimes contre l'humanité ainsi que de toute forme de discrimination.

2. Les Etats membres sont tenus de mettre à la disposition du Comité des ressources suffisantes afin qu'il puisse s'acquitter efficacement de sa mission.

Article 27 : Composition du Comité

1. Le Comité est composé d'un membre par Etat membre, désigné parmi des personnalités des deux sexes connues pour leur haute moralité, leur impartialité et leur compétence.

2. Les membres du Comité siègent à titre personnel.

Article 28 : Candidatures

Chaque Etat membre présente deux candidats au plus dont au moins une femme.

Article 29 : Liste des candidats

1. Le Secrétaire de la Conférence des Etats et de gouvernement invite les Etats parties à présenter la liste des candidats, quatre-ving-dix (90) jours au moins avant la désignation.

2. Le Secrétaire de la Conférence dresse la liste alphabétique des candidats présentés et la communique aux moins trente (30) jours avant la session suivante de la Conférence, aux Etats parties.

Article 30 : Désignation

Les membres du Comité sont désignés par le Sommet sur recommandation du Comité Régional Interministériel sur la liste mentionnée à l'article 29.

Article 31 : Mandat des membres

1. Les membres du Comité sont désignés pour une période de quatre (4) ans renouvelable une fois.

2. Lorsqu'un membre n'achève pas son mandat, un remplaçant du même pays membre est désigné pour la durée du mandat restant à courir.

3. Les membres du Comité conservent leur mandat jusqu'à l'entrée en fonctions de leur successeur.

Article 32 : Déclaration des membres

Après leur désignation, les membres du Comité déclarent solennellement qu'ils exerceront leurs fonctions en toute impartialité et loyauté.

Article 33 : Vacance de siège

En cas de décès ou de démission d'un membre du Comité, le Président du Comité en informe immédiatement le Secrétaire qui déclare le siège vacant à compter de la date du décès ou de la date à laquelle la démission prend effet.

Article 34 : Suspension ou cessation du mandat

1. Un membre ne peut être suspendu ou relevé de ses fonctions que si, de l'avis unanime des autres membres du Comité, il ne remplit plus les conditions requises.

2. La décision de suspendre le mandat ou d'y mettre fin est prise par la Conférence.

Article 35 : Personnel du Comité

Le Secrétariat de la Conférence désigne un secrétaire du Comité et fournit en outre le personnel et les moyens et services nécessaires à l'exercice effectif des fonctions attribuées au Comité.

Article 36 : Présidence du Comité

1. Le Comité élit son Président, son Vice-Président et son Rapporteur pour une période de deux ans renouvelable une fois.

2. Les fonctions du Président, du Vice-Président et du Rapporteur sont définies dans le règlement intérieur du Comité.

Article 37 : Réunions du Comité

1. Le Comité se réunit autant de fois que de besoin et au moins deux fois par an sur convocation de son Président. Le quorum est fixé à deux tiers des membres.

2. Le Comité prend ses décisions à la majorité absolue des membres présents. En cas de partage des voix, la voix du Président est prépondérante.

Article 38 : Missions du Comité

1. Le Comité a pour mission de prévenir la commission des crimes de génocide, des crimes de guerre et des crimes contre l'humanité dans la Région des Grands Lacs.

2. A cette fin, il est chargé :

a) D'examiner régulièrement la situation de chaque Etat membre de la Région des Grands Lacs du point de vue de la prévention du

Génocide, des crimes de guerre et des crimes contre l'humanité ainsi que de la discrimination ;

b) De rassembler et d'analyser les informations en rapport avec ces questions ;
c) D'alerter en temps utile le Sommet de la Conférence afin que des mesures urgentes soient prises pour prévenir un crime qui se prépare ;
d) De proposer des mesures spécifiques pour lutter efficacement contre l'impunité de ces crimes ;
e) De contribuer à la sensibilisation et à l'éducation à la paix et à la réconciliation, notamment par des programmes régionaux et nationaux.
f) De proposer des politiques et des mesures pour garantir aux victimes du crime de génocide, des crimes de guerre et des crimes contre l'humanité, le droit à la vérité, à la justice et à la compensation, ainsi que leur réinsertion en tenant compte des questions sexo-spécifiques, et d'assurer leur mise en œuvre ;
g) De suivre dans chaque Etat membre les programmes nationaux de désarmement, démobilisation, réinsertion, rapatriement et réinstallation (DDRRR) des anciens enfants soldats, des ex-combattants et des combattants ;
h) D'exercer toute autre tâche que le Comité Régional International peut lui confier.

Article 39 : Collaboration

Dans l'accomplissement de sa mission, le Comité collabore avec les Etats membres, la Commission africaine des droits de l'homme et des peuples, les organisations de la société civile, les institutions des Nations Unies et tout organe susceptible de lui fournir des informations pertinentes.

Article 40 : Droit applicable

Le Comité applique les dispositions du présent Protocole ainsi que tout autre instrument pertinent ratifié par les pays membres.

Article 41 : Méthode d'enquête

Le Comité peut recourir à toute méthode d'enquête appropriée ; en particulier, il peut entendre toute personne susceptible de l'éclairer.

Article 42 : Rapport sur les activités du Comité

Le Comité présente un rapport sur ses activités et propose des recommandations à la session ordinaire du Comité Régional International qui précède la session ordinaire du Sommet.

Chapitre VI : Dispositions finales

1. Ce Protocole fait partie intégrante du Pacte et ne doit pas être sujet à une signature et à une ratification séparées par les Etats membres.

2. A l'égard de tout Etat membre qui a ratifié le Pacte, conformément aux termes de l'article 30 dudit Pacte, ce Protocole entre en vigueur automatiquement, au même moment que le Pacte, conformément à l'article 33 dudit Pacte.

3. Aucune disposition de ce Protocole ne sera interprétée comme contraire à celles du Pacte, de l'Acte Constitutif de l'Union Africaine et de la Charte des Nations Unies.

Fait à Nairobi, le 1er décembre 2006

5 : Protocole sur la Coopération Judiciaire

Préambule

Nous, Chefs d'Etat et de gouvernement des Etats membres de la Conférence Internationale sur la Région des Grands Lacs,

Réaffirmant la Déclaration de Dar-es-Salaam adoptée sur la Paix, la Sécurité, la Démocratie et le Développement dans la Région des Grands Lacs adoptée et signée le 20 novembre 2004 ;

Ayant à l'esprit les objectifs et les principes de la Charte des Nations Unies « ONU », ceux de l'Acte Constitutif de l'Union Africaine « UA) et ceux figurant dans le statut de l'OIPC-INTERPOL et tenant compte des dispositions de la Déclaration universelle des Droits de l'Homme, de la Convention contre la torture et autres peines ou traitements cruels, inhumains et dégradants, de l'ensemble de règles minima pour le traitement des détenus et des Principes fondamentaux relatifs aux détenus et de la Charte Africaine des Droits de l'Homme et des Peuples ;

Considérant que dans la Charte des Nations-Unies, les peuples du monde se sont déclarés résolus, notamment à créer les conditions nécessaires au maintien de la justice et à réaliser la coopération internationale en développant et en encourageant le respect des droits de l'homme et des libertés fondamentales ;

Réaffirmant, dans les termes de la Déclaration de Dar-es-Salaam, la nécessité du respect des principes fondamentaux inscrits dans la Charte de l'Organisation des Nations-Unies et l'Acte Constitutif de l'Union Africaine tels que, l'intégrité territoriale, la souveraineté, la non-ingérence et la non-agression ;

Considérant que le respect des droits de l'homme représente une garantie fondamentale contre les menaces à la paix et à la sécurité interne des Etats ;

Déterminés à construire une Région des Grands Lacs ouverte à d'autres régions du continent en bâtissant la coopération autour des axes prioritaires que sont : la paix et la sécurité, la démocratie et la bonne gouvernance, le développement économique et l'intégration régionale, les questions humanitaires et sociales ;

Profondément préoccupés par la recrudescence de la criminalité aggravée par l'impunité qui, ensemble favorisent le climat d'insécurité dans la Région des Grands Lacs ;

Conscients de la nécessité particulière de prendre des mesures pour combattre l'impunité sur le plan régional et assurer la poursuite et la condamnation de tous individus contre lesquels il existe des preuves établissant qu'ils ont commis des infractions dans l'un des pays de la Région des Grands Lacs ;

Considérant qu'afin de faciliter la mise en jugement des individus visés ci-dessus, les Etats s'accordent également une coopération mutuelle en matière d'enquête, de poursuites et d'échange de renseignements et de documents ;

Considérant les accords bilatéraux existants sur l'extradition et la coopération en matière d'enquêtes et de poursuites ;

Considérant l'existence dans les pays membres de la Région des Grands Lacs de structures de coopération policière de l'Organisation Internationale de Police Criminelle (O.I.P.C-INTERPOL) ;

Déterminés à combler les vides institutionnel et juridique jusque-là constatés dans le domaine de la coopération judiciaire et policière entre les Etats de la Région des Grands Lacs et soucieux d'assurer une meilleure protection des citoyens des pays de la Région et de leurs biens ;

Convenons de ce qui suit :

Chapitre I : Dispositions Générales

Article 1 : Définitions

Aux fins du présent Protocole, sauf lorsque le contexte en décide autrement, on entend par :

a) Acte Constitutif de l'Union Africaine : signifie l'Acte portant création de l'Union Africaine ;
b) Charte Africaine : la Charte africaine des droits de l'homme et des peuples ;
c) Charte de l'ONU : la Charte portant création de l'Organisation des Nations-Unies ;
d) Déclaration de Dar-es-Salaam : la Déclaration des Chefs d'Etat et de Gouvernement de la Région des Grands Lacs sur la paix, la sécurité,

la démocratie et le développement adoptée et signée à Dar-es-Salaam, en Tanzanie le 20 novembre 2004 ;

e) Etat requérant : Etat qui demande l'extradition ;
f) Etat requis : Etat à qui est adressé la demande d'extradition ;
g) Extradition : le fait pour un Etat de livrer ou d'expulser du territoire d'un Etat requis vers l'Etat requérant, un fugitif ou une personne présumée coupable d'infractions en application du présent Protocole ou d'autres traités, de conventions ou de la législation nationale en vigueur ;
h) OIPC-INTERPOL : Organisation Internationale de Police Criminelle instituant le système de coopération policière internationale.

Chapitre II : De l'extradition

Article 2 : Engagement des Etats membres

Les Etats membres s'engagent à s'accorder une assistance judiciaire réciproque en matière d'extradition des inculpés et des condamnés suivants les dispositions du présent Protocole.

Article 3 : Cas d'extradition

Donnent lieu à l'extradition toutes les infractions et la tentative d'infractions passibles, selon les lois de chacun des Etats membres, d'une peine privative de liberté dont la durée minimum n'est pas inférieure à six (6) mois, quelle que soit la peine effectivement prononcée par le juge.

Article 4 : Cas des infractions politiques

1. Ne sont pas susceptibles d'extradition, les réfugiés politiques qui ne sont condamnés ou poursuivis que du chef d'infractions politiques par leur nature.

2. Sont considérées comme infractions politiques par nature, au sens du présent Protocole, les infractions uniquement attentatoires à l'ordre politique, c'est-à-dire dirigées uniquement contre l'existence, la forme ou la sécurité intérieure ou extérieure de l'Etat, envisagée en sa qualité de puissance publique.

3. Ne sont pas considérées comme infractions politiques exclusives de l'extradition, les infractions de droit commun par nature, qui revêtent de caractère politique qu'en raison de leur connexité ou de leur concours idéal ou matériel, tel que l'assassinat, le meurtre, l'empoisonnement, les mutilations et les blessures graves, volontaires et préméditées, les tentatives d'infraction de ce genre, et les attentats aux propriétés par incendie, explosion, inondation, ainsi que les vols graves, notamment ceux qui sont commis à main armée et/ou avec violence.

Article 5 : Conditions

1. Dans le cas d'une personne inculpée, l'extradition sera accordée si la perpétration de l'infraction est établie de telle façon que les lois du pays où la personne poursuivie sera trouvée, justifieraient son arrestation et son emprisonnement si l'infraction avait été commise dans ce pays.

2. Dans le cas d'une personne condamnée, l'extradition sera accordée sur production d'une preuve qui, d'après les lois du pays ou la personne aura été trouvée, établit suffisamment qu'elle a été condamnée.

Article 6 : Cas de non extradition

Les Etats membres ne sont pas tenus de livrer leurs nationaux. Dans le cas où une requête d'extradition d'un national est faite, l'Etat requis devra soumettre l'affaire à ses autorités compétentes aux fins des poursuites si les preuves existent. A cet effet, les dossiers, informations et objets relatifs à l'infraction seront adressés aux autorités compétentes de l'Etat requis. La partie requérante sera informée de la suite qui aura été donnée à sa demande.

Article 7 : Procédure

La procédure d'extradition sera la suivante :

1) Dans le cas d'une personne inculpée :

La demande d'extradition sera adressée au ministre de l'Etat requis ayant la justice dans ses attributions par le ministre de l'Etat requérant ayant la justice dans ses attributions, par voie diplomatique.

La demande d'extradition comprendra :

a) Un mandat d'extradition signé par le ministre de l'Etat requérant ayant la justice dans ses attributions ou par la personne qui exerce ces attributions ;
b) Un mandat d'amener ou un autre document judiciaire équivalent délivré par un magistrat dûment autorisé à prendre connaissance des actes imputés à l'inculpé dans l'Etat requérant ;
c) Le signalement de la personne réclamée et toutes les particularités de nature à établir son identité.

Le Ministre ayant la justice dans ses attributions, saisi de la demande transmettra ce document à l'autorité judiciaire compétente pour rendre le dit mandat d'amener exécutoire conformément à la législation en vigueur dans l'Etat requis.

2) Dans le cas d'une personne condamnée :

Le cours de la procédure sera le même que dans le cas d'une personne inculpée, sauf que le jugement ou l'arrêt de condamnation délivrée à l'appui de la demande d'extradition énoncera clairement l'infraction pour laquelle la personne réclamée aura été condamnée et mentionnera le fait, la date et le lieu du jugement.

La preuve à produire sera telle que, conformément aux lois de l'Etat requis, elle établira que la personne à extrader a été condamnée pour l'infraction mise en sa charge.

3) Dans les deux cas :

Dès que le mandat d'arrêt ou le jugement de condamnation aura été rendu exécutoire, la personne réclamée sera livrée à l'autorité mandatée à cet effet par le gouvernement de l'Etat requérant.

Article 8 : Détention préventive

Les autorités compétentes de l'un ou de l'autre Etat membre pourront détenir préventivement un inculpé ou un condamné en fuite sur base de telle dénonciation, plainte, preuve, poursuite ou condamnation qui, dans leur opinion, auraient justifié la dite arrestation, si l'infraction avait été commise ou la condamnation prononcée sur leur propre territoire.

La détention sera notifiée à l'autorité compétente du gouvernement sur le territoire duquel l'infraction aurait été commise ou dont les tribunaux auront prononcé la condamnation.

En cas d'urgence, et aux fins d'assurer une prompte et efficace répression de l'infraction, toute autorité compétente de l'un des Etats membres pourra adresser à une autorité locale compétente d'un autre Etat membre un message d'urgence, par tout moyen laissant une trace écrite, détaillant l'infraction commise et demandant de garder à vue l'auteur présumé de l'infraction. Le message d'urgence sera confirmé dans les quarante huit heures (48) par écrit.

Dans le cas prévu à l'alinéa précédent, l'individu détenu sera envoyé aussi promptement que possible devant l'autorité judiciaire ou administrative compétente pour prendre les mesures adéquates en vue d'éviter son évasion.

L'inculpé ou le condamné arrêté conformément au présent article sera relâché si dans un délai de quinze (15) jours de la réception par l'autre Etat de la notification dont il est question au second (2) paragraphe du présent article, une demande d'extradition n'est pas faite en bonne et due forme par l'Etat requérant.

Article 9 : Mise en liberté

1. Si les documents justificatifs de la demande d'extradition n'ont pas été produits dans les trente (30) jours à compter de la demande d'arrestation, l'individu sera mis en liberté.

2. S'ils ont été produits mais qu'ils se révèlent insuffisants ou incomplets, le complément de l'information nécessaire sera réclamé par l'autorité compétente de l'Etat requis saisi du dossier. Si le complément d'information réclamé n'a pas été fourni dans les trente (30) jours à compter de la date de sa réception, la personne détenue sera mise en liberté.

3. La personne détenue sera également relâchée si dans les trente (30) jours à compter du jour où elle a été placée à la disposition de l'Etat requérant, elle n'a pas été transférée dans cet Etat pour toute raison autre que celle de force majeure, que l'Etat requérant justifie avant l'expiration dudit délai.

Article 10 : Signature ou attestation d'authenticité

Les mandats, dépositions, déclarations et autres pièces à conviction, délivrés ou recueillis sur le territoire de l'un des Etats membres, les copies certifiées conformes de ces pièces, les certificats et documents judiciaires établissant la perpétration de l'infraction ou le fait de la condamnation seront reçus comme preuve valable dans la procédure de l'autre partie, s'ils sont revêtus de la signature ou accompagnés de l'attestation d'authenticité de l'autorité compétente de l'Etat où ils ont été délivrés ou recueillis.

Article 11 : Prescription

L'extradition n'aura pas lieu si depuis la perpétration des faits imputés, l'ouverture des poursuites ou le prononcé de la condamnation, la prescription de l'action publique ou de la peine est acquise d'après les lois de l'Etat requis.

Article 12 : Demandes concurrentes

Si, pour une même infraction, l'extradition est demandée concurremment par plusieurs Etats, elle sera accordée par préférence à l'Etat sur le territoire duquel l'infraction a été commise.

Si les demandes concurrentes ont pour cause des infractions différentes, l'extradition sera accordée à l'Etat dont l'individu réclamé est citoyen ou, à défaut, à l'Etat réclamant son extradition pour l'infraction la plus grave.

Article 13 : Condamnation dans le pays requis

Si l'individu réclamé est poursuivi ou condamné par les juridictions de l'Etat requis, son extradition ne pourra avoir lieu - avant la date de sa mise en liberté suivant le cours régulier de la procédure établie par la loi nationale du pays requis – que d'une façon temporaire en vue de lui permettre de répondre des infractions mises à sa charge par les juridictions de l'Etat requérant, à charge pour cet Etat de le remettre à l'Etat qui l'a extradé pour lui permettre de purger d'abord sa première condamnation ou répondre des poursuites engagées contre lui avant qu'il ne soit extradé définitivement à l'Etat requérant.

Article 14 : Saisies

1. Tout objet trouvé en la possession de l'individu réclamé au moment de son arrestation sera saisi pour être livré avec sa personne lorsque l'extradition aura lieu.

2. Cette remise ne sera pas limitée aux choses faisant l'objet, le produit ou l'instrument de l'infraction, mais elle s'étendra à toute chose qui pourrait servir de pièces à conviction, et cela même si l'extradition ne peut s'accomplir par suite de l'évasion ou de la mort de l'individu réclamé.

3. Les droits des tiers seront cependant réservés sur les objets susmentionnés.

Article 15 : Frais d'extradition

L'Etat requérant supportera les frais occasionnés par l'arrestation, la détention et le transport des personnes que l'Etat requis consentira à extrader en exécution du présent Protocole ainsi que les frais de consignation et de transport des objets livrés en application de l'article précédent.

Chapitre III : De la coopération en Matière d'Enquêtes et de Poursuites

Article 16 : Engagement

1. Conformément aux dispositions de leur législation nationale et aux instruments juridiques internationaux en vigueur, les Etats membres s'engagent à s'assister mutuellement par le traitement des demandes venant des autorités compétentes et à appliquer les mesures nécessaires pour faciliter les procédures et les formalités relatives aux enquêtes et poursuites des infractions ;

2. A cet égard, les Etats membres s'engagent à collaborer lors des missions d'enquêtes en matière de police criminelle des autres Etats parties sur leur territoire ;

3. Les Etats membres s'engagent à s'assister mutuellement en vue de renforcer les mesures nécessaires pour prévenir, détecter et réprimer les infractions.

Article 17 : Commission d'enquête mixte

1. Les Etats membres s'engagent à s'accorder une coopération judiciaire réciproque en créant des commissions d'enquête mixtes.

2. La mise sur pied d'une commission d'enquête mixte ne pourrait être refusée que si l'Etat requis la considère comme une menace possible pour sa souveraineté ou sa sécurité intérieure.

3. Dans le cas d'un refus, une décision motivée prise par l'autorité compétente de l'Etat requis sera notifiée à l'Etat requérant dans un délai de quatre-vingt-dix (90) jours.

Article 18 : Transmission de la requête de création d'une commission d'enquête mixte

1. La demande de création d'une commission d'enquête mixte sera transmise par voie diplomatique par le ministre ayant la justice dans ses attributions de l'Etat requérant à son homologue de l'Etat requis.

2. Dès réception de la requête, le ministre ayant la justice dans ses attributions transmet à l'autorité compétente territorialement pour lui donner la suite nécessaire.

Article 19 : Procédure

1. La demande de création d'une commission d'enquête mixte décrira l'infraction, l'objet de l'instruction, mentionnera les noms et dans la mesure du possible les adresses des auteurs présumés ainsi que la mesure ou les mesures d'instruction requises.

2. Si la mesure requise est une audition d'inculpé ou de témoins, la requête mentionnera leurs noms et adresses, et contiendra une liste des questions à poser à chaque personne à interroger.

3. La commission chargée de l'interrogatoire aura la faculté de procéder à toute confrontation des personnes à interroger, et de poser les autres questions qu'imposeront les développements imprévus de l'instruction.

4. S'il est requis de procéder à des visites ou à des perquisitions aux domiciles des auteurs présumés ou à d'autres lieux, la requête indiquera les noms et les adresses des personnes intéressées, et précisera les lieux à visiter et les éléments utiles à l'instruction, que la mesure requise est susceptible d'établir.

5. S'il est requis de procéder à une expertise, la requête contiendra un exposé des faits sur lesquels elle est basée et une description détaillée de la mission à confier à l'expert. L'expertise suivra la procédure de l'Etat requis.

Article 20 : Procès-verbaux et autres documents

Les procès-verbaux, les rapports et tous autres instruments fournis par la commission, feront foi devant les autorités de l'Etat requérant au même titre que les procès-verbaux, les rapports et les instruments adressés directement par lesdites autorités.

Article 21 : Echange d'informations

1. En vue de prévenir et de lutter efficacement contre la criminalité dans la Région des Grands Lacs, les polices des Etats parties devront, dans le cadre du présent Protocole, échanger entre elles les renseignements en matière d'investigation criminelle et de prévention criminelle.

2. En matière d'investigation criminelle, les polices des Etats parties rechercheront et se communiqueront les renseignements relatifs aux :

a) Auteurs, coauteurs et complices de crimes internationaux,
b) Objets ayant un rapport quelconque avec un crime international commis ou tenté,
c) Eléments nécessaires à l'établissement de la preuve d'un crime international,
d) Arrestation et enquête de police menées par les services respectifs à l'encontre des nationaux, des autres parties et des personnes résidant sur leurs territoires.

3. En matière de prévention criminelle, les polices des Etats parties rechercheront et se communiqueront les renseignements relatifs à un avis de passage à la frontière d'une personne à protéger, d'une personne à rechercher, d'une personne à surveiller, d'un véhicule suspect, d'un objet dangereux ou prohibé, etc.

Chapitre IV : Interprétation et mise en œuvre

Article 22 : Interprétation du présent Protocole

Il ne peut être admis aucune restriction ou dérogation aux droits fondamentaux de l'homme reconnus ou en vigueur dans tout pays en vertu de lois, de conventions, de règlements ou de coutumes, sous prétexte que le présent Protocole ne les reconnaît pas ou les reconnaît à un moindre degré.

Article 23 : Rapport annuel

Les Etats membres assurent la vulgarisation et la mise en œuvre du présent Protocole au niveau national et s'engagent à présenter un rapport annuel à la Conférence qui peut faire des recommandations en vue d'une application effective du Protocole.

Chapitre V : Dispositions Finales

1. Ce Protocole fait partie intégrante du Pacte et ne doit être sujet à une signature et à une ratification séparées par les Etats membres.

2. A l'égard de tout Etat membre qui a ratifié le Pacte, conformément aux termes de l'article 30 dudit Pacte, ce Protocole entre en vigueur automatiquement, au même moment que le Pacte, conformément à l'article 33 dudit Pacte.

3. Aucune disposition de ce Protocole ne sera interprétée comme contraire à celles du Pacte, de l'Acte Constitutif de l'Union Africaine et de la Charte des Nations Unies.

1er décembre 2006.

CONCLUSION GENERALE

A l'heure où se pose avec acuité la question de la rationalisation des organisations internationales de l'Afrique centrale, une étude de recensement desdites organisations afin de connaitre leurs objectifs, structures, modes de financement et des liens entre elles, est la bienvenue. Car, les organisations de l'Afrique Centrale sont mal connues ou pas connues des citoyens. Cet ouvrage permet de faire la vulgarisation desdites organisations pour que les décideurs politiques, les citoyens de la sous-région ainsi que les professionnels et chercheurs de la zone et des autres régions du monde se rendent compte de la dynamique des relations internationales des Etats de l'Afrique centrale.

En effet, jusqu'à la fin des années 80, le souci du développement justifiait le besoin d'intégration économique. Le sous-développement est dans ce cas le catalyseur des organisations communautaires. Ces dernières sont considérées comme une potion magique capable de guérir tous les maux l'Afrique Centrale. Le sous-développement a poussé les Etats de la sous-région à créer la CEPGL, CEEAC et la CEMAC, suivies de leur cortège d'institutions spécialisées et organes diplomatiques et intégrés.

Aujourd'hui, le constat est que, la montée en puissance des problèmes environnementaux entraine la multiplication des organisations sectorielles dans la sous-région. Le bassin du Congo, deuxième poumon écologique mondial, a donné naissance, à notre connaissance, à la CICOS, la COMIFAC, la CEFDHAC, la CCBC et le F2BC.

La classification entre organisations de coopération et d'intégration, des onze (11) organisations que nous avons identifiées, a permis de retenir des problèmes communs qui sont : la splendeur des fins et la maigreur des moyens, les déperditions d'énergies, la similitude des programmes et les appartenances simultanées des Etats de la sous-région aux organisations internationales.

Ces problèmes imposent la nécessité de rationaliser les relations internationales en Afrique Centrale. La rationalisation consisterait à supprimer les organisations faisant doublon ou à fondre l'ensemble des organisations internationales dans une communauté unique structurée en plusieurs départements gérant les secteurs sur lesquels interviennent les organismes existants. Il est alors question d'instaurer une seule Conférence des Chefs d'Etat, Un seul Conseil des Ministres, une seule Commission, un seul Parlement et une seule Cour de Justice. Cette méthode permettrait alors d'alléger les charges financières des Etats membres et d'éviter les conflits de compétences. Nous n'allons plus nous attarder sur cette question, puisqu'elle a été traitée dans notre précédent ouvrage précité[69]. Hormis la fusion des Communautés économiques ou organisations d'intégration, celle des organisations de coopération est aussi indispensable. Comme il a été déjà signalé, il va falloir fondre l'ensemble des organisations de coopération dans une seule organisation afin d'obtenir une seule Conférence des Chefs d'Etat, un seul Conseil des Ministres et un seul organe exécutif, ce qui éviterait des contributions financières nombreuses et dispersées.

[69] PAYIMA LOMBOBO Hérissonne, *La CICOS et l'intégration des Etats de l'Afrique centrale*, op cit, pp. 315-320

BIBLIOGRAPHIE

I : Ouvrages généraux

1- DAILLIER Patrick, FORTEAU Mathias et PELLET Alain, *Droit international public*, 8e éd. L.G.D.J., Paris, 2009, 1709 pages ;

2- DUPUY Pierre-Marie et KERBRAT Yann, *Droit international public*, 11e éd. Paris, 2012, 929 pages ;

3- FAU-NOUGARET Mathieu (dir.), *La concurrence des organisations régionales en Afrique*, L'Harmattan, Paris, 2014, 449 pages ;

4- ROBBINS Stephen, DECENZO David, COULTER Mary et RULING Charles-Clemens, *Management. L'essentiel des concepts et pratiques*, 9e éd. Nouveaux Horizons, Paris, 2014, 579 pages.

II : Ouvrages spécifiques

1- BELAOUANE-GHERARI Sylvie et GUHERARI Habib, *Les organisations régionales africaines,* Documentation française, Paris, 1988, 474 pages ;

2- LIBONG BADJAN Patrice, Réformes institutionnelles de la CEMAC, L'Harmattan, Paris, 2013, 162 pages ;

3- PAYIMA LOMBOBO Hérissonne, *La CICOS et l'intégration des Etats de l'Afrique Centrale*, L'Harmattan, Paris, 2021, 486 pages;

4- SCHULDERS Guy, *S'unir. Le Défi des Etats de l'Afrique Centrale*, L'Harmattan, Paris, 1990, 262 pages.

5- SINDJOUN Luc, *Sociologie des relations internationales africaines*, Karthala, Paris, 2002, 243 pages ;

6- TALL Saidou Nourou, *Droit des organisations internationales africaines*, L'harmattan, Paris, 2015, 547 pages ;

7- TONNANG Edouard Gnimpieba, *L'ordre juridique communautaire de la CEMAC,* L'Harmattan, Paris, 2016, 241 pages

III : Les articles

1- DOUMBE-BILLE Stéphane, « La multiplication des organisations régionales en Afrique : concurrence ou diversification », in FAU-NOUGARET Mathieu (dir.), *La concurrence des organisations régionales en Afrique*, L'Harmattan, Paris, 2014, 449 pages, pp. 15-28;

2- EMMANUEL Delphine Edith, « La Commission des forêts de l'Afrique centrale », in Revue Juridique de l'Environnement, 2007, pp. 203-213, (disponible en ligne sur https://www.persee.fr/doc/rj; consulté le 2 mai à 11 heure) ;

3- KOKOROKO Dodzi, « La coexistence entre organisations sous régionales : limites et perspectives », pp. 175-196, in in FAU-NOUGARET Mathieu (dir.), *La concurrence des organisations régionales en Afrique*, L'Harmattan, Paris, 2014, 449 pages.

4- ROPIVIA Marc Louis, « Les contradictions du processus d'intégration en Afrique Occidentale et Centrale : une étude comparée », pp. 37-44, in EWANGUE Jean-Lucien (dir.), *Enjeux géopolitique en Afrique Centrale,* L'Harmattan, Paris, 2009, 426 pages ;

5- VIRALLY Michel, « La classification des organisations internationales », 10 pages, (disponible sur https://www.sfdi.org, consulté le 4 mai à 5 h) ;

TABLE MATIERES

Dédicace 5
Sigles 7
PREFACE 9

CHAPITRE INTRODUCTIF 13
Section I : Définition de la notion d'organisation internationale 15
§ I : Les caractéristiques des organisations internationales de l'Afrique centrale 15
§ II : Diversité et classification des organisations de l'Afrique Centrale 17
Section II : Problématique des organisations internationales de l'Afrique Centrale 19
§ I : La multiplicité des organisations et la déperdition d'énergie 19
§ II : La concurrence des organisations internationales 20

PREMIERE PARTIE :
LES ORGANISATIONS D'INTEGRATION ECONOMIQUE.. 23

CHAPITRE I : LES COMMUNAUTES ECONOMIQUES NEES AVANT 1990 : LA CEPGL et la CEEAC 25
Section I : La Communauté Economique des Pays des Grands-Lacs 25
§ I : Convention portant création de la CEPGL 26
§II : Les Protocoles additionnels à la Convention et l'Accord portant création de la BDEGL 33
A : Les Protocoles additionnels 33
1 : Premier Protocole additionnel relatif à la création et à l'institutionnalisation des commissions techniques spécialisées de la CEPGL33
2 : Deuxième Protocole additionnel concernant le statut de la Commission d'arbitrage 35
B : L'Accord portant création de la Banque de développement des Etats des Grands Lacs (BDEGL) 39
Section II : La Communauté Economique des Etats de l'Afrique centrale .. 41
§ I : Traité instituant la CEEAC du 18 octobre 1983 42
§ II : Le Traité révisé de la CEEAC du 18 décembre 2019 78

CHAPITRE II : L'ORGANISATION D'INTEGRATION NEE APRES 1990 : LA CEMAC 135
Section I : La création de la CEMAC 135
§ I : Le Traité instituant la CEMAC du 16 mars 1994 et l'Additif du 25 avril 2007 136

A : Le Traité instituant la CEMAC du 16 mars 1994 136
B : L'Additif au Traité de la CEMAC relatif à la transformation du Secrétariat Exécutif en Commission de la CEMAC 138
§ II : Le Traité révisée de la CEMAC 140
Section II : Les institutions de la CEMAC 155
§ I : L'UMAC et l'UEAC 155
A : L'Union monétaire de l'Afrique Centrale (UMAC) 155
1 : Convention de coopération monétaire entre les Etats membres de la Banque des Etats de l'Afrique Centrale et la République Française. 156
Préambule 156
2 : Convention régissant l'Union Monétaire de l'Afrique Centrale 160
B : L'Union Economique de l'Afrique Centrale (UEAC) 169
§ II : Des autres institutions de la CEMAC 197
A : La Cour de Justice de la CEMAC 198
B : La Cour des Comptes de la CEMAC 208
C : Le Parlement communautaire de la CEMAC 216

DEUXIEME PARTIE : LES ORGANISATIONS DE COOPERATION 225

CHAPITRE I : LES ORGANISATIONS DE GESTION DES RESSOURCES NATURELLES 227
Section I : Les organisations du bassin du Congo 227
§ I : Les organisations de gestion des ressources forestières 227
A : La Commission des Forêts d'Afrique Centrale (COMIFAC) 229
B : La Conférence sur les Ecosystèmes de Forêts Denses et Humides d'Afrique Centrale (CEFDHAC) 240
1 : Les Statuts de la CEFDHAC 240
2 : Le Règlement intérieur de la CEFDHAC 246
§ II: Les organisations de gestion de l'eau et du climat 255
A : La Commission Internationale du bassin Congo-Oubangui-Sangha (CICOS) 255
1 : L'Accord instituant un régime fluvial uniforme et créant la CICOS..... 256
2 : L'Additif à l'Accord instituant un régime fluvial uniforme et créant la CICOS 268
B : Le Fonds Bleu pour le Bassin du Congo (F2BC) et La Commission Climat du Bassin du Congo (CCBC) 280
1 : Le Fonds Bleu pour le Bassin du Congo (F2BC) 280
a : Mémorandum d'Entente pour la création du Fonds Bleu pour le Bassin du Congo 281
b : Mémorandum d'Entente relatif à la réalisation de l'étude de préfiguration du Fonds Bleu pour le Bassin du Congo 287
2 : La Commission Climat du Bassin du Congo (CCBC) 290

a : Les origines de la CCBC : les Déclarations de Marrakech et de Brazzaville 290
b : Protocole instituant la Commission Climat du Bassin du Congo 295
Section II : Les organisations de gestion des ressources du Golfe de Guinée 298
§ I: La Commission régionale des pêches du Golfe de Guinée (COREP).. 298
§ II : La Commission du Golfe de Guinée (C.G.G.) 308

CHAPITRE II : LES ORGANISATIONS DE LA REGION DES GRANDS LACS : UNE LUTTE CONTRE L'INSECURITE ... 319
Section I : Les textes fondateurs de la CIRGL 319
§ I : La Déclaration de Dar-es-Salaam sur la paix, la sécurité, la démocratie et le développement dans la Région des Grands Lacs 320
§ II : Le Pacte sur la sécurité, la stabilité et le développement dans la Région des Grands Lacs (14 et 15 décembre 2006) 332
Section II : Les Protocoles (additionnels) au Pacte de la CIRGL 346
§ I : Les Protocoles relatifs aux questions intéressant les Etats 347
1 : Protocole de non-agression et de défense mutuelle dans la Région des Grands Lacs 347
2 : Protocole sur la démocratie et la bonne gouvernance 357
3 : Protocole sur la gestion de l'information et de la communication 370
4 : Protocole sur la zone Spécifique de Reconstruction et de Développement (SRDZ) 377
5 : Protocole sur la lutte contre l'exploitation illégale des ressources naturelles 383
§ II : Les Protocoles relatifs à la situation des personnes 396
1 : Protocole sur la Prévention et la répression de la violence sexuelle contre les femmes et les enfants 396
2 : Protocole sur la protection et l'assistance à apporter aux personnes déplacées à l'intérieur de leur propre pays 403
a : Principes directeurs relatifs au déplacement de personnes à l'intérieur de leur propre pays 410
b : Modèle de Projet de Loi Cadre portant mise en œuvre du Protocole sur la Protection et l'assistance à apporter aux Personnes Déplacées Internes 420
3 : Protocole sur les droits de propriété des personnes de retour 427
4 : Protocole pour la Prévention et la Répression du Crime de Génocide, des Crimes de Guerre et des Crimes contre l'Humanité ainsi que de toute forme de Discrimination 442
5 : Protocole sur la Coopération Judiciaire 455

CONCLUSION GENERALE 465
BIBLIOGRAPHIE 467

Structures éditoriales du groupe L'Harmattan

L'Harmattan Italie
Via degli Artisti, 15
10124 Torino
harmattan.italia@gmail.com

L'Harmattan Hongrie
Kossuth l. u. 14-16.
1053 Budapest
harmattan@harmattan.hu

L'Harmattan Sénégal
10 VDN en face Mermoz
BP 45034 Dakar-Fann
senharmattan@gmail.com

L'Harmattan Cameroun
TSINGA/FECAFOOT
BP 11486 Yaoundé
inkoukam@gmail.com

L'Harmattan Burkina Faso
Achille Somé – tengnule@hotmail.fr

L'Harmattan Guinée
Almamya, rue KA 028 OKB Agency
BP 3470 Conakry
harmattanguinee@yahoo.fr

L'Harmattan RDC
185, avenue Nyangwe
Commune de Lingwala – Kinshasa
matangilamusadila@yahoo.fr

L'Harmattan Congo
219, avenue Nelson Mandela
BP 2874 Brazzaville
harmattan.congo@yahoo.fr

L'Harmattan Mali
ACI 2000 - Immeuble Mgr Jean Marie Cisse
Bureau 10
BP 145 Bamako-Mali
mali@harmattan.fr

L'Harmattan Togo
Djidjole – Lomé
Maison Amela
face EPP BATOME
ddamela@aol.com

L'Harmattan Côte d'Ivoire
Résidence Karl – Cité des Arts
Abidjan-Cocody
03 BP 1588 Abidjan
espace_harmattan.ci@hotmail.fr

Nos librairies en France

Librairie internationale
16, rue des Écoles
75005 Paris
librairie.internationale@harmattan.fr
01 40 46 79 11
www.librairieharmattan.com

Librairie des savoirs
21, rue des Écoles
75005 Paris
librairie.sh@harmattan.fr
01 46 34 13 71
www.librairieharmattansh.com

Librairie Le Lucernaire
53, rue Notre-Dame-des-Champs
75006 Paris
librairie@lucernaire.fr
01 42 22 67 13

www.ingramcontent.com/pod-product-compliance
Lightning Source LLC
LaVergne TN
LVHW021141061026
849535LV00002B/314